Die deutsche Exilliteratur rückt in immer stärkerem Maße in das Zentrum des Interesses einer neuen Literaturgeschichtsschreibung. Woher kommt das? Die Exilliteratur wurde zum Modell einer interdisziplinären Forschung. Denn ohne den politischen Hintergrund für die Produktionsbedingungen und ohne die Darstellung der Rezeptionsgeschichte müßte die deutsche Literatur im Exil der Jahre 1933–1945 weitgehend unverständlich bleiben.
Hans-Christof Wächter untersucht in seiner materialreichen Darstellung die politischen, wirtschaftlichen und gesellschaftlichen Voraussetzungen der Theaterarbeit im Exil. Bertolt Brecht, Ferdinand Bruckner, Ernst Toller, Franz Werfel und Friedrich Wolf gilt dabei die besondere Aufmerksamkeit. Wächter analysiert die Einstellung zur kulturellen Tätigkeit der Exilierten in den einzelnen Gastländern und beschreibt die strukturelle Verflechtung der Emigrantengruppen, ihre ideologische und geistige Ausrichtung. Zentralen Raum nehmen die Darstellungen der Inszenierungen deutscher Exildramatik, ihre Isolation und Integration auf den europäischen und außereuropäischen Bühnen ein.
Die deutschsprachigen Exilländer, Österreich (bis 1938) und die Schweiz, nehmen eine Sonderstellung ein. Louis Naef behandelt modellhaft die spezifische Theatersituation in der deutschsprachigen Schweiz, die durch Abgrenzung gegenüber dem Deutschen Reich und gegenüber den Exilierten und durch die Integration der emigrierten Schauspieler in die bestehenden Ensembles gekennzeichnet ist.

Hans-Christof Wächter, Jahrgang 1940. Studium der Theaterwissenschaft, Germanistik und Kunstgeschichte an der FU Berlin und in Köln; Promotion zum Dr. phil.; seit 1972 Dramaturg an den Städtischen Bühnen Münster.

Louis Naef, Jahrgang 1943. Studium der Theaterwissenschaft, Germanistik und Philosophie in Zürich, Bern und Köln; seit 1972 Dramaturg an den Basler Theatern. Louis Naef bereitet eine Arbeit über das schweizerische Theater in den Jahren 1933–1945 vor.

Hans-Christof Wächter

Theater im Exil

Sozialgeschichte des deutschen Exiltheaters
1933–1945

Mit einem Beitrag von Louis Naef
Theater der deutschen Schweiz

Carl Hanser Verlag

Meinen Eltern

ISBN 3 446 11730 X

 Gesetzt aus der Times-Antiqua. Umschlagentwurf: Claus J. Seitz.
Bildnachweis: Helene Weigel in der Rolle der Teresa Carrar bei der Uraufführung der ›Gewehre der Frau Carrar‹ von Bertolt Brecht am 16. 10. 1937 in der Salle Adyar, Paris. Photo Breitenbach, Paris.
Gesamtherstellung: Graphische Werkstätten Kösel, Kempten. Printed in Germany

Inhalt

Vorbemerkung

Die wissenschaftliche Auseinandersetzung mit der nach 1933 im Exil entstandenen deutschen Literatur hat sich in den letzten Jahren sehr verstärkt. Eine systematische Aufbereitung des Materials und eine Analyse der Exil-Problematik in ihrer literarischen Manifestation bahnt sich an und beginnt den Blick freizugeben auf einen bedeutungsvollen Abschnitt in der kulturgeschichtlichen Entwicklung dieses Landes; ein Abschnitt, der zugleich einen Bruch in der Kontinuität dieser Entwicklung darstellt, wie er sich mit solcher Plötzlichkeit und Radikalität wohl nie zuvor in der jüngeren Geschichte ereignet hat.
Der umfangreiche Komplex des Theaters im Exil ist dagegen bisher in keiner Weise seiner Bedeutung entsprechend dargestellt und gewürdigt worden. Wohl findet man vereinzelte, auf sehr verschiedenen Ebenen liegende Veröffentlichungen zu diesem Thema, doch läßt sich daraus ein Gesamtbild nicht erschließen. Die Realisation der im Exil geschriebenen Dramen auf den Bühnen des Exils, also Umfang und Bedeutung der Theaterarbeit deutscher Emigranten, ist noch immer weitgehend unbekannt geblieben. Es geht an dieser Stelle nicht darum, die Gründe dafür aufzusuchen, doch gilt es, einer offensichtlich weit verbreiteten Meinung entgegenzutreten, die schlicht besagt, ein Theater im Exil habe es im Grunde nicht gegeben und einzelne stattgefundene Produktionen seien ohne Auswirkungen und Einfluß auf die weitere Entwicklung geblieben. Darüber hinaus wird vielfach a priori in Zweifel gezogen, daß sich die Erfahrung des Exils wesentlich auf Struktur und Gestalt der künstlerischen Produktion ausgewirkt habe.
Die vorliegende Arbeit hat das Ziel, deutlich zu machen, daß sich eine Vielfalt sehr unterschiedlicher Versuche und Bestrebungen realisierte, deutsche Theaterkultur auch und gerade im Exil fortzusetzen und das Theater als Instrument der Warnung und der Aufklärung über das wahre Wesen des Nationalsozialismus einzusetzen, so daß allein schon die Summierung dieser Ereignisse dazu berechtigt, von einem deutschen Theater im Exil zu sprechen. Wie notwendig eine solche erste Erhellung des strukturellen Hintergrundes als Beitrag zur Grundlagenforschung über das Exiltheater erscheint, mögen folgende vom Archiv Deutsches Theater- und Filmschaffen im Exil an der Akademie der Künste der DDR ermittelte vorläufige Zahlen aufzeigen, die den Umfang der Emigration von Bühnenkünstlern und der von ihnen unter schwierigsten Bedingungen geleisteten Theaterarbeit erkennen lassen.

»Über 300 [...] deutschsprachige Dramatiker, Librettisten, Film-, Kabarett- und

Hörspielautoren; ca. 450 in der Emigration verfaßte dramatische Werke; ca. 800 Inszenierungen in deutscher Sprache oder in der des Asyllandes; ca. 2400 namentlich und teilweise berufsbiografisch erfaßte Emigrationskünstler.« *

* Curt Trepte: ›Archiv Deutsches Theater- und Filmschaffen im Exil‹. In: ›Mitteilungen der Deutschen Akademie der Künste zu Berlin‹, Jg. 5, H. 1, Jan./Febr. 1967, S. 12.

Alle Zitate im Textteil und in den Anmerkungen folgen dem Original: Orthographische und grammatikalische Besonderheiten sind übernommen worden; auf sie wird nur bei Sinnentstellungen hingewiesen [sic, H. C. W.].

I. Überlegungen zur Methodik

Begriffsbestimmung – Zeitliche Eingrenzung – Materialsituation und Quellenlage – Eingrenzung des Themas – Systematik und Gliederungsprinzip

Auf eine einleitende Darstellung der historischen Entwicklung des Dritten Reichs und des nationalsozialistischen Einwirkens auf das kulturelle Leben in Deutschland kann im Rahmen dieser Untersuchung verzichtet werden. Die Ereignisse, die ab 1933 zu der umfangreichen Emigration aus Deutschland führten, sind innerhalb der zeitgeschichtlichen und literaturwissenschaftlichen Forschung bereits grundlegend erarbeitet worden. Im einzelnen genügen Verweise auf die zu diesem Aspekt herangezogene Literatur. Dagegen soll im jeweiligen Einzelfall, bei der Behandlung der jeweiligen Emigrationszentren, auf Anlässe und Motive der Emigration eingegangen werden, sofern und soweit das zur Klärung der jeweiligen Sachverhalte erforderlich erscheint[1].

Begriffsbestimmung. Für die Definition von Bedeutung und Abgrenzung der zentralen Begriffe »Emigrant«, »Emigration« und »Exil« sei auf die umfangreiche Diskussion verwiesen, die bereits während der Jahre des Exils geführt wurde und die sich in der gegenwärtigen Forschung fortsetzt. – In seinem im Exil geschriebenen Gedicht ›Über die Bezeichnung Emigranten‹ formulierte Bertolt Brecht das verbreitete Ungenügen an diesem Begriff:

»Immer fand ich den Namen falsch, den man uns gab:
Emigranten
Das heißt doch Auswanderer. Aber wir
Wanderten doch nicht aus, nach freiem Entschluß
Wählend ein anderes Land. Wanderten wir doch auch nicht
Ein in ein Land, dort zu bleiben, womöglich für immer.
Sondern wir flohen. Vertriebene sind wir, Verbannte.
Und kein Heim, ein Exil soll das Land sein, das uns da aufnahm.«[2]

[1] Auf die bisher sorgfältigste und umfassendste Darstellung der Motivationen zum Exil von Hans-Albert Walter, von dessen auf neun Bände berechneter Geschichte der deutschen Exilliteratur zum Zeitpunkt der Drucklegung die Bände 1 und 2 erschienen, konnte nicht mehr zurückgegriffen werden: Hans-Albert Walter: ›Deutsche Exilliteratur 1933–1950‹, Bd. I: ›Bedrohung und Verfolgung bis 1933‹; Bd. II: ›Asylpraxis und Lebensbedingungen in Europa‹. Darmstadt/Neuwied: 1972.

[2] Bertolt Brecht: ›Gesammelte Werke in 20 Bänden‹. Bd. 9, [Frankfurt a. M. 1967], S. 718. – Mit der begrifflichen Zusammenfassung der im Ausland von vertriebenen deutschen Autoren verfaßten literarischen Werke setzt sich – neben vielen anderen – auch Hermann Kesten in dem Aufsatz: ›Fünf Jahre nach unserer Abreise‹ in: ›Das Neue

Auf dem Stockholmer ersten Internationalen Symposion zur Erforschung der deutschen Literatur der Flüchtlinge aus dem Dritten Reich im September 1969 erwies sich erneut, daß die Meinungen über Terminologie und zeitliche Umgrenzung des Forschungsgegenstandes durchaus nicht einheitlich sind. Es zeigte sich jedoch andererseits, daß der Begriff »deutsche Exilliteratur« bereits so weit eingebürgert ist, daß ihm trotz der anhaftenden Simplifizierung und gewaltsamen Zusammenfügung heterogenster Einzelerscheinungen der Vorzug zu geben ist.
Während der Begriff »Exil« in erster Linie die Existenzform und den Aufenthalt des Geflohenen oder Ausgestoßenen im Zufluchtsland benennt, bezeichnet »Emigration« den Prozeß der Vertreibung oder Flucht selbst. Darüber hinaus wird der Begriff auch als Bezeichnung für die Gesamtheit oder Teilgruppen der im Exil Lebenden und vor allem für ihr Auftreten und Wirken als Gegner des Nationalsozialismus verwendet. Gegenüber den Bezeichnungen »Flüchtling«, »Exulant« oder »Refugié«/»refugee« hat sich die Nennung »Emigrant« im allgemeinen Sprachgebrauch und auch in der Literaturwissenschaft so weit verbreitet, daß sie trotz berechtigter Kritik, wie sie Brechts Gedicht begründet, beibehalten werden soll.

Zeitliche Eingrenzung. Zu Recht ist darauf hingewiesen worden, daß eine Eingrenzung des Komplexes auf den Zeitraum 1933 bis 1945 nicht voll befriedigen kann[3]. Auch nach 1945 hielt sich der größere Teil der Emigranten noch in den Zufluchtsländern auf; auch nach 1945 war die deutsche Emigration politisch und kulturell tätig, und viele Emigranten sind erst lange nach 1945 oder überhaupt nicht zurückgekehrt. – Die Frage der zeitlichen Eingrenzung wird allerdings weitgehend vom jeweiligen Forschungsgegenstand und dem ihm angemessenen methodischen Weg bestimmt. So schränkt Matthias Wegner wie viele andere seine Untersuchung ›Exil und Literatur‹ auf den Zeitraum 1933 bis 1945 ein, ohne damit diese Grenze

Tage-Buch‹, Jg. 6, H. 5, Paris/Amsterdam 29. 6. 1938, S. 114–117, auseinander. Kesten lehnt den Begriff »Emigrations-Literatur« nicht nur deshalb ab, weil er von den Nationalsozialisten in abwertendem Sinne gebraucht wurde, sondern auch weil die im Exil entstandene Literatur zu divergente Elemente umfasse, um einen derartigen zusammenbindenden Oberbegriff zu rechtfertigen. – Einen instruktiven Überblick über die Problematik der begrifflichen Zusammenfassung des Komplexes und der unterschiedlichen Stimmen dazu geben: Matthias Wegner: ›Exil und Literatur. Deutsche Schriftsteller im Ausland 1933–1945‹. Bonn 1967, S. 15–18 und: Helmut Müssener: ›Die deutschsprachige Emigration in Schweden nach 1933. Ihre Geschichte und kulturelle Leistung‹. Stockholm 1971, S. 71–106.

[3] Vgl. Walter A. Berendsohn: ›Die deutsche Literatur der Flüchtlinge aus dem Dritten Reich und ihre Hintergründe‹. [Stockholm 1969, Masch. vervielf.], S. 17. – Berendsohn vertritt die Ansicht, man könne die literarische Emigration letztlich erst dann als endgültig abgeschlossen betrachten, wenn auch der letzte der geflüchteten Autoren zurückgekehrt oder gestorben sei. Walter, ›Deutsche Exilliteratur‹, a. a. O., setzt die Jahre 1933–1950 als Begrenzung.

absolut zu verstehen. Da es ihm jedoch darum geht, den »Einfluß des Exils auf Leben und Schaffen des Schriftstellers«[4] aufzuzeigen, hätte eine zeitliche Ausweitung über 1945 hinaus keine konstitutive Bedeutung für sein Vorhaben.

Aus ähnlichen Gründen wurde in dieser Arbeit eine Begrenzung auf die Jahre 1933 bis 1945 vorgenommen: zum einen kann man das Jahr 1945 durchaus als einen Endpunkt verstehen; die äußeren Anlässe, welche die Emigration notwendig gemacht hatten, waren mit dem Zusammenbruch des Dritten Reiches aufgehoben, und es bestand – wenn auch weitgehend nur theoretisch – von nun an die Möglichkeit der Rückkehr nach Deutschland. Zum anderen ist mit dem Untergang des Nationalsozialismus ein erhebliches Nachlassen der kulturellen Aktivitäten in den Exilzentren festzustellen. Vereinigungen, Gruppen und Kollektive begannen sich zu lösen, und einzelne rüsteten sich zur Heimkehr. Denn gerade in dieser Situation zeigte sich die Polarisierung der Emigration in zwei Lager: Die einen hatten ihre vollständige staatsbürgerliche Integration in die Gesellschaft des Aufenthaltslandes erstrebt und in den verschiedenen Exilländern in unterschiedlichem Grade auch erreicht; sie konnten daher im Grunde schon längst nicht mehr der Emigration zugezählt werden. Die andere Gruppe dagegen hatte den Gedanken an eine Rückkehr nie aufgegeben und richtete ihre Aufmerksamkeit nun wieder stärker auf den Neubeginn in Deutschland als auf die weitere Gestaltung und Organisierung des Zusammenlebens im Exil. Der letzte Grund schließlich, der zur Begrenzung auf 1945 beigetragen hat, liegt in der Anlage der Arbeit selbst: Da es vorrangig darum geht, die Gegebenheiten des Theaters im Exil, die Aufgaben, die es sich stellte, die Schwierigkeiten, unter denen es verwirklicht wurde und die wechselseitige Beeinflussung von Gastland und Emigration im Bereich des Theaters zu schildern, ist eine Begrenzung auf Kriegsende schon deshalb angezeigt, weil in der darauf folgenden Zeit eine Reihe neuer Faktoren wirksam wurde, die eine Veränderung der Problemstellung bedingte.

Materialsituation und Quellenlage. Im Verlauf der für diese Arbeit unternommenen Nachforschungen hat sich die – auch von anderer Seite immer wieder bestätigte – Erfahrung herausgebildet, daß es heute, aus einem zeitlichen Abstand von über dreißig Jahren und auf Grund der besonderen Situation des Theaters im Exil, nicht mehr möglich ist, eine lückenlose, vollständige Darstellung aller im Exil stattgefundenen Inszenierungen der in Frage kommenden Dramen zu geben. Denn eine Dokumentation dieser Aktivitäten der Emigranten ist während der Zeit des Exils nicht oder kaum vorgenommen worden. Auch der lückenhafte Informationsaustausch zwi-

[4] M. Wegner: ›Exil und Literatur‹, a. a. O., S. 8.

schen den einzelnen Emigrationszentren bewirkte, daß kulturelle Aktivitäten oft isoliert blieben und vielfach keinen Niederschlag in der überregionalen Presse, in den Exilperiodika und den sonstigen Veröffentlichungen der Emigranten fanden [5].

Es muß zudem beachtet werden, daß Berichte von Emigranten über die künstlerische Arbeit der Emigranten nicht unkritisch gelesen werden dürfen. Kritik in dem Sinne, wie man sie unter »normalen« Umständen in der Presse findet, ist hier nur bedingt geübt worden. Die Besprechungen waren wohlwollend und unterstützend; sie hielten in oft überdeutlichem Maß die schwierigen Arbeitsverhältnisse des Exils auch fehlgeschlagenen und ungenügenden Produktionen zugute [6]. Daneben ist für die Untersuchung die Presse der Aufenthaltsländer von großer Bedeutung. Hier vor allem läßt sich ablesen, ob überhaupt, in welchem Maße und in welcher Einschätzung die Tätigkeit der Emigranten beachtet wurde.

Ein nicht geringer Teil des verwendeten Materials ist bisher unveröffentlicht. Dazu gehört einmal eine Anzahl archivierter Nachlässe, zum anderen handelt es sich um Dokumente, die von ehemaligen Emigranten zur Verfügung gestellt wurden und um Notizen von Gesprächen mit ihnen (vor allem: Gertrude Albrecht, Ernst Josef Aufricht, Ruth Berlau, Alfred Dreifuß, Heinz Goldberg, Marta Mierendorff, Walther Pollatschek, Curt Trepte, Wilhelm Unger, Gustav von Wangenheim, Helene Weigel, Carl Zuckmayer). Das weitere in dieser Arbeit verwertete Quellenmaterial läßt sich folgenden Kategorien zuordnen:

1) Monographische Arbeiten über Werk und Tätigkeit vor allem der prominenten Dramatiker, Regisseure und Schauspieler.

2) Retrospektive zusammenfassende Berichte von Emigranten über die Tätigkeit von Exilbühnen während eines längeren Zeitraums und über Situation und Lebensumstände in den einzelnen Exilzentren.

3) Autobiographische Arbeiten ehemaliger Emigranten. Sie geben vielfältige und bedeutsame Aufschlüsse über die Realitäten des Exils.

[5] Zu den wichtigsten publizistischen Plattformen des Exils gehören: ›Prager Tagblatt‹; ›Bohemia‹ [Prag]; ›Die Zeitung‹ [London]; ›Pariser Tageblatt‹ [ab 1936: ›Pariser Tageszeitung‹]; ›Das Neue Tage-Buch‹ [Paris/Amsterdam]; ›Deutsche Zentral-Zeitung‹ [Moskau]; ›Das Wort‹ [Moskau]; ›Aufbau‹/›Reconstruction‹ [New York]. – Eine zusammenfassende Charakteristik der einzelnen Publikationsorgane geben: Wilhelm Sternfeld: ›Die »Emigrantenpresse«‹. In: ›Deutsche Rundschau‹, Jg. 76, H. 4, Berlin 1950, S. 250 bis 259 und: Karl O. Paetel: ›Die Presse des deutschen Exils 1933–1945‹. In: ›Publizistik‹, Jg. 1959, H. 4, S. 241–252.

[6] Schon zwischen den Emigranten selbst hatte es scharfe Auseinandersetzungen über den Sinn solchen gegenseitigen »Hochlobens« und »Beweihräucherns« gegeben. Der holländische Literaturwissenschaftler Menno ter Braak sprach in seinem Aufsatz ›Emigranten-Literatur‹, in: ›Das Neue Tage-Buch‹, Jg. 2, H. 52, 29. 12. 1934, S. 1245, anläßlich einer Diskussion über diese Probleme sogar von dem »Versagen der literarischen Kritik in den Emigrantenzeitschriften«.

4) Aktenmaterial aus Beständen der diplomatischen Vertretungen des Dritten Reiches.

5) Da das Theater des Exils in seiner Konfrontation und Verbindung mit der Theaterkultur der Zufluchtsländer gesehen wird, sind Arbeiten über die Theatersituation der Exilländer ebenfalls herangezogen worden. – Schließlich sei auf soziologisch-politologisch orientierte Untersuchungen hingewiesen, die sich dem Problemkreis der Emigration, der Aufnahme der Emigranten, ihrer Organisationen, Tätigkeiten und Ziele von dieser Seite nähern.

Die Darstellung des Theaters im Exil zwischen 1933 und 1945 kann in ihrem dokumentarischen Teil keinen Anspruch auf absolute Vollständigkeit erheben. Die Möglichkeit besteht, daß einzelne Aktivitäten nicht berücksichtigt wurden, einfach weil sie dokumentarisch nicht zu belegen sind oder nur mehr durch etwaige zufällige Funde irgendwann einmal nachgewiesen werden können. Jedoch ist mit Sicherheit anzunehmen, daß gerade die für ein Vorhaben wie das vorliegende wirklich relevanten künstlerischen Ereignisse ausnahmslos auch belegt sind, da sie die Resonanz fanden, die ihrer Bedeutung zukam.

Eingrenzung des Themas. Die Untersuchung ist auf die Aufführungen der im Exil bis 1945 von deutschsprachigen Autoren geschaffenen Dramen und alle im Zusammenhang damit wichtigen Probleme, wie etwa Gründung, Organisation und Arbeitsweise von Emigrantenensembles, ausgerichtet. Es wird also keine literaturwissenschaftliche Analyse und Beurteilung der betreffenden Stücke vorgenommen. Auf diesen Aspekt wird nur dann und nur insoweit eingegangen, als es sich für die Realisierung der Texte auf der Bühne im besonderen Fall von Bedeutung erweist.

Der umfangreiche Komplex des Kabaretts, der Revue, des Singspiels und verwandter dramatischer Formen sowie des Lagertheaters, das beispielsweise in England während der Internierungsperiode eine gewisse Rolle spielte, und des jiddischen Theaters, auf dem vielfach antifaschistische Dramatik zu Wort kam, ist auf Grund seiner anders gelagerten Problematik von der Darstellung generell ausgenommen. Dagegen erschien es notwendig, die österreichischen (Franz Theodor Csokor, Fritz Hochwälder), die deutsch schreibenden tschechischen (Egon Erwin Kisch, Franz Werfel) und ungarischen Autoren (Julius Hay, Ödön von Horvath) mit zu berücksichtigen. Zum einen, weil ihr deutschsprachiges Werk, selbst wenn man die strittige Frage der Zuordnung zu einer National-Literatur ausklammert, von ganz unmittelbarem Einfluß auf den deutschen Kulturkreis war und ist; zum anderen, weil gerade auch das gemeinsame Exil die nationalen Schranken zwischen den deutschsprachigen Emigranten aufhob.

Für die Ausklammerung Österreichs als Zufluchtsland waren folgende

Gründe maßgeblich: Im Vergleich zu anderen an Deutschland angrenzenden Ländern kann Österreich nicht eigentlich als ein Exilland angesehen werden. Die Zahl der Emigranten, die hier Schutz suchten, blieb erstaunlich gering. Dafür mag ausschlaggebend gewesen sein, daß Hitler von Anfang an aus seinen Bestrebungen, Österreich »ins Reich heimzuführen«, nie ein Hehl gemacht hatte. Wenn bereits im zweiten Satz von ›Mein Kampf‹ auf die »zwei deutschen Staaten, deren Wiedervereinigung [...] als eine mit allen Mitteln durchzuführende Lebensaufgabe erscheint«, hingewiesen und unmißverständlich gefordert wurde: »Deutschösterreich muß wieder zurück zum großen deutschen Mutterlande« [7], dann wurde das gerade von denen, die vor der Notwendigkeit zur Emigration standen, ernster genommen als von vielen anderen Lesern. Österreich galt nicht als sichere Zuflucht. Dazu trugen die innere politische Situation des Landes, dessen Parallelentwicklung zu Deutschland in der Schaffung der Vaterländischen Front 1934 sichtbaren Ausdruck fand, und die zumindest latent vorhandene und weitverbreitete pro-nationalsozialistische Haltung wesentlich bei. Zudem verhinderte die dem Dritten Reich gegenüber äußerst vorsichtige Haltung der österreichischen Kulturbehörden und Bühnen, daß das emigrierte deutsche Theater hier einen Wirkungskreis fand. Bezeichnenderweise sind gerade die »großen« Exildramen, also diejenigen dezidiert antifaschistischen Stücke, die eine fast weltweite Verbreitung fanden (Friedrich Wolfs ›Professor Mamlock‹ oder Ferdinand Bruckners ›Rassen‹), in Österreich nicht aufgeführt worden [8].
Über die spezifische Situation des Exiltheaters in der Schweiz ist eine umfassende Arbeit von Louis Naef in Vorbereitung. Er war dankenswerterweise bereit, einen vorläufigen, kursorischen Überblick für diese Untersuchung beizusteuern. Ihm sei für seine Bereitschaft zur Mitarbeit ausdrücklich gedankt.

Systematik und Gliederungsprinzip. Die Einteilung der Darstellung nach geographischen Gesichtspunkten ermöglicht es, die jeweils charakteristischen, oft stark voneinander abweichenden Modalitäten der einzelnen Exilzentren zu verdeutlichen, die differenten Bedingungen, unter denen sich künstlerische Aktivitäten der Emigranten in den Gastländern entwickeln

[7] Adolf Hitler: ›Mein Kampf‹. München 1943, S. 1.

[8] Der folgende handschriftliche Brief von Otto Preminger vom 19. 7. 1934 aus Bournemouth an Bruckner [Ferdinand-Bruckner-Archiv bei der Akademie der Künste, Berlin] beleuchtet diese Situation: »›Die Rassen‹, mein Schmerzenskind, kann man in Wien augenblicklich noch nicht spielen. Denn das Theater würde in die Luft fliegen. Meine Versuche, von Seiten der Regierung eine Sanktionierung der Aufführung scheiterten [sic, H. C. W.], obwohl der Kurs absolut offen gegen Deutschland ist, indem alle in Betracht kommenden Funktionäre im Unterrichtsministerium selbst die Lektüre ablehnten, um sich auch der entferntesten Verantwortung zu entziehen und sich für eine eventuelle doch noch mögliche nationalsozialistische Zukunft nicht zu belasten.«

konnten, darzustellen und ihre Folgen auf Ausmaß, Prägung und Wirkung der Tätigkeit der Emigration kenntlich zu machen.

Die Aufeinanderfolge der Abschnitte spiegelt, soweit dies möglich und sinnvoll erscheint, die vordringenden Emigrationswellen, die ja ihrerseits eine Reaktion auf das Vordringen des nationalsozialistischen Deutschland bildeten. In erster Linie sollen die zentralen Orte genannt werden, da sich in den weitaus meisten Fällen die Aktivität der Emigranten in den kulturellen Zentren der Gastländer konzentrierte. Es werden daher zuerst die unmittelbar an Deutschland angrenzenden Länder behandelt, da sie wegen ihrer direkten Nachbarschaft und aus einer Reihe anderer Gründe in den ersten Jahren der Emigration als Exil bevorzugt wurden. Es sind dies die Tschechoslowakei, Frankreich, England, Dänemark und Schweden. Es folgen die Sowjetunion und die USA als wichtigste Exilzentren überhaupt und schließlich einige mehr am Rande liegende Sammelpunkte der Emigration; am Rande liegend auch insofern, als die hier lebenden Emigranten am stärksten isoliert waren, während zwischen den anderen Exilzentren Verbindungslinien und Kontakte bestanden. Dazu gehören etwa Mexiko, Argentinien und Shanghai.

Emigrantenkolonien sammelten sich darüber hinaus in vielen anderen Ländern Europas (so in Holland, Belgien und Norwegen), Kleinasiens, Afrikas und Lateinamerikas. Verschiedentlich wurden in einzelnen dieser Länder von Emigrantenensembles oder einheimischen Bühnen auch Exildramen aufgeführt. Doch handelte es sich dabei um so singuläre Ereignisse, daß ihre Erörterung den Rahmen dieser Untersuchung sprengen würde. Deshalb und weil sich mit ihnen keine neuen Aspekte des Theaters im Exil erschließen, wurde auf ihre Darstellung verzichtet.

Im Vordergrund dieser Arbeit stehen naturgemäß solche Inszenierungen, Theatergründungen etc., die entweder ausschließlich von Emigrantenkünstlern ausgingen oder an deren Zustandekommen und Gestaltung Emigranten direkt und maßgeblich beteiligt waren. Jedoch werden auch fremdsprachige Aufführungen durch die Bühnen der Gastländer berücksichtigt, weil durch sie im Aufnahmeland vielfach erst ein breiteres Interesse am Problem des Nationalsozialismus ausgelöst oder intensiviert werden konnte. Sie zeigen also, in welchem Maße die Emigration auch im Bereich der darstellenden Kunst Einfluß nehmen konnte. Sie ermöglichen Aufschlüsse über Integration, Resonanz und Auswirkung der künstlerischen Arbeit im Exil. Aus dem gleichen Grund werden in einzelnen Fällen fehlgeschlagene, nicht zu Ende geführte Projekte namhaft gemacht. Gerade solche Fälle demonstrieren besonders eindringlich die Schwierigkeiten des Exiltheaters. Die Gründe des Scheiterns geben oft wichtige Anhaltspunkte über die Einstellung des Gastlandes zum Nationalsozialismus und damit andererseits zu den Emigranten.

Die einzelnen Abschnitte sollen soweit als möglich nach folgenden Gesichtspunkten eines inneren Gliederungsschemas aufgebaut werden:

1. Um das im Exil Geschaffene in seiner Bedeutung und Eigenart zu verdeutlichen, ist es unumgänglich, in besonderem Maße die äußeren und inneren Voraussetzungen der Theaterarbeit im Exil hervorzuheben. Das heißt: Die politische, wirtschaftliche, gesellschaftliche und geistige Situation in den jeweiligen Exilzentren und die Veränderungen, welche diese Situation von 1933 bis 1945 durchlief, werden zu Beginn – bezogen und begrenzt auf ihre Auswirkungen für die Position des Theaters – jeweils kurz dargestellt. Das bedeutet, die Situation des Theaters innerhalb der Gesellschaft des Zufluchtslandes in großen Zügen zu umreißen. Denn wesentlich stärker noch als jeder unter normalen Bedingungen im eigenen Land arbeitende Theaterapparat wurde das Exiltheater von diesen Bedingungen bestimmt.

2. Einen zweiten Schritt bildet die Charakterisierung der staatlichen und privaten Einstellung zur kulturellen Tätigkeit von Emigranten. Es war deutlich zu machen, ob eine öffentliche und private Unterstützung, Tolerierung, kritische Duldung oder gar Behinderung und Unterbindung der Exiltheater-Bestrebungen vorherrschte.

3. Daran schließt sich die Darstellung der Emigrantengruppe selbst an; sie gibt Auskunft über Größe, Zusammensetzung, ideologische und geistige Orientierung, Strukturen des inneren Aufbaus und Gruppierungen innerhalb der Emigrantenkolonien, einschließlich der Wandlungen, die diese bis zu ihrer allmählichen Verringerung durch restlose Integration oder Rückwanderung nach Deutschland durchmachten.

4. Den zentralen Raum nehmen die Darstellungen der Inszenierungen deutscher Exildramatik und durch sie die Charakterisierung der einzelnen Bühnen, Ensembles und sonstigen Theaterorganisationen ein. Die Inszenierungen werden chronologisch nach dem Datum ihrer Premiere innerhalb bestimmter Gruppenzusammenhänge behandelt, die ihrerseits die unterschiedlichen Phasen der Korrespondenz von Exiltheater und Theater der Gastländer sowie die mehr oder minder starke Integration von Exildramatik und emigrierten Theaterleuten in den Theaterapparat der Länder deutlich machen. Dabei geht es weniger darum, den ohnehin in den meisten Fällen prekären Versuch zu machen, aus Kritiken und anderen zeitgenössischen Augenzeugenberichten eine möglichst detaillierte Aufführungsbeschreibung zu filtrieren. Vielmehr wurde einerseits das Typische der Inszenierungsarbeit der Emigranten unter den Bedingungen des Exils dargestellt und andererseits der Frage nachgegangen, welchen Zugang die Theater des Auslands zu den Dramen deutscher emigrierter Autoren und der darin abgebildeten oder metaphorisch verkleideten nationalsozialistischen Wirklichkeit fanden.

Das Theater des Exils in seiner direkten oder indirekten Auseinandersetzung mit dem Nationalsozialismus kann allein aus der Summierung einer Vielzahl einzelner Ereignisse, die wie Mosaiksteine aneinanderzusetzen sind, als Gesamtkomplex deutlich werden. Jedoch können bei weitem nicht alle Einzelheiten in gleicher Weise berücksichtigt werden. Daher wurde Relevantes und Typisches in den Vordergrund gerückt, während mehr am Rande liegende Erscheinungen, die ohne weitere Wirkung blieben oder keine über den Einzelfall hinausgehende Bedeutung hatten, zurückgedrängt werden mußten.

Aus eben diesem Grunde werden auch nicht sämtliche Exilzentren in gleicher Intensität und Detailliertheit durchleuchtet. Vielmehr sind diejenigen, die hinsichtlich ihrer unterschiedlichen Gegebenheiten nach den oben angeführten Gesichtspunkten als besonders typisch angesehen werden können und die extremen Möglichkeiten der Realität des Exils manifestieren, exemplarisch und daher besonders eingehend dargestellt worden.

Eines der wesentlichen Ziele dieser Untersuchung ist es, die Thematik ihrer Bedeutung gemäß ins Blickfeld zu rücken, um damit einen Anstoß zu geben, einzelne wichtige Abschnitte und Aspekte der Tätigkeit deutscher Theaterschaffender im Exil eingehender und detaillierter zu erarbeiten und dabei die Ergebnisse der vorliegenden Arbeit zu präzisieren, zu korrigieren und zu vervollständigen.

II. Die Tschechoslowakei – Exildramatik und Traditionen deutschsprachigen Theaters

1. Haltung gegenüber den Emigranten – Prag, Forum des Exils

»Die verhängnisvollen Jahre, als Hitler-Deutschland unter allgemeiner Duldung heranwachsen durfte, hat der Staat des Präsidenten-Befreiers Masaryk uns die Arme geöffnet. Wir – das ganze verfolgte Deutschland, das intellektuelle, das freiheitliche, waren in dem einzigen Lande nicht nur teilnahmslos geduldet. Prag empfing uns als Verwandte.« [9]

Der Tenor von Dankbarkeit und Anerkennung, der Heinrich Manns Bekenntnis zur Tschechoslowakei auszeichnet, klingt immer wieder in den Berichten deutscher Emigranten an, die in diesem Land Schutz vor der nationalsozialistischen Verfolgung suchten und – wenn auch nur vorübergehend – fanden. In der Tat ist die junge Republik an erster Stelle zu nennen, wenn von den Ländern gesprochen wird, die in der Aufnahme und Unterstützung der Flüchtlinge vor dem Nationalsozialismus eine humanitäre Verpflichtung sahen. Während die Emigranten in anderen europäischen Staaten im Höchstfalle mehr oder minder »teilnahmslos geduldet« wurden und vielerorts nur zu deutlich bemerken konnten, wie unwillkommen sie im Grunde waren, hatte die tschechoslowakische Regierung schon unmittelbar nach der nationalsozialistischen Machtergreifung öffentlich das Asylrecht für die Flüchtlinge aus Deutschland bekräftigt. – Für die Emigranten »der ersten Stunde«, für diejenigen also, die unmittelbar nach der Machtergreifung einer sicheren Verhaftung nur durch überstürzte Flucht entgehen konnten, boten sich in der Hauptsache drei Fluchtwege an: nach Frankreich, der Schweiz und nach der Tschechoslowakei. Neben der entgegenkommenden und verständnisvollen Haltung der tschechoslowakischen Regierung und Bevölkerung waren folgende Gründe maßgeblich beteiligt daran, daß die Tschechoslowakei bald zu den wichtigsten Sammelpunkten und geistigen Zentren des »ersten« Exils gehörte: Zur Einreise genügte der Besitz eines deutschen Passes; ein spezielles Einreisevisum war nicht nötig. Schon allein diese Tatsache gab für viele deutsche Emigranten den Ausschlag, denn die Mehrzahl der so plötzlich zur Flucht Gezwungenen befand sich nicht im Besitz eines Visums für eines der in Frage kommenden Länder. Doch auch der Notwendigkeit, ohne Paß in die Tschechoslowakei zu gelangen, stellten sich keine unüberwindbaren Hindernisse entgegen: Die

[9] Heinrich Mann: ›Ein Zeitalter wird besichtigt‹. Stockholm 1947, S. 472.

illegale Überquerung der Grenze bildete keine außergewöhnliche Schwierigkeit; einmal in der Tschechoslowakei angekommen, genoß auch der illegal Eingewanderte Asylrecht und konnte einen Staatenlosen-Paß beanspruchen. Dieser Umstand gewann besonders für die verfolgten kommunistisch oder sozialdemokratisch organisierten Arbeiter und Parteifunktionäre Bedeutung. Auch von daher erklärt sich, daß die Tschechoslowakei während der Jahre 1933 bis 1938 zu einem der Hauptzentren gerade der politischen Emigration wurde [10].

Das umfangreiche erhaltene Aktenmaterial der ehemaligen Deutschen Gesandtschaft in Prag, das sich heute im politischen Archiv des Auswärtigen Amtes in Bonn befindet, erschließt die Möglichkeit, gerade am Beispiel der Emigration in der Tschechoslowakei exemplarisch für die Gesamtemigration Praktiken, Intensität und Ziele der deutschen Einflußnahme auf die Tätigkeit der Emigrantenkolonie – und so auch auf deren kulturpolitische Aktivitäten – zu beleuchten. Da das tschechoslowakische Exil die – im Vergleich zu anderen Zufluchtsländern – freiesten Entfaltungsmöglichkeiten für politische und kulturelle Organisationen bot, waren auch die Versuche einer Einflußnahme durch die deutschen Behörden besonders umfangreich und hartnäckig.

Unter den Materialien der Gesandtschaft findet man eine der frühesten Analysen über »die deutsche Emigration in der Tschechoslowakei«, die im wesentlichen das durch die Emigranten selbst und durch die wissenschaftlichen Arbeiten nach 1945 gezeichnete Bild der Situation bestätigt. In dem Bericht der Gesandtschaft heißt es:

»Die Einstellung der Tschechoslowakischen Regierung zur deutschen Emigration

Von Seiten der Tschechoslowakischen Regierung werden die deutschen Emigranten mit ausgesprochenem Wohlwollen behandelt. Die hiesige tschechische und deutsche sozialdemokratische Partei, die ja beide in der Regierung vertreten sind, ebnen der Emigration alle Wege und sorgen für eine large Auslegung des Asylrechtes. Gewisse Anzeichen sprechen dafür, daß hinter den Kulissen die Präsidentschaftskanzlei und Außenminister Beneš ihre Hände segnend über die deutsche Emigration halten.

[10] »Im Sinne eines bürgerlichen Liberalismus gewährte die Tschechoslowakei ihr Asylrecht großzügig und bot viele politische Arbeitsmöglichkeiten, so daß sie vielfach auch eine neue Operationsbasis im antifaschistischen Kampf darstellte. Die KPTsch hatte ihre Abgeordneten im Parlament, es gab eine starke Sozialdemokratische Partei mit einer deutschen Fraktion, es erschienen deutschsprachige Zeitungen der Arbeiterparteien wie auch der bürgerlichen Parteien, es gab mehrere deutsche Verlage etc.« – Gertruda Albrechtová: ›Zur Frage der deutschen antifaschistischen Emigrationsliteratur im tschechoslowakischen Exil‹. In: ›Historica VIII‹, Prag 1964, S. 181.

Was die politische Betätigung der Flüchtlinge anbetrifft, so stellen sich die amtlichen Stellen auf den Standpunkt [...], daß es ihnen [...] im Rahmen der hiesigen polizeilichen und pressegesetzlichen Bestimmungen erlaubt werden müsse, in Wort und Schrift ihren politischen Standpunkt zu vertreten und Kritik an den Verhältnissen in Deutschland zu üben.« [11]

Über Umfang und Zusammensetzung der Emigration nach der Tschechoslowakei existieren, wie ja auch für die meisten anderen Emigrantenkolonien, keine ganz eindeutigen und verläßlichen Zahlenangaben. Während Gertrude Albrecht von 1500 bis 3000 spricht, jedoch angesichts der zahlreichen nicht registrierten Emigranten auf die Fragwürdigkeit der Angaben hinweist und offen läßt, ob diese Zahlen auch die Emigranten aus Österreich einschließen [12], ergibt sich nach Kurt R. Grossmann eine Zahl von rund 7600 vorwiegend jüdischen Emigranten aus Deutschland und Österreich [13]. Zu berücksichtigen ist überdies, daß der Anteil derer, die nur für kurze Zeit in der Tschechoslowakei Asyl suchten und wegen der drohenden Nachbarschaft Deutschlands Möglichkeiten zur Weiterreise in andere Länder wahrnahmen, nur schwer bestimmt werden kann. Auch der oben zitierte Gesandtschaftsbericht gibt (für den Stand vom August 1933) Zahlen über den Umfang der Emigrantenkolonie:

»Die Zahl der hiesigen reichsdeutschen Emigranten wird nach neuesten Schätzungen auf etwa 4000 veranschlagt. Von diesen sind einige hundert organisierte Sozialdemokraten; der Rest sind Juden aller linkspolitischen Schattierungen.« [14]

Ein Bericht des Auswärtigen Amtes aus dem gleichen Zeitraum über ›die deutsche Emigration im Ausland‹ kommt zu ähnlichen Ergebnissen: Hier wird die Zahl der Emigranten mit 4000–5000 angegeben [15]. Es gehört zur besonderen Tragik des tschechoslowakischen Exils, daß nur einem kleinen Teil bis zum endgültigen Zugriff des Nationalsozialismus die vom Erhalt eines Visums abhängige Weiterreise in Länder glückte, deren geographische Lage ein größeres Maß an Sicherheit gewährleistete. Über das Schicksal der

[11] Bericht der Prager Deutschen Gesandtschaft vom 10. 8. 1933, »die deutsche Emigration in der Tschechoslowakei« betreffend. [Masch., Blatt 164 des Aktenbandes: Prag 51/5. A. III. 1. b. 8. Sdbd., Bd. 1, ›Pol. Beziehungen der Č.S.R. zu Deutschland. Emigration‹. Im Politischen Archiv des Auswärtigen Amtes in Bonn archiviert. – Im folgenden werden Materialien dieser Quelle zitiert: Akten Ausw. Amt bzw. Gesandtsch.-Akten, Band-Titel und Aktenzeichen].

[12] G. Albrechtová: ›Zur Frage der deutschen antifaschistischen Emigrationsliteratur im tschechoslowakischen Exil‹, a. a. O., S. 183.

[13] Kurt R. Grossmann: ›Emigration. Geschichte der Hitler-Flüchtlinge 1933–1945‹. [Frankfurt a. M. 1967], S. 346.

[14] Gesandtschaftsbericht vom 10. 8. 1933, a. a. O., Bl. 166.

[15] Bericht des Auswärtigen Amtes in Berlin von 1933: ›Die deutsche Emigration im europäischen Ausland‹ [Masch. vervielf., Gesandtsch.-Akten, ›Pol. Beziehungen der Č.S.R. zu Deutschland. Emigration‹, Prag 51/6. A. III. 1. b. 8. Sdbd., Bd. 2, Bl. 60, S. 3].

übrigen legen die Zahlen der Opfer von Auschwitz, Theresienstadt, Mauthausen und Belzec beredtes Zeugnis ab.
Im ›I. Tätigkeitsbericht der Demokratischen Flüchtlingsfürsorge vom 1. März bis 30. November 1933‹ heißt es:

»Was die berufsmäßige Zusammensetzung der Flüchtlinge angeht, so variierte diese ständig. Sie kann aber in Prozenten ausgedrückt etwa wie folgt angegeben werden: Kaufleute 40 %, Arbeiter und Handwerker 34 %, Schriftsteller und Journalisten 11 %, freie Berufe 10 %, verschiedene 5 %.«[16]

Aus diesen Zahlen wird der für die deutsche Emigration insgesamt außergewöhnlich hohe Prozentsatz an Arbeitern deutlich, die ja ausschließlich der politischen Emigration zuzurechnen sind. Der sich in den Folgejahren noch erhöhende Anteil an Schriftstellern, Journalisten und Angehörigen anderer freier Berufe erklärt, daß Prag schon bald zu einem der geistigen Zentren des deutschen Exils heranwuchs.

2. **Die Tschechoslowakei als Exilland – Bedrohte Sicherheit**

Wie in den meisten anderen europäischen Zufluchtsländern, fanden die Emigranten auch in der Tschechoslowakei eine äußerst schwierige ökonomische Situation vor. Die Wirtschaftskrise erlaubte es den Behörden des Landes nicht, den Emigranten in großem Umfang Arbeitserlaubnis zu gewähren. So blieben diese fast ausschließlich von der Unterstützung durch die verschiedenen Flüchtlings- und Hilfsorganisationen abhängig. Deren beschränkte finanzielle Mittel ermöglichten jedoch nicht viel mehr als die Garantie des Existenzminimums[17]. Auch darum setzten die Komitees alles daran, bei den Vertretern der reicheren, wirtschaftlich gesicherten, überseeischen Staaten Einreisevisa in größerer Zahl zu erlangen. Mit welch geringem Erfolg in der Mehrzahl der Fälle, soll noch berichtet werden.
Wenn also auch die finanzielle Situation der Emigranten keineswegs ideal genannt werden kann, so bedeutete doch die verständnisvolle und solidarische Haltung des tschechoslowakischen Volkes eine wesentliche Erleichterung ihres Schicksals.
Auch im Laufe der Zeit, mit zunehmendem nationalsozialistischem Druck auf die Tschechoslowakei, änderte sich diese Haltung nicht. Vielmehr stärkte die gemeinsame Gegnerschaft zum Nationalsozialismus die Ver-

[16] K. R. Grossmann: Emigration, a. a. O., S. 318.
[17] »As in some other countries refugees here are not allowed to work without a special labour permit, which, as in England, Holland, France, is terribly hard to get. As they can earn no money for food, and what the relief committees can supply is scanty, most of them are under-nourished.« – Clara Leiser: ›Exile in Prague‹. In: ›New Statesman and Nation‹, London 13. 8. 1938, S. 249.

bundenheit zwischen Tschechen, Slowaken und den geflüchteten Deutschen. Dafür jedoch mußten sich diese mit einer starken und einflußreichen, nationalsozialistisch orientierten Minderheit auseinandersetzen: den Sudetendeutschen Konrad Henleins und seiner Sudetendeutschen Heimatfront, die alsbald einen wütenden Propagandafeldzug gegen die Emigranten begannen. Man muß sich dazu klarmachen, daß die deutsche Minderheit mehr als 28 Prozent der tschechoslowakischen Staatsangehörigen umfaßte und daher einen bedeutenden Machtfaktor darstellte.

Auch die sich von jenen distanzierenden, eher liberal orientierten Teile des deutschsprachigen Bürgertums hielten es im Hinblick auf eine mögliche nationalsozialistische Entwicklung zumeist nicht für geraten, allzu enge Kontakte mit den Emigranten aus Deutschland zu knüpfen[18]. Auf die Entfaltungsmöglichkeiten des Exiltheaters und die Realisationsmöglichkeiten der Exildramatik auf deutschen Bühnen der Tschechoslowakei hatten beide Positionen, sowohl die der nationalsozialistischen Parteinahme als auch die einer vorsichtigen Separierung nach beiden Seiten, entscheidende Auswirkungen.

Über die Henlein-Anhänger wie über die deutsche Gesandtschaft in Prag gelang es den Organen von Gestapo und SS immer wieder und stärker als in allen anderen Exilländern, die Emigrantenkolonie mit Spitzeln zu infiltrieren[19]. Welch intensives und folgenreiches Interesse die reichsdeutsche Vertretung am Wirken der Emigranten nahm, wird durch ihre Einflußnahme auch auf dem Sektor des deutschsprachigen Theaters noch deutlich werden. Daß den Führern des Dritten Reiches Auftreten und Tätigkeit der Emigration jedenfalls keineswegs so gleichgültig blieb, wie sie es in der ersten Zeit nach der Machtergreifung betont hatten, geht auch aus einem Erlaß des Innenministeriums von 1936 hervor, mit dem die geheime Staatspolizei, alle deutschen Gesandtschaften und sonstigen reichsdeutschen Behörden und Organisationen im Ausland beauftragt wurden, Umfang, Tätigkeit und Einfluß der Emigranten in allen Zufluchtsländern nach bestimmten, vorgegebenen Gesichtspunkten detailliert zu erfassen[20]. Und die Prager Deutsche

[18] »Die ›liberale‹, noch austriakisch empfindende deutschsprachige Bourgeoisie, fast hundertprozentige Beherrscherin der deutschsprachigen Presse dort (›*Prager Tagblatt*‹, ›*Bohemia*‹), gefiel sich darin, uns politische Emigranten aus Deutschland nach Strich und Faden zu schneiden, vor Hitler und Henlein wie Espenlaub zitternd. Nur die tschechischen Zeitungen [...] sympathisierten mit uns und betätigten ihre Sympathie furchtlos und reisig.« – Kurt Hiller: ›Leben gegen die Zeit‹. Reinbek 1970, S. 300.

[19] »Die Tschechoslowakei war für die Gestapo, insbesondere ihre Filiale in Dresden, ein relativ leichtes Terrain, denn es existierte zwischen Deutschland und der Tschechoslowakei kein Visumzwang, und zweitens waren die Grenzen so ausgedehnt, daß es keine Mühe war, diese ›illegal‹ zu überqueren. So war Prag von Spitzeln, Achtgroschen-Jungen jeden Kalibers, übersät.« – K. R. Grossmann: ›Emigration‹, a. a. O., S. 72.

[20] Schreiben des Reichs- und Preußischen Innenministeriums an die Preußische Geheime Staatspolizei vom 23. 1. 1936. [Masch., Akten Ausw. Amt, ›Deutsche Emigrationstätigkeit im Ausland‹, 83–75, Bd. 6].

Gesandtschaft mußte eingestehen, daß sich das Auftreten der Emigration in der Tschechoslowakei »für uns in einer überaus abträglichen Weise auswirkt«[21].

3. Position und Bedeutung des deutschen Theaters – Bürgerliche Traditionen

Das politische und kulturelle Leben der deutschen Emigration konzentrierte sich naturgemäß in Prag, dieser in der Geschichte der österreichisch-ungarischen Monarchie schon immer besonders stark auf das deutschsprachige Kulturleben ausgerichteten Metropole. Hier wirkte der Parteivorstand der SoPaDe, hier organisierten die Zentralen der verschiedenen Flüchtlingskomitees die Versorgung und Weiterleitung der Emigranten, hier fanden sich die Künstlervereinigungen zusammen, hier arbeiteten die Redaktionen mehrere Exilzeitschriften[22], von hier aus operierte Wieland Herzfeldes Malik-Verlag.

Gerade auch in der »engen Verbindung zwischen exilierten deutschen Schriftstellern und tschechischen Kulturschaffenden«[23] dokumentierte sich die traditionsreiche, fruchtbare Wechselbeziehung zwischen dem deutschsprachigen und dem tschechischen Theater Böhmens[24].

So kam es, daß die Exildramatik eine verständnisvollere Pflege bei dem Gastvolk als bei den eigenen hier beheimateten Landsleuten fand, eine Konstellation, die sich in den USA in ihrer krassesten Ausprägung darstellte.

Es war angedeutet worden, daß sich die unentschiedene Haltung der deutschen Theater in der Tschechoslowakei auch durch den wachsenden, teils offenen, teils versteckten – darum jedoch nicht weniger erfolgreichen –, von weiten Teilen der sudetendeutschen Minderheit getragenen Einfluß des Nationalsozialismus erklären lasse. Auf diesen Aspekt muß detaillierter eingegangen werden, weil die nationalsozialistische Unterwanderung und Okkupierung wichtiger kulturpolitischer Positionen gerade in der CSR zu einem ernsthaften Problem heranwuchs, wie es in solcher Größenordnung sonst in keinem der anderen an Deutschland angrenzenden Länder anzutreffen war. Das angestrengte Bemühen der Nationalsozialisten, das tsche-

[21] Gesandtschaftsbericht vom 10. 8. 1933, a. a. O., Bl. 157.

[22] Vgl. Bruno Frei: ›Die deutsche antifaschistische, literarische Emigration in Prag 1933–1936‹. In: Eduard Goldstücker [Hrsg.]: ›Weltfreunde. Konferenz über die Prager deutsche Literatur‹. Prag 1967, S. 361–371.

[23] Ebenda, S. 367.

[24] Vgl. Artur Závodský: ›Über einen Zeitabschnitt der progressiven Beziehungen des tschechischen und deutschen Theaters in den böhmischen Ländern‹. In: ›Maske und Kothurn‹, Jg. 12, H. 2/3, Graz 1966, S. 186–195; Wolfgang Greisenegger: ›Das Theater der Tschechoslowakei‹. In: ›Atlantisbuch des Theaters‹. Zürich 1967, S. 749–757.

choslowakische deutsche Theater in die eigene Einflußsphäre zu ziehen, war ganz unmittelbar darin begründet, es als Forum der in der Tschechoslowakei im politisch-aufklärerischen Bereich besonders aktiven deutschen Emigration auszuschalten. Gerade Goebbels wußte die agitativ-propagandistischen Wirkungsmöglichkeiten des Theaters nur zu gut einzuschätzen und setzte darum alles daran, der Emigration dieses Instrument zumindest in der Tschechoslowakei nicht zu überlassen.

Als Mittel nationalsozialistischer Kulturpolitik wurde den Ausland-Gastspielreisen berühmter deutscher Bühnen große Bedeutung beigemessen. Gerade in der Tschechoslowakei mit ihren über 2,8 Millionen Sudetendeutschen und dem zumeist deutsch sprechenden tschechischen Bürgertum bot sich dafür ein großes Publikum [25]. Wie wichtig dieser Sektor der Propaganda genommen wurde, erhellt sich aus der Tatsache, daß der Theaterabteilung des Propagandaministeriums ein spezielles Referat ›Theaterwesen im Ausland‹ mit dem Aufgabenbereich »Bearbeitung sämtlicher repräsentativer Gastspiele im Ausland [...]; Betreuung deutscher Theater im Ausland« [26] angeschlossen wurde. Auch begann man unmittelbar nach der Machtergreifung mit der Reorganisation und dem Neuaufbau von Organisationen, deren vornehmlicher Zweck es war, in den an Deutschland angrenzenden Staaten eine kulturpolitische Einflußsphäre des Reiches zu schaffen. In einem Schreiben des »gleichgeschalteten« deutschen Theaterdirektors in Teplitz-Schönau an die Deutsche Kunstgesellschaft in Berlin wies dieser 1933 beschwörend auf die angestrengte wirtschaftliche Situation der deutschen Theater in der Tschechoslowakei hin und betonte mit allem Nachdruck, daß sich hier die Möglichkeit biete, durch finanzielle Unterstützung aus dem Reich eine wichtige Einflußsphäre zu schaffen:

»Wenn es überhaupt noch möglich ist, Einfluß auf die deutschen Interessen in der Tschechoslowakei zu nehmen, kann dies nur über die deutschen Kultureinrichtungen wie Hochschulen, Institute, Bibliotheken und in erster Linie die Theater geschehen.« [27]

Um eine differenzierte Beurteilung dieser Situation zu gewährleisten, ist es

[25] Diese Gastspiele wurden jedoch nicht immer unwidersprochen hingenommen. Curt Trepte berichtet folgenden Zwischenfall: »Als im Jahre 1938 das Schillertheater Berlin mit der Inszenierung ›Der Richter von Zalamea‹ mit Heinrich George in Prag gastierte, jener Aufführung, in der Hans Otto einst den Hauptmann Don Alvaro gespielt hatte, da fielen während der Vorstellung Hunderte von Flugblättern von den obersten Rängen auf die Zuschauer nieder, Flugblätter mit der Frage: ›Heinrich George, wo ist Ihr Kollege Hans Otto?‹« – C. Trepte und Jutta Wardetzky: ›Hans Otto. Schauspieler und Revolutionär‹. Berlin 1970, S. 88.

[26] Georg Wilhelm Müller: ›Das Reichsministerium für Volksaufklärung und Propaganda‹. Berlin 1940, S. 28.

[27] Brief des Intendanten in Teplitz-Schönau, Gerhard Scherler, vom November 1933 an die Deutsche Kunstgesellschaft in Berlin. Zitiert nach: Joseph Wulf: ›Theater und Film im Dritten Reich. Eine Dokumentation‹. [Reinbek] 1966, S. 212.

notwendig, zwei Tatbestände zu berücksichtigen: Auf der einen Seite waren die deutschen Theater der CSR einer scharfen Kritik durch die Emigranten ausgesetzt, die eine entschiedene Parteinahme gegen den Nationalsozialismus vermißten, und auf der anderen Seite wurden die Theater durch massive Versuche nationalsozialistischer Einflußnahme aus ihrer Ruhe aufgestört. In einer Glosse der ›Neuen Weltbühne‹ von 1935 wird die Situation an den deutschen Theatern Prags unter dem Titel ›Sterilisiertes Theater‹ aus der Sicht der Emigranten folgenderweise charakterisiert:

»Im altehrwürdigen berühmten Prager Theater erlebte ein Don Juan seine Uraufführung. Heute würde er wegen moralischer Anrüchigkeit gewisser Szenen und vor allem wegen des jüdischen Librettisten im Reich verboten und in Prag – wer weiß? – vielleicht abgelehnt. Prag, in einer wahren, demokratischen, von einem abgeklärten Philosophen regierten Republik gelegen, wäre der vorbestimmte Zufluchtsort des deutschen Theaters, eine ›ara dei‹. Ein intelligentes, waches und in einer langen liberalen Tradition erzogenes Publikum lebt hier. Schauspieler von hohen Graden warten auf besondere Aufgaben. Ein reicher Theaterfundus, ausgezeichnete Bühnenbildner und Regisseure. O Himmel, welche Lust müßte es sein, hier in dieser Zeit Theater zu spielen, wahres Theater! Statt dessen? Der farbloseste Spielplan des Schauspiels, gar nicht so weit vom Niveau eines Filmpublikums entfernt, wie es sich der normale Filmproduzent vorstellt. Das Beste noch ein oder zwei lustige, gutgemachte Stücke aus Wien, die sicherlich auch in einen guten Spielplan gehören. Denn warum sollten wir heute Trübsal blasen, warum soll wegen des tierischen Ernstes der Zeit das lustige Genre aussterben? Aber dann eben gibt es daneben nichts mehr. Operette, Revue, kleines Verwechslungsstück und vielleicht, zur Wahrung des Gesichts, ein trefflich inszenierter Peer Gynt, der uns heute leider nichts mehr sagt. Allem Neuen, das diesen Namen verdient, sei es Mensch oder Stück, wird leidenschaftlich ausgewichen, alles Zeitnahe ängstlich gemieden. Bruckners ›Rassen‹ werden unter dem Vorwand des Regierungsverbots nicht gespielt. Die Regierung hat nichts verboten! Die Opposition der ehrlichen Kritiker war im vorigen Jahre noch sehr stark. In diesem Jahr haben die Kritiker gottergeben die Hände gefaltet. Und so herrscht absolute Unfruchtbarkeit auf einem Boden, der fruchtbar sein könte.« [28]

Die Unzufriedenheit der Emigranten mit der geistigen Ausrichtung des Theaters läßt sich, zumindest teilweise, auch aus einer unterschiedlichen Perspektive bei der Beurteilung der Zeitumstände erklären: Während es den Emigranten auf Grund ihrer antifaschistischen Haltung und auf Grund des unmittelbaren Einwirkens der nationalsozialistischen Realität auf ihr persönliches Schicksal selbstverständlich erschien, daß ein außerhalb des deutschen Machtbereichs befindliches deutschsprachiges Theater seine vor-

[28] Arnold Hahn: ›Sterilisiertes Theater‹. In: ›Die Neue Weltbühne‹, Prag/Zürich/Paris 7. 3. 1935, S. 304.

rangige Aufgabe von nun an in der Pflege der in Deutschland unterdrückten Dramatik sehen müsse, empfanden die in der Tschechoslowakei tätigen Theaterleute keine unmittelbare Verpflichtung zum Bruch mit der Kontinuität ihrer bisherigen künstlerischen Tätigkeit, da ja die nationalsozialistische Machtergreifung keine direkte und unmittelbare Auswirkung auf ihre Arbeit hatte. – Noch 1938 heißt es in einem Kommentar in der Zeitschrift ›Das Wort‹:

»Einst hatte dieses Theater eine bedeutsame Rolle innerhalb der gesamten deutschen Theaterentwicklung gespielt. Unter Angelo Neumann und Heinrich Teweles gehörte es zu den ersten Bühnen, obwohl damals Prag nur eine österreichische Provinzhauptstadt und das Theater im Reich noch nicht auf das Goebbelsche Niveau hinabgesunken war. Aber heute, da das prager Deutsche Theater zu einem der Mittelpunkte des freien Kunstschaffens werden könnte, sitzt auf Angelo Neumanns Direktorstuhl Herr Eger, ein mittelmäßiger Kulissenschieber und politischer Zwitter, groß nur in der Vorsicht, nirgendwo (außer bei den entschiedenen Antifaschisten) anzuecken. Und so wird unter seiner Führung von einem guten Ensemble so redlich und beflissen Theater gespielt, wie es der blutarme Spielplan zuläßt.« [29]

Es ist aufschlußreich, dieser eindeutigen Ablehnung des Prager Theaters, seiner ideologischen Ausrichtung und der Person des Schauspieldirektors Paul Eger [30] die Haltung der deutschen Behörden gegenüberzustellen. Es läge nahe zu vermuten, daß dem Theater von seiten der Nationalsozialisten angesichts der Unzufriedenheit der Emigranten Wohlwollen und Unterstützung entgegengebracht worden wäre. Doch konnte davon keine Rede sein. In einem Bericht der Deutschen Gesandtschaft an das Auswärtige Amt über ›Deutsches Theater in Prag und Rückkehr der reichsdeutschen Schauspieler nach Deutschland‹ wird ausgeführt:

»Seit der Nationalsozialistischen Revolution ist das Deutsche Theater in Prag, das hauptsächlich von der Prager reichen Judenschaft unterhalten wird, mehr und mehr in ein dem heutigen Deutschland unfreundliches, wenn nicht feindliches Fahrwasser abgeglitten. Die hinter dem Theater stehenden privaten Geldgeber drängen die Leitung zu Vorstellungen in Richtung eines undeutschen ›Zeittheaters‹. Daß vom Deutschen Theater Bruckners ›Rassen‹, wenn auch in geschlossener Vorstellung für den das Theater mit tragenden ›Deutschen Thea-

[29] H. W-h.: ›Kleine deutsche Chronik. Tschechoslowakei‹. In: ›Das Wort‹, H. 4, April 1938, S. 152.

[30] Paul Eger: Geb. 1881 in Wien, gest. 1947 in Luzern. Österreichischer Regisseur, Theaterleiter und Dramatiker. Studium der Kunstgeschichte, Germanistik, Philosophie; Dr. phil.; 1909 Dramaturg und Regisseur am Neuen Deutschen Theater in Prag; 1918 Intendant in Darmstadt; anschließend Intendant des Hamburger Schauspielhauses; 1926–1933 in der Intendanz des Preußischen Staatstheaters Berlin; Leiter der Berliner Festspiele; 1933–1939 Direktor des Prager Neuen Deutschen Theaters; Emigration in die Schweiz, Stadttheater Luzern.

terverein‹, in Aussicht genommen ist, beleuchtet die uns feindliche Haltung. Selbst wenn auf Grund der Vorstellungen der Gesandtschaft die Aufführung der ›Rassen‹ noch abgesetzt werden sollte, wofür nach der jetzt verfügten Verschiebung der Proben gewisse Anzeichen vorhanden sind, so kann das Theater doch nicht mehr als Kulturfaktor im deutschen Sinne betrachtet werden.« [31]

Und der ›Völkische Beobachter‹ schreibt am 16. 2. 1934 unter der Überschrift ›Das Prager Deutsche Theater vor dem Zusammenbruch?‹:

»Vollkommener konnte ein Theater wohl kaum verjuden, als das Prager ›Deutsche Theater‹. Mit wenig feinen Machenschaften ekelte man die wenigen erstklassigen deutschen Schauspieler heraus, um mit *›emigrierten‹* Kräften eine neue Blütezeit heraufzubeschwören.« [32]

Das Deutsche Theater befand sich also in keiner beneidenswerten Situation: Stellte es sich prononciert auf die Seite der Emigration, mußte es Interventionen der Henlein-Parteigänger und der deutschen Gesandtschaft und daraus resultierende, mögliche Aufführungsverbote gewärtigen, da die tschechoslowakische Regierung auch im Eigeninteresse der Emigranten keine unnötigen Konfliktpunkte schaffen wollte. Ein Aufführungsverbot oder auch nur die vorübergehende Absetzung eines Stückes bis zur Klärung der Berechtigung etwaiger Interventionen hätte das Theater, dessen wirtschaftliche Situation keineswegs gesichert war, empfindlich getroffen: Das Theater konnte sich auf ein Publikumsreservoir von maximal 11 000 Personen stützen. Da das Theater jedoch etwa 2000 Menschen Platz bot, fanden auch erfolgreiche Aufführungen selten mehr als sechs bis sieben Vorstellungen [33]. Die dadurch bedingte Vielzahl der Inszenierungen pro Spielzeit ließ die Kosten im Vergleich zu den Einnahmen unverhältnismäßig ansteigen. – Ähnliche, wenn nicht noch ernsthaftere Schwierigkeiten wären jedoch auch einer Erfüllung der nationalsozialistischen Wünsche gefolgt, da das Theater dann höchstwahrscheinlich staatliche Subvention und private Unterstützung, von denen es abhängig war, eingebüßt hätte. Auch hätte sich mit Sicherheit ein großer Teil des Stammpublikums gegen eine solche Wendung gewehrt.
Zusätzlich erschwert wurde die Arbeit dadurch, daß der Bruch natürlich auch durch die sich aus Reichsdeutschen und tschechoslowakischen Staats-

[31] Gesandtschaftsbericht an das Auswärtige Amt vom 22. 2. 1934. [Masch., Gesandtsch.-Akten, ›Förderung kultureller Beziehungen. Deutsches Theater in Prag‹. Prag 27/4. A. II. d. l. a. 41].

[32] [anonym]: ›Das Prager Deutsche Theater vor dem Zusammenbruch‹. In: ›Völkischer Beobachter‹, H. 47, Berlin 16. 2. 1934.

[33] Nach einem Gesandtschaftsbericht an das Ministerium für Volksaufklärung und Propaganda, betreffend »Deutsches Theater Prag«, vom 5. 4. 1934. [Masch., Gesandtsch.-Akten, ›Förderung kultureller Beziehungen. Deutsches Theater in Prag‹. Prag 27/4. A. II. d. l. a. 41].

angehörigen zusammensetzenden Schauspielerensembles ging und antifaschistisch eingestellte, zum Teil jüdische und emigrierte Schauspieler und Regisseure mit nationalsozialistisch orientierten oder sogar im geheimen organisierten Kollegen zusammenzuarbeiten gezwungen waren. »Uferlose Zänkereien zwischen den verschiedenen politischen Gruppen der Schauspieler sind an der Tagesordnung«[34], konstatiert die Deutsche Gesandtschaft. Aus dieser Konstellation erklärt sich die Indifferenz der deutschen Theater Prags und anderer tschechoslowakischer Städte, die zur Enttäuschung der Emigranten den Mut zur klaren, eindeutig antifaschistischen Stellungnahme nicht fanden. Daher verwundert es nicht, daß ein eigentlicher Kontakt, eine solidarische Zusammenarbeit mit den emigrierten Dramatikern und Theaterleuten nicht oder nur in Einzelfällen festzustellen ist.

Am Beispiel der in den zitierten Berichten bereits angesprochenen Inszenierung von Bruckners ›Rassen‹, die für Frühjahr 1934 projektiert war, lassen sich die Situation des Deutschen Theaters und die Reichweite des deutschen Einflusses auf das deutschsprachige Theater der Tschechoslowakei besonders deutlich ablesen. Deshalb soll auf diesen Fall detaillierter eingegangen werden. Dazu ist es erforderlich, auch die Position Paul Egers eingehender zu beleuchten: Es wäre völlig falsch, wollte man auf Grund der beiden zitierten Emigranten-Berichte schließen, Eger habe insgeheim mit den Nationalsozialisten kollaboriert und eine freie, unbeeinflußte Ausrichtung des Theaters bewußt hintertrieben. Gegen einen solchen Verdacht legen sein Briefwechsel mit der Gesandtschaft und mit nationalsozialistisch geprägten reichsdeutschen Schauspielern des Theaters eindeutig Zeugnis ab. Die Mißverständnisse auf seiten der Emigranten waren vielmehr dadurch entstanden, daß Eger angesichts der oben bereits angedeuteten prekären Lage des Theaters die einzige Möglichkeit für den Fortbestand des Hauses unter den veränderten Verhältnissen in einem vorsichtigen Taktieren ohne grundsätzliche Konzessionen an die Wünsche der Nationalsozialisten sah. Sicher war es nicht unrealistisch, wenn er befürchtete, daß die Aufführung von Stücken so eindeutiger Stellungnahme wie Bruckners ›Rassen‹ zu schwersten Auseinandersetzungen mit den Parteigängern Henleins geführt und womöglich das Theater gesprengt hätten. Auch ist nicht auszuschließen, daß ihm von seiten der tschechoslowakischen Regierung bedeutet wurde, man wünsche keine vermeidbare Provozierung der nationalsozialistisch orientierten Deutschen, die auf derartige Gelegenheiten ja nur warteten. Daß in diesem Sinne eine – zumindest indirekte – Zensur existierte, geht aus Egers eigenen Worten hervor, der anläßlich einer Generalversammlung des Prager Deutschen Theatervereins 1934 auf den Vorwurf der Un-

[34] Gesandtschaftsbericht vom 22. 2. 1934, a. a. O.

verbindlichkeit des Spielplans entgegnete, »auch linksradikale Stücke, wenn sie künstlerisch wertvoll seien und die Zensur passierten, spielen zu wollen« [35].

Egers Einstellung spricht auch aus einem Brief an den deutschen Schauspieler Friedrich Hoelzlin, der sich als Sprecher der reichsdeutschen, nationalsozialistisch orientierten Schauspieler verstand und zweifelsohne als Hauptzuträger der Gesandtschaft anzusehen ist. – Dafür spricht nicht zuletzt, daß sich Egers Brief an Hoelzlin in den Akten der Gesandtschaft findet [36]. – Anlaß des Schreibens war ein wüster Hetzartikel des ›Völkischen Beobachters‹ mit dem bezeichnenden Titel ›Flucht aus dem jüdischen Inferno. Arische reichsdeutsche Schauspieler verlassen das Deutsche Theater in Prag‹, in welchem das Bild einer erbarmungslosen Unterdrückung der arischen Ensemblemitglieder infolge der zunehmenden »Verjudung« des Theaters gezeichnet wurde [37]. Eger vermutete – sicher nicht zu Unrecht – in Hoelzlin den Informanten der Zeitung und brachte das in seinem Brief an ihn deutlich zum Ausdruck. In scharfer Form wies er einen derartigen Vertrauensbruch zurück und betonte seine Absicht, bei ähnlichen zukünftigen Fällen und eindeutiger Beweislage unbedingt von seinem Kündigungsrecht Gebrauch machen zu wollen. Mit einer maliziösen Schlußbemerkung deutete Eger seinem Adressaten an, daß er die wahren Gründe für das Verhalten der angesprochenen Schauspieler durchschaue:

»Es hat schon immer in Deutschland schlechte jüdische Schauspieler gegeben, die sich auf den Antisemitismus berufen haben, wenn sie nicht die Rollen bekamen, die sie sich wünschten. Bei uns wird jetzt der Versuch gemacht, die Sache umzudrehen.« [38]

Es war in Prag allgemein bekannt, daß die reichsdeutschen Schauspieler unter direkter Beaufsichtigung durch die Gesandtschaft standen, so daß diese selbst sich gezwungen sah, dazu Stellung zu nehmen [39]. Im Hinblick

[35] [anonym]: ›Theaterverein-Versammlung‹. In: ›Prager Tagblatt‹, 6. 11. 1934.

[36] Aus einem Brief Friedrich Hoelzlins vom 27. 7. 1933 an Hans Mutzenbecher, den geschäftsführenden Direktor der Deutschen Kunstgesellschaft, geht hervor, daß Hoelzlin der Vereinigung Künstlerischer Bühnenvorstände angehörte, jedoch Wert darauf legte, seine Mitgliedschaft und das dadurch dokumentierte Bekenntnis zum Nationalsozialismus in Prag nicht bekannt werden zu lassen. Vgl. J. Wulf: ›Theater und Film im Dritten Reich‹, a. a. O., S. 209 f.

[37] »Inmitten dieses jüdischen Infernos kämpft nun ein kleines, aber tapferes Häuflein arischer, reichsdeutscher Schauspieler verzweifelt den letzten Befreiungskampf, gegen die Umklammerung, die sie täglich zu ersticken droht. Längst sind sie auf dem Rückzug.« – [anonym]: ›Flucht aus dem jüdischen Inferno‹. In: ›Völkischer Beobachter‹, H. 335, 1. 12. 1933.

[38] Brief P. Egers an F. Hoelzlin vom 6. 12. 1933. [Masch., Gesandtsch.-Akten, ›Förderung kultureller Beziehungen. Deutsches Theater in Prag‹. Prag 27/4. A. II. d. l. a. 41].

[39] »Eine systematische Pressehetze gegen die reichsdeutschen Schauspieler namentlich von sozialdemokratischer Seite, die sie als unter Vormundschaft der Deutschen

auf spätere Engagements in Deutschland waren diese Schauspieler nicht bereit, in Stücken aufzutreten, deren Aufführung im Reich verboten war oder deren Inszenierung antideutsche Elemente enthielt. Als etwa der Schauspieler Hans Götz in einer Inszenierung von Nestroys ›Zu ebener Erde und erster Stock‹ 1934 aktuelle Zusatzstrophen singen sollte, in denen der politische Opportunismus der »Märzgefallenen« angegriffen wurde, sicherte Götz sich zuvor in der Gesandtschaft ab, daß ihm keine Weiterungen entstünden, wenn er diese Strophen unter Zwang vortrüge [40]. (Eger hatte gedroht, im Fall einer Weigerung das Schiedsgericht anzurufen.) Im Falle der ›Rassen‹ zeigte sich die Gesandtschaft nicht so »entgegenkommend«; vielmehr bot man allen Einfluß auf, die Inszenierung zu verhindern: Als wirksamstes Mittel stand auch hier der Druck auf die deutschen Schauspieler zur Verfügung. In einer Aktennotiz über ein Gespräch eines der Gesandtschaftsbeamten mit dem Regisseur Max Liebl heißt es:

»Herr Liebl war bei mir, um mir als Spielleiter der Revue ›Das goldene Prag‹ offiziell mitzuteilen, daß die Stellen des Stückes, welche als Anrempelei Deutschlands aufgefaßt wurden, gestrichen worden sind. Ich habe ihm bei dieser Gelegenheit eine Verwarnung wegen der Aufführung des Hetzstückes ›Rassen‹ zuteil werden lassen und ihn gebeten, den reichsdeutschen Mitgliedern des Theaters dringend zu empfehlen, sich nicht an der Aufführung des Stückes zu beteiligen.« [41]

Der Einspruch blieb nicht ohne Erfolg: ›Die Rassen‹ kamen – ebenso wie andere exponiert antifaschistische Dramen – nicht auf Prager Bühnen.

Wenn Eger also auch keinesfalls der Kollaboration verdächtig ist, was von vielen Emigranten offensichtlich unterstellt wurde, so muß doch gesagt

Gesandtschaft stehend darstellt.« – Gesandtschaftsbericht an das Propagandaministerium vom 5. 4. 1934, a. a. O.

40 F. G.: ›Aktueller Nestroy‹. In: ›Prager Montagsblatt‹, 12. 2. 1934. Die beanstandeten Verse lauten:

»Das ist ja net bloß nur beim Bridgespiel passiert,
Daß sich so ein Spieler in die Farben mal irrt.
Oft glaubt man, man macht jetzt mit Rot noch an Stich,
Derweil reißt die braune Farb d' Macht schon an sich,
Da steht man jetzt da mit an falschen Atout, –
Was hab ich von Rot, jetzt ist Braun großer Clou.
Da hab'ns die vorsichtig'n, g'scheit'n Leut gut:
Die hab'ns im voraus alle Farben im Hut.
Mit der linken Hand spielens, mit der rechten derweil
Gewöhnen sie sich auch schon ans Gegenteil.
Wie sie es erreichen touchiert sie ja nicht –
Wenn man nur allweil auf der Butterseiten liegt,
Nur daran finden d' Leut a Vergnügen –
Ich, offen g'sagt, auch – ich müßt lügen.«

41 Aktennotiz vom 14. 2. 1934. [Masch., Gesandtsch.-Akten, ›Förderung kultureller Beziehungen. Deutsches Theater in Prag‹. Prag 27/4. A. II. d. l. a. 41].

werden, daß sein Prinzip einer liberalistischen Offenheit, die dem Theater auch in dieser politischen Situation einen Freiraum »reiner«, allenfalls den Pluralismus der Meinungen widerspiegelnder Kunstausübung garantieren sollte, scheiterte – scheitern mußte, ebenso wie möglicherweise eine entschieden und unnachgiebig antifaschistische Ausrichtung an den äußeren Gegebenheiten gescheitert wäre. Auch die reichsdeutschen Diplomaten sahen diese verzweifelte Lage Egers: »er versucht niemand wehe zu tun und gerät so zwischen alle Stühle.« [42]

So befand sich das Theater Prags, auf dem sich zwar die modischen internationalen Erfolgsstücke wiederfanden, von dem jedoch selbst keinerlei weiterwirkende Impulse ausgingen, gerade in diesen Jahren eines weltpolitischen Umbruchs in einem unfruchtbaren Stadium epigonaler und eklektizistischer Mittelmäßigkeit.

Bis in das Jahr 1938 jedoch gelang es den Bühnen, wenn auch in unterschiedlichem Maße und mit Ausnahme der Hochburgen der Sudetendeutschen Partei, wie etwa des Theaters in Eger, sich einer direkten nationalsozialistischen Beherrschung durch die oben beschriebene Taktik der Konzessionen, der Unentschiedenheit und Farblosigkeit zu entziehen. Die entscheidende Wende trat mit dem österreichischen Anschluß und den Neuwahlen der Gemeindevertretungen im sudetendeutschen Raum im Mai 1938 ein. Denn einerseits machte der Einmarsch in Österreich den deutschen Theaterschaffenden der Tschechoslowakei endgültig klar, daß es geraten sei, »völkische Theaterkultur« zu pflegen, und zum anderen brachten die genannten Gemeindewahlen der Sudetendeutschen Partei überall die große Mehrheit.

»Von diesem Augenblick an war damit zu rechnen, daß das gesamte Theaterwesen einheitlich ausgerichtet und im Sinne nationalsozialistischen Kulturwillens geleitet werden konnte.« [43]

Henlein hatte schon in seiner Prager ›Kulturrede‹ vom 22. 2. 1936 keinen Zweifel darüber gelassen, welchen propagandistischen Wert er dem Theater beimaß und in welchem Sinne er es geführt wissen wollte: Das Theater

[42] Gesandtschaftsbericht an das Propagandaministerium vom 5. 4. 1934, a. a. O.

[43] Ad. Köhler: ›Die Lage der sudetendeutschen Theater‹. In: ›Die Bühne‹, H. 10, Berlin, 5. 10. 1938, S. 345. In einem Pressebericht aus der Schweiz heißt es: »die im sudetendeutschen Gebiet gelegenen Bühnen sind, was Spielplan und Besetzungsfragen betrifft, weitestgehend von der nationalsozialistischen Ideologie beeinflußt. [...] Undenkbar wäre es heute, daß an einem der Theater in Reichenberg, in Aussig, Gablonz, Troppau oder Eger ein Stück gespielt werden oder ein Darsteller auftreten könnte, der nicht das Plazet der Reichskulturkammer besäße. Den Reichenberger Theaterdirektor Barnay und seinen Opernchef hat man trotz hervorragender künstlerischer Leistungen einfach nach Hause geschickt, weil sie den Vorschriften des Berliner Rassenamtes nicht entsprochen haben.« – [anonym]: ›Die Situation des freien deutschsprachigen Theaters‹. In: ›National-Zeitung‹, H. 234, Basel 21./22. 5. 1938.

müsse als »eine Angelegenheit der weltanschaulichen Auseinandersetzung« begriffen werden und »die Verbindung mit dem wahren Empfinden des Volkes« [44] wiederfinden.

Im August 1938 wurde eine Sudetendeutsche Theaterkammer gegründet, die alsbald mit der »Gleichschaltung« der Theater begann – also mit der Kündigung unerwünschter Direktoren, Regisseure und Schauspieler und mit ihrer Ausschaltung aus den Theaterorganisationen, wie dem Verband der deutschen Bühnenleiter und dem Bühnenbund. In bemerkenswerter, fast zynischer Offenheit wird die Methode dieses Vorgehens geschildert:

»Soweit der Verband der Theaterhalter in Frage kam, ließ sich diese Gleichschaltung ohne weiteres erreichen: Die durch ihre Bürgermeister vertretenen Städte hatten bei einer außerordentlichen Generalversammlung nur [...] den der Kammer genehmen Obmann zu wählen [...].

Jedenfalls hat das Sudetendeutschtum auch in organisatorischer Beziehung, obwohl alle machtpolitischen und gesetzmäßigen Möglichkeiten fehlten, alles getan, um seine Theater [...] dem großdeutschen Vaterlande an jenem heißersehnten Tag als kostbares Volksgut zuzuführen und anzuvertrauen.« [45]

[44] ›Konrad Henlein spricht. Reden zur politischen Volksbewegung der Sudetendeutschen‹. Karlsbad 1937, S. 141 f.

[45] Ad. Köhler: ›Die Lage der sudetendeutschen Theater‹, a. a. O. – Wie diese Entwicklung von den Emigranten erkannt und besorgt registriert wurde, sollen die beiden folgenden Berichte verdeutlichen: »Seit der Besetzung Österreichs hat die von Henlein betriebene Politik der Einschüchterung, des Boykotts und der Gleichschaltung auch auf dem Kulturgebiet eine noch nicht dagewesene Intensität erreicht. Mit allen Mitteln versucht die ›Sudetendeutsche Partei‹ das gesamte deutsche Kulturleben unter ihren Einfluß zu bringen. Der ›Kulturverband‹ wurde völlig gleichgeschaltet, die Lehrergewerkschaft gespalten, die Reichsgewerkschaft der Deutschen Presse in der Tschechoslowakei zu Dreivierteln von Henlein erobert. Die Theaterdirektoren in Reichenberg und Brünn mußten abdanken. Schriftsteller, Künstler, Schauspieler befinden sich unter einem ungeheuren Druck. Namentlich in den kleinen Provinzorten ist für sie kaum die Möglichkeit gegeben, außerhalb der Henleinorganisationen zu bleiben, geschweige denn zu arbeiten. Trotzdem muß festgestellt werden, daß die Mitgliedschaft des Schutzverbandes Deutscher Schriftsteller eine ungemein große Widerstandskraft an den Tag legt. Die Austritte werden bisher durch Neueintritte aufgewogen. Auch unter den Schauspielern trifft die Gleichschaltungspolitik auf Widerstand. In Brünn kam es zu einem regelrechten Theaterkrieg. Eine ›völkische‹ Gruppe versuchte, den Theaterfundus zu stehlen und den ganzen brünner Theaterbetrieb zu übernehmen. Demgegenüber bildete sich eine demokratische Theatergemeinde, die sich zum Ziele setzt, eine Besucherorganisation aufzubauen und ein freies deutsches Theater zu erhalten.« – K. K. R.: ›Kleine deutsche Chronik. Tschechoslowakei‹. In: ›Das Wort‹, H. 8, August 1938, S. 143.
»Wie das gesamte politische und wirtschaftliche Leben im Sudetengebiet, steht auch das deutsche Kulturleben in der Tschechoslowakei weiterhin unter schärfstem Druck der – in ihren Mitteln durchaus nicht wählerischen – Henleinleute. Auf hundert verschiedene Arten versucht die SdP eine völlige Gleichschaltung aller deutschen Kulturorganisationen und Einrichtungen zu erreichen. Der Widerstand der demokratischen Kreise wird sehr erschwert, aber er wächst unzweifelhaft. Das Positive dabei ist, daß auch bisher laue und versöhnlerisch demokratische Persönlichkeiten und Schichten zu entschiedener Haltung gedrängt werden.« – K. K. R.: ›Kleine deutsche Chronik. Tschechoslowakei‹. In: ›Das Wort‹, H. 10, Oktober 1938, S. 135.

4. **Die Aufführungen der Exildramatik – Agitation und Konzessionen**

a) Emigrantenensembles

Die sich verstärkende Gleichschaltungstendenz führte dazu, daß sich die Emigranten schon sehr bald, zum Teil in Solidarität mit tschechoslowakischen Schriftstellern und Künstlern, zahlreiche eigene Plattformen für ihr künstlerisches und kulturpolitisches Wirken schufen. In der Vielzahl dieser sehr unterschiedlichen Organisationen, Vereine und Klubs spiegelt sich die bedauerliche Fraktionierung der Emigranten wider, die gerade in Prag als einem Zentrum der politisch aktiven Emigration besonders deutlich sichtbar wurde.

Auch das Theaterleben verlagerte sich mehr und mehr auf die Ebene privater Vereine und Organisationen. Da die Mehrzahl der sudetendeutschen Stadttheater spätestens nach den erwähnten folgenreichen Gemeindevertreter-Wahlen im Mai 1938 in nationalsozialistische Hände kam (so unter anderem in Brünn, Reichenberg, Mährisch-Ostrau, Gablonz, Preßburg, Olmütz), schufen sich die nicht-nationalsozialistischen Teile der deutschsprachigen Bevölkerung, die weitgehend von dem deutsch-jüdischen Bürgertum gebildet wurden, eigene Theaterunternehmen und Zuschauerorganisationen, die, wie in Brünn und Mährisch-Ostrau, als Demokratische Theatergemeinde den gleichgeschalteten Theatern ernsthafte Konkurrenz boten. Dort hingegen, wo die Theater durch die Sudetendeutsche Partei geschlossen worden waren, vollzog sich einfach eine Übernahme ihrer Funktion durch die neugeschaffenen privaten Theaterorganisationen. Neben diesen, die als Weiterführungen der liberalen Tradition der Stadttheater gesehen werden können, entstand in der Tschechoslowakei nach 1933, gegründet und mitgestaltet von deutschen emigrierten Theaterleuten, eine Reihe sehr unterschiedlicher Truppen und Schauspielerensembles, die im folgenden mit ihren Inszenierungen von Exildramen dargestellt werden sollen.

Eine der frühesten und bekanntesten Gründungen war die Prager linke Truppe Studio 1934. Angeregt von der dramatischen Form der ›Voice-Band‹, die durch den tschechischen Regisseur Emil František Burian und sein D 34 gerade mit außergewöhnlichem Erfolg in Prag kreiert worden war und ihrerseits wieder auf die Sprechchöre und Agitproptruppen im Gefolge der sowjetischen Blauen Blusen zurückging, hatten die Initiatoren des Studios 1934, der Theaterkritiker, Schriftsteller und Schauspieler Fritz Erpenbeck[46] und die Lyrikerin Hedda Zinner[47] gemeinsam mit einem En-

[46] Fritz Erpenbeck: Geb. 1897 in Mainz. Schauspieler, Dramaturg, Kritiker. Schlosserlehre; Schauspielunterricht; als Schauspieler am Lessingtheater Berlin; 1933 Emigration in die CSR; Mitarbeit als Redakteur und Kritiker an Exilzeitschriften; 1935 Über-

semble zwölf junger Schauspieler eine aktivistisch-politische Ausdrucksform gefunden, die Kabarett, Kantate, Rezitation und Schauspiel in sich vereinigte und von ihnen als ›Stimm-Orchester‹ bezeichnet wurde:

»Hedda Zinner schrieb die Texte. Aber auch vorhandene Dichtungen, Ausschnitte aus Originaldokumenten, statistischen Zahlen, Zitate wurden beim Aufbau der Kurzszenen verwendet und montiert. Wichtig allein war, daß das, was gesagt werden sollte, auf die wirksamste Weise gesagt wurde. So entstanden nach und nach die Montage ›Passagiere der leeren Plätze‹ – wie der Titel schon sagt, waren hier von Hedda Zinner dieselben Gedankengänge gestaltet worden, die Andersen-Nexö in seinem bekannten gleichnamigen Buch mit anderen Mitteln gestaltet hat – und ›Das gelbe Gesicht‹, eine äußerst dramatische Szene, in der das China, wie wir es aus Operette und Kriminalroman kennen, einem wirklichen China gegenübergestellt wurde, das gegen aus- und inländische Unterdrücker für seine Freiheit kämpft. In der Dichtung ›Das Ungeheuer von Loch Neß oder die Schlange, die sich in den Schwanz beißt‹ zeigte Hedda Zinner in einer satirischen Verdichtung die ganze Sinnlosigkeit des kapitalistischen Verteilungssystems auf, während in einer von Fritz Erpenbeck aus Gedichten unserer Vormärzdichter zusammengestellten Montage, ›Vormärz 1848‹, die verblüffende Aktualität zum Ausdruck kam, die durch den deutschen Faschismus heraufbeschworen war. Im ganzen Programm wechselten Einzelrede und Dialog, Vers und Prosa, Sprech- und Gesangschor, Lied und Song in bunter Folge.« [48]

Dieses Programm erregte solches Aufsehen, daß sogar reichsdeutsche Zeitungen dazu Stellung nahmen und die Deutsche Gesandtschaft in Prag intervenierte, woraufhin die Zensur die Streichung der eindeutigsten Passagen zur Bedingung für eine weitere Erteilung der Arbeitserlaubnis machte. Ein zweites Programm im Herbst 1934 mußte daher bereits viel stärker mit den Mitteln indirekter und metaphorischer Anspielung arbeiten. Ein typisches Beispiel dafür bildet der Song ›Maulkorbzwang‹ von Hedda Zinner, der sich gegen die Zensurmaßnahmen richtete, nach außen hin jedoch auf eine gerade eingeführte Prager Verordnung über das Halten von Hunden Bezug nahm. Im Mittelpunkt dieses Programms, das trotz der Zensur an Schärfe nichts verloren hatte, standen Hedda Zinners »höchst dramatisches Pamphlet ›Amerika, du hast es besser‹, ein breites Voice-Band-Fresco so-

siedelung in die UdSSR; Mitarbeit an der Zeitschrift ›Internationale Literatur‹; nach 1945 Rückkehr nach Berlin; Herausgeber der Zeitschrift ›Theater der Zeit‹.

47 Hedda Zinner: Geb. 1907 in Wien. Schriftstellerin und Übersetzerin. 1923–1925 Wiener Schauspielakademie; als Schauspielerin in Stuttgart, Baden-Baden, Breslau, Zwickau, 1929 Berlin; 1929 KPD; Reporterin der ›Roten Fahne‹; Erfolge mit Erzählungen und Songs für Arbeitertruppen; 1933 Emigration über Wien nach Prag; Leiterin des Studio 1934; 1935 Übersiedelung mit F. Erpenbeck [Ehemann] in die UdSSR; Autorin für deutsche Sendungen in Radio Moskau; nach 1945 Rückkehr nach Berlin; schreibt für Funk, Fernsehen und Film.

48 Erich Freund: ›Studio 1934. Die erste deutsche Bühne im Exil‹. In: ›Theater der Zeit‹, Jg. 2, H. 7, Berlin Juli 1947, S. 30.

zialer Auseinandersetzung« [49] und Szenen aus Brechts ›Die heilige Johanna der Schlachthöfe‹.

Es ist bezeichnend für die Haltung der bürgerlichen Presse Prags, daß in der Kritik des Programms im ›Prager Tagblatt‹ neben dem Lob für die formale Vollkommenheit der Truppe bemängelt wird: »warum geht man auf dem Podium dieses Studios dem rein und nur Musischen so zielbewußt aus dem Weg?« [50] So ist das nächste Programm der Truppe, ein Ringelnatz-Programm aus Anlaß des Todes des Dichters, als Zugeständnis an die wachsende Einflußnahme der Zensur und an das unpolitische Kunstverständnis des Publikums zu sehen. Als nach diesem Programm Erpenbeck und Zinner in die Sowjetunion gingen und das Studio damit seiner führenden Köpfe beraubt war, fand sich die Truppe nur 1935 noch einmal zur Aufführung des Stückes ›Karelische Rhapsodie‹ von Hugo Huppert [51] zusammen, ehe sie sich auflöste.

Noch einmal versammelte sich in Prag ein Spielkollektiv ähnlicher Art. In seinen Ausdrucksformen und Intentionen glich es dem Studio 1934 weitgehend. Die Gruppe stützte sich auch auf dieselben Traditionen der sowjetischen Agitprop-Ensembles. Es handelte sich um eine Amateurtruppe junger deutscher Emigranten mit Namen Theater unserer Zeit, die auf ihre Weise einen Beitrag zum Kampf gegen den deutschen Faschismus leisten wollte. Ihre Zielsetzung hieß: Aufklärung, Aufruf zum Durchhalten, Solidarität aller antifaschistischen Kreise und Organisationen im Sinne der eben propagierten Volksfront. Das Programm, mit dem die Truppe am 4. 9. 1936 vor die Öffentlichkeit trat, fand, trotz der noch sichtbaren Mängel im Spiel, viel Beifall. Neben eigenen Songs und kurzen Szenen, die das Leben der Emigranten in Prag, ihre Sorgen und das ihnen gemeinsame Schicksal widerspiegelten, standen Lieder und Gedichte, unter anderem von Brecht und Becher, auf dem Programm [52]. Den Höhepunkt und Abschluß bildete die Aufführung des Einakters ›Bessie Bosch‹ von Peter Nikl [i. e. Johannes Wüsten] [53]. Auch dieses eindrucksvolle Zweipersonenstück aus der Wider-

[49] –dl.: ›Das »Studio 1934«‹. In: ›Prager Tagblatt‹, H. 251, 26. 10. 1934, S. 7.

[50] Ebenda.

[51] Hugo Huppert: Geb. 1902 in Bielitz-Biala. Lyriker, Essayist, Kritiker, Übersetzer. 1921–1925 Volkswirtschaftsstudium in Wien; Dr. rer. pol.; 1921 KPÖ; 1928 Übersiedelung in die UdSSR; Studium der Literaturwissenschaft in Moskau; Professorendiplom; bis 1941 stellvertretender Chefredakteur der ›Internationalen Literatur‹; seit 1956 in Österreich lebend.

[52] Ap.: ›»Emigranten-Revue«. Eine deutsche Spielgruppe in Prag‹. In: ›Pariser Tageszeitung‹, Jg. 1, H. 147, 5. 11. 1936, S. 4.

[53] Johannes Wüsten [Pseud.: Peter Nikl od. Nickl]: Geb. 1896 in Heidelberg, gest. 1943 im Zuchthaus Brandenburg. Dramatiker und Kupferstecher. 1934 Emigration nach Prag, 1938 nach Paris, dort 1941 während eines Krankenhausaufenthaltes der Gestapo in die Hände gefallen: »Peter Nickl, mit bürgerlichem Namen Johannes Wüsten, Schriftsteller und Kupferstecher, dessen Lieblingsthema die deutschen Bauernaufstände waren und der von einer einzigen Sache träumte: Mit seiner Feder und Nadel einen Sturm des

standsarbeit im nationalsozialistischen Deutschland spiegelt die Intentionen der Gruppe: Mit sparsamsten Mitteln läßt Nikl das ganze Panorama der nationalsozialistischen Wirklichkeit und des Widerstandes kommunistischer Arbeiter entstehen. Die Arbeiterin Bessie Bosch durchleidet die letzten Stunden vor der Hinrichtung ihres Lebensgefährten, eines kommunistischen Funktionärs. In ihren Gesprächen mit einem Kampfgenossen des Verurteilten artikulieren sich die Stationen einer inneren Wandlung: Verzweiflung, Mutlosigkeit, ohnmächtiger Haß und die Erkenntnis, daß es dennoch und nun gerade von dem eingeschlagenen Weg kein Zurück geben könne und geben dürfe. Mit dem Satz »Denkt an die Opfer« schließt das Stück [54], dergestalt die Zuschauer einbeziehend in die Aufforderung zum Widerstand innerhalb einer Einheitsfront aller antifaschistischen Kräfte. – Über die Wirkung des Ensembles heißt es:

»Die Spieltruppe leistet eine wichtige Aufklärungsarbeit unter den deutschsprachigen Pragern für ein freies Deutschland, sie schafft der Emigration einen Freundeskreis und arbeitet mit an der Schaffung einer Einheitsfront. Und nicht zuletzt kämpft sie für die Erhaltung einer wahren deutschen Volkskunst.« [55]

Die Truppe arbeitete mit variablem Programm aus einem Repertoire, zu dem unter anderem auch das zu dieser Zeit berühmte sozialkritische Stück ›Wo bleibt Lefty?‹ [›Waiting for Lefty‹] von Clifford Odets gehörte. Das große, alle politischen Kreise umfassende Echo, welches die Gruppe mit ihrem Programm fand, spiegelt sich in eingehenden und positiven Besprechungen nicht nur der Prager Presse [56].

Ebenfalls unabhängig von den etablierten Bühnen Prags wurde am 21. 5. 1938 durch die Deutsche Kommission des Spanienausschusses und den Volksbühnenbund eine einmalige Aufführung von Bertolt Brechts Stück ›Die Gewehre der Frau Carrar‹ veranstaltet, das bereits kurze Zeit vorher von einer tschechischen Bühne Prags, dem Arbeitertheater in Prag-Nuste, inszeniert worden war. Das Stück war ja von Brecht als ein unmittelbarer Beitrag zur Aufklärung über den Kampf des republikanischen Spaniens gegen die putschenden Militärs geschrieben worden. Um Ensembles

Volkszorns gegen die neuzeitlichen Fronherrn in seiner Heimat zu entfachen.« – Lenka Reinerová: ›Die Farbe der Sonne und der Nacht‹. In: ›Neue Deutsche Literatur‹, Jg. 12, H. 11, Berlin Nov. 1964, S. 91.

[54] P. Nikl: ›Bessie Bosch. Drama in einem Akt‹. In: ›Das Wort‹, H. 6, Dezember 1936, S. 12–24. – Vgl. Theodor Balk: ›Zwei antifaschistische Theaterpremieren. »Der Damm an der Theiss« – »Bessie Bosch«‹. In: ›Deutsche Volks-Zeitung‹, Paris/Prag 27. 9. 1936, S. 6.

[55] ›Pariser Tageszeitung‹, Jg. 1, H. 147, 5. 11. 1936, S. 4.

[56] Vgl. L. W.: ›Theater unserer Zeit‹. In: ›Bohemia‹, Jg. 109, H. 207, Prag 5. 9. 1936, S. 5; X.: ›Das Theater unserer Zeit‹. In: ›Prager Tagblatt‹, Jg. 61, H. 207, 5. 9. 1936, S. 6; Ap.: ›»Emigranten Revue«. Eine deutsche Spielgruppe in Prag‹. In: ›Pariser Tageszeitung‹, Jg. 1, H. 147, 5. 11. 1936, S. 4; Leo Lania: ›Emigranten spielen ihr Leben‹. In: ›Das Neue Tage-Buch‹, Jg. 4, H. 36, 5. 9. 1936, S. 863.

und Zuschauern, die mit den Prinzipien und Formen des epischen Theaters noch unvertraut waren, keine zusätzlichen Schwierigkeiten aufzustellen und dadurch die gewünschte Realisierung auf den Bühnen des Exils zu gefährden, hatte Brecht die geschlossene aristotelische, auf Einfühlung zielende dramaturgische Form gewählt. In der Tat hat dieses Stück, während der spanische Bürgerkrieg seinem Höhepunkt zusteuerte, durch die Initiative von Emigranten seinen Beitrag zur Aufklärung über die Vorgänge in Spanien geleistet. Vielfach, wie hier in Prag, wo der deutsch-tschechische Schriftsteller Franz Carl Weiskopf[57] eine einführende Rede hielt, wurde es im Rahmen von Sympathie-Veranstaltungen für den Kampf der spanischen Republik aufgeführt; vielfach stellte man die Einnahmen einem Spanienfonds zur Verfügung. Die Prager Inszenierung wurde von emigrierten deutschen Schauspielern in Gemeinschaft mit Laienspielern bestritten: »Obwohl das Stück größtenteils von Darstellern, die nicht Berufsschauspieler sind, aufgeführt wurde, kam alles, was Brecht sagen will, sehr klar und stilgerecht zum Ausdruck.«[58] Der Erfolg war groß, so daß Wiederholungen in Prag und in der Provinz geplant wurden.

Neben diesen in Prag und somit für die dort konzentrierte Emigrantenkolonie und die deutsch-tschechische Bevölkerung spielenden Emigrantenensembles ist noch eine zweite wichtige und grundsätzlich anders gerichtete Strömung der Theaterarbeit in der Tschechoslowakei zu erwähnen, auf die deutsche Emigranten entscheidenden Einfluß nahmen: Im sudetendeutschen Grenzgebiet gab es eine Reihe – in der Mehrzahl kommunistische – Agitprop-Spieltruppen, die auf Massendemonstrationen, Versammlungen in Gaststätten und Parteihäusern der Bergarbeiterstädte und Weberdörfer mit unmittelbar aktuellen, zeitpolitisch-kämpferischen Programmen, zusammengesetzt aus Liedern der Arbeiterbewegung, eigenen Songs und Kantaten, satirischen Kurzszenen und Einaktern antifaschistisch agitierten. Ihr Ziel war es, damit ein Gegengewicht zur immer bedrängenderen, einflußreichen Präsenz der Sudetendeutschen Partei und ihrer Anhänger zu setzen.

[57] Franz Carl Weiskopf: Geb. 1900 in Prag, gest. 1955 in Berlin. Romanautor, Übersetzer, Journalist. Studium der Kunstgeschichte und Germanistik; Dr. phil.; 1921 KPC; Mitglied im Bund Proletarisch-Revolutionärer Schriftsteller; 1933 Emigration nach Prag, Chefredakteur der ›Arbeiter-Illustrierte-Zeitung‹; 1938 nach Paris und New York; Mitbegründer des Aurora-Verlags; 1947–1949 tschechoslowakischer Botschafter in den USA; Gesandter in England; 1953 nach Berlin.

[58] [anonym]: ›Die Gewehre der Frau Carrar‹. In: ›Bohemia‹, Jg. 111. H. 121, 24. 5. 1938. – Brecht verstand sein Stück auch als eine Standortbestimmung der gesamten Emigration in ihrer Haltung zu den Vorgängen in Spanien. ›Die Gewehre der Frau Carrar‹ sei, so schreibt Brecht 1938, »ein Brief an die Fischersfrau, in dem ihr versichert wird, daß nicht alle, die deutsche Sprache sprechen, es mit den Generälen halten und Bomben und Tanks in ihr Land schicken. Und diesen Brief schreibe ich im Namen vieler Deutschen innerhalb und außerhalb der deutschen Grenzen, der meisten Deutschen. Des bin ich sicher.« – B. Brecht: ›Gesammelte Werke‹, a. a. O., Bd. 18, S. 252.

Hier sind es vor allem die Dramatiker und Truppenleiter Louis Fürnberg [59] und Peter Nikl, deren Beteiligung die Arbeit der Ensembles prägte. Auch Kurt Barthel [Kuba] und Johannes R. Becher gehörten zu den Mitarbeitern. Zwei Ausformungen dieses politisch-agitativen Theaters stehen nebeneinander: In den meisten Fällen handelte es sich um kleine, zum Teil aus Amateuren zusammengesetzte Spieltrupps, in der Tradition des Agitprop stehend, mit einfachsten Mitteln arbeitend, in ihren Programmen unmittelbar auf die politischen Zeitereignisse reagierend. Daneben wurden Massenfestspiele und -kantaten durch Teile der Bevölkerung, vorwiegend des Proletariats, unter Anleitung und Mitwirkung der Spieltrupps oder anderer politisch aktiver Theaterleute wie den oben genannten, aufgeführt.

Louis Fürnberg arbeitete seit 1932 mit der deutschsprachigen Agitproptruppe Echo von links zusammen, die bis 1936 vor allem in Nordböhmen tätig war und bald einen gewissen Ruhm erlangte. Neben Werken Fürnbergs, meist Einaktern und Kantaten, die unter dem Verfasserpseudonym Nuntius gesungen oder im Sprechchor aufgeführt wurden, standen Verse von Brecht, Becher, Weinert, Renn und Tucholsky auf dem Programm. In einer Ankündigung des Echo von links heißt es 1935:

»Tausende deutsche Werktätige, Sozialdemokraten, Kommunisten, Henleinanhänger und Parteilose kennen den Namen ›Echo von links‹ als Bezeichnung der erfolgreichsten Spieltruppe, die die Sudeten bereist und auch in Moskau und Paris unter jubelnder Begeisterung der Werktätigen aufgetreten ist. Für sie ist ihr Auftreten nicht nur formvollendetes Spiel, sondern gleichzeitig Kampf gegen den Kulturfaschismus, der in Deutschland mit Bücherverbrennung und Konzentrationslagern seine Triumphe feiert. Es war ein Alarmruf zum Zusammenschluß für Arbeit, Brot und Frieden.« [60]

Aus dieser Äußerung wird deutlich, daß die Arbeit der Truppe von dem Bestreben getragen war, einen größeren Publikumskreis als nur den der kommunistisch orientierten Teile der Arbeiterschaft zu finden, um zur Bildung einer Volksfront beizutragen, der 1935 auf dem 7. Komintern-Kongreß in Moskau proklamierten Vereinigung aller antifaschistischen Kräfte. In der Tschechoslowakei erhielt dieses Ziel mit dem Aufruf zur Einheit der deutschen und tschechischen Bevölkerung gegen den beide

[59] Louis Fürnberg: Geb. 1909 in Iglau, gest. 1957 in Weimar. Lyriker, Journalist. Ausbildung als Kunstkeramiker abgebrochen; erste lyrische Arbeiten; Studien an der Prager Universität; Eintritt in die KPC; Journalistische Arbeiten, Erfolge als Lyriker; 1932–1936 Leiter der Arbeiterspieltruppe Echo von links; Zusammenarbeit mit Kuba [Kurt Barthel] in der Truppe Das neue Leben; Mitarbeit in der Truppe Der rote Stern; 1939 Verhaftung; Flucht nach Palästina; 1949 als Botschaftsrat der tschechoslowakischen Mission in Berlin; 1954–1957 Stellvertretender Direktor der Nationalen Forschungs- und Gedenkstätten in Weimar; Mitherausgeber der ›Weimarer Beiträge‹.

[60] Aus einem Programm des Echo von links aus dem Jahre 1935. Wiedergegeben in Gerhard Wolf: ›Der Dichter Louis Fürnberg‹. Berlin 1961, nach S. 12.

gleichermaßen bedrohenden Feind eine besondere Akzentuierung. Diesem Ziel sollte auch Fürnbergs ›Festliche Kantate‹ dienen; noch im Juni 1938, also nur drei Monate vor der Abtretung des Sudetenlandes an Deutschland, wurde sie auf einem von der kommunistischen Partei in Zusammenarbeit mit anderen antifaschistischen Organisationen veranstalteten Volkskulturtag in Reichenberg vor, wie es heißt, 20 000 Versammelten aufgeführt [61]. Auch die Stücke Johannes Wüstens, meist Einakter, kamen auf derartigen Veranstaltungen zur Aufführung, so als Freilichtspiel ›Die Grenze‹ im Sudetengebiet und ebenfalls als Freilichtaufführung in Karlsbad ›Der Berggeist‹ [62]. Sein Massenfestspiel ›Die Lehre von Maria Stern‹ wurde am 20. 6. 1936 »bei einem Volkstreffen in Nordböhmen« [63] von der arbeitslosen Bevölkerung dreier Weberdörfer im Kreis Gablonz aufgeführt. Ebenfalls in Böhmen, in Reichenberg, wurde im Sommer 1938 auf einer Freilichtbühne von einem aus Amateuren und Berufsschauspielern gebildeten Ensemble die Henlein-Satire ›Der Rattenfänger bei den Schildbürgern‹ [»ein neuzeitliches Märchen in 3 Bildern«] von Albin Stübs aufgeführt. Die Szene ›Die Jagd nach dem Glück‹ [oder, an anderer Stelle, ›Das Glücksrad‹] von Stübs, welche »die sozialen Nöte und Sorgen des kleinen Mannes schilderte« [64] hatte im Herbst 1934 einen Teil des zweiten Programms des Studio 1934 gebildet.

b) Deutsche Theater

Es war am Beispiel der ›Rassen‹ darauf hingewiesen worden, daß die tschechoslowakischen Behörden, so aufgeschlossen und entgegenkommend sie sich im großen und ganzen in der Frage der Hitler-Emigranten verhielten, dennoch aus Sorge, Deutschland keinen Vorwand zur Verschärfung der ohnehin äußerst angespannten politischen Beziehungen zu geben, verschiedentlich mit Verordnungen und Verboten dem öffentlichen Wirken der Emigration Schranken setzten. Doch mutet es fast paradox an, gerade in diesem Land, das Tausende jüdischer Flüchtlinge aus Deutschland bereitwillig aufnahm, trotz der schwierigen wirtschaftlichen Verhältnisse versorgte und für ihre Rechte eintrat, weder Friedrich Wolfs ›Professor Mam-

[61] Ebenda, S. 31. – Anläßlich dieses Volkskulturtages schrieb Heinrich Mann seinen Aufsatz ›Kultur‹, der in der ›Deutschen Volks-Illustrierten‹ vom 22. 6. 1938 veröffentlicht wurde. Wiedergegeben in: Heinrich Mann: ›Verteidigung der Kultur. Antifaschistische Streitschriften und Essays‹. Berlin 1971, S. 162–167.

[62] Angaben zu den Stücken J. Wüstens nach G. Albrecht: ›Die Tschechoslowakei als Asylland der deutschen antifaschistischen Literatur 1933–1938‹. Kandidaturarbeit [Masch.].

[63] [anonym]: ›Uraufführung eines deutschen Dramas bei einem Volkstreffen in Böhmen‹. In: ›Prager Tagblatt‹, Jg. 61, H. 143, 19. 6. 1936, S. 5.

[64] E. Freund: ›Studio 1934‹, a. a. O., S. 31.

lock‹ noch Ferdinand Bruckners ›Rassen‹, diese beiden auf den Bühnen des Exils berühmt gewordenen Zeitdramen »der ersten Stunde«, aufgeführt zu finden. Lediglich in Brünn wurde der Versuch gemacht, ›die Rassen‹ zu spielen. Max Brod schreibt darüber am 13. 6. 1934 an Bruckner:

»Ich hatte die Freude, daß die Brünner zionistische Organisation auf Grund meines Vortrags beschloß, Ihr Stück durch die Jungjüdische Bühne aufführen zu lassen. Leider wurde trotz des oder wegen des großen Erfolges das Stück verboten, in Prag sogar schon vor der Aufführung.« [65]

Es erscheint nicht ausgeschlossen, daß dieses Brünner Verbot den letzten Ausschlag gab, in Prag auf die deutsche und die – wie ein Brief Bruckners beweist [66] – geplante tschechische Inszenierung zu verzichten. – Es blieb den Jüdischen Kammerspielen vorbehalten, ein Zeitstück über den Antisemitismus in Deutschland auf die Bühne zu bringen: Oscar Singers ›Herren der Welt‹, in dem das Schicksal eines jüdischen Wissenschaftlers im Dritten Reich gezeigt wird. Bei seiner Premiere am 9. 5. 1935 erzielte es einen »starken Erfolg« [67].
Der Spielplan des Prager Deutschen Theaters und des ihm angeschlossenen Kammerspielhauses der Kleinen Bühne blieb in diesen Jahren von exponierten und engagierten Werken emigrierter Dramatiker weitgehend frei. Zwar wurden mehrere im Exil geschriebene Stücke aufgeführt, doch handelte es sich dabei in erster Linie um unverbindliche, wenig brisante Stoffe. Komödien vor allem. So finden wir hier Inszenierungen wie 1935 die »der recht rebellischen, aber nicht sehr konsequenten Eltern-Kinder-Komö-

[65] Brief Max Brods an Ferdinand Bruckner vom 13. 6. 1934 aus Prag. [Im Ferdinand-Bruckner-Archiv].

[66] »Was die Uraufführung der Rassen betrifft, so ist zunächst vorgesehen, daß sie hier [Paris, H. C. W.], in Zürich und in Wien nach Möglichkeit am selben Tag stattfindet. Natürlich wäre ich damit einverstanden, daß die tschechische Aufführung gleichfalls am selben Tag stattfindet und würde für diesen Fall es auch einrichten können, daß die Prager deutsche Aufführung erst später kommt.« – Brief Bruckners vom 11. 10. 1933 aus Paris an den Verlag Centrum in Prag [Im Ferdinand-Bruckner-Archiv]. – Der so außerordentlich werbewirksame und im Falle eines Stückes wie ›Die Rassen‹ als antifaschistisch-kulturpolitische Demonstration zu verstehende Gedanke einer Simultanpremiere in drei oder sogar vier der wichtigsten europäischen Hauptstädte ließ sich nicht realisieren: Die Uraufführung fand am 30. 11. 1933 mit spektakulärem Erfolg in Zürich statt, die Pariser Premiere erst am 8. 3. 34, und in Wien und Prag wurde das Stück während des Dritten Reiches nicht gespielt.

[67] »Fast hätte das zum großen Teile aus deutschen Emigranten bestehende Publikum als Chor mitagieren können. Von all dem, was im Stücke dramatisch geschildert wird, wüßte ja jeder von ihnen ein Lied zu singen. Daß da einem jüdischen Erfinder Gewalthaber des Dritten Reiches eine Erfindung mit Gewalt und List entwinden, ist wohl Erfindung des Verfassers, aber das Drum und Dran, daß Menschen sich der Devise: ›Unrecht wird Recht, wenn es der Nation frommt‹, freiwillig oder gezwungen beugen, das alles mußte nicht erfunden werden.« – –ll–: ›Herren der Welt‹. In: ›Prager Tagblatt‹, S. 109, 10. 5. 1935, S. 5.

die«[68] ›Anna sagt nein‹ von Adolf Hoffmeister und Friedrich Torberg, ebenfalls 1935 Jaroslav Hašeks und Egon Erwin Kischs Komödie ›Die Moldauschiffer‹ mit über 50 Aufführungen in der Kleinen Bühne und im Winter 1936/37 Leo Lanias Komödie ›Der Held‹[69]. Am 8. 9. 1935 wurde Leonhard Franks gesellschaftskritische Komödie ›Der Außenseiter‹ in der Regie Arnold Marlés[70] uraufgeführt[71], und schon eine Woche später, am 24. 9. 1937, sah das Prager Publikum des Deutschen Theaters wieder eine Uraufführung: Ödön von Horvaths[72] historisches Lustspiel ›Ein Dorf ohne Männer‹, das großen Publikumsbeifall errang[73]. Schließlich brachte das Theater am 15. 2. 1938 Bruckners ›Napoleon I.‹ heraus[74], eines der Erfolgsstücke des Exils, das gerade in Österreich und der Tschechoslowakei viel gespielt wurde.

Ein Stück verdient in diesem Zusammenhang besondere Beachtung: Am 2. 4. 1937 wurde auf der Kleinen Bühne Horvaths Komödie ›Figaro läßt sich scheiden‹ in Marlés Regie uraufgeführt. In diesem Drama erhebt Horvath das Schicksal des Exils mit seinen Gefahren für den Emigranten, durch den Verlust des sozialen Gefüges und der Wertvorstellungen, in denen er gelebt hatte, den letzten inneren Halt zu verlieren, zum zentralen Motiv. Bei der Presse und dem zum größten Teil aus Emigranten zusammengesetzten Publikum fand das Stück trotz des Erfolges, den es erringen konnte, im Grunde wenig Verständnis. Eine der Ursachen dafür liegt sicher in der Diskrepanz zwischen dem heroischen und oft pathetisch überhöhten Selbstverständnis der Emigranten von der Bedeutung ihres Exils als einer moralischen Gegenkraft zum Nationalsozialismus und Horvaths pessimistischer, desillusionierender Darstellung der Exil-Realität und ihrer lähmenden Wirkung auf die Widerstandskraft der Emigranten. Horvaths

[68] ..eo...: ›Uraufführungsstadt Prag‹. In: ›Pariser Tageblatt‹, Jg. 4, H. 803, 23. 2. 1936, S. 4.

[69] Nach Angaben Leo Lanias im Winter 1936/37 gleichzeitige Uraufführung in London, Prag und Wien. Nach: ›Das Wort‹, H. 4/5, April/Mai 1937, S. 178.

[70] Arnold Marlé: Geb. 1887 in Prag, gest. 1969 in London. Deutscher Schauspieler und Regisseur. 1910 Volkstheater München; 1914 Kammerspiele München, Charakterdarsteller unter Erich Ziegel und Otto Falckenberg; 1921 Kammerspiele Hamburg; dort 1926–1929 Oberspielleiter; 1933 Emigration nach Prag, als Regisseur am Neuen Deutschen Theater; 1939 nach London, Schauspieler und Regisseur der Schauspieltruppe des Freien Deutschen Kulturbundes und des Laterndl; sein Sohn Omri M. als Schauspieler im Londoner Exil tätig.

[71] Kritiken in: ›Prager Tagblatt‹, Jg. 62, H. 212, 9. 9. 1937, S. 7; ›Das Neue Tage-Buch‹, Jg. 5. H. 38, 18. 9. 1937, S. 911.

[72] Die Zuordnung Horvaths zur Emigration kann, zumindest zu diesem Zeitpunkt, keine ganz eindeutige sein: Der Schriftsteller lebte zu dieser Zeit vorwiegend in Österreich und hielt sich nach 1933 zeitweise in Deutschland auf, um die nationalsozialistische Wirklichkeit unmittelbar kennenzulernen.

[73] Kritiken in: ›Prager Tagblatt‹, Jg. 62, H. 226, 25. 9. 1937, S. 7; ›Bohemia‹, Jg. 110, H. 226, 25. 9. 1937, S. 5; ›Prager Presse‹, 26. 9. 1937.

[74] Kritiken in: ›Prager Mittag‹, 16. 2. 1938; ›Der Sozialdemokrat‹, Prag 16. 2. 1938; ›Die Presse‹, Wien 17. 2. 1938.

Flüchtlinge sind nur zu schnell bereit, sich in ihrem Zufluchtsland zu arrangieren und in der berechtigten Sorge um ihre physischen Bedürfnisse die Aufgabe, vor die sie ihr Exiliertsein hätte stellen müssen, geflissentlich zu übersehen. Eine solche, von Horvath geforderte selbstkritische Einsicht in die gefährdete Situation des Emigranten gelang jedoch nur wenigen. Nicht viele Emigranten wollten diese unbequemen Wahrheiten hören, um nicht die gern übernommene Rolle des politischen Märtyrers durchdenken zu müssen.

Lion Feuchtwanger setzt sich 1938 in einem Aufsatz über ›Größe und Erbärmlichkeit des Exils‹ mit demselben Problem auseinander. Er zeichnet ein Bild, das den Emigrantenschicksalen in Horvaths nihilistischer Weiterführung der ›Figaro‹-Handlung zum Vorbild gedient haben könnte. Da heißt es:

»Den wenigsten bekamen die Leiden, die sie durchzumachen hatten. Denn es ist so, daß Leiden nur den Starken stärker, den Schwachen aber schwächer macht. [...] Viele von den Emigranten verkamen. Ihre schlechten Eigenschaften, im Wohlstand versteckt und behütet, drangen zutage, ihre guten schlugen um. Wer vorsichtig gewesen war, wurde feig, der Mutige verbrecherisch, der Sparsame geizig, Großzügigkeit wurde Hochstapelei. Die meisten wurden ichbesessen, verloren Urteil und Maß, unterschieden nicht mehr zwischen Erlaubtem und Unerlaubtem, ihr Elend wurde ihnen Rechtfertigung für jede Zügellosigkeit und Willkür. Auch wurden sie jammerselig und zänkisch. Aus sicheren Verhältnissen ins Unsichere gestoßen, verzappelten sie sich, wurden frech und servil zugleich, streitsüchtig, anspruchsvoll, besserwisserisch. Sie wurden wie Früchte, die man zu früh vom Baum gerissen hat, nicht reif, sondern trocken und ranzig.« [75]

Für sich genommen und nicht relativiert etwa auch durch die in dieser Untersuchung zur Debatte stehenden Aktivitäten der deutschen Emigration, ist dieses Bild sicher einseitig und verzerrt. Feuchtwanger spricht ja auch ausdrücklich von Größe *und* Erbärmlichkeit des Exils. Zum ganzen Bild gehört jedoch dieser negative Aspekt, dem Horvath in seinem Stück warnend und mahnend Ausdruck verlieh. – Doch die politischen und sozialen Aspekte des Stückes wurden zu jener Zeit noch nicht wahrgenommen – man wollte sie nicht wahrnehmen. Schon der Regisseur hatte sich darauf beschränkt, die komödiantischen Seiten des Stückes zu betonen:

»Arnold Marlé zäumte die Komödie als eine literarisch bedeutsame und ebenso vergnügliche Angelegenheit auf. Die Sätze wirkten teils witzig, teils bedeutungsvoll. Die Pointen schlugen ein wie humorvoll arrangierte Gartenfestblitze. Sie weckten Behaglichkeit und machten vergessen, daß wir in einer gefährlichen Zeit leben.« [76]

[75] Lion Feuchtwanger: ›Größe und Erbärmlichkeit des Exils‹, In: ›Das Wort‹, H. 6, Juni 1938, S. 4f.

[76] L. W.: ›Horvath: »Figaro läßt sich scheiden«. Uraufführung in der Kleinen Bühne‹. In: ›Bohemia‹, Jg. 110, H. 79, 3. 4. 1937, S. 5.

Dadurch war der Blick auf den Kern des Stückes verstellt, und so bedauerte derselbe Kritiker dann auch, daß dieses Stück nichts vom typischen Horvathschen Furor beinhalte: »In seinem Stück ist kein Zorn und kein Jubel, keine Entrüstung und keine Genugtuung verborgen.« [77]
Angesichts des Druckes von nationalsozialistischer Seite, der sich auf die deutschsprachigen Stadttheater der Tschechoslowakei in noch weit stärkerem Maße als auf die Bühnen Prags auswirkte, verwundert es nicht, auf diesen Bühnen kaum Exildramatik von Bedeutung zu finden. So wurde beispielsweise das deutsche Theaterleben in Brünn durch die Errichtung eines neuen Hauses und die daraus resultierenden langwierigen Verhandlungen über die Frage, welcher der beiden Interessentengruppen, der nationalsozialistisch oder der antifaschistisch-demokratisch orientierten, die Spielkonzession erteilt werden sollte, nahezu paralysiert. Eine der Folgen war, daß sich 1938 der Deutsche Theaterverein in die Deutsche Theatergemeinde der Henlein-Anhänger und die Demokratische Theatergemeinde des neuen deutschen Theaters spaltete [78]. – Solche Probleme ergaben sich in Eger nicht. Dort war das Theater fest in den Händen der Anhänger Henleins:

»Der Spielplan, der keine volksfremden Autoren aufweist, ist derart zusammengestellt, daß auch den Schülern der höheren Lehranstalten der Besuch des Theaters von den Professoren empfohlen wird. Nicht nur der Spielplan läßt eine völkische Einstellung erkennen, sondern auch unter der Künstlerschar befindet sich kein volksfremdes Element. Das Theater findet die Unterstützung durch die sudetendeutschen Parteimitglieder, die zahlreich das Theater besuchen. Auch der Führer der Bewegung, Konrad Henlein, hat eine große Loge gemietet [...]. Es ist verständlich, wenn unter diesen Umständen aus jüdischen Kreisen eine Boykott-Aktion fühlbar wird.« [79]

c) Tschechische Bühnen

Neben Voskovecs und Werichs Befreitem Theater war es vor allem Burians Divadlo 34 [80], dem das tschechische Prag in jenen Jahren seinen weit über die Landesgrenzen reichenden Ruf einer avantgardistischen, äußerst lebendigen Theaterstadt zu verdanken hatte. Burians Inszenierungsstil baute auf einer synthetischen Zusammenfügung divergierender Stilelemente und for-

[77] Ebenda. – Vgl. Gabriele Reuther: ›Ödön von Horváth. Gestalt, Werk und Verwirklichung auf der Bühne‹. [Masch.] Phil. Diss. Wien 1962, S. 198 f.

[78] Vgl. Anmerkung 45; vgl. auch Elizabeth Wiskemann: ›Czechs & Germans. A Study of the Struggle in the Historic Provinces of Bohemia and Moravia‹. 2. Aufl., New York 1967, S. 220.

[79] Bericht der Konsularischen Zweigstelle der Deutschen Gesandtschaft Prag in Eger vom 13. 11. 1935 [Masch., Gesandtsch.-Akten, ›Kulturelle Beziehungen zum Sudetendeutschtum. Deutsches Theater in Eger.‹ Prag 28/4. A. II. d. l. a. 63].

[80] Über Emil František Burian und das D 34 vgl. E. Novak: ›Burian und das Kollektiv D. 34‹. In: ›Das internationale Theater‹, Jg. 1934, H. 2, Moskau 1934, S. 43–45;

maler Hilfsmittel wie Licht als bühnenbildendes Element, Projektion, Film, Tanz, moderne Musik, und auf der radikalen Neuformung der von ihm gespielten klassischen Werke auf. Trotz mannigfacher Bezüge zum Theater Meyerholds und Piscators trug Burians Arbeit die unverkennbare, individuelle Handschrift ihres Schöpfers.
Burian hatte sich darum bemüht, Friedrich Wolfs spektakuläres Drama gegen den Abtreibungs-Paragraphen, ›Cyankali‹, in seinem Theater aufführen zu dürfen. Als ihm von den Zensurbehörden die Genehmigung verweigert wurde, setzte er sich für eine Aufführung von ›Professor Mamlock‹ ein. Auch dazu erhielt er, wohl durch Einflußnahme der reichsdeutschen diplomatischen Vertretung, keine Erlaubnis [81]. So inszenierte er schließlich im März 1935 ›John D. erobert die Welt‹, von Wolf 1930 als Hörspiel geschrieben und im gleichen Jahr vom Berliner Rundfunk gesendet [82]. Bühnenfotos zeigen hohe weiße Stellwände im Hintergrund, auf die projiziert werden konnte (so beispielsweise ein Wald von Bohrtürmen). Auf der Spielfläche selbst befanden sich einfache, vielfach verwendbare Praktikables, Stehleiter, Stuhl und Tisch. Von oben hing wie ein riesiger, drohender Mond eine Scheibe, die das Dollarzeichen trug. Während Wolfs Stück im Grunde noch nicht der Exildramatik zuzuordnen ist, muß die Inszenierung zumindest auf Grund der Bemühungen Burians um ›Professor Mamlock‹ als Demonstration für das Wirken der Emigration interpretiert werden. – Mit der Uraufführung von Julius Hays Schauspiel ›Der Damm an der Theiß‹ brachte das D 34 im September 1936 ein eindeutig zur Exilliteratur zählendes Drama auf die Bühne [83], denn Hay hatte schon 1933 den Weg in die Emigration genommen und lebte seit 1935 in Moskau.
Bruckners Napoleon-Drama erfreute sich auch auf tschechischen Bühnen großer Beliebtheit, während ihm die Presse wenig Qualitäten abgewinnen konnte. Offensichtlich empfand man es mit gewisser Enttäuschung als eine unstatthafte Flucht aus der Realität, daß Bruckner dem doch so beziehungsreich aktuellen Problem der Summierung politischer Macht in einer Persönlichkeit konsequent ausgewichen war und sich in die Sphäre privater Idyllik zurückgezogen hatte. So resümierte einer der Kritiker unumwunden: »ein überflüssiges Bühnenwerk, das den Nero der Zeit nicht berührt.« [84]

Frank Warschauer: ›Prag heute‹. Prag 1937, S. 25–27; Miroslav Rutte und František Bartoš: ›The Modern Czech Scene‹. Prag 1938.

81 Nach Auskunft Dr. Walther Pollatscheks vom Friedrich Wolf-Archiv, Lehnitz.

82 Bereits im Dezember 1932 war ›John D.‹ in Basel durch die Truppe der Gegenwart in der Regie Fritz Ritters auch als Bühnenstück inszeniert worden. – Zu Burians Inszenierung vgl. Walther Pollatschek: ›Das Bühnenwerk Friedrich Wolfs. Ein Spiegel der Geschichte des Volkes‹. Berlin 1958, S. 382.

83 Vgl. m. b.: ›Der Damm an der Theiss‹. In: ›Prager Tagblatt‹, Jg. 61, H. 204, 2. 9. 1936, S. 5; vgl. auch: Julius Hay: ›Geboren 1900‹. [Reinbek] 1971, S. 63 f. u. 159.

84 [anonym]; ›Ferdinand Bruckners Drama »Napoleon I.«‹. In: ›Prager Mittag‹, 10. 3. 1937.

Die »Europäische Uraufführung« des Stückes hatte in tschechischer Sprache stattgefunden: Trotz Bruckners Protest, der das Uraufführungsrecht an das Prager Nationaltheater [Tschechische Ständetheater] vergeben hatte, brachte das Tschechische Landestheater in Brünn am 26. 2. 1937 als erste Bühne das Stück heraus [85]; die Prager tschechische Inszenierung hatte am 9. 3. 1937 Premiere [86].

[85] Kritiken in: ›Prager Tagblatt‹, Jg. 62, H. 50, 27. 2. 1937; ›Die Stunde‹, Wien 3. 3. 1937; ›Das Neue Tage-Buch‹, Jg. 5, H. 10, 6. 5. 1937, S. 239.

[86] Kritiken in: ›Prager Mittag‹, 10. 3. 1937; ›Prager Presse‹, 11. 3. 1937. – Ein Bühnenbild-Entwurf Vladislav Hofmans, ›Saal des Staatsrates‹, findet sich wiedergegeben in: M. Rutte u. F. Bartoš: ›The Modern Czech Scene‹, a. a. O.

III. Frankreich – Fluktuation und Avantgardismus

1. ›Unholdes Frankreich‹ – Situation und Haltung gegenüber den Emigranten

Lion Feuchtwanger gab dem 1941 verfaßten autobiographischen Bericht über seine Exilzeit in Frankreich und im besonderen über seine Internierung während des französischen Exils den Titel ›Unholdes Frankreich‹ [87]. Er faßte damit die Situation der deutschen Emigranten in diesem Zufluchtsland und das Verhalten der französischen Behörden, aber auch weiter Teile der französischen Bevölkerung in eine Formel, die sich bei einer detaillierten Prüfung dieser Situation voll bestätigt. Gewiß, auch in Frankreich fanden sich viele Menschen, besonders in den späteren Jahren aus Kreisen der Resistance, die in den Emigranten die Verbündeten im gemeinsamen Kampf gegen den Faschismus sahen, die ihre Notlage erkannten und sich tatkräftig dafür einsetzten, die gerade in Frankreich besonders umfangreichen und zum Teil demütigenden Reglementierungen durch Einwanderungsbeschränkungen, Aufenthaltsbestimmungen, Einstellungsverbote etc. zu liberalisieren. Doch bezeichnen die mehrmaligen Internierungen, denen ohne Differenzierung Hitlergegner und -freunde gleichermaßen unter entwürdigenden und zum Teil unmenschlichen Bedingungen ausgesetzt wurden, deutlich genug das Maß an Distanz, Gleichgültigkeit, Mißtrauen und offener Feindseligkeit, mit dem sich die Emigration in Frankreich konfrontiert sah.
Die vielfältigen, bürokratisch komplizierten und durchweg fremdenfeindlichen Bestimmungen, die den Aufenthalt der Emigranten in Frankreich reglementierten und in ihnen zwangsläufig das Gefühl wecken mußten, als Emigranten unerwünscht und mit Mißtrauen angesehen zu sein, sollen hier nicht ausgebreitet werden [88]. Sie lassen sich in das Resümee fassen:

»Frankreich exemplifizierte im Leben vieler das Schicksal der Emigranten über-

[87] L. Feuchtwanger: ›Unholdes Frankreich‹, Mexiko 1942. – Die besondere Härte des französischen Exils kommt in zahlreichen autobiographischen Berichten von Emigranten zum Ausdruck. Vgl. Ernst Josef Aufricht: ›Erzähle, damit du dein Recht erweist. Aufzeichnungen eines Berliner Theaterdirektors‹. [dtv-Taschenbuchausgabe, München 1969]; Alfred Döblin: ›Schicksalsreise. Bericht und Bekenntnis‹. Frankfurt Main 1949; Arthur Koestler: ›Die Geheimschrift. Bericht eines Lebens. 1932 bis 1940‹. Wien 1955; Leo Lania: ›Welt im Umbruch. Biographie einer Nation‹. Frankfurt a. M. 1945.

[88] Diesen Komplex legt ausführlich dar: K. R. Grossmann: ›Emigration‹, a. a. O., S. 11–14, 190–215, 355, 364–367; vgl. auch K. R. Grossmann u. Arieh Tartakower: ›The Jewish Refugees‹. New York 1944, S. 146–151 und Rudolf Olden: ›Das Fremdenrecht in Frankreich‹. In: ›Das Neue Tage-Buch‹, Jg. 6, H. 35, 27. 8. 1938, S. 829–831.

haupt: Objekt von Mißtrauen und Willkür, Unverständnis und Opportunismus zu sein, die endgültige Bewußtmachung des ›Nirgendwohin-Gehörens‹.« [89]

Dabei ist zu berücksichtigen, daß diese Emigration zum Großteil ja gerade von denjenigen Schichten des deutschen Bürgertums und der deutschen Intelligenz gebildet wurde, welche den nationalistischen, anti-französischen Ressentiments, wie sie sich aus dem wilhelminischen Deutschland tradiert hatten, durch den Versailler-Vertrag erneut geschürt worden waren und vom Nationalsozialismus zur Ideologie erhoben wurden [90], fernstanden oder ihnen sogar erbitterten Widerstand geleistet hatten. So Heinrich Mann, René Schickele, Kurt Tucholsky, um aus dem Bereich der Literatur drei exponierte Befürworter einer deutsch-französischen Versöhnung zu nennen. Um so mehr mußte gerade sie die Kälte bestürzen, die ihnen in Frankreich entgegenschlug. Und obwohl die Emigranten mit Besorgnis auch hier eine allmähliche, unterschwellige Faschisierung beobachteten, traf sie die Manifestation dieser Geisteshaltung in den Internierungen und in den Modalitäten dieser Internierungen als tiefer Schock. Allein schon an der Vielzahl und Detailliertheit der Berichte über diese Seite des Exils in Frankreich läßt sich die Bestürzung der Emigranten ermessen, als Gegner des Nationalsozialismus eine Behandlung erfahren zu müssen, die eine bestürzende Ähnlichkeit zu dem aufwies, wovor sie aus Deutschland geflohen waren.

Auch in England wurden zu Kriegsbeginn deutsche Emigranten interniert. Doch dort war aus der gesamten Einstellung von Behörden und Öffentlichkeit, aus der genauen Unterscheidung zwischen zweifelsfreien Antifaschisten und nationalsozialistischen Sympathisanten wie aus der Versorgung und strengen Kontrolle der Lager deutlich zu ersehen, daß es sich dabei um eine aus Gründen der nationalen Sicherheit und im Eigeninteresse der Emigranten für notwendig und vertretbar erachtete Maßnahme handelte. Die Internierungen in Frankreich ließen dagegen das Unbehagen an der Gegenwart dieser ungerufenen Gäste und die Gleichgültigkeit gegenüber ihrem Schicksal unverhüllt zutage treten. Die Lebensbedingungen in einzelnen dieser Lager, wie Gurs und Le Vernet, gelangten zu trauriger Berühmtheit [91].

[89] K. O. Paetel: Die deutsche Emigration der Hitlerzeit, a. a. O., S. 474. – Die Darstellung L. Lanias [Welt im Umbruch, a. a. O., S. 308] bestätigt dieses Urteil: »Die deutschen Emigranten kamen nach Paris mit geringen Hoffnungen, aber mit ungebrochenem Selbstbewußtsein. Sie fühlten sich wie aus der Schlacht heimkehrende Soldaten, sie rechneten auf Sympathie, auf ein allgemeines Interesse für ihre bitteren Erlebnisse. Sie fanden Sympathie, aber nur ein sehr schwaches Interesse. [...] Im Laufe der folgenden Jahre wandelte sich die Sympathie in Zurückhaltung, das geringe Interesse in Mißtrauen.«

[90] »Der unerbittliche Todfeind des deutschen Volkes ist und bleibt Frankreich.« – A. Hitler: ›Mein Kampf‹, a. a. O., S. 699.

[91] Es sind in Frankreich drei aufeinander folgende Internierungswellen zu unterschei-

Sicher wäre es eine undifferenzierte Argumentation, wollte man dieses extreme Verhalten gegenüber den hier Schutz Suchenden auf eine traditionelle anti-deutsche Haltung Frankreichs reduzieren. Im Gegenteil, man kann vielleicht mit geringer Überspitzung sagen: Frankreich trat den Emigranten nicht deshalb so unfreundlich entgegen, weil sie Deutsche waren, sondern vielmehr gerade weil sie als *Emigranten* aus Deutschland kamen. Denn auch Frankreich nahm, wie nahezu alle europäischen Staaten, gegenüber dem erstarkenden nationalsozialistischen Reich und seinen Forderungen nach bestimmender Mitsprache bei der Umgestaltung der Kräfteverhältnisse in Europa eine Haltung zögernden, vorsichtigen Gewährenlassens ein, die ihren sichtbarsten Ausdruck im Münchener Abkommen fand. Man setzte alles daran, einen europäischen Konflikt zu vermeiden und hielt ein begrenztes Nachgeben gegenüber den deutschen Forderungen für das geeignetste Mittel, den Frieden zu bewahren. Damit wurde die Frage der Aufnahme des unablässigen Flüchtlingsstroms für die Nachbarländer Deutschlands zu einem Politikum ersten Ranges, zu einem Prüfstein auch, an dem die deutsche Regierung die Haltung dieser Länder ihr gegenüber erkennen konnte. Frankreich befand sich zudem durch seine geographische Lage zwischen drei sich etablierenden faschistischen Systemen in einer besonders kritischen Situation. Auch dies spielte in der Behandlung der Emigranten eine nicht unwichtige Rolle. Im übrigen ist Inge von Wangenheim zuzustimmen, welche die Gründe der Haltung Frankreichs folgendermaßen zusammenfaßt:

»Es mischte sich da vieles: Angst vor Konkurrenten auf dem Arbeitsmarkt, großbürgerlicher Chauvinismus, kleinbürgerliche Reminiszenzen an vergangenes, aber noch nicht vergessenes Kriegsleid.« [92]

den: Die erste Internierung begann im August 1939 und erreichte ihren Höhepunkt mit der französischen Kriegserklärung im September. Sie dauerte bis zum Januar 1940 und umfaßte alle männlichen Deutschen und Österreicher im Alter von 17 bis 65 Jahren. Die zweite, unter wesentlich härteren Bedingungen durchgeführte Internierung war eine unmittelbare Reaktion auf den deutschen Einmarsch in Holland und Belgien. Sie setzte im Mai 1940 ein, bezog auch die weiblichen Flüchtlinge mit ein und fand mit dem Waffenstillstand [22. 6. 1940] ihr Ende. Im unbesetzten Teil Frankreichs wurde auf Verlangen der Deutschen vom Oktober 1940 an noch einmal eine umfassende Internierung durchgeführt, die für zahllose Emigranten den Anfang vom Ende bedeutete: Artikel 19 der Waffenstillstandsbedingungen verpflichtete die französischen Behörden, von deutscher Seite namentlich benannte Emigranten auszuliefern. Nach der endgültigen Besetzung Frankreichs im November 1942 wurden diejenigen, vorwiegend jüdischen Emigranten, denen durch die Internierungen die Möglichkeit genommen worden war, eine Rettung nach Übersee zumindest zu versuchen, in die Vernichtungslager im Osten »überführt«. – In dieser letzten Phase wich die Lethargie der französischen Bevölkerung gegenüber dem Schicksal der Emigranten, es entwickelte sich eine breitere Solidarität, durch die viele Verfolgte, vor allem jüdische Kinder, die deutsche Besetzung im Untergrund überlebten. Vgl. Varian Fry: ›Surrender on Demand‹. New York 1945.

[92] Inge von Wangenheim: ›Auf weitem Feld. Erinnerungen einer jungen Frau‹. Berlin 1954, S. 106.

Jedoch muß andererseits auch erwähnt werden, daß der psychische Schock, den das Exil für die meisten Emigranten bedeutete, sich bei vielen in einem Verhalten äußerte, das seinerseits nicht unbedingt dazu beitrug, die Integration im Exilland zu erleichtern und die französische Bevölkerung für die Neuankömmlinge besonders einzunehmen. Feuchtwanger hat in seiner zitierten Studie über die psychische Disposition des Emigranten, über ›Grösse und Erbärmlichkeit des Exils‹, diese Folgen ausführlich dargestellt. Auch Hermann Sinsheimer weist auf das Problem hin:

»Der Flüchtling von mittlerer Statur nimmt das Bewußtsein mit, nicht bloß ein unwillentliches Opfer, sondern auch ein Märtyrer zu sein. Märtyrertum ist aber eine Form des Heroischen, und so schminkt sich dem Emigranten, fast ohne sein Zutun, eine heroische Farbe an, die sein Verhalten, seine Phraseologie und somit seine ganze Figur umfärbt. Darin besteht das seelische ›Emigranto‹, das den Gastvölkern leicht auf die Nerven geht.« [93]

Daß Sinsheimer mit seiner Folgerung durchaus recht hat, erhellt aus dem Schlußpassus einer Kritik zur Pariser Aufführung der ›Rassen‹. Der französische Kritiker sagt über die jüdischen Emigranten:

»Ne comprennent-ils pas que des gens qui doivent aspirer à se fondre dans leurs patries d'élection n'ont aucun intérêt, à mettre toujours en avant ce mot si indéterminé de race?« [94]

2. Realität des Exils – Durchgangsstation Paris

Es ist notwendig, sich diese Verhältnisse zu vergegenwärtigen, will man die charakteristischen Merkmale des Zusammenlebens und der Arbeit der Emigrantenkolonie Frankreichs auch in ihren politischen und sozialen Ursachen verstehen. Feuchtwanger beleuchtet diesen unmittelbaren Zusammenhang in seinem Aufsatz:

»Man liebte sie nicht, die deutschen Emigranten, sie mußten, diese Fremden, ihren Umgang zumeist untereinander suchen. Da entlud sich dann häufig ihr Elend und ihre Verzweiflung in läppischem, kleinlichem Gezänk, einer rieb sich am anderen, man sah unbewußt im anderen das eigene Bild und beschimpfte in der Kleinheit des anderen die eigene Unzulänglichkeit.« [95]

Die Emigration in Frankreich, und das war weitgehend die Emigranten-

[93] Hermann Sinsheimer: ›Emigranto‹. In: ›Deutsche Rundschau‹, Jg. 71, H. 4, April 1948, S. 34.

[94] André Bellesort: ›La Semaine Dramatique‹. In: ›Journal des Debats‹, Paris 19. 3. 1934.

[95] L. Feuchtwanger: ›Größe und Erbärmlichkeit des Exils‹, a. a. O., S. 5.

kolonie von Paris, sah sich fast völlig auf sich selbst verwiesen. Engere oder gar in feste Organisationen gebundene Kontakte zum französischen Kulturleben ergaben sich nur in Einzelfällen. Lediglich während der Zeit der Volksfront-Bewegung und im Rahmen des gemeinsamen solidarischen Einsatzes für den Kampf des spanischen Volkes kam es, etwa innerhalb des Schutzverbandes deutscher Schriftsteller, dessen Hauptsitz in Paris war, zu gemeinsamen Aktionen vorwiegend kommunistischer und linksliberaler Kreise.

Daher verwundert es nicht, daß sich in Frankreich keineswegs ein auch nur annähernd so reges und vielseitiges kulturelles Leben der Emigrantenkolonie bildete, wie es in besonderem Maße die nordamerikanische Exilsituation kennzeichnet. Es fehlte der Tätigkeit der Emigranten in Frankreich das ermutigende Moment eines Echos und Interesse an dem, was sie über die Vorgänge im Dritten Reich auszusagen hatten. Im Gegenteil, sie stießen auf lethargisches Desinteresse oder sogar auf eine verhüllte, neidvolle Bewunderung der neuen deutschen »Grandeur«. Es entspricht dieser Situation, daß der Zugang der deutschen Exildramatik zum französischen Theater minimal und auf vereinzelte Initiativen beschränkt blieb.

Daß es trotz des skizzierten geringen Grades von Integrations- und Kooperationsmöglichkeiten und angesichts der schwierigen wirtschaftlichen Situation der deutschen Emigranten dennoch überhaupt zu Inszenierungen von Exildramatik durch Emigrantenensembles und französische Bühnen kam, ist im wesentlichen auf zwei Faktoren zurückzuführen: Zum einen hatte Paris, als eines der traditionsreichsten Zentren europäischen Kulturlebens, seine ganz besondere Anziehungskraft für die Emigration der ersten Jahre nach 1933. Erst als sich immer deutlicher herausstellte, daß Frankreich in der Tat als ein »unholdes« Zufluchtsland anzusehen war, ebbte dieser Strom ab. Bis zum Ausbruch des Krieges hatte sich in Frankreich jedoch die weitaus umfangreichste Emigrantenkolonie zusammengefunden. Schon 1933 waren 30–40 000 deutsche Emigranten nach Frankreich gekommen, von denen 15–20 000 in Paris lebten [96].

Als zweiter Faktor ist anzuführen, daß die französischen Behörden auf Grund ihres Desinteresses am Schicksal der Flüchtlinge internen, auf den Kreis der Emigration begrenzten politischen und kulturellen Aktivitäten nur wenig Schranken auferlegten. So kam es, daß sich dieser Sektor im Rahmen der Möglichkeiten relativ frei entfalten konnte. Grossmann bestätigt diese Situation:

96 Nach einem Bericht des Auswärtigen Amtes vom Jahre 1933 über ›Die deutsche Emigration im europäischen Ausland‹. [Masch. vervielf., Akten-Ausw. Amt, ›Pol. Beziehungen der C.S.R. zu Deutschland. Emigration.‹ Prag 51/5. A. III. 1. b. 8. Sdbd., Bd. 2, Bl. 60, S. 1].

»Ein [...] günstiges Charakteristikum war die relative Freiheit für politische und kulturelle Betätigung der Flüchtlinge, denn Paris [...] wurde der Mittelpunkt vieler politischer Konferenzen und Auseinandersetzungen, abgesehen von den Zeitungen, Zeitschriften und Büchern, die von den verschiedenen Gruppen ›in der französischen Sonne des Liberalismus‹ herausgebracht wurden.« [97]

Noch ein maßgeblicher Gesichtspunkt ist zu berücksichtigen, will man die Ausgangssituation für die Realisation der deutschen Exildramatik in Frankreich in ihrer Korrespondenz zu den prägenden Bedingungen des französischen Exils voll verstehen: Frankreich war kein Land eines dauernden Exils. Wir finden hier nicht die Vielzahl organisatorischer Festigungen einer Emigrantenkolonie, die sich in dem Bewußtsein, für viele Jahre eine Heimstätte gefunden zu haben, auf Dauer einrichtete; Charakteristika, welche etwa die Emigrationszentren New York oder Shanghai besonders ausgeprägt spiegeln. Frankreich und speziell Paris wurden zur Durchgangsstation, zum »Umsteigebahnhof« des Exils [98]. Von Paris aus versuchte man, Beziehungen zu knüpfen und Verbindungen herzustellen, die es ermöglichten, in Länder größerer Sicherheit, das hieß auch: größeren räumlichen Abstandes von Deutschland, weiterreisen zu können.
Die deutsche Emigration machte in den ersten Jahren der Exilerfahrung und der ständigen Beobachtung dessen, was sich in Deutschland ereignete, eine Bewußtseinsänderung durch: Hatte man in der Anfangszeit noch weitgehend geglaubt, der nationalsozialistische Staat werde Episode bleiben – ein bald wieder rückgängig gemachter geschichtlicher Unfall, ein politischer Reinigungsprozeß –, und hatte man sich deshalb den deutschen Grenzen möglichst nahe, zu einer baldigen Heimkehr bereit gehalten, so machte diese Hoffnung mit wachsenden nationalsozialistischen Erfolgen einer nüchterneren Haltung Platz [99]. Man begann mit einem längerdauernden Exil zu rechnen und sich nach gastfreundlicheren Wohnstätten für einen langjährigen Aufenthalt umzusehen. So blieb die ständige, das heißt für

[97] K. R. Grossmann: ›Emigration‹, a. a. O., S. 194.

[98] »A very considerable number of German refugees have already left France – in particular those emigrés who belonged to the more well-to-do-classes, or to the ranks of ecconomic or artistic specialists. It was precisely these people who entered the country with great sympathy for France, but who were driven by bureaucratic measures to continue their wandering.« – Ernst Toller: ›The Refugee Problem‹. In: ›The Political Quarterly‹, Jg. 6, H. 3, London Juli/Sept. 1935, S. 389. – Toller gibt in seinem Aufsatz als maximale Zahl der Emigranten 35 000 an.

[99] Ein typisches Beispiel für die Beurteilung der Chancen des Nationalsozialismus durch die deutsche Emigration in der ersten Zeit ihres Exils bildet Friedrich Wolfs Brief an die New Yorker Theatre Union vom 1. 7. 1933, mit der er über die Inszenierung von ›Die Matrosen von Cattaro‹ und ›Professor Mamlock‹ korrespondierte: »Politisch entwickelt sich die Lage ja im Riesentempo in unserem Sinne; wie es in Germany aussieht, lest ihr ja. Unsere Kameraden melden, daß wir schon wieder arbeiten können [gemeint ist der kommunistische Widerstand im Untergrund, H. C. W.], daß kein christlicher Arbeiter oder Stahlhelmmann mehr uns verrät, daß bereits eine breite Massenbasis-Anti-

längere Zeit in Paris ansässige Emigrantenkolonie, die als Kulturträger in Frage kam, verhältnismäßig klein.

3. Die Aufführungen der Exildramatik – Singuläre Ereignisse

a) Emigrantenensembles

Was das Exiltheater in Paris – und nur dort realisierte sich, die zentralistische Struktur des französischen Kulturlebens widerspiegelnd, Exildramatik auf der Bühne – im Zusammenhang dieser Arbeit trotz der geringen Zahl der zustande gekommenen Inszenierungen interessant werden läßt, so daß es im folgenden ausführlicher dargestellt werden soll, ist die Tatsache, daß es sich bei den hier realisierten Bühnenereignissen fast ausschließlich um besonders wichtige Beispiele handelt. Das wird bereits mit der ersten Inszenierung eines im Exil entstandenen Dramas durch ein reines Emigrantenensemble deutlich: Am 16. und 17. 10. 1937 wurde in Paris Brechts Agitationsstück »Die Gewehre der Frau Carrar‹ uraufgeführt. Diesem Stück kam während des Exils eine Funktion zu, die über den durch die Handlung evozierten aktuellen Aufruf zur Unterstützung der republikanischen Seite im spanischen Bürgerkrieg hinausreichte und die Situation der deutschen Emigranten direkt betraf: Die spanische Fischersfrau Teresa Carrar, die geglaubt hatte, selbst im Krieg den Frieden des privaten Bereiches ihrer Familie erhalten zu können, muß unmittelbar und grausam erfahren, daß dieser Krieg vor ihrem persönlichen Glück nicht haltmacht und daß in ihm auch ihre Interessen verhandelt werden. Sie gewinnt daraus die Erkenntnis, daß sie mit ihrem Abseitsstehen schuldig wird und ergreift nun bewußt Partei, um am Kampf ihres Volkes teilzunehmen. In der passiv unpolitischen Haltung der spanischen Fischersfrau zu Beginn des Stückes greift Brecht auch das apathische Abseitsstehen großer Teile der Emigration an.

Brecht schrieb das Stück auf Veranlassung des Regisseurs der Uraufführungsinszenierung, Slatan Theodor Dudow [100], für eine Truppe deutscher Emigranten, die in Paris zuvor schon das Kabarett ›Die Laterne‹ gegrün-

hitler wächst, noch unklar, aus Ressentiment, aber ein guter Boden! Ich hoffe 1934 wieder in Germany zu sein, irgendwo.« – In: Friedrich Wolf: ›Briefwechsel. Eine Auswahl‹. Berlin/Weimar 1968, S. 255.

[100] Slatan Theodor Dudow: Geb. 1903 in Zaribrod [Bulgarien], gest. 1963 in Berlin. Regisseur und Schriftsteller. Ab 1922 Studium der Theaterwissenschaft an der Universität Berlin; Schauspielerausbildung; Theaterpraxis am Staatstheater Berlin; Filmarbeit bei F. Lang und G. W. Pabst; Mitarbeit in Agitproptruppen; Reisen in die UdSSR; seit 1929 Zusammenarbeit mit Brecht; 1932 Film ›Kuhle Wampe‹ mit Brecht und E. Ottwald; 1934 Emigration nach Frankreich und später in die Schweiz; 1946 Rückkehr nach Berlin; Theater- und Filmarbeit.

det hatte [101]. Die Rolle der Carrar war von vornherein für Helene Weigel konzipiert. Brecht, der zu dieser Zeit noch auf der dänischen Insel Fünen lebte, war mit seiner Frau bereits im September 1937 auf Einladung Ernst Josef Aufrichts nach Paris gekommen, um an einer von Aufricht anläßlich der Pariser Weltausstellung produzierten französischen Inszenierung der ›Dreigroschenoper‹ mitzuarbeiten [102]. – ›L'Opéra de Quat' Sous‹ war schon einmal [1930] in Paris vorgestellt, damals jedoch nach nur 28 Vorstellungen wieder abgesetzt worden, da sie wenig Widerhall gefunden hatte. Aufricht, der Yvette Guilbert für die Rolle der Frau Peachum und als Regisseur Raymond Rouleau gewonnen hatte, war nur wenig mehr Glück beschieden. Stück und Inszenierung gelangten über einen Achtungserfolg nicht hinaus. – Eine größere und weiterreichende, wenn auch auf den Kreis der Emigranten beschränkte Anerkennung fand die Aufführung des Stückes ›Die Gewehre der Frau Carrar‹. Es wurde in der Folgezeit neben der Szenenfolge ›Furcht und Elend des Dritten Reiches‹ eines der meistgespielten Dramen der Emigration, aufgeführt in Prag [deutsch und tschechisch], in Kopenhagen [deutsch und dänisch], in Stockholm und Västerås [schwedisch], in Boston und San Francisco [englisch]. Mit der Pariser Inszenierung war das interessante Projekt der Pariser Truppe verbunden, »eine Art Wanderbühne zu schaffen, die gewissermaßen ein geistiger Kristallisationspunkt für die in den Ländern der Emigration zerstreut lebenden Deutschen werden soll« [103]. Über die künstlerischen Intentionen und Ziele des geplanten Unternehmens erklärte Dudow in einem Interview:

»Was wir wollen, das ist, mit möglichst einfachen künstlerischen Mitteln neue Bühnenwerke zu spielen, die nach ihrem geistigen Gehalt einen Querschnitt durch das Fühlen und Wollen unserer Zeit in knapper szenischer Form bieten. Diese Werke wollen wir auch in den übrigen Emigrationsländern zur Darstellung bringen, wobei wir etwa dort vorhandene künstlerische Elemente zur Mitwirkung heranzuziehen gedenken.« [104]

Es kam nicht dazu. Die finanziellen und die in Verbindung mit den notwendigen Visa auftretenden Probleme, vor allem aber der Ausbruch des Weltkrieges, vereitelten die Realisation des Projektes. Doch ist wohl anzunehmen, daß dieser Plan auf die Ausformung des Stückes Einfluß gewonnen hatte: Die geringe Rollenzahl, die Beschränkung auf einen Schauplatz, die Kargheit der für die szenische Realisation erforderlichen Mittel hätten

[101] »Das kleine Stück wurde in den ersten Jahren des spanischen Bürgerkrieges für eine deutsche Truppe in Paris geschrieben.« – B. Brecht: ›Gesammelte Werke‹, a. a. O., Bd. 17, S. 1100.

[102] E. J. Aufricht: ›Erzähle, damit du dein Recht erweist‹, a. a. O., S. 130.

[103] René Dufour: ›Zeittheater der Emigration‹. In: ›Pariser Tageszeitung‹, Jg. 2, H. 489, 15. 10. 1937.

[104] Ebenda.

gerade dieses Stück für ein Vorhaben der skizzierten Art besonders geeignet gemacht. – Die Pariser Aufführung wurde getragen und zusammengehalten von Helene Weigels Carrar, deren Schauspielkunst höchstes Lob fand [105].

Veranstaltet vom Schutzverband deutscher Schriftsteller, der schon die Inszenierung der ›Frau Carrar‹ ermöglicht hatte, wurden von derselben Gruppe, die um andere emigrierte Schauspieler erweitert worden war, am 21. 5. 1938 und an zwei weiteren Abenden, am 22. und 25. des Monats, acht Szenen aus Brechts ›Furcht und Elend des Dritten Reiches‹ unter dem Titel ›99 %‹ als Welturaufführung in Dudows Inszenierung auf die Bühne gebracht [106]. Wieder beteiligte sich Brecht intensiv an der Regiearbeit, wieder auch war Helene Weigel Mittelpunkt des Ensembles. Sie spielte die alte Frau in ›Winterhilfe‹, die »jüdische Frau«, und die Nachbarin in ›Arbeitsbeschaffung‹. Auf den Plakaten und Vorankündigungen wurde Ernst Busch als Mitwirkender genannt; da sein Name jedoch in keiner Besprechung auftaucht, ist anzunehmen, daß auf seine Beteiligung verzichtet werden mußte. Die Musik hatte Paul Dessau für diese Inszenierung geschrieben, er begleitete die Aufführung am Klavier, am Schlagzeug und als Sänger [107]. Das im Bertolt Brecht-Archiv aufbewahrte Fotomaterial zeigt eine leere Bühne, nach hinten durch Vorhänge abgeschlossen, vor denen weiße, einfache Stellwände [Papier auf Rahmen] in unterschiedlicher Zusammenstellung die einzelnen Szenen nur andeutend abgrenzen. Im Hintergrund ein überlebensgroßes Bild, das drei in George Grosz-Manier gezeichnete männliche Figuren zeigt, die Arme zum deutschen Gruß erhoben, die Münder weit aufgerissen. Eine der Figuren trägt SA-Uniform. Über und unter ihnen bauschen sich Hakenkreuzfahnen. Die Handlungsorte sind durch wenige und einfache Möbelstücke bezeichnet. Schrift- und Bildprojektionen wurden offensichtlich nicht verwendet. Der Charakter der Dekoration macht unübersehbar, daß sie mit sparsamsten Mitteln improvisiert werden mußte:

»Die Bühnenbilder beschränken sich darauf, das Wort optisch zu betonen, sie

105 Kritiken in: ›Pariser Tageszeitung‹, Jg. 2, H. 491, 17. 10. 1937; ›Nationalzeitung‹, Basel 24. 10. 1937; ›Das Wort‹, H. 3, März 1938; ›Internationale Literatur‹, H. 4, 1938 [Anna Seghers]; ›Die Neue Weltbühne‹ [wiedergegeben in: Maximilian Scheer: ›So war es in Paris‹. Berlin o. J., S. 186–188. – Bei Scheer findet sich auch, gegenüber S. 176, das Plakat der Uraufführung reproduziert.] – Genaue Kenntnis des Bühnenbildes Heinz Lohmars vermittelt die Mappe: B. Brecht: ›Die Gewehre der Frau Carrar‹. Dresden 1952. Darin befindet sich ein Heft mit ›Szenenfotos der Aufführungen Paris, Kopenhagen, Greifswald‹ mit 13 Fotos der Pariser Aufführung.

106 Die deutsche Heerschau (Prolog) – Das Kreidekreuz – Winterhilfe – Der Spitzel – Die jüdische Frau – Zwei Bäcker – Rechtsfindung – Der Bauer füttert die Sau – Arbeitsbeschaffung – Wir haben sein Heer gesehen (Epilog).

107 Vgl. Fritz Hennenberg: ›Dessau – Brecht. Musikalische Arbeiten‹. Berlin 1963, S. 446 f. – 1945 wurden neun Szenen mit der Musik Hanns Eislers in einer englischsprachigen Inszenierung in New York aufgeführt [Vgl. Kap. VII, S. 164 ff.].

geben andeutend Hintergrund und Rahmen, sie stenographieren das Atmosphärische dieses Gespenstertanzes verfluchter Wirklichkeit.« [108]

Die Wirkung dieses Brecht-Abends war wohl noch größer und weitergehend als die der ›Carrar‹-Aufführung. Hier wurde ja ein die gegenwärtige Existenz der Flüchtlinge unmittelbar berührendes Problem dargestellt. Sicher trug zu dem Erfolg die suggestive Kraft der scharf pointierten Kurzszenen bei, die jeweils einen Aspekt der Pervertierung menschlicher Beziehungen durch das Eindringen des Mißtrauens in alle Lebensbereiche knapp und genau umreißen. Brecht hatte mit dieser Szenenfolge eine den eingeschränkten Mitteln deutscher Ensembles im Exil entsprechende dramatische Lösung für ein zeitpolitisch engagiertes Theater gefunden, das seine Aufgabe in der agitativ-direkten Aussage und unmittelbaren Reaktion auf die Verhältnisse in Deutschland sah. Diesen Aspekt betont Walter Benjamin in einer eingehenden Analyse des Stückes, der Aufführung und darüber hinaus der Aufgabe, die ein Theater unter den Bedingungen des Exils zu erfüllen hat:

»Der Zyklus stellt für das Theater der deutschen Emigration eine politische und artistische Chance dar, die dessen Notwendigkeit zum erstenmal greifbar macht. Beide Momente, das politische und das artistische, sind hier eins. [...]
Vielleicht ist es diesem Drama allein gegeben, die noch glühende Aktualität so in sich einzulassen, daß sie als ein ehernes Zeugnis auf die Nachwelt gelangt.« [109]

Es ist interessant, daß im Anschluß an dieses große Theaterereignis und veranlaßt durch den eindeutigen Erfolg von Stück, Inszenierung und schauspielerischer Leistung der schon im Zusammenhang mit der ›Carrar‹-Inszenierung in Emigrantenkreisen erwogene Plan eines ständigen deutschen Theaters in Paris, das auf Tourneen auch in den anderen großen europäischen Exilzentren auftreten sollte, noch einmal ernsthaft diskutiert wurde. In einer vom SDS veranstalteten Diskussion unter der Leitung Anna Seghers' und Egon Erwin Kischs wurde über »die große, fruchtbare, bedeutende Aufgabe, die einer freien deutschen Bühnenkunst im antifaschistischen Kampfe zufällt« [110], gesprochen. Doch auch dieser Plan kam angesichts der zu überwindenden Schwierigkeiten nicht zur Ausführung.

108 R. Br.: ›Helene Weigel spielt Bert Brecht. Ein triumphaler Erfolg in der Salle d'Jena‹. In: ›Pariser Tageszeitung‹, Jg. 3, H. 692, 22./23. 5. 1938. – Vgl. auch Ernst Schumacher: ›Drama und Geschichte. Bertolt Brechts »Leben des Galilei« und andere Stücke‹. Berlin 1965, S. 14.

109 Walter Benjamin: ›Brechts Einakter‹. In: ›Die Neue Weltbühne‹, Jg. 34, H. 26, 30. 6. 1938, S. 827 f. – Weitere Kritiken in: ›Deutsche Volkszeitung‹, Paris 29. 5. 1938; ›Nationalzeitung‹, Basel 27. 5. 1938; ›Das Neue Tage-Buch‹, Jg. 6, H. 23, 28. 5. 1938, S. 524 [Walter Mehring].

110 Wolf Franck: ›Kleine deutsche Chronik. Paris‹. In: ›Das Wort‹, H. 8, August 1938, S. 143. – Über diese Diskussion berichtet die ›Pariser Tageszeitung‹, Jg. 3, H. 694, 25. 5. 1938, S. 3, unter der Überschrift: ›Ein deutsches Theater in Paris? Diskussion im S. D. S.‹:

Wie weit die Wirkung gerade dieser Brecht-Inszenierung ausstrahlte, illustriert auf der einen Seite die Tatsache, daß das Stück im folgenden Jahr auch durch ein französisches Ensemble in Paris in Szene gesetzt wurde und auf der anderen Seite, daß sich sogar die nationalsozialistische Presse damit auseinandersetzte: Im ›Schwarzen Korps‹ vom 7. 7. 1938 ist unter dem Titel ›Und die Genossen lachen‹ folgende anonyme Polemik zu lesen:

»Nun liegt das Schiff der jüdischen Kultur am Strande in Paris. Eifrig haben sich die Schiffbrüchigen darangemacht, aus den letzten Planken noch ein Floß zu zimmern, um wieder flottzukommen. Nach 5 Jahren ist es nun *Bert Brecht* glücklich gelungen, aus 8 Episoden einen Deutschland-Zyklus zusammenzulöten, der kürzlich in der Salle de Jena seine Uraufführung erlebte. Der Inhalt ist nicht gerade gedankenschwer. Er stellt nicht mehr oder weniger dar als die Dramatisierung von 8 Greuelmärchen, die dazu dienen sollten, den anderen Emigranten wieder einmal die Gänsehaut über den Rücken zu jagen.
So wollte es Bert Brecht, so erwarteten es die ›Kritiker‹. Aber man höre und staune, die Wirkung war eine ganz andere, die Leute haben gelacht.
›Sie lachten bei Szenen, die eigentlich nichts weiter verbreiten sollten als kaltes Grauen, als tiefinnerstes Erzittern der Seele vor der Enthüllung des unmenschlichsten und unwahrhaftigsten Systems, das es je gegeben hat.‹ Trotzdem: Gekicher hier und da.
Das ist allerdings sehr peinlich, wenn die emigrierten Juden bei Bert Brecht nicht mehr wissen, wann sie zu schreien und wann sie zu lachen haben.« [111]

»Noch ist es nicht so weit, aber die Erörterung des Bedürfnisses und der Möglichkeit eines ständigen, regelmäßig alle acht, vier oder zwei Wochen in Paris (vielleicht auch anderswo) spielenden deutschen Theaters ist eröffnet. Hinlänglichen Anstoß gab der allgemein, auch von der maßgebenden französischen Kritik anerkannte Erfolg der Aufführung von Brechts ›99 Prozent‹.
So entsprach es nur der aktivistischen Tendenz des Schutzverbandes Deutscher Schriftsteller, daß er sich mit den siegreichen Schauspielern in einer Aussprache zusammenfand, nicht allein, um Brechts visionäre Reportage und das, was Dudow und seine Truppe daraus gemacht haben, zu beklopfen, vor allem, um festzustellen, daß die kulturelle Notwendigkeit, aber auch die wirtschaftliche Möglichkeit einer deutschen Bühne in Paris gesichtet worden seien.
Drei voll besetzte Häuser haben bewiesen, daß es an Publikum nicht fehlen dürfte, vorausgesetzt, daß ein vernünftiger Spielplan vieles und damit manchem etwas bringt. Es braucht nicht just die ›Czardasfürstin‹ zu sein; aber nur weltanschauliches oder politisches Programmtheater wäre das Ende von dem Anfang. Indessen, für einige Zeit wird der Vorrat von (etwa) Lessing bis Anzengruber oder von Nestroy bis Wedekind wohl ausreichen.
Die von Anna Seghers geleitete Diskussion endete ohne Entschließung, aber in mancherlei Entschlossenheit. r. br.«

111 [anonym]: ›Und die Genossen lachen‹. In: ›Das Schwarze Korps‹, 7. 7. 1938. – Brecht schreibt über dieses Lachen der Zuschauer: »Die Zuschauer schienen das Entsetzen der Personen auf der Bühne überhaupt nicht zu teilen, und so kam es, daß im Zuschauerraum immerfort gelacht wurde, ohne daß dadurch der tiefe Ernst der Veranstaltung litt. Denn das Lachen schien die Dummheit zu betreffen, die sich hier zur Gewalt gezwungen sah, und die Hilflosigkeit zu meinen, die da als Rohheit auftrat. [...] Das Lachen der Zuschauer hatte sehr viele Schattierungen. Es war ein glückliches Lachen, wenn die Verfolgten ihre Verfolger überlisteten, ein befreites, wenn ein gutes, wahres Wort geäußert wurde.« B. Brecht: ›Gesammelte Werke‹, a. a. O., Bd. 16, S. 603.

Mit diesen beiden Brecht-Inszenierungen sind die wichtigsten, durch emigrierte deutsche Künstler in Paris veranstalteten Theaterereignisse benannt. Die hoffnungsvoll begonnenen Ansätze konnten sich unter den besonderen, eingangs skizzierten Bedingungen des Pariser Exils nicht entwickeln. Die ständige Fluktuation der Emigrantengruppe, ihre wirtschaftlich bedrohte Situation und die geringe Anziehungskraft Frankreichs für emigrierte Bühnenkünstler, die hier kaum Möglichkeiten sahen, in ihren Berufen tätig zu sein, ließen Theaterunternehmungen, mit Ausnahme einzelner Kabarettensembles, nicht zu einem das Kulturleben mitgestaltenden oder gar bestimmenden Faktor werden. Zwar kam es noch vereinzelt zu Aufführungen und Lesungen auch im Exil entstandener Dramen, doch blieben solche Initiativen Einzelerscheinungen am Rande des kulturellen Lebens der Emigranten. Die nicht unbedeutende kulturpolitische Aktivität des SDS in Paris lag auf anderer Ebene: Schriftstellerkongresse, Vortragsreihen und Diskussionsveranstaltungen über politische und kulturelle Probleme, Buchausstellungen und editorische Tätigkeit bestimmten das Programm. Sehr klar kommt diese Sachlage in einem Resümee Rudolf Leonhards, des langjährigen ersten Vorsitzenden des Pariser SDS, in einem Brief von 1939 an Ferdinand Bruckner zum Ausdruck:

»In der Tat steht es um die Schauspielerei viel schlimmer; es ist eben sehr schwer, mit einem einigermaßen sicheren Publikum zu rechnen, und so sind wir über immer erneute Versuche nicht hinausgekommen bisher; daß wir Brechtsche Einakter gespielt haben und einige Kabarettabende gemacht haben, daß Kronacher Horvath gespielt hat, wissen Sie wahrscheinlich. Der mangelnde Publikumsgrund und der Mangel an Kontinuität haben es mit sich gebracht, daß nur wenige Schauspieler, und kaum Schauspieler ersten Ranges, sich in Paris dauernd aufhielten.« [112]

Bei der von Leonhard erwähnten Inszenierung durch Alwin Kronacher [113] handelte es sich um Ödön von Horvaths »kleinen Totentanz« ›Glaube, Liebe, Hoffnung‹, noch vor 1933 geschrieben und am 13. 11. 1936 im Wiener theater für 49 uraufgeführt. Kronacher hatte für die Pariser Inszenierung die besten zur Verfügung stehenden Kräfte herangezogen, und die Aufführung wurde in der Pariser Exilpresse als großer Erfolg gefeiert [114]. Mit einem ad hoc zusammengestellten, ausschließlich jüdischen Ensemble

[112] Brief Rudolf Leonhards vom 15. 4. 1939 aus Paris an F. Bruckner in den USA. [Im Ferdinand-Bruckner-Archiv.]

[113] Alwin Kronacher: Geb. 1883 in Augsburg, gest. 1951 in Berkeley [USA]. Deutscher Regisseur und Theaterleiter. 1919–1929 Leitung des Alten Theaters in Leipzig, Uraufführungen von Kaiser, Werfel, Hasenclever, Brecht [›Baal‹ 1923]; 1929–1932 Intendant des Schauspielhauses in Frankfurt a. M.; 1933 Emigration nach Paris, später nach New York; Gastprofessor an der Universität Berkeley.

[114] R. Br.: ›Deutsches Theater in Paris‹. In: ›Pariser Tageszeitung‹, Jg. 3, H. 863, 10. 12. 1938, S. 3.

inszenierte der frühere Berliner Theaterleiter Paul Gordon eine Dramatisierung von Joseph Roths Roman ›Hiob‹, die in einmaliger Aufführung am 3. 7. 1939 als Trauerfeier für den am 27. 5. desselben Jahres in einem Pariser Armenspital elend zugrunde gegangenen Dichter gezeigt wurde [115]. Daneben sind Lesungen zweier Stücke anzuführen, die im Exil geschrieben wurden. Theodor Fantas ›Die Kinder des unbekannten Soldaten‹ mit dem Untertitel ›Drei Kapitel Hitler-Jugend‹ [116], von vornherein eher als Lesedrama denn für die Bühne geschrieben, wie die Einteilung in Kapitel und die Tatsache zeigt, daß mehrere tragende Rollen Kindern zufallen, scheint besonders großen Beifall bei dem Pariser Emigrantenpublikum gefunden zu haben; es sind drei Lesungen aus diesem Stück für den Zeitraum von Januar bis Mai 1936 nachzuweisen: Ende Januar 1936 wurde eine Szene anläßlich einer von der Vereinigung deutscher Bühnenangehöriger veranstalteten Gedenkfeier für den am 24. 11. 1933 von der SA ermordeten deutschen Schauspieler Hans Otto aufgeführt, Anfang Mai las Fanta selbst mit großem Erfolg im SDS das Stück, das sich unter dem Aspekt der nationalsozialistischen Erziehung und Ausrichtung der Jugend direkt mit dem Dritten Reich auseinandersetzt. Wohl auf Grund dieser positiven Reaktion wurde es am 25. 5. 1936 auf einem »dramatischen Abend« des SDS von Schauspielern gesprochen [117].
Ebenfalls als Lesung des Autors wurde dem Pariser Emigrantenpublikum

[115] Eugen Tillinger: ›»Hiob«-Uraufführung in Paris‹. In: ›Aufbau‹, Jg. 5, H. 13, 15. 7. 1939, S. 14.

[116] Abgedruckt in: ›Internationale Literatur‹, Jg. 6, H. 8, Moskau 1936, S. 31–51 [Kap. 1 u. 2] und Jg. 6, H. 10, 1936, S. 60–79 [Kap. 2 (Schluß) u. 3].

[117] Vgl. zu den Veranstaltungen Notizen in: ›Das Neue Tage-Buch‹, Jg. 4, H. 6, 8. 2. 1936, S. 143; Jg. 4, H. 21, 23. 5. 1936, S. 503. Eine ausführliche Kritik Hans Sahls in: Jg. 6, H. 19, 8. 5. 1936, S. 454. Dort heißt es über das Stück: »Das Stück schildert den Einbruch der nationalsozialistischen Ideologie in das jugendliche Denken – und die Verwüstungen, die diese Ideologie in den Gehirnen der Neun- bis Sechzehnjährigen anrichtet. Jene Jugend, deren Väter in den Massengräbern des letzten Weltkrieges verscharrt wurden, singt hier ihre Totenklage. Sie heißt: Heil Hitler! Weil sie keine Väter mehr haben, an die sie glauben können, glauben sie an Führer. Und weil sie von den Führern mißbraucht wurden, mißbrauchen sie einander. Das Stück schildert nur Ausschnitte, Episoden. Es erhebt nicht den Anspruch, das ganze Deutschland von heute aufzurollen. Es zeigt nur Symptome – Symptome des Verfalls. [...] Es ist ein Angsttraum vom Zustand einer Welt, die an sich selbst zu Grunde geht – und mit ihr eine Jugend, die es nicht verdient hat. Diese Kinder, die keine mehr sind, diese Hitlermädchen und Hitlerjungen sind die schwerste Anklage gegen ein Regime, das sie um ihre Zukunft betrog, um ihnen den Krieg, das Laster und die Judenhatz zu bringen. [...] Er zeigt die Dinge, wie sie sind, aber er zeigt sie nur im Vorbeigehen, sehr leise, sehr indirekt, sehr behutsam. Es ist ein Blick hinter die Fassade des neuen Deutschland – dort, wo es am finstersten und am deutschesten ist: an den Lagerfeuern der H. J., in den Portierlogen und Treppenhäusern der Mietskasernen, in den SA-Lokalen und den ›guten Stuben‹ von Hitlers Getreuesten ... [...]
Das Stück ›Die Kinder des unbekannten Soldaten‹, geschrieben im dritten Jahr der Emigration, ist ein großes Drama, weil es die deutsche Wirklichkeit, die Wirklichkeit der deutschen Jugend, dichterisch erkennt und gestaltet.«

am 9. 2. 1936 Iwan Heilbutts eben vollendete Komödie ›Der lenkbare Mensch – oder: Kvie erobert eine Zeitung‹ in einer Veranstaltung des Bundes Freie Presse und Literatur – Verband unabhängiger deutscher Schriftsteller und Journalisten im Exil vorgestellt, der wohl als eine Gegenorganisation zu dem kommunistisch orientierten SDS angesehen werden kann. Über Stück und Charakter der Veranstaltung sind detaillierte Quellen nicht bekannt [118].

b) Französische Bühnen

Die Kontakte emigrierter Künstler zu französischen Kollegen blieben im Bereich des Theaters besonders gering. Nur in einem, allerdings um so bedeutenderen Einzelfall kam es zu einer Zusammenarbeit, deren Ergebnis eine Pariser Bühne erreichte: das Ballett ›Die sieben Todsünden der Kleinbürger‹ von Bertolt Brecht und Kurt Weill in der Choreographie George Balanchines. Letzterer hatte gerade seine avantgardistische Truppe Les Ballets 1933 gegründet und Weill bewogen, ein Ballett für diese Truppe zu komponieren. Dieser wiederum gewann Brecht, trotz der Spannungen, die zwischen beiden inzwischen bestanden [119], ein Libretto zu schreiben, das Lotte Lenya die Möglichkeit der Mitwirkung geben sollte. Tilly Losch, durch deren Mann die finanziellen Mittel zur Gründung der Truppe aufgebracht worden waren [120], sollte die Hauptrolle tanzen. Mit der Doppelrolle der Anna I und Anna II löste Brecht die diffizile Aufgabe, gleichwertige Parts sowohl für die Sängerin Lenya als auch für die Tänzerin Losch zu schaffen. Die Bühnenbilder hatte Caspar Neher entworfen,

»der mit betont primitiven Requisiten zauberhaft spielt; verliebt in Buntdruck und in Grau und Braun alter Lumpen. (Nach dem Hochexpressionismus eine leichte Reminiscenz an die Genrebilder Ostades.)« [121]

Dem Ballett kommt insofern besondere Bedeutung zu, als es sich um die letzte gemeinsame Arbeit Weills und Brechts handelt. Auch die Zusammenarbeit mit Neher sollte bis zum Kriegsende die letzte bleiben. Sehr sinnfäl-

118 Vgl. Notizen in: ›Das Neue Tage-Buch‹, Jg. 6, H. 3, 15. 1. 1938, S. 71 und Jg. 6, H. 49, 3. 12. 1938, S. 1172.

119 »Während der Proben von ›Mahagonny‹ entzweiten sich Brecht und Weill endgültig. Das Buch der nächsten Oper, die Weill komponierte, schrieb Caspar Neher. 1933 in Paris in der Emigration fanden sich Brecht und Weill noch einmal zu einer letzten Arbeit, dem Ballett ›Die sieben Todsünden‹, zusammen. Es wurde im Théâtre des Champs Elysées aufgeführt und bald abgesetzt.« – E. J. Aufricht: ›Erzähle, damit du dein Recht erweist‹, a. a. O., S. 110.

120 Vgl. Werner Mittenzwei: ›Bertolt Brecht: von der »Maßnahme« zu »Leben des Galilei«‹. Berlin 1962, S. 155.

121 Walter Mehring: ›Ein neuer »Brecht-Weill«‹. In: ›Das Neue Tage-Buch‹, Jg. 1, H. 1, 1. 7. 1933.

lig brachte die Inszenierung den Charakter der Kooperation zwischen Emigranten und französischen Künstlern zum Ausdruck: Das Werk wurde unter seinem französischen Titel ›Anna-Anna ou les Sept Péchés Capitaux‹ aufgeführt, doch Lotte Lenya sang Brechts Verse in der deutschen Originalfassung. Das Stück bildete den ersten Teil eines Programms, zu dem noch Ballette nach Mozart und Milhaud gehörten, und gelangte am 7. 6. 1933 zur Uraufführung. Seine Aufnahme war zwiespältig: Während es von der Kritik zum Teil gelobt wurde, fand seine problemgeladene, zynische Handlung beim Publikum nur geringen Anklang [122]. Es mußte bald wieder abgesetzt werden. Allerdings stimmt die Angabe Marianne Kestings nicht, nach der es nur zu einer einzigen Aufführung gekommen sei [123]. Dagegen spricht schon die Tagebuchnotiz Harry Graf Kesslers, der das Stück am 17. Juni, also zehn Tage nach der Premiere sah; Kessler notiert:

»Abends [...] im Théâtre des Champ-Elysées zu den ›Ballets 1933‹, wo Kurt Weills Pantomime ›Les Sept Péchés Capitaux‹ gegeben wurde. Sie hat trotz der Beliebtheit, die Weill hier genießt, eine schlechte Aufnahme in der Presse und beim Publikum gehabt. Ich fand die Musik hübsch und eigenartig; allerdings kaum anders als die der ›Dreigroschenoper‹. Lotte Lenya sang mit ihrer kleinen, sympathischen Stimme (deutsch) Brechts Balladen, und Tilly Losch tanzte und mimte graziös und fesselnd. Man hat offenbar von Weill hier zu viel erwartet, ihn gleich mit Wagner und Richard Strauß in eine Linie gerückt; Snobismus.« [124]

Ein Londoner Gastspiel der Truppe mit diesem Ballett kurze Zeit später, am 30. 6. 1933, beweist, daß die Aufnahme keine ganz negative gewesen sein kann [125].

Deutsche Dramatik war auf den Bühnen Frankreichs seit langem beheimatet. Gerade die deutsche dramatische Literatur der Wende vom 18. zum 19. Jahrhundert hatte dem französischen Theater in der nachrevolutionären

[122] Die zwiespältige Haltung der Kritik spiegelt sich noch in den nach 1945 verfaßten Arbeiten über Brecht, in denen sehr unterschiedliche, einander widersprechende Aussagen über das damalige Presseecho gemacht werden: Während Kurt Fassmann [›Brecht. Eine Bildbiographie‹. München 1958, S. 76] schreibt: »*Die sieben Todsünden* fanden nur mäßige Beachtung und wurden nach der Premiere abgesetzt«, zeichnet Hellmut Kotschenreuther [›Kurt Weill‹. Berlin 1962, S. 74] ein nahezu gegenteiliges Bild: »Der Eindruck auf das Publikum wie auf die Kritik war stark.« – Kotschenreuther beschreibt die Szene folgendermaßen [S. 72]: »Auf der Bühne stehen sieben Torbogen, deren Öffnungen mit Papier bespannt sind. Jede Öffnung bedeutet eine Todsünde. Indem Anna II die Torbogen durchschreitet und dabei die Papierbespannung zerreißt, macht sie sich [...] aller sieben Todsünden schuldig [...]. Auf einer Plattform seitlich der Bühne kommentiert die Familie die Sündenfälle der Anna II und beobachtet ängstlich, ob die Wände des Häuschens auch rasch genug emporwachsen.«

[123] Vgl. Marianne Kesting: ›Bertolt Brecht in Selbstzeugnissen und Bilddokumenten‹. [Hamburg 1968], S. 157.

[124] Harry Graf Kessler: ›Tagebücher 1918–1937‹. Frankfurt a. M. 1961, S. 723f.

[125] Vgl. John Willett: ›Das Theater Bertolt Brechts‹. Reinbek 1964, S. 33 und Martin Esslin: ›Brecht. Das Paradox des politischen Dichters‹. München 1970, S. 95.

Periode entscheidende Impulse zur Überwindung der in der Nachfolge Racines erstarrten klassizistischen Schule gegeben. Schiller, Goethe und, auf dem Umweg über Deutschland, Shakespeare hatten die Entwicklung des romantischen Theaters in Frankreich entscheidend beeinflußt[126]. In der Folgezeit schwächte sich diese Ausrichtung wieder ab, um nach dem deutsch-französischen Krieg völlig zu verblassen. Erst nach dem Weltkrieg begann man sich in Frankreich wieder zögernd für deutsche Literatur zu interessieren; und es dauerte bis in die zweite Hälfte der zwanziger Jahre, ehe auf Pariser Spielplänen wieder deutsche Dramen zu finden waren. Dann jedoch setzte gleichsam ein plötzlicher Umschwung ein: »In den Jahren vor 1933 erreicht das deutsche Theater in Paris eine Intensität, die erst 1957 wieder eingestellt wird.«[127] Als der während jener kurzen Zeit auf französischen Bühnen erfolgreichste moderne deutsche Autor ist zweifellos Ferdinand Bruckner anzusehen: 1929 erreichte in Paris eine Inszenierung seiner ›Verbrecher‹ [›Criminels‹], die von der Kritik heftig diskutiert wurde, als Publikumserfolg 201 Aufführungen. Nicht minder groß war der Erfolg von ›Krankheit der Jugend‹ [›Mal de la jeunesse‹]: Das Stück erschien 1931 auf zwei Pariser Bühnen, im Théâtre de l'Œuvre konnte es 200mal gezeigt werden.

Angesichts dieses Erfolges und des Bekanntheitsgrades, den Bruckner damit im französischen Theater genoß, verwundert es nicht, daß auch sein erstes im Exil geschriebenes und bis zu diesem Zeitpunkt erst an einer Bühne[128] aufgeführtes Drama ›Die Rassen‹ sehr bald in Paris vorgestellt wurde, obwohl das französische Theater sonst nur wenig Interesse für unverhüllt antifaschistische Dramatik zeigte[129], was auch die Diskussion der Kritiker um dieses Stück bewies. – ›Die Rassen‹ [›Les Races‹] wurde von Raymond Rouleau[130], der auch die Antagonisten-Rolle des Rossloh spielte, im Théâtre de l'Œuvre inszeniert, dem kleinen, hoch angesehenen, doch wirtschaftlich nicht ungefährdeten, avantgardistisch-literarischen Privattheater. Am 8. 3. 1934 hatte das Stück Premiere, es wurde ein durchschla-

[126] Vgl. Heinz Kindermann: ›Theatergeschichte Europas‹, Bd. VI, ›Romantik‹. Salzburg 1964, S. 112–126.

[127] Hans-Wolfgang Nickel: ›Deutsches Theater in Paris vom 18. Jahrhundert bis heute. Politisches Verhältnis und Volkscharakter im Spiegel der Bühne‹. [Masch.] Phil. Diss. Wien 1960, S. 35.

[128] Uraufführung, Ferdinand Bruckner ›Die Rassen‹: Am 30. 11. 1933 im Züricher Schauspielhaus. Regie Gustav Hartung.

[129] »Anfang der dreißiger Jahre war das Pariser Theater ein Instrument der geschmackvollen und geistreichen Unterhaltung der guten Gesellschaft, die es in Paris noch gab.« E. J. Aufricht: ›Erzähle, damit du dein Recht erweist‹, a. a. O., S. 121.

[130] Rouleau inszenierte 1937 die von Aufricht produzierte ›Dreigroschenoper‹ und spielte den Mackie Messer. Aufricht schreibt in diesem Zusammenhang über ihn, a. a. O., S. 132: »Er war damals Regisseur für literarische Experimente im Théâtre d l'Oeuvre und sein eigener Hauptdarsteller. [...] Für Brecht und mich war er der beste Mackie Messer, den wir auf einer Bühne gesehen haben.«

gender Erfolg. Bruckner, der sich zu dieser Zeit in den USA aufhielt, um an den schwierigen Proben der New Yorker Theatre Guild für dasselbe Stück teilzunehmen [die Inszenierung scheiterte noch vor der Premiere; vgl. Kap. VII, S. 173 f.], notiert in seinem Taschenkalender: »Die pariser Kritiken sind herrlich, mein Trost«.[131] Inszenierung und schauspielerische Leistung des Ensembles finden ungeteilte und höchste Zustimmung: »Une mise en scène tout à fait remarquable« [132], »L'interprétation est, avant tout, intelligente« [133], »La pièce a été remarquablement jouée« [134], »La mise en scène [...] est excellente, de tout points. [...] L'interprétation est remarquable« [135]. Besonderes Lob wird Rouleaus Darstellung des brutalen, verschlagenen Nazi-Karrieristen Rossloh zuteil: »C'est un maître«.[136] Diese eindeutige, äußerst positive Aufnahme der Inszenierung bewirkte, daß das Stück über 104mal gespielt werden konnte. Sicher ist dieser Erfolg auch mit ausschlaggebend dafür gewesen, daß schon ein Jahr später, am 30. 4. 1935, ein weiteres Drama Bruckners, ›Die Kreatur‹ [La Créature‹], in Paris Premiere hatte. – Zum Stück selbst, zu der von ihm angeschnittenen Problematik der Judenverfolgung in Deutschland und dem ihm innewohnenden Antagonismus zwischen leidenschaftlichem Engagement und differenzierender Objektivität fanden die französischen Kritiker keinen leichten Zugang. Dennoch, oder aber gerade deshalb, setzten sich alle mit dem ungewohnten Sujet intensiv auseinander. Daß sie dabei zu stark differierenden Ergebnissen und Schlüssen kamen, spiegelt die ambivalente Haltung Frankreichs gegenüber der noch unverständlichen Entwicklung in Deutschland. Die französischen Kritiken sollen wegen ihrer grundsätzlichen Aussagen zum Nationalsozialismus und seiner Abbildung in Bruckners Drama im folgenden detaillierter dargestellt werden:

In exemplarischer Weise wird in ihnen die Irritation spürbar, zu einem so unmittelbar gegenwärtigen Zeitproblem Stellung nehmen zu müssen, einem Zeitproblem, für dessen Beurteilung in Frankreich damals, Anfang 1934, noch keine einheitliche Haltung anzutreffen war, dem man vielmehr weitgehend mit besorgt abwartender Unentschiedenheit gegenüberstand. So reicht das Spektrum der Meinungen über das Stück einerseits bis zu dem Verdikt des Kritikers von ›Journal des Debats‹, in der Feststellung gipfelnd: »Je n'aime pas la pièce de M. Ferdinand Bruckner.«[137] Der Journalist erklärt, das Stück sei kein Kunstwerk, sondern eine thesenhafte und dar-

131 Eintragung vom 25. 3. 1934, New York, in einem handschriftlich geführten Taschenkalender Bruckners. [Im Ferdinand-Bruckner-Archiv].
132 [anonym]: ›Les Races‹. In: ›L'Oeuvre‹, Paris 12. 3. 1934.
133 Pierre Audiat: ›Les Races‹. In: ›Paris-soir, 11. 3. 1934.
134 ›Journal des Debats‹, 19. 3. 1934.
135 Robert Kemp: ›Les Races‹. In: ›Liberté‹, Paris 10. 3. 1934.
136 Robert Destez: ›Les Races‹. In: ›Figaro‹, Paris 10. 3. 1934.
137 ›Journal des Debats‹, 19. 3. 1934.

über hinaus oberflächliche Polemik, die in unzulässig suggestiver und einseitiger Weise emotionale Zustimmung zu dem vom Autor vertretenen Standpunkt erzwinge und somit keine selbständige Entscheidung des Zuschauers für oder gegen die angeklagten Verhältnisse in Deutschland ermögliche [138]. Zur Tarnung der offensichtlich einem latenten Antisemitismus entspringenden Ablehnung des Stückes [»Dans toutes les pièces juives que les auteurs juifs font représenter, drames ou comédies, pourquoi opposent-ils toujours leur race aux autres races?«], dient ein Kunstbegriff, als dessen sublimes Ideal ein überhöhendes Abrücken von den Niederungen politischer Realität und aktueller Zeitverhältnisse postuliert wird: »il n'a pas donné le temps à son indignation de mûrir en œuvre d'art.« [139]
In absolutem Gegensatz dazu steht die Auffassung von ›Paris-soir‹, dessen Berichterstatter Bruckner gerade ein Zuviel an objektivierender Zurückhaltung und Differenzierung vorhält und eine unmißverständlich eindeutige Stellungnahme gegen den Nationalsozialismus vermißt:

»D'abord, il nous est difficile de supporter de l'Allemagne hitlérienne une peinture qui ne soit pas caricaturale. Or, si Brückner lance contre les nazis des traits satiriques, [...] il n'a rien ici d'un pamphlétaire [...].
[...] sa critique, somme toute impartiale, s'en prend tour à tour aux uns et aux autres.
[...] il est impossible de dire si la pièce est antihitlérienne ou anti-sémite, pro-allemande ou pro-juive. Nous attendons qu'il prenne parti et c'est justement ce à quoi il se refuse.« [140]

Angesichts des eindeutigen antifaschistischen Engagements gerade dieses Stückes erscheint eine derartige Kritik befremdlich und abwegig, zumal seine agitative Stoßrichtung in keinem anderen Land mißverstanden und auch von den reichsdeutschen Vertretungen im Ausland richtig eingeschätzt wurde, wie die zahlreichen Proteste gegen Aufführungen beweisen. Eine gewisse Erklärung findet diese Fehlinterpretation jedoch in dem, was Georg Bernhard, der Chefredakteur des ›Pariser Tageblattes‹, anläßlich der Inszenierung in seiner Zeitung schreibt:

»Die deutsche Propaganda hat Himmel und Hölle in Bewegung gesetzt, um die Aufführung [...] zu verhindern. [...] auf die mutigen Veranstalter, und wohl selbst auf den Autor, sind – vermutlich ohne daß es ihnen bewußt wurde – die terroristischen Drohungen nicht ohne Einfluß geblieben. Man hat für die Pariser Aufführung dem Stück seine Klauen und Zähne geraubt. Eine ganze Scene vor

[138] Ebenda: »Il nous déplaît qu'un auteur nous émeuve à trop bon marché. D'autre part, on l'a maintes fois répété la pièce de propagande, la pièce à thèse ne démontre que l'habileté ou la maladresse du dramaturge qui a tout imaginé, tout disposé pour se donner raison.«
[139] Ebenda.
[140] ›Paris-soir‹, 11. 3. 1934.

der Universität ist fortgelassen worden, einige brutal wirkende (aber gerade deshalb der Wahrheit besonders entsprechende) Einzelheiten nationalsozialistischer Grausamkeit wurden gestrichen.« [141]

Auch der Kritiker des ›Neuen Tage-Buchs‹ [vermutlich Walter Mehring] macht der Inszenierung, die den zeitpolitischen Aspekt hinter der privaten Liebestragödie Karlanners und Helenes zurücktreten und eine gewisse Unsicherheit in der Darstellung nationalsozialistischer Gebräuche und Riten merken ließ, den Vorwurf »einer übertriebenen Diskretion« [142]. Doch ebenso wie Bernhard betont er den tiefen Eindruck, den die Thematik des Stückes auf das französische Publikum ausgeübt habe.

Ein besonders interessanter, da aus nationalsozialistischer Sicht geschriebener Augenzeugenbericht der Pariser ›Rassen‹-Inszenierung findet sich in Hanns Johsts Buch über die »Reise eines Nationalsozialisten von Deutschland nach Deutschland« mit dem beziehungsreichen Titel ›Maske und Gesicht‹, in dem keine Gelegenheit ungenutzt bleibt, die Emigration zu schmähen. Die wahrhaft entlarvende Dialektik, mit der Johst es unternimmt, das Anliegen Bruckners ins Gegenteil zu verkehren, und die dennoch selbst im Zynismus der Schilderung Johsts spürbare Bewunderung für die Qualitäten des Dramas und seiner Inszenierung soll das Zitat deutlich machen, das – über den Einzelfall hinaus – für das grundsätzliche Verhältnis des Nationalsozialismus zur Emigration bedeutungsvoll erscheint:

»Es ist nur ein Schritt von der Liebe [bezieht sich auf ein anderes Stück, H.C.W.] zu den ›Rassen‹, mit denen Ferdinand Bruckner in acht Bildern auf dem Weg des Hasses, des Ressentimentes und der Karikatur glaubt fertig zu werden.

Er schreibt zu seinem Thema einen fabelhaften Dialog, mit jener aalglatten Note, wie ihn der Snobismus der Weltstädte schätzt.

Das Thema selbst redet pathetisch an einer Logik vorbei, auf die das Ganze hinzielt:

Ein Arier liebt eine Jüdin. Die Jüdin liebt den Arier. Dieser Konflikt ... tötet den Arier!

Einem Judenjungen werden die Hosenröhren abgeschnitten, und ein Plakat ›Ich bin ein Jude!‹ wird ihm angehängt, und derartig wird er ... photographiert!

Der Jude und die Jüdin, sie bleiben beide ihrer Rasse erhalten.

Bruckner beweist also, was er sicher nicht wollte, daß der Arier an der Jüdin zugrunde geht, quod non erat demonstrandum, denn Herr Bruckner ist bestimmt kein Philoarier.

Gespielt wurde allerdings wunderbar. Die jungen Menschen bewegten sich im Fieber ihrer Pubertät. Sie spielten den schadhaften Text in eine Landschaft voller Leidenschaft hinein.

Das Publikum setzte sich zu achtzig Prozent aus Juden zusammen. Es führte

141 Georg Bernhard: ›Theater und Wirklichkeit‹. In: ›Pariser Tageblatt‹, 14. 3. 1934.
142 M.: ›Les races‹. In: ›Das Neue Tage-Buch‹, Jg. 2, H. 11, 1934, S. 261.

sich danach auf! Auf jedes braune Hemd, es mochte noch so stumm auftreten, ergoß sich ein Pfui!-Sturm. Von dramatischer Beurteilung war keine Rede. Man demonstrierte gegen Hitler und das Dritte Reich.
Ich überprüfte an diesem Abend den deutschen Takt gegenüber dem französischen Nationalgefühl und diese französische Taktlosigkeit gegenüber dem deutschen Nationalgefühl.« [143]

Nur noch ein nach 1933 von einem emigrierten Autor geschriebenes Drama konnte bis zur deutschen Besetzung in Paris einem französischen Publikum vorgestellt werden: Am 4. 8. 1939 hatten mehrere Szenen aus Brechts ›Furcht und Elend des Dritten Reiches‹ [›Grandpeur et Misère du Troisième Reich‹] Premiere, gespielt von einer kleinen Truppe junger Amateurschauspieler, den Comédiens d'Anjou, Schülern der École dramatique de la Maison de Culture, unter der Leitung Pierre Abrahams, der das Stück auch übersetzt hatte. Das Bühnenbild entwarf Frans Masereel. Nachdem die ursprünglich auf nur neun Vorstellungen projektierte Aufführungsserie in verschiedenen Sälen den Erfolg der Inszenierung bewiesen hatte, sollte sie in dem größeren Théâtre des Arts wieder aufgenommen werden. Die Mobilmachung und die französische Kriegserklärung vom 3. 9. 1939 durchkreuzten diese Pläne [144].

[143] Hanns Johst: ›Maske und Gesicht. Reise eines Nationalsozialisten von Deutschland nach Deutschland‹. München 1936, S. 185 f.

[144] Quellen: Agnes Hüfner: ›Die Aufnahme Bertolt Brechts in Frankreich‹. Phil. Diss. Saarbrücken 1966, S. 11 f. u. 230; H.-W. Nickel: ›Deutsches Theater in Paris vom 18. Jahrhundert bis heute‹, a. a. O., S. 37 u. dokumentarischer Anhang; J. Willett: ›Das Theater Bertolt Brechts‹, a. a. O., S. 34.

IV. England – »Refugee Work« und Internierung

1. Situation und Haltung gegenüber den Emigranten

Im Gegensatz zu dem bitteren Ton vieler Berichte deutscher Emigranten über ihre Exil-Erfahrung in Frankreich fällt auf, wie einhellig positiv und dankbar die Haltung Englands als Exilland von ehemaligen Emigranten geschildert wird, die dort die Jahre des Dritten Reiches erlebten. In der Tat kann die britische Einstellung zum Problem der Asylgewährung – und ihre Umsetzung in tätige Hilfe – als eine der liberalsten und verständnisvollsten im Vergleich zu der anderer europäischer Nationen charakterisiert werden. – Allerdings muß auch diese Aussage eingeschränkt und relativiert werden: In der Haltung der englischen Behörden zum Flüchtlingsproblem sind innerhalb des Zeitraums von 1933 bis 1945 deutlich zwei Phasen unterscheidbar, die einen in seiner Konsequenz und selbstkritischen Einsicht erstaunlichen Gesinnungswandel markieren. Bis 1938 kam Großbritannien als Ziel einer massenhaften Emigrationsbewegung aus Deutschland nicht in Frage. Die englischen Einwanderungsbestimmungen machten keinen Unterschied zwischen Emigranten und »normalen« Reisenden fremder Staatsangehörigkeit; sie verlangten für die Gewährung der Einreiseerlaubnis von beiden den Nachweis der gleichen Voraussetzungen. Neben dem gültigen Paß mit Visum wurde der Besitz ausreichender finanzieller Mittel oder die Bürgschaft eines gut situierten britischen Staatsbürgers zur Bedingung gemacht. Da jedoch nach Lage der Situation der Emigranten, die ja zumeist überstürzt und ohne genügende Vorbereitung Deutschland verlassen mußten, die wenigsten diese Voraussetzungen erfüllen konnten, blieb die englische Emigrantenkolonie bis 1938 auf einen kleinen, eher exklusiven Kreis Privilegierter beschränkt. Im November 1937 befanden sich in England nur rund 4500 Flüchtlinge [145]. Eine zusätzliche isolationistische Maßnahme ließ die Flüchtlingsströme vor den Toren Englands zurückschrekken; auch die Erfüllung aller genannten Forderungen garantierte noch nicht ungehinderte Einreise: Vielmehr besaßen die Einwanderungsbeamten in den englischen Häfen unbeschränkte Vollmacht, nach eigenem Ermessen die Einreise zu gewähren oder zu untersagen [146].

Diese eher traditionsbedingte als speziell gegen die Emigranten gerichtete

145 Vgl. K. R. Grossmann: ›Emigration‹, a. a. O., S. 215.

146 Zwar besagte die British Aliens Act aus dem Jahre 1905 ausdrücklich, daß die üblichen Auflagen zur Genehmigung der Einreise gegenüber Asylsuchenden, die in dem Land, das sie aus politischen oder religiösen Motiven verlassen mußten, Gefahren für Leib und Leben ausgesetzt waren, nicht gelten sollten, daß vielmehr den Flüchtlingen Aufenthalt gewährt werden müsse; doch wurde von dieser Forderung so gut wie kein

fremdenfeindliche Haltung fand schon bald nach 1933 angesichts der mit der Emigration aus dem Dritten Reich entstandenen neuen Kategorie Einreisewilliger massive öffentliche Kritik. Es wurde unter anderem darauf hingewiesen, daß mit einem Ansteigen der Zahl in England Aufenthalt nehmender Emigranten dem Land keine unzumutbaren wirtschaftlichen Probleme entstünden, ein angesichts der Folgen der Weltwirtschaftskrise für die englische Wirtschaft entscheidend wichtiger Gesichtspunkt. Vielmehr könne in einer sinnvollen beruflichen Integration der in der Mehrzahl mit abgeschlossener Ausbildung ankommenden und über Berufserfahrung verfügenden Emigranten ein wichtiger Gewinn für die englische Wirtschaft und Wissenschaft liegen.

Die entscheidende Wende trat 1938 mit dem Münchener Abkommen ein, also zu einer Zeit, da sich die Emigranten in anderen europäischen Ländern bereits wieder zur Weiterwanderung rüsten mußten. Zwei Gründe mögen den Gesinnungswandel mitbestimmt haben: Erst jetzt, mit den unmißverständlichen territorialen Forderungen Hitlers, der Eingliederung Österreichs und den sich verschärfenden Judenverfolgungen erkannte man in England im vollen Ausmaß die ernste und gefährdete Situation der Flüchtlinge aus Deutschland. Man wurde sich bewußt, daß die Emigranten auf der Seite der Demokratie an der Front gegen den Faschismus standen, daß eine moralische Verpflichtung zur Hilfe bestand. Außerdem fühlte man sich auf Grund der zwiespältigen Ergebnisse der Verhandlungen Chamberlains mit Hitler und auf Grund der englischen Mitverantwortung am Schicksal der Tschechoslowakei zur Unterstützung der tschechoslowakischen sowie der deutschen und österreichischen Emigranten, die in der Tschechoslowakei Asyl gefunden hatten, in besonderem Maße verpflichtet. Die Engländer öffneten ihre Tore und, so betonte Stefan Zweig, »sie waren zu den Flüchtlingen, die jetzt in Scharen herüberkamen, großmütig, sie zeigten nobelstes Mitleid und hilfreiche Anteilnahme«[147]. – Über das plötzliche Anschwellen der Flüchtlingszahlen nach 1938 macht Werner Röder folgende Angaben:

»Anfang 1939 wurden bereits 16 000 jüdische Auswanderer und 4000 politische Flüchtlinge aus Deutschland, Österreich und den Sudetengebieten registriert; bis Jahresende erhöhte sich die Gesamtzahl sprunghaft auf etwa 70 000. Insgesamt haben sich über 32 000 deutsche und 27 000 österreichische Juden bis Oktober 1941 direkt nach Großbritannien gewandt. 1940 erhielten von 62 000 Deutschen und 12 000 Österreichern über 55 000 den offiziellen ›refugee‹-Status zuerkannt.«[148]

Gebrauch gemacht. – Vgl. K. R. Grossmann u. A. Tartakower: ›The Yewish Refugee‹, a. a. O., S. 219.

[147] Stefan Zweig: ›Die Welt von gestern‹. [Frankfurt a. M.] 1952, S. 379.

[148] Werner Röder: ›Die deutschen sozialistischen Exilgruppen in Großbritannien‹. Hannover [1968], S. 23.

Nach Röders Feststellungen kamen 27 % der Männer und 17 % der Frauen aus akademischen Berufen, mehr als 33 % der Emigranten waren Geschäftsleute oder Unternehmer[149]. Damit ist das Bild einer bürgerlichen, vorwiegend liberal bis konservativ eingestellten Emigrantenkolonie bereits gekennzeichnet.
Eine Vielzahl privater, öffentlicher und kirchlicher Hilfsorganisationen begann, sich tatkräftig mit den Problemen der Versorgung, Unterbringung und Integrierung der Emigranten in das englische Leben zu befassen. Dieses »Refugee Work« wurde gleichsam zu einem Leitthema der englischen Einstellung gegenüber der Hitler-Emigration. Im Gegensatz zu Frankreich erkannte England, daß eine kontinuierliche und gelenkte Integration der Emigranten in das Berufsleben des Landes die sinnvollste Methode sei, durch Unterstützung und Versorgung entstehende finanzielle Belastungen möglichst niedrig zu halten und zugleich die verschiedenartigen beruflichen Kenntnisse der Ankommenden zu nutzen. Daher wurden spezielle Ämter eingerichtet, die in Verbindung mit Emigrantenorganisationen die Lösung dieser Aufgabe übernahmen. Dabei wurde versucht, eine übergroße Konzentration der Emigranten in London mit all ihren besonderen, der Integration entgegenwirkenden Problemen zu verhindern. Natürlich konnten nicht für alle arbeitsfähigen Emigranten angemessene Tätigkeiten, schon gar in ihren angestammten Berufen, verschafft werden. Mit Kriegsbeginn fand ein nicht geringer Teil Beschäftigung in der Rüstungsindustrie, in Dienststellen der Armee und vor allem in den Pionierkorps, deren Aufgabe die Beseitigung der durch Bombenangriffe entstandenen Schäden war.
Eine einschneidende Änderung erfuhr die Situation der Emigranten in England durch die im Mai 1940 einsetzenden Internierungsverordnungen, die als Reaktion auf die Niederlage Frankreichs zu sehen sind. Wenn auch die Internierung für die Emigranten ein abermaliges Herausgerissen-Werden aus den eben unter Schwierigkeiten aufgebauten beruflichen und gesellschaftlichen Bindungen bedeutete, so kann die englische Internierung doch in keiner Weise den französischen Maßnahmen gleichgesetzt werden. Im Falle Frankreichs hatte die chaotische Kriegssituation, das Mißtrauen gegen die Emigranten und die Angst vor deutschen Repressalien die Diffamierungen und Demütigungen der Internierungszeit ausgelöst; in England dagegen machten die angemessene Differenzierung der für die verschiedenen betroffenen Personenkreise vorgesehenen Beschränkungen, die genaue öffentliche Kontrolle einer ordnungsgemäßen Durchführung und die peinliche Einhaltung humanitärer Regeln die Internierung erträglich. Man verstand sie als eine, wenn auch übereilte und zu umfassende, doch im Eigeninteresse der Emigranten liegende Schutzmaßnahme. Eine dif-

[149] Ebenda, S. 25.

famierende Abweisung der Asylsuchenden lag den Verantwortlichen fern. Eine Anti-refugee Haltung gewann in England keinen Einfluß. Das erwies sich schon bald in der heftigen Kritik des Parlaments, der Kirchen und anderer öffentlicher Stellen, die mit der Forderung auftraten, die Internierung der eindeutig als antifaschistisch ausgewiesenen Emigranten rückgängig zu machen. Mit diesem Appell wurde eine so weitverbreitete Meinung artikuliert, daß in der Tat schon ab September 1940 die Entlassungen aus den Lagern Englands einsetzten. Auch die bereits in überseeische Lager eingewiesenen Emigranten – vorwiegend nach Kanada und Australien – wurden entlassen und zum Teil nach England zurückgebracht. Im Mai 1943 befanden sich nur mehr 300 »enemy aliens« in Lagern. »Diese englische Selbstkritik war eine der erfreulichsten und positivsten Charaktereigenschaften.« [150]

2. **Kulturarbeit der Emigranten – Die Clubs**

Alle diese Faktoren, die sich auf den zahlenmäßigen Umfang, die Zusammensetzung, die Situation und die Lebensbedingungen der deutschsprachigen Emigrantenkolonie auswirkten, machten ihren Einfluß auch auf die Ausbildung des kulturellen Lebens der Emigration in unterschiedlicher Weise bemerkbar. Bezogen auf diesen Aspekt, seien die wichtigsten Gesichtspunkte noch einmal zusammengefaßt:

1. Bis 1938 blieb die Emigrantenkolonie relativ klein und setzte sich zudem aus überdurchschnittlich vielen wohlhabenden oder berühmten Persönlichkeiten zusammen, die entsprechend schnellen Zugang zur Gesellschaft des Zufluchtslandes fanden. Zudem blieb England in den meisten Fällen nur eine Zwischenstation für sie. Eine bezeichnende Notiz von 1935 im ›Neuen Tage-Buch‹ illustriert den Tatbestand:

»Die Überpflanzung des Berliner Theaters von ehedem nach *London* macht ständig weitere Fortschritte. Nach Elisabeth *Bergner,* Lucie *Mannheim,* Grete *Mosheim,* Oskar *Homolka,* Fritz *Kortner,* Conrad *Veidt,* Paul *Grätz* und anderen vollzieht nun auch Ernst *Deutsch* den Übergang zur englischen Bühne.« [151]

Daß Vertreter dieses Emigranten-Typus' auf Grund ihrer privilegierten Situation ein wesentlich geringeres Bedürfnis nach organisatorischen, den Emigrantenstatus unterstreichenden Bindungen hatten, bedarf keiner Erklärung.

2. Die nach 1938 einwandernden Emigranten kamen zu einem großen Teil aus Österreich und der Tschechoslowakei. Daher wurde im englischen

[150] K. R. Grossmann: ›Emigration‹, a. a. O., S. 227.
[151] ›Das Neue Tage-Buch‹, Jg. 3, H. 51, 21. 12. 1935.

Exil eine – im Vergleich zu anderen Exilzentren – deutlichere organisatorische Unterscheidung zwischen deutschen und österreichischen Vereinigungen sichtbar. Auch im Bereich des Exiltheaters wird dieser Tatbestand spürbar: Der Schauspielertruppe des Freien Deutschen Kulturbundes standen die – zumindest in der ursprünglichen Konzeption – österreichischen Unternehmen der Österreichischen Bühne, des Laterndl und des Blue Danube Club gegenüber. Daß sich im Aufeinander-angewiesen-Sein des Exils eine absolute Trennung zwischen beiden Gruppen nicht realisierte, da sie ja viel mehr verband als sie Grundsätzliches trennte, bedarf ebenfalls keiner besonderen Erläuterung. Andere – ideologische, parteipolitische – Motive schufen wesentlich höhere Trennwände in der deutschsprachigen Emigration Englands.

3. Die Dezentralisierung der Emigranten über das gesamte Land bewirkte, daß der Londoner Gruppe nicht in dem Maße eine entscheidende Rolle zufiel, wie sie etwa New York als Exilzentrum für die USA gewann. Daher blieben die Aktivitäten auch des Emigrantentheaters auf einen relativ bescheidenen Rahmen, den der Vereins- und Clubaufführungen, begrenzt.

4. Der kurze Zeitraum, innerhalb dessen sich die kulturellen Aktivitäten der Emigration in England entfalten konnten, wurde empfindlich unterbrochen durch die Zäsur, welche die Phase der Internierungen zweifelsohne darstellte. Hinzu kam, daß sich im Laufe der Jahre die Kriegsentwicklung mehr und mehr auch auf die Lebensumstände der Zivilbevölkerung auswirkte: durch Verdunklungen, nächtliche Ausgangssperren, Luftalarm, Rationierungen etc. Das wiederum konnte nicht ohne Einfluß auf die Vorhaben der Emigranten bleiben.

Den Umfang und die Bedeutung der in England durch Emigranten verwirklichten kulturellen Unternehmungen charakterisiert Hermann Sinsheimer in einem Rückblick aus dem Jahre 1948 in pointierter Form:

»Es entstand eine winzige Enklave deutscher Kulturbemühungen, ein Geistesleben in der Nußschale: deutsche Theaterchen, Kabaretts, Klubs mit geistiger Aktivität, ein Volkshochschülchen, Autorengruppen mit Vorlesungen und Diskussionen und ein Bund, die ›Free German League‹.« [152]

In der Zeit vor 1938 blieb das von Emigranten-Organisationen initiierte und getragene kulturelle Leben noch weit episodenhafter. Erst nachdem sich Englands Tore für eine große Anzahl Asylsuchender geöffnet hatten, konnte von einem kontinuierlichen und organisierten Kulturleben gesprochen werden, dessen Schwergewicht allerdings nicht auf dem Gebiet des Theaters lag.

Als wichtigste und umfassendste Vereinigung dieser Art ist der oben er-

[152] H. Sinsheimer: ›Emigranto‹. In: ›Deutsche Rundschau‹, Jg. 71, H. 4, April 1948, S. 36f.

wähnte Freie Deutsche Kulturbund [Free German League for Culture in Great Britain] anzusehen, der 1938/39 von deutschen Schriftstellern, Journalisten, Theaterleuten, bildenden Künstlern etc. in London gegründet wurde.

»Anti-nazistisch in seiner Haltung, machte er es sich zur Aufgabe, in engster Zusammenarbeit mit englischen Freunden, Künstlern und Wissenschaftlern das zu fördern und fortzuentwickeln, was an freiem deutschen Kulturgut gerettet worden war. Damit begann eine Zeit lebendigen Kulturlebens. Es gab Vorträge englischer und deutscher Wissenschaftler, Konzerte bekannter Musiker und Theatervorstellungen unserer Schauspieler.« [153]

Zum Vorstand gehörten zeitweilig Berthold Viertel, Oskar Kokoschka, Stefan Zweig, Alfred Kerr und Wilhelm Unger. Die Zusammenarbeit blieb nicht immer ohne Spannungen. Die Antagonismen zwischen Kommunisten, Sozialdemokraten und Vertretern bürgerlicher Parteien hatten sich auch in der Emigration fortgesetzt und führten mit Ausnahme der kurzen Periode der antifaschistischen Volksfront zu Auseinandersetzungen und Separierungen zwischen den Exilgruppen.

»Für die meisten sozialdemokratischen Flüchtlinge war auf Grund der maßgeblichen Beteiligung von Kommunisten eine Mitarbeit im Kulturbund von Anbeginn undiskutabel. Die Ablehnung dieser immerhin größten und wirksamsten Vereinigung der deutschen Emigration in Großbritannien schloß für die führenden SPD-Mitglieder sogar den Boykott rein kulturell-literarischer Veranstaltungen ein.« [154]

Im FDKB kam es infolge des starken kommunistischen Einflusses zu heftigen Gegensätzen. Schon 1939 legte Alfred Kerr seine Mitgliedschaft und sein Amt als Vorsitzender nieder [155]. Wilhelm Unger [156] gründete aus ähnlichen Motiven als Gegenorganisation gemeinsam mit Hans José Rehfisch den Club 1943. Trotz dieser ideologischen Differenzen blieb der FDKB die

[153] Freimut Schwarz: ›Deutsche Kulturbewegung in England‹. In: Freier Deutscher Kulturbund [Hrsg..]: ›Verbannte und Verbrannte‹. London 1942, S. 27.

[154] W. Röder: ›Die deutschen sozialistischen Exilgruppen in Großbritannien‹, a. a. O., S. 87.

[155] Vgl. dazu Alfred Kerrs Brief an den FDK vom 10. 11. 1939 mit der Begründung seines Austritts. In: ›Briefe aus dem Exil‹. In: ›alternative‹, Jg. 10, H. 52, Berlin 1967, S. 28.

[156] Wilhelm Unger: Geb. 1904 in Bad Hohensalza. Schriftsteller, Literatur- und Theaterkritiker. 1924–1929 Studium der Germanistik, Philosophie und Kunstgeschichte in Bonn und Köln; Ausbildung im Verlags- und Buchwesen; freier Schriftsteller, 1933 Schreibverbot und Beschlagnahme von Manuskripten; Emigration nach England; Lektor der BBC für deutsche Literatur; schriftstellerische Tätigkeit; 1940 einjährige Internierung in Australien; 1957 Rückkehr nach Deutschland; Mitbegründer der Germania Judaica; Vorsitzender der Kölnischen Gesellschaft für Christlich-jüdische Zusammenarbeit; Kulturredakteur und Theaterkritiker des ›Kölner Stadt-Anzeiger‹; lebt in Köln.

wichtigste und aktivste Kulturorganisation der deutschsprachigen Emigration in England. Im Mittelpunkt seiner Tätigkeit stand das Bestreben,

»das große Erbe der deutschen Kultur zu bewahren, die Entwicklung junger, schöpferischer Kräfte zu pflegen und unsere Verbundenheit mit der englischen Kultur der Vergangenheit und Gegenwart zu vertiefen.« [157]

Das Programm des Kulturbundes setzte sich zusammen aus wissenschaftlichen Vorträgen, Diskussionen über zeitpolitische Fragen, literarischen Lesungen, Konzerten und Theaterveranstaltungen. Besondere Bedeutung kam dem Bestreben zu, Kontakte zu englischen Wissenschaftlern, Schriftstellern und Künstlern zu finden, um dadurch auf die Anliegen der Emigration aufmerksam zu machen. So bestanden Verbindungen zu Herbert George Wells, John B. Priestley, Aldous Huxley und seinem Bruder, dem Naturwissenschaftler Julian Huxley.

Priestley war es auch, der als prominenter Vertreter der englischen Literatur auf einer der ersten großen Veranstaltungen des ›schöpferischen Exils‹ sprach, einer Kundgebung, die vorrangig dem Ziel diente, der englischen Öffentlichkeit die künstlerische Bedeutung und die antifaschistischen Intentionen der deutschen Emigration nahezubringen. Die von Berthold Viertel vorbereitete Veranstaltung, die unter dem Motto ›Creative Exiles‹ am 12. 5. 1939 vom FDKB und dem Verband deutscher Schriftsteller in England durchgeführt wurde, versuchte, die unterschiedlichen Aspekte künstlerischen Schaffens im Exil deutlich zu machen: Neben anderen las Oskar Kokoschka aus eigenen Werken, und Charlotte Eisler sang Lieder Hanns Eislers. Im Mittelpunkt stand die Aufführung der Szene ›Der Spitzel‹ [›The Informer‹] [158] aus Brechts ›Furcht und Elend des Dritten Reiches‹ durch emigrierte deutsche Schauspieler. Über die Aufführung heißt es:

»›The Informer‹, a play in one act by Bert Brecht, was performed by exiled actors. The play, which dramatises the tense atmosphere of mistrust spread over Nazi Germany, had a great success.« [159]

Für die nächstfolgende Aufführung eines Exildramatikers wählte die Schauspieltruppe des FDKB, die sich inzwischen als ein ständiges Ensemble zusammengeschlossen hatte, wieder ein Brecht-Stück: ›Die Gewehre der

[157] ›Freie Deutsche Kultur. Mitteilungsblatt des Freien Deutschen Kulturbundes in England‹. London Sept. 1941, S. 1. Zitiert nach: ›Exil-Literatur 1933–1945. Eine Ausstellung aus Beständen der Deutschen Bibliothek, Frankfurt am Main [Sammlung Exil-Literatur]‹. Ausstellung u. Katalog: Werner Berthold. 3., erw. u. verb. Aufl. [Frankfurt a. M.] 1967, S. 185.

[158] Es ließ sich nicht mit Sicherheit feststellen, ob das Stück in deutscher oder englischer Sprache aufgeführt wurde. Letzteres hat die größere Wahrscheinlichkeit für sich, da sich die Veranstaltung vor allem an ein englisches Publikum wandte.

[159] [anonym]: ›An Exiles' Party‹. In: ›Manchester Guardian‹, 15. 5. 1939.

Frau Carrar‹. Gemeinsam mit ›Rechtsfindung‹ aus ›Furcht und Elend des Dritten Reiches‹ wurde das Drama am 8. 11. 1941 in der Regie Arnold Marlés mit Charlotte Küter in der Titelrolle aufgeführt [160]. Auch anläßlich dieser (deutschsprachigen) Veranstaltung dokumentierte sich der Kontakt des FDKB zu englischen Künstlern: Vor dem Beginn der Aufführung sprach eine englische Schauspielerin einen für diese Gelegenheit verfaßten Prolog. – Ein weiteres Exildrama stellte der FDKB in einer Lesung vor: Im Juni 1943 las der deutsche Schauspieler Martin Miller [161] das Drama ›Flieder‹ »des jungen österreichischen Dichters« Heinz Karpeles, der ebenfalls im Londoner Exil lebte [162]. Das Stück, im selben Jahr verfaßt, behandelt die unmittelbare deutsche Gegenwart von 1943: Einem jungen Soldaten werden durch das Fronterlebnis die Augen für die Sinnlosigkeit dieses Krieges und die Unmenschlichkeit der ihm zugrunde liegenden Idee geöffnet. Er bekennt sich zu seiner neugewonnenen Haltung der Gegnerschaft und nimmt die tödliche Konsequenz auf sich. Diese exemplarisch-zeitgeschichtliche Handlung verknüpft Karpeles mit der Schilderung einer an diesen Zeitverhältnissen zerbrechenden Liebesbeziehung, deren Beeinflussung durch die Woyzeck-Marie-Konstellation offensichtlich ist und als literarische Verweisung bewußt betont wird. Anschließend an die Lesung wurden die Möglichkeiten einer Bühneninszenierung des Stückes, das seinen Eindruck auf die Zuhörer nicht verfehlt hatte, diskutiert; Hinweise, nach denen es noch im selben Jahr durch die Kleine Bühne des FDKB aufgeführt worden sein soll, ließen sich nicht verifizieren [163].

160 »Der kämpferischen Ehrlichkeit dieses Dramas hat der Regisseur der Aufführung [...] starke Impulse gegeben. Arnold *Marlé* weiß ein Streitgespräch zwischen einem Pfarrer und einem Soldaten als ein Duell mit Worten prasseln zu lassen. Er konzentriert das Licht auf die Mutter, ohne sie an die Rampe zu zerren. Sein Ansporn läßt alle Kräfte Charlotte *Küters* produktiv werden.« – M. J. [i. e. Monty Jacobs]: ›Bert Brechts Einakter‹. In: ›Die Zeitung‹, Jg. 1, H. 208, London 10. 11. 1941, S. 3. Weitere Kritik in: ›Aufbau‹, Jg. 8, H. 2, 9. 1. 1942, S. 7.

161 Martin Miller: Österreichischer Schauspieler. Nach dem Anschluß Österreichs am Theater des Berliner Jüdischen Kulturbundes tätig; Frühjahr 1939 Emigration nach England; gründet die deutschsprachige Bühne Laterndl in London; setzt sich als englischsprachiger Theater- und Filmschauspieler [›Exodus‹] durch; 1964 erstes Auftreten in Deutschland nach der Emigration [Köln, Ustinov: ›Endspurt‹]; 1969 in Innsbruck gestorben.

162 Monty Jacobs: ›Ein neuer Dichter‹. In: ›Freie Deutsche Kultur‹, H. 10, Okt. 1943, S. 6.

163 Über die Kleine Bühne des FDKB heißt es: »als der Kulturbund Sylvester 1939 in Hampstead sein eigenes Haus bezog, das ihm durch Vermittlung seines Patrons, des Bischofs von Chichester, die Church of England zur Verfügung stellte, bauten wir uns im kleinen Saal des Hauses eine winzige Bühne, ein richtiges ›Nudelbrett‹. Alles wurde geliehen: der Vorhang, die Scheinwerfer, die Kostüme und – das Geld. Englische Kollegen [...] halfen uns in wundervoller Solidarität. Im Mai 1940 konnten wir endlich unsere ›Kleine Bühne des Freien Deutschen Kulturbundes‹ (The Little Theatre) begründen.« – E. Freund: ›Deutsches Theater im Londoner Exil‹. In: ›Theater der Zeit‹, Jg. 1, H. 4, Okt. 1946, S. 20f.

Anläßlich des zehnten Jahrestages der Bücherverbrennung veranstaltete der Freie Deutsche Kulturbund am 23. 5. 1943 eine große (englischsprachige) Kundgebung, an der über 1000 Personen teilnahmen: J. B. Priestley sprach über die deutsche Literatur im Exil, die durch Lesungen aus dem Werk emigrierter Autoren vorgestellt wurde. Anschließend wurde von deutschen und englischen Schauspielern eine gekürzte Fassung von Johannes R. Bechers ›Schlacht um Moskau‹ aufgeführt[164].
Die wenigen vom Kulturbund produzierten Exildramen bildeten nur einen geringen Prozentsatz im Repertoire der zeitweilig drei Ensembles des FDKB[165]. Das Schwergewicht des Spielplans lag beim Unterhaltungstheater, bei Kabarett und Revuen, die das Leben der Emigranten reflektierten. Auch Klassiker wurden gespielt: So wird eine ›Amphitryon‹-Inszenierung vom Mai 1944 erwähnt und eine Shakespeare-Feier mit Szenen aus seinen Dramen [um 1941].
An dieser Stelle sei auf einen nicht unwichtigen Faktor hingewiesen, der bei der Beurteilung der Spielplangestaltung von Emigrantengruppen in nahezu allen Asylländern zu berücksichtigen ist: Diese Ensembles waren, wie schon deutlich wurde, zumeist gezwungen, mit geringsten finanziellen Mitteln zu operieren; die Aufführungseinnahmen deckten oft kaum die Kosten der szenischen Ausstattung, der Saalmiete, der ohnehin minimalen Gagen, und so stellte die Tantiemen-Frage ein zusätzliches, nicht unwichtiges Problem dar. Da die Kosten zur Erlangung der Aufführungsrechte zeitgenössischer Dramatik vielfach die finanziellen Möglichkeiten überstiegen, engte sich das Repertoire mancher Truppe zwangsläufig allein aus derartigen äußeren Gründen ein. Auch die Stücke zumindest der bekannteren Exildramatiker waren in der Regel durch Bühnenverlage international geschützt und daher ihre Aufführung mit zusätzlichen Kosten verbunden. Aus diesem Grunde zog man es vielfach vor, Klassiker, selbstverfaßte Revuen, Kabarettprogramme und die Stücke junger, unbekannter, zur eigenen Emigrantenkolonie gehörenden Autoren aufzuführen. Es ist ferner zu berücksichtigen, daß infolge der sporadischen Kommunikation, bedingt durch die Gegebenheiten der Exilsituation vor allem während der Kriegsjahre, der Verbreitungsgrad im Exil entstandener literarischer Werke ohnehin stark eingegrenzt war.
Neben den Theatergruppen des FDKB ist als zweiter wichtiger Kristallisa-

[164] Vgl. ›Freies Deutschland‹, Jg. 2, H. 8, Mexiko Juli 1943, S. 32.

[165] Berendsohn nennt neben der Kleinen Bühne des FDKB eine Kulturbund-Spielgruppe und eine Spielgruppe der Freien deutschen Jugend. Er erwähnt eine wohl um 1943 zu datierende Inszenierung des Dramas ›Christus, nicht Caesar‹ von Peter Lothar durch die Kleine Bühne des FDKB in der Regie von Heinrich Kämmerer [Kamnitzer] und eine Inszenierung von Friedrich Wolfs 1944 geschriebenem Drama ›Dr. Lilli Wanner‹ durch die Kulturbund-Spielgruppe. Über beide Ereignisse liegen sonst keine Nachrichten vor. Es ist anzunehmen, daß die Wolf-Inszenierung erst nach 1945/46 stattfand.

tionspunkt deutschsprachigen Theaterlebens im Londoner Exil die 1939 von Martin Miller gegründete und nach der durch die Internierungen bedingten vorübergehenden Schließung 1940/41 wiedereröffneten Bühne Laterndl anzuführen. Das Laterndl, dessen Ensemble vorwiegend österreichische Künstler angehörten und in dessen Repertoire österreichische Autoren überwogen, brachte nach den bisherigen Ermittlungen keine Exildramatiker auf die Bühne. Auch hier machte neben Kleinkunst, Kabarett- und Revueprogrammen, leichtes Unterhaltungstheater [Boulevardkomödien] den Hauptanteil des Spielplans aus: so Schnitzlers ›Anatol‹ [Juni 1942], Molnars ›Spiel im Schloß‹ [August 1942], E. E. Kischs ›Die Himmelfahrt der Galgentoni‹ [1943], Curt Goetz-Einakter [Mai 1943], Schnitzler-, Wildgans- und Auernheimer-Einakter [April 1944]. Inszenierungen der Goetheschen ›Iphigenie‹ in Millers Regie und, im November 1941, des ›Hauptmann von Köpenick‹ mit Martin Miller als Schuster Voigt, in Marlés Regie und in Bühnenbildern John Heartfields, werden als Höhepunkte der Wirksamkeit des Laterndl angeführt [166].

Noch eine dritte Emigrantenbühne ist für London von Bedeutung: die im Januar 1942 mit englischer Unterstützung als Verein gegründete Österreichische Bühne. Im Gründungsmanifest heißt es:

»Die Gründung [...] erfolgte in Kenntnis des Wunsches maßgeblicher englischer Stellen, daß die deutsche Kultur nicht lediglich von den Nazis betrieben wird, sondern daß in der englischen Emigration aus Deutschland, Österreich und dem Sudetenland Kulturinstitute wie deutschsprachige Bühnen errichtet werden.« [167]

Die Bühne, deren Leitung Arthur Hellmer [168] übernommen hatte, sah ihre Aufgabe darin, in Deutschland verbotene klassische und zeitgenössische Dramatiker aufzuführen. So wurde als Eröffnungspremiere ›Nathan der Weise‹ gewählt, von Hellmer inszeniert, mit Arnold Marlé in der Titelrolle [169]. Schon einen Monat später ließ die Österreichische Bühne diesem klassischen deutschen Drama gegen rassistische und religiöse Intoleranz das zeitgeschichtliche Pendant folgen: Im März des Jahres inszenierte Hellmer

166 Angaben nach Notizen, Ankündigungen und Rezensionen in: ›Die Zeitung‹, London.

167 [anonym]: ›Deutsches Theater in London. Die Österreichische Bühne‹. In: ›Die Zeitung‹, Jg. 1, H. 256, 30. 1. 1942, S. 9.

168 Arthur Hellmer: Geb. 1880 in Wien, gest. 1961 in Hamburg. Regisseur und Theaterleiter. 1901–1910 Engagements in Barmen, Lübeck, Frankfurt a. M.; gründet 1910 das Frankfurter Neue Theater; bis 1935 dessen Leiter, setzt sich für zeitgenössische Dramatik ein [Kaiser-Uraufführungen]; 1925/26 gleichzeitig Leitung des Lessing- und des Kleinen Theaters in Berlin; 1936–1938 Leitung des Theaters an der Wien; 1938 Emigration nach England; 1946–1948 Intendant des Hamburger Schauspielhauses.

169 M. Jacobs: ›Theater in deutscher Sprache. Nathan der Weise‹. In: ›Die Zeitung‹, Jg. 1, H. 259, 20. 2. 1942, S. 9.

Wolfs ›Professor Mamlock‹, mit Marlé als Mamlock [170]. Im Mai 1942 wurde die Österreichische Bühne bereits wieder aufgelöst, um sich, verbunden mit dem Ensemble des FDKB, als Lessingbühne neu zu konstituieren. Über die weitere Tätigkeit dieses Ensembles waren keine Nachrichten aufzufinden. Auch in anderen englischen Großstädten, in denen sich kleinere Emigrantenkolonien zusammengefunden hatten, wurden verschiedentlich Theaterensembles aktiv. So ist beispielsweise für den Zeitraum 1941/42 die Existenz eines Oxford Refugee Club belegt [171].

3. Exildramatik auf englischen Bühnen

Auf englischen Bühnen finden sich in dem Zeitraum 1933–1945 nur wenige Exildramen. Während der ersten Jahre nach der Machtergreifung herrschte auch in England die Tendenz vor, dem neuen Staat mit abwartender Neutralität zu begegnen. Daher fiel Anfang 1934 das Projekt einer englischsprachigen Inszenierung der ›Rassen‹, das Robert Klein, der frühere Direktor des Deutschen Theaters in Berlin, verfolgte, der Zensur zum Opfer [172]. Doch hatte Klein seinen Plan offensichtlich damit noch nicht aufgegeben; im Oktober 1935 schrieb er an Bruckner:

»Die 1930 players wollten ein Reading von Rassen veranstalten. D.h. vor Publikum wird Ihr Stück mit verteilten Rollen gelesen. Haeufig erfolgt nach oder besser infolge so eines Readings eine Aufführung.« [173]

Ob zumindest diese Lesung realisiert werden konnte, ist nicht dokumentiert. – Noch bis 1939 verfolgte die englische Zensurbehörde diese Haltung einer vorsichtigen, unentschiedenen Neutralität, wie sie sich im Verbot des bedeutenden, 1938 in der Sowjetunion gedrehten ›Mamlock‹-Films erneut dokumentierte. Allerdings fand eine solche Maßnahme zu diesem Zeitpunkt keineswegs mehr ungeteilte öffentliche Zustimmung. Vielmehr konnte Friedrich Wolf in einem Brief vom 7. 5. 1939 aus Frankreich an Wsewolod Wischnewski berichten:

»In London wurde ›Mamlock‹ verboten, obschon nach der Sondervorführung der Presse vom ›Manchester Guardian‹ über ›News Chronicle‹ bis zur ›Times‹ alle sehr begeistert über den Film schrieben, als den 1. Film, der das wahre Gesicht der Nazis zeigt. Aber grade wohl darum hat der Zensor den Film verboten. ›Manchester Guardian‹ schreibt jetzt, daß wegen des Mamlock eine In-

[170] M. J.: ›Professor Mamlock‹. In: ›Die Zeitung‹, Jg. 2, H. 263, 20. 3. 1942, S. 9.
[171] Nach Mitteilung C. Treptes.
[172] Vgl. J. Wulf: ›Theater und Film im Dritten Reich‹, a. a. O., S. 269.
[173] Brief Robert Kleins vom 2. 10. 1935 aus London an Bruckner. [Im Ferdinand-Bruckner-Archiv].

terpellation an das Parlament geht, weil man diesen Präzedenzfall der Zensur nicht dulden wolle.«[174]

Der Aufführung eines Stückes, das nur bedingt der Exildramatik zuzuzählen ist, soll dennoch Erwähnung getan werden, da mit ihr zwei bedeutende Namen des Exiltheaters verbunden sind: Anfang 1934 inszenierte Ludwig Berger mit über 200 Mitwirkenden im Londoner Coliseum die musikalische Phantasie ›A Golden Toy‹ von Carl Zuckmayer für diesen Anlaß und für diese Bühne nach der altindischen Legende ›Vasantasena‹ geschrieben. Die simple, märchenhafte Handlung bot Gelegenheit zu aller Prachtentfaltung einer musikalischen Show. Die Musik war aus Werken Robert Schumanns zusammengestellt. Ballette und choreographisch gegliederte Massenszenen, ein leibhaftiger Elefant, die riesigen Bühnenbauten und prunkvoll farbenprächtige Kostüme schufen, wie Fotos im New Yorker Lincoln Centre belegen, eine Atmosphäre von Tausendundeiner Nacht. Die Kritik hob darüber hinaus vor allem Bergers stimmungsvolle Lichtregie hervor. Allerdings weist die Kritik auf den Zwiespalt zwischen äußerem Aufwand der Produktion und dramatischem Gehalt des Stückes hin:

»Everybody was too busy with scenery, costuming and the production of spectacular effects to bother about such a little thing as comedy. Herein is the scumbling block. Chances of success for this pretentious production will be seriously minimized unless there is an immediate drastic injection of comedy.«[175]

Dessen ungeachtet wurde die Inszenierung, a spectacle of German ponderosity«[176], zu einem großen Publikumserfolg, »a really beautiful show, which builds up finely to its last and most impressive scene, and which had a tremendous welcome from its first audience.«[177]
Es entsprach der Situation des englischen Theaters jener Jahre, daß auch das nächste im Exil entstandene, auf einer Londoner Bühne aufgeführte Stück dem Unterhaltungstheater angehörte: Am 1. 7. 1935 hatte das »Musical Play« ›My Kingdom for a Cow‹ Uraufführung im Savoy Theater in London – Musik: Kurt Weill, Libretto: Robert Vambery, der vor 1933 Dramaturg an Ernst Josef Aufrichts Berliner Theater am Schiffbauerdamm war[178]. Der Erfolg des Stückes war nach Aufrichts Aussage nicht groß; dafür spricht, daß über nachfolgende Inszenierungen nichts bekannt ist – wenn auch Robert Klein in seiner Kritik dem Musical zugestand, es sei »im

174 F. Wolf: ›Briefwechsel‹, a. a. O., S. 221.
175 Jolo: ›The Golden Toy‹. In: ›Variety‹, New York 20. 3. 1934.
176 Ebenda.
177 W. A. Darlington: ›Huge Coliseum Spectacle‹. In: ›Daily Telegraph‹, London 1. 3. 1934. – Weitere Berichte in: ›Daily Telegraph‹, 6. 2. 1934 [Vorankündigung]; ›The Times‹, London 1. 3. 1934 [Kritik].
178 Zu Vambery und ›My Kingdom for a Cow‹ vgl. E. J. Aufricht: ›Erzähle, damit du dein Recht erweist‹, a. a. O., S. 128 u. 224.

ganzen bunt genug, um die Chancen eines Welterfolgs in sich zu haben«. Das Stück charakterisierte er als »typischer Bert-Brecht-Aufguß ohne Brechts Tiefe und ohne sein Poetenherz: Sehr clever, sehr amüsant, sehr kalt«. Am interessantesten erscheint jedoch in diesem Zusammenhang seine Warnung an Weill:

»Es wäre ein Jammer, wenn er ein Opfer der Emigration würde. Diese Musik ist geschrieben von einem, der entschlossen ist, Geld zu machen. Sie ist geschrieben mit einem ständig schielenden Blick nach dem Land ›Tantiemen‹. [...]
Weill steht am Scheideweg: Ein ehrlicher Musiker zu bleiben, dessen komische Qualitäten bis zu Offenbach reichen, oder ein unüberzeugender Kálmán zu werden.« [179]

Damit artikulierte Klein erstmals einen Vorwurf, der Weills Schaffen im Exil in der Folgezeit noch oft gemacht wurde.
Eines der wichtigsten Ereignisse für das Exiltheater auf englischen Bühnen war die Welturaufführung von Ernst Tollers – bis heute weder in deutscher Sprache verlegter noch auf deutschen Bühnen aufgeführter – Komödie ›No More Peace‹ [›Nie wieder Friede‹] [180], die am 11. 6. 1936 im Londoner Gate Theatre Premiere hatte und in den folgenden Jahren in den USA vielfach gespielt wurde. Toller kam nicht als Unbekannter nach England. Im Gegenteil, wie Thomas Mann hatte man Toller – vor allem im westlichen Ausland – die Rolle einer Symbolfigur der freien deutschen Literatur im Exil übertragen. Den Grad der Publizität, die Toller in England genoß, charakterisiert William Rose in seiner Arbeit über ›German Literary Exiles in England‹:

»Toller lived for a time in London, where he became something of a literary lion, his plays already being well known from the productions of the Stage Society and the Gate Theatre.« [181]

Tollers Stück ist eine bittere zeitgeschichtliche Satire auf die Brüchigkeit demokratischer Traditionen und die Verführbarkeit moderner Nationen zu Diktatur und Kriegsbegeisterung. In einer Mischung aus Märchen, Legende, kabarettistischer Revue und typisierendem Agitationsstück wird das deutsche Beispiel abgehandelt. Ein »Prolog im Himmel« schürt die dramatischen Konflikte: Als Abschluß eines Gesprächs über Friedenssehnsucht

[179] Robert Klein: ›Der neue Kurt Weill‹. In: ›Prager Tagblatt‹, H. 152, 2. 7. 1935, S. 6.
[180] Vgl. dazu John M. Spalek: ›Der Nachlaß Ernst Tollers. Ein Bericht‹. In: ›Literaturwissenschaftliches Jahrbuch‹, N. F., Bd. 6, Berlin 1965, S. 251–266. – Lediglich einzelne Szenen wurden in deutschsprachigen Exilzeitschriften veröffentlicht: E. Toller: ›Olympische Szene‹. In: ›Das Neue Tage-Buch‹, Jg. 2, H. 51, 22. 12. 1934, S. 1220 f. und E. Toller: ›Nie wieder Friede. Zwei Szenen aus der unveröffentlichten Komödie‹. In: ›Das Wort‹, H. 2, Aug. 1936, S. 32–37.
[181] William Rose: ›German Literary Exiles in England‹. In: ›German Life and Letters‹. H. 1, Oxford [1949], S. 180.

und Kriegsmüdigkeit der Welt gehen Napoleon und St. Franziskus die Wette ein, ob es Napoleon gelingen werde, ein beliebiges Land der Erde von heute auf morgen aus seiner Friedensseligkeit zu reißen und in wütende Kriegshysterie zu stürzen. Sie wählen das kleine Land Dunkelstein. Nachdem alle Nachrichtenquellen zur Außenwelt unterbrochen worden sind, läßt Napoleon dorthin ein Telegramm abgehen, das den Kriegsausbruch mitteilt, ohne zu erwähnen, wer der Feind sei. In Dunkelstein, wo man gerade mit einmütiger Begeisterung den »Tag des Friedens« begeht und den Krieg für alle Zeiten feierlich geächtet hat, wechselt schlagartig die allgemeine Stimmung in säbelrasselnden Hurrapatriotismus: Die Friedenshymne wird eilends zum Schlachtgesang umgedichtet, der Friedens- zum Kriegsminister ernannt, und der ehemalige Friseur Cain schwingt sich zum Diktator auf ... Auch Sokrates, der sich auf die Erde begibt, um das Land mit Gründen der Vernunft zum Frieden zurückzurufen, muß vor der Borniertheit des kriegslüsternen Nationalismus kapitulieren.
Tollers Bestürzung darüber, daß es noch keine zwanzig Jahre nach dem Ersten Weltkrieg und der ihm folgenden Periode weltweiter Kriegsmüdigkeit schon wieder möglich sein sollte, ein ganzes Volk in den irrationalen Taumel der Kriegsbereitschaft zu treiben, hatte im bitteren Zynismus und Spott dieses Lustspiels überzeugenden Ausdruck gefunden.
Glaubt man allerdings den Kritiken zur Londoner Inszenierung des Stükkes, so war es Toller keineswegs gelungen, sein Anliegen in aller beabsichtigten Deutlichkeit und Schärfe zu artikulieren. Wie auch später die amerikanischen Rezensenten, unterwarfen die Londoner Berichterstatter vor allem die Simplizität der Fabel und die Naivität der Satire ihrer Kritik: »a farrage of obvious satire« [182], »there is little [...] to feed the sense of comedy or to minister to moral indignation.« [183] Keiner der Kritiker machte sich die Mühe, die eigentliche Problematik und das Anliegen des Stückes überhaupt zu diskutieren, vielmehr besprachen sie es ausnahmslos im Sinne eines reinen Unterhaltungsspiels. Einzelne verurteilten es so eindeutig, daß es verwundert, das Drama ein Jahr später in den USA noch einmal aufgenommen zu finden. Im ›Daily Telegraph‹ heißt es:

»Some of the lines are in doubtful taste and many of the jokes are cheap. In construction it resembles a charade in which the climaxes come in the wrong places. [...] It has all been said before – and so much better.« [184]

In der weiblichen Hauptrolle gab die junge Christiane Grautoff, die Toller

[182] G. W. B.: ›No More Peace!‹. In: ›Times‹, 14. 6. 1936.
[183] [anonym]: ›No More Peace!‹. In: ›Times‹, 12. 6. 1936.
[184] G. W. B.: ›Cheap Skit on War. Ernst Toller »Comedy«‹. In: ›Daily Telegraph‹, 12. 6. 1934.

ins Exil gefolgt war und ihn 1935 geheiratet hatte, mit großem Erfolg ihr Debüt als englischsprachige Schauspielerin.
Das nächste, von einer Londoner Bühne produzierte Drama eines deutschen emigrierten Autors war Ende 1936 Bruno Franks Melodrama ›Young Madam Conti‹, ein »Court-room-play«, das der englischen Schauspielerin Constance Cummings Gelegenheit gab, in der effektvollen Rolle einer des Mordes aus unerwiderter Liebe angeklagten Halbweltdame zu glänzen. Obwohl die Kritik dem Stück nur geringe Qualitäten abgewinnen konnte, fand es auf Grund der eindrucksvollen Leistung der Protagonistin so viel Anklang, daß die Truppe mit dem Stück im April 1937 in New York gastierte [185].
Noch einmal tauchte während der Jahre des Exils Tollers Name auf dem Spielplan der Londoner Bühnen auf: Gemeinsam mit Denis Johnston wurde er als Verfasser des Stückes ›Blind Man's Buff‹ genannt. Doch kann dieses Drama Tollers Œuvre nur bedingt (und keineswegs seinem im Exil geschaffenen Werk) zugeordnet werden: Es geht zurück auf sein Stück ›Die blinde Göttin‹, das 1932 in Fehlings Regie am Wiener Raimundtheater uraufgeführt worden war. 1934 erschien es in englischer Übersetzung als ›The Blind Goddess‹ und wurde im Dezember desselben Jahres in Manchester gespielt. Denis Johnstons Adaption des Stückes für das Dubliner Abbey Theatre übertrug die Handlung nach Irland und ließ von Tollers ursprünglichem Prozeßdrama über einen Justizirrtum nicht viel übrig. »In the adaptation, in fact, very little remains of Herr Toller« [186]. John M. Spalek bezeichnet es als ein Werk Denis Johnstons, dem die Anfangs- und die Schlußszene von ›Die blinde Göttin‹ hinzugefügt worden sei [187]. Das Stück fand bei seiner Dubliner Premiere am 12. 12. 1936 begeisterte Aufnahme, so daß schon bald Verhandlungen über eine Inszenierung am Broadway geführt wurden [188], die allerdings nicht realisiert worden ist. Doch hatte der Dubliner Erfolg eine Londoner Inszenierung des Stückes zur Folge, die am 25. 9. 1938 vorgestellt wurde.
Tollers letztes Stück, ›Pastor Hall‹, dem das Schicksal Martin Niemöllers im Dritten Reich zur Vorlage diente, erlangte zwar nicht in einer Bühneninszenierung, doch in der englischen Filmfassung aus dem Jahre 1940 weltweiten Ruhm. Vor allem in England und in den USA erregte der Film großes Aufsehen. Mit der sowjetischen ›Professor Mamlock‹-Verfilmung von 1938 gehört er zu den wenigen bedeutenden antifaschistischen Spielfilmen vor 1945.

[185] Kritiken in: ›The New York Times‹, 1. 4. 1937 [Brooks Atkinson]; ›Variety‹, New York 7. 4. 1934.
[186] [anonym]: ›German Play in an Irish Setting‹. In: ›Times‹, 30. 12. 1936.
[187] J. M. Spalek: ›Der Nachlaß Ernst Tollers‹, a. a. O., S. 257.
[188] Vgl. Pressenotizen in: ›New York Times‹, 26. 2., 11. 4. und 12. 5. 1937; ›New York Daily Herald Tribune‹, 8. 5. 1937; ›Variety‹, 12. 5. 1937.

Die letzte zu erwähnende Inszenierung eines Exildramas fällt im Grunde schon nicht mehr in die für diese Arbeit gezogene Zeitgrenze; da es sich jedoch dabei um ein in mancher Hinsicht besonders wichtiges Stück handelt, sei es hier erwähnt: Im Juni 1945, also schon nach der deutschen Kapitulation inszenierte Michael Redgrave in London Franz Werfels »Komödie einer Tragödie« ›Jacobowsky und der Oberst‹ [›Jacobowsky and the Colonel‹]. Redgrave selbst spielte den Oberst Stjerbinsky, Karel Stepanek, der als Emigrant in London lebende bekannte tschechoslowakische Schauspieler, den Emigranten Jacobowsky. Noch ein zweiter Vertreter des Exils wirkte in der mit hohem Lob bedachten Inszenierung mit: Die Sancho Pansa-Rolle des Offiziersburschen Szabuniewicz verkörperte Josef Almas, ehemals Schauspieler an der Berliner Volksbühne [189].

[189] Kritiken in: ›The Observer‹, London 10. 6. 1945; ›Aufbau‹, Jg. 11, H. 26, 29. 6. 1945, S. 13. – Über die in Verbindung mit der englischen Bearbeitung des Stückes durch Samuel N. Behrmann auftretenden Probleme, vgl. S. 184 f.

V. Dänemark und Schweden – Kooperation und Arbeitertheater

1. Situation der Länder und Haltung gegenüber den Emigranten – Sympathie und Selbsthilfe

Daß die beiden skandinavischen Länder im Hinblick auf ihre Haltung gegenüber der Emigration aus Deutschland, im Hinblick auch auf die Lebensumstände der Emigranten in diesen Ländern und schließlich im Hinblick auf die szenische Realisation der Exildramatik gemeinsam betrachtet werden können, ist durch mehrere Faktoren zu rechtfertigen, die in beiden Ländern Zusammensetzung, Situation und Aktivität der Emigrantenkolonien auf sehr ähnliche Weise bestimmten:

1. Zwar hatten sich die nordischen Staaten trotz entsprechender Ansätze »nicht voll auf eine gemeinsame Linie gegenüber der skandinavischen Politik des nationalsozialistischen Deutschland einigen können« [190], doch war ihnen spätestens seit dem Beginn der großen Judenverfolgungen die kompromißlose Ablehnung der nationalsozialistischen Ideologie gemeinsam. Damit wird nicht in Abrede gestellt, daß sich im Bereich pragmatischer Tagespolitik deutschfreundliche Tendenzen und das Bestreben, eine wohlwollende Neutralität zu wahren, durchaus – vor allem für Schweden – nachweisen lassen. Auch fand man sich hier erst zu einer Zeit zögernd dazu bereit, jüdische Flüchtlinge in größerer Zahl aufzunehmen, als diese Rettungsmöglichkeit für viele bereits zu spät kam. Dennoch kann festgehalten werden, daß die ankommenden deutschen Emigranten in der Mehrzahl mit Verständnis und Hilfsbereitschaft empfangen wurden. Nicht zuletzt manifestierte sich der Widerstand gegen den Nationalsozialismus im furchtlosen Einsatz großer Teile der dänischen Bevölkerung, als es nach der Besetzung galt, Landsleute und Emigranten jüdischer Abstammung vor dem Zugriff der Deutschen zu retten. Walter A. Berendsohn gibt in der Schilderung seiner dramatischen Flucht von Dänemark über den Öresund nach Schweden ein Beispiel der dänischen Hilfsbereitschaft und der gastlichen Aufnahme in Schweden [191]. Zwar konstatiert Helmut Müssener in seinem Aufsatz über ›die kulturelle deutschsprachige Emigration nach Schweden‹ [192],

[190] Ulrich Bracher: ›Geschichte Skandinaviens‹. Stuttgart/Berlin/Köln/Mainz [1968], S. 117.

[191] Vgl. W. A. Berendsohn: ›Flucht von Dänemark nach Schweden‹. In: ›Verbannung. Aufzeichnungen deutscher Schriftsteller im Exil‹. [Hamburg 1964], S. 100 ff.

[192] Vgl. Helmut Müssener: ›Von Bert Brecht bis Peter Weiss. Die kulturelle deutsch-

daß sich die schwedische Bevölkerung ihrem Wesen entsprechend auch gegenüber den Emigranten eher zurückhaltend und kühl verhalten habe, doch verliert eine solche Feststellung im Vergleich zur Situation in anderen Zufluchtsländern viel von ihrer Schärfe. Allerdings machten sich auch in Dänemark, Schweden und Norwegen antisemitisch eingestellte Kreise bemerkbar und wandten sich mit Hinweis auf die angespannte Wirtschaftslage gegen die Ankunft so vieler jüdischer Flüchtlinge. Auf die allgemeine Meinung übten diese Stimmen jedoch nur einen begrenzten Einfluß aus. 1936 betonte der schwedische Ministerpräsident Hansen in Anspielung auf die Tätigkeit deutscher Spitzel:

»Die Überwachung ausländischer Staatsangehöriger behalten wir den schwedischen Behörden vor, und Staatsangehörige, ob nun ihre Muttersprache schwedisch oder eine andere ist, müssen gegen allen unbefugten Druck von außen her geschützt werden.« [193]

2. Beide Länder wurden von sozialdemokratischen (Koalitions-) Regierungen geführt. Das heißt, mit dem Anwachsen der Arbeiterbewegung gewann auch der sozialistische Gedanke des Internationalismus und der weltweiten Solidarität der Arbeiterklasse in Skandinavien an Einfluß und prägte die Einstellung der skandinavischen Länder zur Flüchtlingsfrage. So fanden viele, vor allem sozialdemokratische, aber auch kommunistische Arbeiter und Funktionäre gerade dort Asyl. Damit aber wurde zugleich die vorrangig für Zentren des politischen Exils typische, durch das Zusammentreffen weltanschaulich konträrer Gruppen auf engem Raum ausgelöste Uneinigkeit und gegenseitige Befehdung auch hier spürbar. Werner Mittenzwei faßt die Situation in Dänemark folgendermaßen zusammen:

»Betrachtet man die deutsche Emigration in Dänemark näher, so muß man feststellen, daß auch sie noch gekennzeichnet war von jener politischen Zersplitterung der demokratischen Kräfte, die in Deutschland den verhängnisvollen Machtantritt Hitlers nicht verhindern konnte. Die deutsche Emigration in Skandinavien war in viele kleine Gruppen aufgespalten. So unterhielten die verschiedenen politischen Richtungen ihre eigenen Emigrantenkomitees, die aber keine organisierte Verbindung untereinander besaßen.« [194]

Berichte über andere Emigrantenkolonien in Skandinavien, so etwa Willy Brandts Schilderung der Exilsituation in Oslo [195], lassen den Schluß zu, daß

sprachige Emigration nach Schweden 1933–1945‹. ›Language Monographs‹ 12, Stockholm 1971, S. 125.

[193] Zitiert nach: Hans-Adolf Jacobsen: ›Nationalsozialistische Außenpolitik 1933 bis 1938‹. Frankfurt a. M./Berlin 1968, S. 519.

[194] W. Mittenzwei: ›Bertolt Brecht. Von der »Maßnahme« zu »Leben des Galilei«‹. Berlin 1962, S. 139.

[195] Vgl. Willy Brandt: ›Mein Weg nach Berlin‹. Nacherzählt von Leo Lania. [München 1960], S. 69 f.

auch dort – wie in Dänemark und Schweden – manche Aktivität der Emigration durch die Zersplitterung in gegeneinander opponierende Gruppen im Ansatz steckenblieb und in ihrer Wirkung auf die Asylgewährenden vermindert wurde.

3. Die Lebensbedingungen der Emigranten glichen sich in beiden Ländern ebenfalls weitgehend: Da skandinavische Sprachen schon damals im deutschen Bildungssystem keine nennenswerte Rolle spielten, stellte die Sprachbarriere ein wesentlich größeres Hindernis bei der Integration in die Gesellschaft des Gastlandes dar, als dies für die Länder des englischen und romanischen Sprachraumes zutraf. Das erschwerte die Eingliederung in nicht-manuelle Berufe und betraf besonders den Bereich der Literatur und der darstellenden Kunst. Auf der anderen Seite kennzeichnete die Exilsituation in Skandinavien der umfassende, vorbildliche Einsatz zahlreicher Hilfs- und Unterstützungsorganisationen bei der Versorgung bedürftiger Emigranten. Dänische und schwedische Komitees konstituierten sich, welche die Einrichtung und den Unterhalt von Tagesheimen und Versammlungsstätten für Emigranten übernahmen oder sich die Unterstützung und Beratung bestimmter Emigrantenkreise (Arbeiter, Intellektuelle) zur Aufgabe machten. Doch auch die Emigranten selbst bauten mit Hilfe einheimischer Förderer ähnliche Hilfswerke vor allem im Bereich der Exilorganisationen der Parteien auf.

4. Gemeinsame, für die Rolle des Exiltheaters wichtige Merkmale kennzeichneten auch die Theatersituation der skandinavischen Länder: Ausgehend vom Volksbildungsgedanken der Arbeiterbewegung, hatte sich eine umfangreiche, vielfältig geförderte Amateurtheater-Bewegung herausgebildet, teils gebunden an Organisationen wie die Volkshochschulen, denen vor allem in Schweden besondere Bedeutung zukam, teils gestützt durch sozialdemokratische und kommunistische Parteiorgane. Brecht schildert in einem Aufsatz ›Lohnt es sich, vom Amateurtheater zu reden?‹ die Situation speziell in Schweden und führt einen für die Ausbildung des schwedischen Laientheaters entscheidenden Faktor an:

»Zu den Ländern, in denen das Amateurtheater besonders ausgebreitet ist, gehört Schweden. Die ungeheure Ausdehnung Schwedens, das eigentlich ein eigener Kontinent ist, macht die Beschickung durch professionelle Theatergruppen von der Hauptstadt aus schwierig. So spielen die Leute in der Provinz selber Theater.
Der schwedische Amateurtheaterbund zählt nahezu tausend aktive Theatergruppen, die alljährlich in mindestens zweitausend Aufführungen mindestens eine halbe Million Zuschauer haben. Eine solche Bewegung ist von großer kultureller Bedeutung für ein Land von sechs Millionen Bewohnern.« [196]

[196] B. Brecht: ›Gesammelte Werke‹, a. a. O., Bd. 15, S. 429.

Über die Zahl der in Dänemark und Schweden aufgenommenen Emigranten werden folgende Angaben gemacht: Grossmann nennt für Dänemark 4000–5000, etwa zur Hälfte »jüdische« und zur Hälfte »politische« Emigranten [197], eine Unterscheidung, die angesichts der vielfältigen Überschneidung und Übereinstimmung beider Gruppen als fragwürdig anzusehen ist. Da die Fluktuation der Emigranten gerade in Dänemark besonders groß war, können die Zahlen nur als Annäherungswerte verstanden werden. In Schweden blieb die Emigrantenkolonie – im Vergleich zur Gesamtemigration – gleichfalls klein: Auch hier sammelte sich, nach Angaben Helmut Müsseners, nur eine Gruppe von rund 5000 Personen [198].

2. **Exildramatik in Dänemark**

a) Emigranten und Amateure

Von 1933 bis 1939 lebte Brecht mit seiner Familie in einem Bauernhaus bei Svendborg auf der dänischen Insel Fünen. Vor der drohenden deutschen Besetzung nach Schweden geflüchtet, nahm er für ein Jahr, von April 1939 bis April 1940, in Stockholm Aufenthalt und verbrachte das Jahr darauf bis zu seiner Abreise nach den USA im Mai 1941 in Finnland, teils auf dem Gut der Schriftstellerin Hella Wuolijoki, teils in Helsinki wohnend. Acht Jahre seines Exils hielt sich der Dichter also in Skandinavien auf; wir wissen, welchen bedeutenden Einfluß Skandinavien und seine Menschen auf Brechts Werk ausübten. Besonders wichtig wurde die Begegnung mit der skandinavischen Amateurtheater-Bewegung. Das äußerte sich in dem unmittelbaren Interesse, das Brecht der praktischen Arbeit skandinavischer Arbeitertruppen entgegenbrachte, wie auch in seiner damals besonders intensiven theoretischen Auseinandersetzung mit dieser Ausprägung einer aktivistischen, gesellschaftsbezogenen und bewußtseinsbildenden Theaterkunst [199].

[197] K. R. Grossmann: ›Emigration‹, a. a. O., S. 231.

[198] »Man dürfte also von einer Gesamtzahl von 4.000–5.200 deutschsprachigen Flüchtlingen ausgehen, die zwischen 1933 und 1943 als Verfolgte nach Schweden kamen, in der auch diejenigen mit einbeschlossen sind, die aus Norwegen, Dänemark und der CSR nach hier fliehen mußten.« – H. Müssener: ›Die deutschsprachige Emigration in Schweden nach 1933. Ihre Geschichte und kulturelle Leistung‹. Licentiatsabhandlung, Stockholm 1971, S. 167.

[199] Das in diese Zeit zu datierende Vorhaben eines umfassenden Aufsatzes über das Amateurtheater, zu dem die zitierten Reflexionen über die Frage ›Lohnt es sich, vom Amateurtheater zu reden?‹ einen ersten Teil bilden sollten, beweist, welches erneute Interesse Brecht dieser Theaterform aufgrund der Bekanntschaft mit dem skandinavischen Amateurtheater entgegenbrachte. Vgl. dazu B. Brecht: ›Gesammelte Werke‹, a. a. O., Bd. 15, Anm. S. 11.

Auch im skandinavischen Exil sammelte sich um Brecht wieder ein Kreis von Diskussionspartnern und Freunden, die er in der für ihn typischen Weise zur Mitarbeit heranzog. Ruth Berlau, Schauspielerin am Kopenhagener Königlichen Schauspielhaus und Leiterin einer Arbeiterschauspieltruppe, gehörte dazu; ebenso ihr Landsmann, der Regisseur Per Knutzon, Intendant des Theaters Riddersalen, eines kleinen, avantgardistischen Theaters in Kopenhagen, und die Schriftstellerin Karin Michaelis, Martin Andersen-Nexö und Hella Wuolijoki. Durch diesen Kreis, vor allem aber durch den Einsatz der beiden Erstgenannten, fand Brecht einen – verhältnismäßig – offenen Zugang zum skandinavischen Theater in seinen verschiedenen Ausprägungen. So nahm Brechts Werk unter den hier aufgeführten Exildramen eine absolut dominierende Stellung ein. Die Darstellung der verschiedenen Inszenierungen seiner Stücke und ihres Echos in der skandinavischen Presse wird zeigen, wie intensiv man sich hier schon zu dieser Zeit mit dem Dramatiker und seinem Werk auseinandersetzte. Brechts enger Kontakt mit emigrierten deutschen Theaterleuten in Kopenhagen und Stockholm bewirkte zudem, daß auch Emigranten-Truppen seine Stücke bevorzugt spielten [200].

Als 1937 das Arbejdernes Teater, eine Kopenhagener Amateurgruppe kommunistischer Arbeiter, unter der Leitung von Ruth Berlau Brechts ›Gewehre der Frau Carrar‹ in dänischer Sprache aufführte, war der Name Brecht durch eine Reihe jüngst zurückliegender, zum Teil heftig umstrittener Inszenierungen in Kopenhagen bereits ein Begriff: 1935 hatte Ruth Berlau mit derselben Truppe bereits ›Die Mutter‹ inszeniert, im November 1936 hatten zwei professionelle Inszenierungen Brechtscher Dramen, ›Die sieben Todsünden der Kleinbürger‹ und ›Die Rundköpfe und die Spitzköpfe‹, heftige Kontroversen ausgelöst [vgl. S. 90ff.], und 1937 war die ›Dreigroschenoper‹, von Per Knutzon inszeniert, mit großem Erfolg gezeigt worden. – Am selben Tag, dem 19. 12. 1937, als der Riddersalen die ›Dreigroschenoper‹ nach langer Laufzeit absetzte, hatte im Arbejdernes Teater ›Fru Carrars Geværer‹ Premiere. Die Titelrolle spielte, wie schon in der ›Mutter‹, Dagmar Andreasen, »eine Laienspielerin und Kommunistin« [201], wie Brecht sie charakterisierte. Die Bühnenbilder waren nach Heinz Lohmars Entwürfen angefertigt worden. Brecht hatte, wie schon bei Ruth Berlaus Inszenierung der ›Mutter‹ mit der Truppe, entscheidenden Anteil an

[200] Da eine spezielle Arbeit über Brechts skandinavische Exilzeit und die Bühnenrezeption seiner Stücke in Schweden vorliegt [Jan E. Olsson: ›Bertolt Brechts schwedisches Exil‹ (Licentiatsabhandlung, masch. vervielf.), Lund 1970], kann im Zusammenhang dieser Arbeit auf eine detailliertere Erörterung verzichtet werden. Der Untersuchung Olssons kommt besondere Bedeutung zu, da gerade über die Inszenierungen der Dramen Brechts in Skandinavien während der Zeit des Exils zum Teil falsche oder ungenaue, mitunter widersprüchliche Angaben vorliegen [vgl. Anm. 237].

[201] B. Brecht: ›Gesammelte Werke‹, a. a. O., Bd. 17, S. 1100.

der Regieführung [202]. Und so ist anzunehmen, daß diese Inszenierung zumindest in ihren Grundzügen der Brecht/Dudowschen in Paris weitgehend glich.

Offenbar jedoch war Brecht von dem Ergebnis nicht voll befriedigt: In seinen Anmerkungen zum Stück findet man eine Reflexion über die Unterschiede im Spiel der Weigel und der Andreasen in der Rolle der Carrar [203]. Brecht konnte in Kopenhagen feststellen, daß die durch Dagmar Andreasen verkörperte Carrar beim Publikum weniger Interesse erweckte als die von Helene Weigel gespielte Figur, obwohl auch die Andreasen, wie die Weigel, dem Zuschauer die Möglichkeit einer völligen Einfühlung in das Schicksal der Frau nahm, da sie selbst, »aus einem natürlichen Schamgefühl und einer schönen Auffassung von Würde« [204], eine Einfühlung in die Rolle vermied. Den Grund für den geringeren Eindruck des Spiels der Dänin sah Brecht nicht darin, daß es sich in dem einen Fall um eine Amateurin und im anderen um eine ausgebildete Schauspielerin gehandelt hatte; eine solche abwertende Unterscheidung hätte Brechts hoher Einschätzung des Amateurspielers und seiner Möglichkeiten nicht entsprochen [205]. Vielmehr konstatierte Brecht, daß es der Arbeiterspielerin nicht möglich sei, die Figur aus einer kritischen Distanz zu sehen, weil sie sich im Gegensatz zur Weigel der klassenbedingten gesellschaftlichen Gesetzmäßigkeiten, durch welche das Handeln der Fischersfrau bestimmt werde, noch nicht bewußt sei. Da sie selbst also zur Handlungsweise der Bühnenfigur keine Stellung beziehen könne, sei es ihr auch nicht möglich, beim Zuschauer eine solche kritisch bewußte Stellungnahme zu evozieren:

»Bei der Andreasen folgte das Publikum folgsam den Vorgängen. Die Meinung der Fischersfrau (›Man muß neutral sein‹) schien durch Milieu und durch das, was man über ihre Vorgeschichte hörte, vollständig erklärt und natürlich, sie konnte sozusagen gar nicht anders sein. [...]. Man folgte einem Stück Naturgeschichte, dem man in jeder Phase die Naturgesetzlichkeit zubilligte.« [206]

[202] Ruth Berlau berichtet in einem Artikel: ›Brecht als Flüchtling‹. In: ›Freie Welt‹, H. 36, Berlin 1958, S. 4, über Brechts Beteiligung an der Inszenierung: »Ich übersetzte die ›Mutter‹ und holte Brecht ab. Fünf Stunden waren es von seinem dänischen Strohdach bis zu dem Keller in Kopenhagen, in dem wir probierten. Da stand er in einer Ecke mit seiner berühmten Zigarre und seiner bequemen Mütze. Es dauerte aber nicht lange, da hörten die Arbeiter überhaupt nicht mehr auf mich. Obwohl sie ihn gar nicht kannten und er nicht dänisch sprach, fragten sie immer: ›Was meint er da?‹ und er spielte ihnen vor, was er meinte. Sie machten es ihm nach, und wir hatten großen Erfolg in den Betrieben mit der [...] ›Mutter‹.«

[203] B. Brecht: ›Gesammelte Werke‹, a. a. O., Bd. 17, S. 1100–1102.

[204] Ebenda, S. 1102.

[205] »Die kleinen Theater der Arbeiter fördern überraschend oft die großen einfachen Wahrheiten über die verwickelten und unübersichtlichen Beziehungen zwischen den Menschen unseres Zeitalters ans Licht.« B. Brecht: ›Gesammelte Werke‹, a. a. O., Bd. 15, S. 434 f.

[206] B. Brecht: ›Gesammelte Werke‹, a. a. O., Bd. 17, S. 1101.

Nach einer Kritik im Kopenhagener ›Arbejderbladet‹ hinterließ die Inszenierung dennoch einen starken Eindruck und fand viel Beifall, so daß Verhandlungen über Aufführungen in Betrieben und Volkshochschulen, auch außerhalb Kopenhagens, geführt wurden[207]. Sicher trug das Engagement und die Sympathie, die man gerade in Skandinaviens Arbeiterschaft dem spanischen Freiheitskampf entgegenbrachte, wesentlich zu der positiven Aufnahme des Stückes bei.

Die deutschsprachige Inszenierung, auf die sich Brecht bei seinem Vergleich des Spiels der Andreasen und der Weigel bezog, fand bald nach der dänischen Inszenierung, am 14. 2. 1938, in Kopenhagen statt. Im Grunde handelte es sich dabei um eine Wiederholung der dänischen Inszenierung mit anderen, deutschsprachigen Darstellern. Denn: »Die Aufführungen glichen sich in allen Stellungen und fanden in derselben Dekoration statt.«[208] Wieder führten Brecht und Ruth Berlau Regie. Außer Helene Weigel in der Titelrolle waren die Darsteller auch hier Laiendarsteller, deutsche Emigranten. Als Veranstalter zeichnete Borups Højskole, eine der Erwachsenenbildungsstätten, die es für ihre Deutsch studierenden Hörer inszenieren ließ. Durch eine Serie von Fotos, die Brecht – wie schon zur Pariser Inszenierung des Stückes – anfertigen ließ, sind wir über das Bühnenbild und die szenische Realisation des Stückes in Kopenhagen besser unterrichtet als über die meisten anderen Theaterereignisse des Exils. 1952 veröffentlichte Brecht als Modellbuch einen Band, der den Text des Stückes, die Fotos der Pariser und der Kopenhagener Inszenierung zusammen mit Fotos einer Inszenierung durch Laienspieler in Greifswald von 1952, dazu Äußerungen zu den Inszenierungen sowie Reflexionen über Arbeitertheater etc. enthielt[209]. Er machte damit deutlich, welche Bedeutung er auch diesen unter den schwierigen Bedingungen des Exils mit einfachsten Mitteln verwirklichten Inszenierungen beimaß, die so deutlich seine Handschrift trugen. – Die Inszenierung der deutschen Emigranten wurde mehrmals aufgeführt: Ein Programmzettel im Brecht-Archiv nennt eine Aufführung noch am 6. 3. 1938. Aus einer Notiz im ›Neuen Tage-Buch‹ geht zudem hervor, daß das Stück, dessen dänische Übersetzung gerade als Buch erschienen war, »gleichzeitig in verschiedenen Städten Dänemarks gespielt«[210] wurde. So konnte Brechts Wunsch verwirklicht werden, mit diesem Stück und dieser Inszenierung in einer größeren Öffentlichkeit gleichermaßen auf das kultu-

[207] Vgl. Voltelen: ›Den spanske Borgerkrig paa Scenen i København‹. In: ›Arbejderbladet‹, Kopenhagen, 21. 12. 1937.

[208] B. Brecht: ›Gesammelte Werke‹, a. a. O., Bd. 17, S. 1100.

[209] B. Brecht: ›Die Gewehre der Frau Carrar‹. Dresden [1952]. [›Drei Hefte in einer Mappe; 1: Stücktext; 2: Szenenfotos der Inszenierungen Paris 1937, Kopenhagen 1938, Greifswald 1952; 3: Anmerkungen, redigiert von Ruth Berlau].

[210] ›Das Neue Tage-Buch‹, Jg. 6, H. 12, 19. 3. 1938, S. 284.

relle Wirken der Emigration aufmerksam zu machen und sein politisches Anliegen, die Aufklärung über den Krieg in Spanien, zu übermitteln. Brecht schrieb der Truppe nach der Premiere dazu:

»Ihr solltet im Emigrantenheim besprechen, ob Ihr die zweite Aufführung für das Heim, d. h. überhaupt die Emigration, ausnützen wollt (natürlich nur taktvollst). Immerhin ist es schön, daß die Emigranten im fremden Land nicht nur für sich, sondern für alle vom Faschismus Bedrohten sprechen. Und man könnte ruhig erfahren, daß Ihr eben kulturell weiterarbeitet in der Emigration. Aber das ist eine politische Frage, Ihr müßt das diskutieren. Meine Meinung ist jedenfalls, daß Eure Aufführung der ›Gewehre‹ eine schöne Leistung der Kopenhagener Emigranten ist, die in Dänemark, wie die Zeitungen zeigen, uns nützt.« [211]

Als Prominentester unter den Rezensenten äußerte sich, im Kopenhagener ›Arbejderbladet‹, Martin Andersen-Nexö. Er nutzte die Gelegenheit zu einer grundsätzlichen Darstellung der Bedeutung Brechts als revolutionärem Dramatiker und seines Kampfes gegen den Faschismus. Er hob die Echtheit des Spiels der Emigranten hervor und würdigte ausführlich die schauspielerische Leistung Helene Weigels. Die Künstlerin fand mit diesem Auftreten in Kopenhagen weithin höchste Anerkennung. So wurde sie anläßlich eines Interviews mit der Kopenhagener Zeitung ›Social-Demokrat‹ im Oktober 1938 als »eines der größten dramatischen Genies, das jemals geboren wurde« [212] bezeichnet. Andersen-Nexö sah keinen stilistischen Bruch zwischen dem einfachen Spiel der Laien und der geschulten Kunst der Schauspielerin Helene Weigel. Brecht war durch seine Erfahrungen mit der Inszenierung der ›Mutter‹ 1932 in Berlin und mit der ›Carrar‹ 1938 in Kopenhagen zur selben Erkenntnis gekommen. Sie sollte für seine grundsätzlichen Anschauungen über Bedeutung und Möglichkeiten eines neuen Typs des proletarischen Theaters wichtig werden [213]. Andersen-Nexö begründete die überzeugende Wahrhaftigkeit des auf der Bühne Dargestellten

[211] Brief Brechts aus Beständen des Bertolt Brecht-Archivs, Berlin. Zitiert nach: W. Mittenzwei: ›Bertolt Brecht‹, a. a. O., S. 147.

[212] Crassus: ›Europas første Arbejder–Skuespillerinde: die Weigel‹. In: ›Social-Demokrat‹, Kopenhagen 31. 10. 1958. [Übersetzt von H. C. W.]

[213] »Es ist völlig falsch, wenn die professionellen Theater sich absperren gegen das Laientheater der Werktätigen. Und es ist völlig falsch, wenn das Laientheater sich absperrt gegen das professionelle Theater. Das Laientheater hat einen neuen Sinn bekommen und das professionelle Theater auch. Ich bin dafür, daß die besten Schauspieler des professionellen Theaters in den Laiengruppen nicht nur unterrichten, sondern auch spielen. Und die besten Schauspieler der Laiengruppen sollen die Möglichkeit bekommen, in den Theatern aufzutreten. Als Helene Weigel 1932 in Berlin ›Die Mutter‹ spielte, traten neben ihr Laienspieler auf, ebenso 1951 in Berlin. Und sie spielte zusammen mit Laienspielern im Exil ›Die Gewehre der Frau Carrar‹ in Kopenhagen und in Paris. Die Aufführungen zeigten keinerlei Bruch.« – B. Brecht: ›Die Gewehre der Frau Carrar‹, a. a. O., Anm. S. 3.

damit, daß Menschen wie die antifaschistischen Emigranten, die diesen Kampf in der Realität selbst schon ausgefochten haben, bei seiner Wiederholung im dramatischen Spiel nicht unglaubwürdig sein könnten:

»Die deutschen Emigranten sind Menschen, die vieles haben aushalten müssen; und schon vom sowjetrussischen Theater und Film wissen wir, daß Menschen, die selbst an der großen Abrechnung teilgenommen haben, nichts ›schmeißen‹ auf einer Bühne, wo diese Abrechnung im Spiel wiederholt wird. Diese Tatsache sagt uns manches über das Verhältnis der Kunst zum lebendigen Leben.«[214]

b) Kopenhagener Bühnen

Zumindest für Dänemark schien sich in der zweiten Hälfte des Jahres 1936 Brechts Hoffnung zu erfüllen, »daß von den Bühnen einiger großer Städte herab die Warnung des Stückeschreibers zu hören sein würde, die Warnung, daß der einen langen Löffel haben muß, der mit dem Teufel frühstücken will«[215]: Zwei der bekanntesten Kopenhagener Theater hatten Werke Brechts zur Aufführung angenommen.
Den Auftakt bildete am 4. 11. 1936 die Uraufführung des »Greuelmärchens« ›Die Rundköpfe und die Spitzköpfe‹ [›Rundhoder og Spidshoder‹] an dem kleinen avantgardistischen Theater Riddersalen in der Inszenierung von Per Knutzon mit Hanns Eislers Musik. Brecht hat in seinen ›Anmerkungen zu den Stücken‹ eine so ausführliche ›Beschreibung der Kopenhagener Uraufführung‹ und der ihr zugrunde liegenden Regiekonzeption gegeben[216], daß an dieser Stelle vor allem der Rezeption der Inszenierung Aufmerksamkeit geschenkt werden soll. Denn Brechts Stück und Knutzons Inszenierung, an deren Zustandekommen Brecht unmittelbar und offensichtlich in entscheidendem Umfang beteiligt war[217], wurden heftig disku-

[214] Martin Andersen Nexø: ›Fru Carrars Geværer‹. In: ›Arbejderbladet‹, 18. 2. 1938. [Übersetzt von H. C. W.]

[215] Zitiert nach: Hans-Joachim Bunge: ›Im Exil‹. In: Kurt Böttcher [Hrsg.]: ›Bertolt Brecht. Leben und Werk‹, Berlin 1963, S. 105.

[216] Vgl. B. Brecht: ›Gesammelte Werke‹, a. a. O., Bd. 17, S. 1082–1096. Szenenfotos sind abgedruckt in: Carl Niessen: ›Brecht auf der Bühne‹ [Köln 1959], Abb. 56 und in: J. Willett: ›Das Theater Bertolt Brechts‹, a. a. O.

[217] Das geht aus einem Bericht des amerikanischen Bühnenbildners Mordecai Gorelik über seine Bekanntschaft und Zusammenarbeit mit Brecht hervor. Gorelik notiert: »As a designer, the highest praise I ever received from Brecht came during a visit to the staging of his *Round Heads and Peaked Heads* in Copenhagen. The designer of the play was an excellent Danish artist who relied mainly on painted flats and drops; and the collaboration was not a happy one. Brecht was especially troubled by the major setting – that of a town square. For this the designer had furnished a view of houses around an open area, stage center. I suggested that the property man bring in all the shopkeepers' signs he could round up: a sugar cone from the confectioner's; a wooden umbrella; a big, gloved hand from the mercer's; an enormous wooden pretzel from the baker's, and so on. Hung in one assortment in the middle of the stage, these conveyed some of the activity of small businesses in the center of a modern town. ›The Gorelik

tiert, ja umkämpft: Proteste kamen sowohl von den dänischen Nationalsozialisten als auch von Organisationen und Vereinigungen der Katholischen Kirche. Während die Demonstration der Nationalsozialisten vor dem Theater gegen den »eingewanderten Talmudjuden Bert Brecht« und den »Salon-Kommunisten Per Knutzon«[218] mit der Festnahme der Demonstrierenden endete[219], blieben die Proteste von katholischer Seite, die sich gegen Verunglimpfung religiöser Symbole und Verhöhnung des katholischen Glaubens auf der Bühne wandten, nicht ohne Erfolg: Der Zensor verfügte die Entfernung eines auf einen Geldschrank gemalten Madonnenbildes und die Unterlassung einer Bekreuzigungsgeste[220]. Doch auch in der Beurteilung durch die Presse prallten die Meinungen hart aufeinander und bewiesen damit, daß Brechts Parabel an einen neuralgischen Punkt gerührt hatte. Vielfach wurde das Stück mit der ›Dreigroschenoper‹ in Vergleich gesetzt, die 1935 in Kopenhagen mit großen Erfolg aufgeführt worden war. Die Kritiker konstatierten in diesem Zusammenhang, daß ›Die Rundköpfe und die Spitzköpfe‹ die Meisterschaft dieses Stückes nicht erreiche und daß Hanns Eislers Musik den Vergleich mit Kurt Weills ›Dreigroschenoper‹-Komposition nicht bestehe[221]. Brechts Reduzierung des neuen deutschen Antisemitismus auf gesellschaftliche Klassengegensätze und wirtschaftspolitische Interessenkonflikte wurde als zu einfache, naive oder sogar als schlicht falsche Interpretation der Motive des Nationalsozialismus beurteilt. Der Kritiker von ›Nationaltidende‹ schloß daran die Feststellung an, daß Brecht durch eine so »klotzige und grobkörnige« Karikatur des Gemeinten die eigentliche, beabsichtigte Wirkung seines Stückes aufhebe und keine Leidenschaften beim Zuschauer wecke. Daher könnten die Nazis der Wirkung dieses Propaganda-Stückes mit aller Ruhe entgegensehen[222]. Die konservative bürgerliche Presse war in ihrer Auseinandersetzung mit Stück und Inszenierung, auch wenn ihr Sympathien für den Nationalsozialismus fernlagen, offensichtlich von einem Vorurteil gegenüber dem »linken« Theater Knutzons nicht frei. Das äußerte sich teilweise in einem deutlich polemischen Ton:

effect‹, according to Brecht. He proposed, then and there, to begin listing, scientifically, scenic effects of proven worth, as surgeons or engineers list standard procedures in their respective fields.« M. Gorelik: ›Brecht: »I am the Einstein of the new stage form...«‹. In: ›Theatre Arts‹, New York März 1957, S. 87.

218 [anonym]: ›Nye Kristenforfølgdser‹. In: ›National-Socialisten‹, Kopenhagen 13. 11. 1936.

219 Vgl. [anonym]: ›Nazi-Demonstrationer ved Riddersalen‹. In: ›Arbejderbladet‹, 7. 11. 1936.

220 Vgl. [anonym]: ›Censur efter Premiéren‹. In: ›Politiken‹, Kopenhagen 13. 11. 1936.

221 Vgl. V.c-g.: ›»Rundhoder og Spidshoder« i Riddersalen‹. In: ›Politiken‹, 5. 11. 1936 und Povl Gr.: ›»Rundhoder og Spidshoder« i Riddersalen‹. In: ›Børsen‹, Kopenhagen 5. 11. 1936.

222 Vgl. ›Nationaltidende‹, Kopenhagen 5. 11. 1936.

»Im übrigen ist ein Premieren-Abend im Riddersalen eines der seltsamsten Phänomene in dieser Stadt. Das sind keine gewöhnlichen Theaterbesucher; was sich hier versammelt, das ist eine Gemeinde. [...] Man ist gekommen, um den Kommunismus, diese allein seligmachende Religion, zu feiern. [...] Da ist keine Rede von differenzierter Kritik. Alles ist groß. Alles ist genial – und wenn nach dem letzten Akt der Vorhang fällt, kommt es zu wahren Beifallsorgien. Es muß – es *muß* – es MUSS ein Erfolg werden.« [223]

Per Knutzon war Brechts Forderungen nach einem »weitgehenden Verzicht auf Illusionswirkungen« [224] nachgekommen und hatte in vielfältiger Weise verfremdende Mittel eingesetzt:

»Die Szenenbilder waren von Svend Johansens farbenreichem Pinsel bunt auf den Hintergrund der leeren Bühne gesetzt worden. Die Projektoren waren unaufhörlich in Betrieb, und Requisiten glitten herein und hinaus.« [225]

Obwohl Inszenierung und Leistung des Ensembles allgemein gelobt wurden, war das schwierige Stück offensichtlich doch kein Publikumserfolg. Schon für den 14. 11. 1936 wird die letzte Vorstellung angekündigt [226]. Die lebhaften Auseinandersetzungen um dieses Theaterereignis hatten jedoch bewirkt, daß man der unmittelbar folgenden Premiere eines Brecht-Stückes am Königlichen Theater um so größere Aufmerksamkeit schenkte. Brechts Kontakt zum Königlichen Theater war durch Ruth Berlau, die selbst Mitglied dieser Bühne war, hergestellt worden. Ursprünglich hatte das Theater ›Die heilige Johanna der Schlachthöfe‹ zur Aufführung angenommen. Ruth Berlau berichtet darüber:

»Es war schon übersetzt und die größte dänische Schauspielerin hatte die Hauptrolle in ihrem Vertrag, aber plötzlich protestierten einflußreiche Leute gegen so eine Jeanne d'Arc.« [227]

Statt dessen inszenierte das Theater ›Die sieben Todsünden‹ [›De syv Dødsynder‹] – wohl auch in dem Gedanken, mit einem neuen Stück des Gespanns Brecht/Weill an den noch frischen Erfolg der ›Dreigroschenoper‹ in Kopenhagen [1935] anknüpfen zu können.
Verschiedene Pressefotos im Brecht-Archiv geben insgesamt den Eindruck einer »großen« Inszenierung mit aufwendiger Ausstattung und umfangreichem Ballettkorps. Den Hintergrund der Bühne bildet eine hoch aufragende bedrohlich wirkende Masse von Wolkenkratzern, kubistisch akzentuiert und stark konturiert. Die Hollywood-Szene bringt den »glamour« der

[223] [anonym]: ›... mellem os sagt: »Ned med alt!« i Riddersalen‹. In: ›Berlingske Tidende‹, Kopenhagen 6. 11. 1936. [Übersetzt von H. C. W.]
[224] B. Brecht: ›Gesammelte Werke‹, a. a. O., Bd. 17, S. 1082.
[225] ›Politiken‹, 5. 11. 1936. [Übersetzt von H. C. W.]
[226] Vgl. ›Politiken‹, 13. 11. 1936.
[227] R. Berlau: ›Brecht als Flüchtling‹, a. a. O., S. 5.

amerikanischen Filmwelt überzeugend zum Ausdruck und vermittelt mit einer Fülle von Beleuchtungsbrücken, Tribünen, Mikrophonkränen und Scheinwerfern ein detailliertes Bild der Technik eines Filmateliers. Die Kostüme zeigen eine Tendenz zu surrealistischer Verfremdung und parodistischen Effekten. – Bereits vor der Premiere erschienen zahlreiche Probenberichte, Inhaltsangaben des Stückes, Bühnenbild- und Szenenfotos, Produktionsnotizen etc., so daß der Inszenierung der Rang eines besonderen Theaterereignisses zukam. Eine gewisse Berühmtheit erlangte sie jedoch vor allem dadurch, daß König Christian X. während der Premierenvorstellung am 12. 11. 1936 seine Loge indigniert mit dem Bemerken verließ, dafür sei das Königliche Theater nicht da. Unzweifelhaft ist die prompte Absetzung der Inszenierung auf Grund dieser allerhöchsten Mißfallensdemonstration erfolgt [228], denn in der Pressekritik überwogen die positiven Stimmen durchaus, und auch die Reaktion des Publikums wird als eine zustimmende geschildert: »Harald Landers Inszenierung war originell, ja sie wirkte oft amüsant, und das ganze Ballett schien alle Zuschauer zu interessieren.« [229] Vor allem Weills Musik wird gelobt [230], und es wird (als bewußte Reaktion auf die königliche Entrüstung?) der Wunsch ausgesprochen, in Zukunft mehr Stücke dieser Art in Kopenhagen sehen zu können [231]. Die wenigen ablehnenden Kritiker-Stimmen machten aus ihrer antikommunistischen Einstellung zumeist kein Hehl:

»Mit seinem kommunistischen Propaganda-Schauspiel ›Die Rundköpfe und die Spitzköpfe‹ [...] zeigte Bert Brecht, daß er keinerlei dichterisches Talent und keinerlei Fähigkeiten im Dramatischen besitzt [...]. Mit ›Die sieben Todsünden‹ heute abend unterstreicht er erneut seine Talentlosigkeit. Das sogenannte Ballett war trotz einiger ganz netter Einfälle langweilig.« [232]

Die Inszenierung hätte durchaus Chancen gehabt, zu einem akklamierten Erfolg zu werden, eine längere Aufführungsserie zu erzielen und die dänischen Bühnen zur Inszenierung weiterer Werke Brechts anzuregen. Jedoch angesichts der offiziellen Einflußnahme auf die beiden stattgefundenen Brecht-Inszenierungen ist es nicht zu verwundern, daß man in den Kreisen

228 Vgl. M. Kesting: ›Brecht‹, a. a. O., S. 72; Reinhold Grimm: ›Bertolt Brecht‹. 2., verb. u. erw. Aufl., Stuttgart 1963, S. 30; K. Fassmann: ›Brecht‹, a. a. O., S. 80. – Während die meisten Berichte davon sprechen, daß das Stück nur die Premierenvorstellung erlebte, erwähnt R. Berlau: ›Brecht als Flüchtling‹, a. a. O., S. 5, daß ›Die sieben Todsünden‹ insgesamt dreimal gezeigt wurden.

229 –r: ›Dobbelt-Premiéren paa Det kgl. Teater‹. In: ›Børsen‹, 13. 11. 1936. [Übersetzt von H. C. W.]

230 Ebenda.

231 Christen Fribert: ›God Kunst og voksende Forargelse‹. In: ›Ekstrabladet‹, Kopenhagen 13. 11. 1936.

232 Sven Rye: ›Ejendommeligt Makværk paa det kgl. Teater‹. In: ›Fynens Tidende‹, Odense 13. 11. 1936. [Übersetzt von H. C. W.]

des dänischen Theaters keine Neigung verspürte, ähnliche Erfahrungen machen zu müssen.

3. Exildramatik in Schweden

a) Emigrantenensembles und Amateurtruppen

Auch in Schweden waren es vor allem Emigrantenensembles und einheimische Amateurtruppen, die sich mit den Werken emigrierter deutscher Dramatiker auseinandersetzten. Und auch hier stand die Exildramatik Brechts im Vordergrund. Das ist nicht zuletzt wieder dem Einfluß Ruth Berlaus zu danken, die dem schwedischen Spanienkomitee ›Die Gewehre der Frau Carrar‹ zur Aufführung empfohlen hatte. Die vom Spanienkomitee organisierte Aufführung des Stückes [›Senora Carrars gevär‹] in Stockholm am 5. 3. 1938 stellt ein eindrucksvolles Beispiel der Kooperation von einheimischen Künstlern und Emigranten dar: Die Regie führte ein Emigrant, der deutsche Schauspieler und Regisseur Herman Greid [233], der auch den Bruder der Carrar, den Arbeiter Pedro, spielte. Die Rolle der Carrar verkörperte die bekannte schwedische Schauspielerin Naima Wifstrand, die das Stück übersetzt hatte. Die übrigen Rollen waren teils von jungen Schauspielern, teils von Amateuren übernommen worden. Brecht selbst kam nach Stockholm und nahm verschiedentlich an Proben teil. Die Aufführung fand, zusammen mit der Vorführung eines Spanien-Films, im Rahmen einer Sympathiekundgebung für das republikanische Spanien statt, an der sich auch eine spanische und eine sowjetische Delegation beteiligten. Willmar Sautér berichtet in seiner Arbeit über ›Bertolt Brecht und Schweden‹, daß die Aufführung »mit großem Enthusiasmus gefeiert« [234] worden sei. Die Reaktion der Presse faßt Sautér folgendermaßen zusammen:

»Was heute in diesen Rezensionen am meisten überrascht, ist die enorme politische Wirkungskraft, die von Brechts Drama ausgegangen zu sein scheint. Das

[233] Herman Greid: Geb. 1892 in Wien. Schauspieler und Regisseur. Schauspieler an Berliner Bühnen [Schloßparktheater, Staatstheater, Volkstheater]; 1923–1929 Schauspieler und Regisseur am Düsseldorfer Schauspielhaus; 1929–1931 Leiter des Arbeiterensembles Truppe im Westen; 1933 Emigration nach Schweden; 1935/36 Aufenthalt in der UdSSR, dort als Regisseur tätig; Mitarbeiter der Freien Bühne und des Freien Deutschen Kulturbundes in Stockholm; seit 1941 Förderung des Kirchenspiels in Schweden, Gründer und Leiter der Kirchenspiel-Gruppe Föreningen för Kyrklig Dramatik, Verfasser von Kirchenspielen; lebt in Schweden.

[234] Willmar Sautér: ›Bertolt Brecht und Schweden‹. [Seminaraufsatz, masch. vervielf., Stockholm 1971], S. 24. – Sautér beschreibt Entstehung und Rezeption dieser Inszenierung [S. 21 ff.]. – Vgl. auch die detaillierten Angaben zu den Inszenierungen der Dramen Brechts bei J. E. Olsson: ›Bertolt Brechts schwedisches Exil‹, a. a. O., 3. Teil, S. 73 ff.

Stück wird vor allem aufgefaßt als Vorwurf gegen die eigene schwedische Neutralität, die darauf hinausgeht, daß man zwar Mitleid empfindet mit den unschuldig in den Kampf Hineingezogenen, daß man es aber bei diesem Mitleid beläßt.« [235]

Nicht nur in Stockholm wurde Brechts Aufruf zur Stellungnahme für das kämpfende Spanien gehört: In der schwedischen Industriestadt Västerås am Mälarsee arbeitete der emigrierte deutsche Schauspieler Curt Trepte [236] als Instrukteur und Regisseur mit einer schwedischen Arbeiter-Amateurtruppe, den Arosamatörerna, einer Spielgemeinschaft der sozialdemokratischen Jugend. Unter anderem inszenierte Trepte mit dieser Truppe im Oktober 1938 ›Die Gewehre der Frau Carrar‹ [237]. Szenenfotos zeigen, daß sich Trepte, der die Bühnenbilder entworfen hatte, eng an Brechts Bühnenweisungen gehalten hatte: Eine enge Stube, weiß gekalkte Wände, links hinten eine Tür und das kleine Fenster, von dem aus José das Meer beobachtet; im Hintergrund rechts ein Alkoven mit der Truhe, auf der die Leiche Juans gebettet wird; davor ein hoher Backofen mit rauchgeschwärzten Öffnungen; über der Szene hängt ein großes Fischernetz; das Mobiliar – ein

[235] W. Sautér: ›Bertolt Brecht und Schweden‹, a. a. O., S. 24.

[236] Curt Trepte: Geb. 1902 in Moritzburg bei Dresden. Schauspieler und Regisseur. Schauspieler im Piscatorkollektiv; 1931–1933 Mitglied der Truppe 1931; 1933 Emigration nach Frankreich, 1934 in die Schweiz und in die UdSSR; 1934 Mitglied des Deutschen Theaters Kolonne links in Moskau; 1936 als Schauspieler am Deutschen Akademischen Staatstheater in Engels; 1938 Übersiedlung nach Schweden; Mitbegründer, Regisseur und Schauspieler der Freien Bühne, Instrukteur schwedischer Amateurtruppen; 1946 Rückkehr nach Deutschland, Intendant des Quedlinburger Theaters und des Harzer Bergtheaters; wissenschaftlicher Mitarbeiter der Akademie der Künste der DDR bei der Erforschung des Exiltheaters; lebt in Berlin.

[237] Über diese Inszenierung existieren in der Brecht-Literatur einige Unklarheiten: J. Willett: ›Das Theater Bertolt Brechts‹, a. a. O., S. 35, führt eine Kopenhagener Inszenierung der ›Carrar‹ vom 15. 10. 1938 an, »Regie Curt Trepte; mit Helene Weigel und dänischen Laienspielern«. Eine solche Inszenierung hat es nicht gegeben; vielmehr vermengt Willett drei verschiedene Ereignisse: Die Inszenierung Treptes mit schwedischen Amateuren in Västerås vom 4. 10. 1938, die Kopenhagener Inszenierung R. Berlaus mit dänischen Amateuren vom 19. 12. 1937 und ihre Kopenhagener Inszenierung mit Helene Weigel und deutschen Emigranten vom 14. 2. 1938. – W. Sautér: ›Bertolt Brecht und Schweden‹, a. a. O., S. 27, nennt als Datum der Västeråser Inszenierung Treptes den Dezember 1939. Durch mehrere Zeitungsrezensionen – so in ›Västmanlands Folkblad‹ am 5. 10. 1938 – ist als Premierendatum der 4. 10. 1938 eindeutig belegt. Vorher hatten schon einige Vorausaufführungen stattgefunden, deren erste für den 31. 7. belegt ist. Vgl. J. E. Olsson: ›Bertolt Brechts schwedisches Exil‹, a. a. O., 3. Teil, S. 97 ff. – Bei der von Sautér S. 27 u. 42 erwähnten Aufführung in Eskilstuna am 6. 8. 1939 handelte es sich nicht um ein Gastspiel der Stockholmer Inszenierung Greids vom 5. 3. 1938, sondern um ein Gastspiel der Inszenierung Treptes aus Västerås. – C. Niessen: ›Brecht auf der Bühne‹, a. a. O., S. 26, erwähnt den emigrierten deutschen Graphiker und Maler Hans Tombrock als Schöpfer der Bühnenbilder für Treptes Inszenierung. Nach Angaben Treptes stammte das Bühnenbild von ihm selbst. – Eine Inszenierung von ›Die Gewehre der Frau Carrar‹ durch die Freie Deutsche Bühne in Stockholm, von der W. Mittenzwei: ›Bertolt Brecht‹, a. a. O., S. 390 und H. Bunge: ›Im Exil‹, a. a. O., S. 95, sprechen, ist nicht belegt.

Tisch, Stühle, eine Bank – ist roh und einfach. Die Ähnlichkeit mit Heinz Lohmars Bühne für die Pariser Uraufführung fällt ins Auge[238]. – Die Truppe ging mit dieser Aufführung, die von der lokalen Presse als ein starker und realistischer Eindruck gelobt wurde, auf Tournee in das umliegende Gebiet. Noch am 5. und 6. 8. 1939 gastierte sie mit dem Stück auf den Jugendtagen in Eskilstuna. In Zusammenhang mit diesem Gastspiel ist folgendes anzumerken:

Im Sommer 1939 war der spanische Bürgerkrieg bereits entschieden, und das Stück hatte seine unmittelbare Aktualität verloren. Der Entschluß der Carrar, am Kampf der Republikaner teilzunehmen, mußte angesichts der Niederlage die resignierende Feststellung provozieren: Also hat es doch keinen Zweck, sich gegen die Kräfte des Faschismus zu wehren. Um eine solche Reaktion unmöglich zu machen, schrieb Brecht auf Treptes Bitte als Rahmenhandlung einen Prolog und Epilog[239]: In einem südfranzösischen Lager, in dem geflüchtete spanische Republikaner interniert sind, entwickelt sich ein Gespräch zwischen einem Wachtsoldaten und dem Bruder der Carrar, aus dem als »Lehre« zu entnehmen ist, daß es beim nächsten Kampf gegen den Faschismus darauf ankomme, nicht so lange zu zögern wie die Carrar. Damit deutete Brecht auf Hitlers Kriegsvorbereitungen hin und gab dem Stück eine neue, beklemmende Aktualität. – Mit dieser Rahmenhandlung führte die Västeråser Truppe das Stück anläßlich des erwähnten Gastspiels in Eskilstuna auf. Nach Aussagen Curt Treptes war es die einzige Aufführung des Stückes mit Brechts Prolog und Epilog.

Noch einmal unternahm Brecht den Versuch, mit zwei ganz unmittelbar auf die politische Situation und den angesprochenen Publikumskreis bezogenen kleinen Stücken vor den deutschen Kriegsplänen zu warnen: 1939 schrieb er die Einakter, ›Dansen‹ und ›Was kostet das Eisen?‹, in denen er vor den verhängnisvollen Folgen der dänischen und schwedischen Neutralitätspolitik gegenüber dem Dritten Reich warnte. Das auf Schweden bezogene Stück ›Was kostet das Eisen?‹ wurde im Herbst 1939 in Stockholm »von einer Gruppe junger Arbeiter-Schauspieler«[240] unter Ruth Berlaus Regie uraufgeführt. Da es wohl nur wenige Male gespielt werden konnte, sind die Nachrichten über dieses Ereignis spärlich. Willmar Sautér schreibt darüber:

»An Tollares Volkshochschule wurde ein Instruktionskurs für Amateurtheaterleiter gehalten [...]. Mit dieser Gruppe wurde das Stück inszeniert und Brecht legte selber Hand an. Die Bühne wurde denkbar einfach gestaltet: Vor einen

[238] Fotos im Besitz von Curt Trepte. Vgl. auch C. Niessen: ›Brecht auf der Bühne‹, a. a. O., Abb. 30.

[239] Prolog und Epilog sind abgedruckt in W. Mittenzwei: ›Bertolt Brecht‹, a. a. O., S. 390–392.

[240] B. Brecht: ›Gesammelte Werke‹, a. a. O., Bd. 7, Anm. S. 1.

einfachen grauen Vorhang, der als Fond diente, wurde ein Ladentisch gestellt, und auf der rechten Bühnenseite deutete eine frei befestigte Holztür das Interieur des Eisenladens an. An der Rückwand hing ein überdimensionierter Kalender, der die Zeit zu den vier verschiedenen Szenen angab: 1938 – 1939 – Februar 1939 – 19??. [...] Die Akteure spielten in großen Papiermaschéköpfen, die die Allegorie dermaßen verdeutlichten, daß besondere Kostüme nicht mehr nötig waren. [...] Brecht [...] saß selber unter den Zuschauern, als das Stück in der privaten Vorführung der Volkshochschule über die Bühne ging.« [241]

Noch ein weiteres Werk Brechts wurde in Stockholm uraufgeführt: Im Dezember 1939 brachten jüdische Emigranten und andere Amateure im Haus der Jüdischen Gemeinde das von Brecht im Auftrag des schwedischen Rundfunks verfaßte Hörspiel ›Das Verhör des Lukullus‹ als Schattenspiel zur Aufführung. Herman Greid hatte die Regie übernommen und las den Text, vermutlich in schwedischer Sprache [242].
Im Januar 1944 gründeten deutsche Emigranten auch in Stockholm einen Freien Deutschen Kulturbund, der sich jedoch von seinem Londoner Pendant durch eine größere ideologische Offenheit unterschied. Hellmut Müssener bezeichnet ihn als

»mit seinen rund 500 Mitgliedern wohl die größte Organisation der deutschsprachigen Emigration in Schweden. Er war parteipolitisch neutral und sah seine Hauptaufgabe darin, in den finstersten Zeiten der deutschen Nation ›das kulturelle Erbe‹ zu wahren, das Erbe Lessings, Goethes, Schillers und Thomas und Heinrich Manns. Zu den Mitgliedern des Kulturbundes gehörten bürgerliche Persönlichkeiten ebenso wie Kommunisten, und er hatte am ehesten noch den Charakter einer Einheitsorganisation, da sich nur ein Teil der Sozialdemokratie offiziell distanzierte.« [243]

In enger Verbindung zum Freien Deutschen Kulturbund stand die Stockholmer Freie Bühne, die im Herbst 1943 durch emigrierte deutsche Theaterleute gegründet worden war und sich am 7. und 8. 10. des Jahres mit einer Inszenierung von Kleists ›Der zerbrochene Krug‹ unter der Regie von C. Trepte und mit H. Greid als Adam [244] vorgestellt hatte. Durch H. Greid und C. Trepte, die beiden Hauptregisseure, war die Freie Bühne im Vorstand des Freien Deutschen Kulturbundes vertreten. Die Bühne war – auch organisatorisch – eng mit Stockholms Borgarskola, der größten Stockholmer Volksbildungsorganisation, verbunden. In den Räumen der Borgarskola fanden die Veranstaltungen statt, und an ihre Hörer wandten sich die Veranstaltungen zum Teil. Auch zu schwedischen Bühnen und Theaterleuten

241 W. Sautér: ›Bertolt Brecht und Schweden‹, a. a. O., S. 53 f.
242 Angaben nach H. J. Bunge: ›Im Exil‹, a. a. O., S. 106 und W. Sautér: ›Bertolt Brecht und Schweden‹, a. a. O., S. 60 f.
243 H. Müssener: ›Von Bert Brecht bis Peter Weiss‹, a. a. O., S. 126.
244 Programmzettel in der Akademie der Künste der DDR.

ergaben sich zahlreiche Kontakte, die sich gewinnbringend auf die Arbeit der Freien Bühne auswirkten. Trepte schreibt darüber:

»Da wir viel Anklang fanden, inszenierten oder spielten einige unserer Schauspieler auch am schwedischen Theater und arbeiteten als Instrukteure mit Theatergruppen der schwedischen Arbeiterbewegung. Bald ergab sich hieraus eine gegenseitige kameradschaftliche Hilfe, indem uns deutschsprechende schwedische Schauspieler bei unseren Aufführungen unterstützten, wenn wir Besetzungsschwierigkeiten hatten.
[...] Großzügige Hilfe seitens der schwedischen Filmindustrie und namhafter schwedischer Theater enthob uns der Sorge um die Beschaffung und die Kosten der Kostüme und Requisiten.« [245]

In den rund zwei Jahren ihres Bestehens führte die Freie Bühne zahlreiche Veranstaltungen durch, teils Aufführungen von Dramen, teils Lesungen und Rezitationen. Trepte weist in seinem Rückblick auf die Arbeit der Freien Bühne darauf hin, daß die Gestaltung des Spielplans, der den Charakter »einer kämpfenden und aufklärenden deutschen Emigrantenbühne zum Ausdruck bringen sollte« [246], durch die Kriegssituation erheblich erschwert wurde: Die Kontakte zu anderen Exilzentren waren abgebrochen oder auf ein Minimum herabgesunken, so daß Dramen emigrierter Autoren, die in anderen Ländern Zuflucht gefunden hatten, nicht nach Schweden gelangten. Trepte gibt einen Überblick über die von der Freien Bühne durchgeführten Veranstaltungen [247]: Es wurden Dramen und Szenen aus Dramen von Lessing, Goethe, Schiller, Puschkin, Nestroy, Zweig, Kraus und Hašek aufgeführt. Dem Fehlen zeitgenössischer, antifaschistischer Dramatik wußte man dadurch zu begegnen, daß man Szenen aus Anna Seghers Roman ›Das siebte Kreuz‹ und Wolfgang Langhoffs KZ-Bericht ›Die Moorsoldaten‹ dramatisierte. Am 29. 4. 1944 wurden die Szenen ›Rechtsfindung‹ unter dem Titel ›Justiz 1934‹ und ›Der Spitzel‹ aus ›Furcht und Elend des Dritten Reiches‹ aufgeführt. In ihrer zweiten Spielzeit brachte die Freie Bühne am 29. 8. 1944 Herman Greids »Zeitstück in 5 Akten« ›Die andere Seite‹ zur Uraufführung, das unter dem Pseudonym Hans Dirk vorgestellt wurde [248]. Greid selbst führte die Regie. Das Stück schildert den Widerstand im nationalsozialistischen Deutschland von 1944. »Es ist vor dem 20. Juli entstanden, nimmt aber die Problematik dieses Tages vorweg.« [249] Es gehört also zu dem wichtigen Typus jener zeitpolitischen Dramen, in denen

[245] C. Trepte: ›Freies Deutsches Theater in Schweden 1938–1945‹. In: ›Theater der Zeit‹, Jg. 1, H. 2, Aug. 1946, S. 22f.

[246] Ebenda, S. 22.

[247] Vgl. ebenda, S. 23.

[248] Programmzettel im Besitz von H. C. W.

[249] H. Müssener: ›Von Bert Brecht bis Peter Weiss‹, a. a. O., S. 133. – Eine detaillierte Inhaltsangabe gibt H. Müssener in: ›Die deutschsprachige Emigration in Schweden nach 1933‹, a. a. O., S. 526f.

emigrierte deutsche Dramatiker sich für eine differenzierende, nicht pauschal verurteilende Haltung zum deutschen Volk einsetzten. Brechts Szenen ›Der Entlassene‹ und ›Volksbefragung‹ aus ›Furcht und Elend des Dritten Reiches‹, Karel Talpas Drama ›Europa, wir warten!‹ [vgl. Kap. VIII, S. 203 f.], Ernst Tollers ›Pastor Hall‹ [vgl. Kap. IV, S. 80], Friedrich Wolfs ›Das trojanische Pferd‹ [vgl. Kap. VI, S. 122] und Johannes Wüstens Einakter ›Bessie Bosch‹ [vgl. Kap. II, S. 36] sind in diesem Zusammenhang zu nennen.
Im Frühjahr 1945 führte die Freie Bühne Szenen aus ›Pastor Hall‹ auf und gastierte mit dieser Inszenierung am 15. 4. 1945 in Uppsala anläßlich einer Gemeinschaftsveranstaltung des Freien Deutschen Kulturbundes, der Freien Bühne und des Studententheaters Uppsala zur Unterstützung der Norwegenhilfe [250]. Das Studententheater der Universität Uppsala hatte sich schon zuvor an der deutschen Exildramatik interessiert gezeigt: Am 21. 3. 1944 war durch diese Truppe Brechts ›Der gute Mensch von Sezuan‹ [›Förstadens Ängel‹] als schwedische Erstaufführung vorgestellt worden [251].

b) Schwedische Bühnen

Während die Exildramatik, wie deutlich geworden ist, im Bereich der schwedischen Amateurtheater-Bewegung und der Emigrantenensembles eine Pflegestätte fand, wurden dagegen auf den professionellen Theatern Schwedens während der Zeit des Dritten Reiches Dramen emigrierter Autoren kaum aufgeführt. Darin wirkte sich Schwedens übervorsichtige Neutralität aus, die ihre Folgen auch im kulturellen Bereich spürbar werden ließ. Man war sich darüber im klaren, daß die deutschen diplomatischen Vertretungen bereits die Aufführung unpolitischer Werke exponierter deutscher Exildramatiker als Provokation auslegen könnten. Man wich daher Dramen zeitkritisch-antifaschistischer Thematik konsequent aus [252]. So klingt selbst bei den schwedischen Kritikern Verwunderung über den Wagemut des Stockholmer Blancheteatern und seiner Leiter an, als dieses Privattheater am 9. 2. 1938 Friedrich Wolfs ›Professor Mamlock‹ erstmals in Schweden vorstellte. Eine staatlich subventionierte Bühne hätte das Stück zu dieser Zeit nicht aufführen können. – Die bürgerliche konservative und liberale Presse ließ dementsprechend eine gewisse Irritation spüren, sich mit einer so unverhüllt antifaschistischen Schilderung des Antisemitismus im Dritten Reich auseinandersetzen zu müssen. Im Rahmen einer Politik der Zugeständnisse an Deutschland hatte man es in Schweden bislang wohlweislich vermieden, für die hier so direkt angesprochenen Geschehnisse ein allzu intensives

[250] Vgl. W. A. Berendsohn: ›Die Humanistische Front‹, a. a. O., Teil II. S. 149 und C. Trepte: ›Freies Deutsches Theater in Schweden 1938–1945‹, a. a. O., S. 23 f.
[251] Vgl. W. Sautér: ›Bertolt Brecht und Schweden‹, a. a. O., S. 70 ff.
[252] Vgl. ebenda, S. 70.

Interesse zu entwickeln. Hinzu kam, daß sich zu dieser Zeit auch in Schweden – nicht zuletzt als ein Erfolg der deutschen Propaganda – latent vorhandene antisemitische Gefühle bemerkbar machten [253]. So zieht es der Kritiker des ›Svenska Dagbladet‹ bei aller positiven Beurteilung der Darstellung Wolfs doch vor, eine reservierte, über den Meinungen der Parteien stehende Haltung einzunehmen:

»Was soviel Eindruck machte, war nicht das Dramatische, sondern vielmehr der Stoff der Wirklichkeit – der eine wandte sein Herz den verfolgten Juden zu, der andere sah ihre Behandlung als verdient an.« [254]

Dieser eher konservativen und bewußt distanzierten Position entsprechend, fand auch die von Wolf im aktiven Widerstand kommunistischer Arbeiter gegen das Dritte Reich aufgezeigte Gegenposition zur Resignation Mamlocks nur wenig Würdigung. Im Gegenteil, der Rezensent der ›Stockholms-Tidningen‹ erkennt als »Lehre« des Stückes, daß Ritterlichkeit und fair play Werte sind, die unter dem Nationalsozialismus ihre Bedeutung verloren haben, und er schließt daran das Resümee: »Die nazistischen und kommunistischen Ideologien zeigen in diesen Punkten eine bewegende Übereinstimmung.« [255] Ungeteilte Zustimmung fand Wolfs Drama nur in der kommunistisch orientierten Presse [256]. In den zuvor genannten Blättern monierte man die Überfrachtung der Handlung mit weitschweifigen politischen Debatten und den Schematismus der Figurenzeichnung. Dagegen wurden die Inszenierung und die schauspielerische Leistung des Ensembles, aus dem der Mamlock Harry Roeck Hansens, des Direktors des Blancheteatern, hervorragte, einstimmig gelobt. Nicht zuletzt war es auf den starken Eindruck zurückzuführen, den die Inszenierung beim Publikum ausübte, daß es nicht zu Demonstrationen rechtsgerichteter, pro-nationalsozialistischer Kreise gegen die Aufführung kam: »Das Publikum war sehr andächtig, und diejenigen, die gehofft hatten, dagegen demonstrieren zu können, hofften vergebens.« [257]

[253] Vgl. Christina Leje: ›Der Lektor und Verleger Max Tau 1942–1946 in der schwedischen Emigration‹ [Masch. vervielf.], Stockholm 1969, S. 12ff. und H. Müssener: ›Die deutschsprachige Emigration in Schweden nach 1933‹, a. a. O., S. 117ff.

[254] S. S-r.: ›Tendensdrama på Blanche‹. In: ›Svenska Dagbladet‹, 10. 2. 1938. [Übersetzt von H. C. W.]

[255] Herbert Grevenius: ›Professor Mamlock‹. In: ›Stockholms-Tidningen‹, 10. 2. 1938. [Übersetzt von H. C. W.]

[256] Vgl. Hjovard: ›Professor Mamlock – en stor teaterkväll‹. In: ›Ny Dag‹, Stockholm 10. 2. 1938.

[257] ›Stockholms-Tidningen‹, 10. 2. 1938.

VI. Die Sowjetunion – Exklusivität und Ideologie

1. Haltung zum Flüchtlingsproblem

Die Haltung der Sowjetunion zur Emigration aus Deutschland, die Bedeutung der UdSSR als Zufluchtsland und die Situation der Emigranten zu schildern, ist auch heute noch ein besonderes Problem. Die Zahl der Berichte auch und gerade kommunistischer Emigranten über die UdSSR als Exilland ist erstaunlich gering. Umfassende Forschungsarbeiten oder Würdigungen des sowjetischen Exils sind bis heute selbst in der DDR noch nicht erschienen. Zwar finden sich verstreut kürzere Darstellungen über einzelne Aspekte des Wirkens dieser Emigrantengruppe, doch von einer grundlegenden Auseinandersetzung mit dem Gesamtkomplex kann dabei nicht gesprochen werden.

Die Haltung, die zu diesem Geschichtsabschnitt in der DDR eingenommen wird, wo ja besonders viele aus der Sowjetunion zurückgekehrte Emigranten am Aufbau des Staates in entscheidenden Funktionen mitgewirkt haben und zum Teil noch heute das politische und geistige Leben bestimmen, diese Haltung läßt sich in der vielfach variierten Formel von der UdSSR als dem größten Hort der verfolgten Antifaschisten zusammenfassen. Um so mehr könnte es daher verwundern, daß Beschreibungen der Realität des sowjetischen Exils so selten anzutreffen sind oder doch so lapidar allgemeinen Charakter tragen. Die Erklärung für das nicht ungebrochene Verhältnis zur Situation des sowjetischen Exils ist bei vorurteilsfreier Betrachtung der geschichtlichen Realität nicht schwer zu finden: Denn in Wahrheit kann die UdSSR keineswegs als das Ziel- und Aufnahmeland für eine massenhafte Emigrationsbewegung gelten. Eine solche hat es – vergleicht man damit in entsprechenden Relationen etwa die Situation in der Tschechoslowakei, in Frankreich, England oder in den USA – nicht gegeben.

Von Anfang an, mit dem Einsetzen der ersten deutschen Emigrationswellen im Frühjahr 1933, hatte die Sowjetunion unausgesprochen eine konsequente Haltung zum Problem der Exilgewährung eingenommen, die sich auch nach der Annexion der Tschechoslowakei und bis zum Ende des Dritten Reiches nicht änderte: Sie zeigte sich nicht bereit, einer massenhaften Emigration aus Deutschland und den von Deutschland annektierten Ländern Aufnahme und Aufenthalt zu gewähren. Die stillschweigende, niemals öffentlich begründete oder verteidigte Verweigerung betraf auch die Mehrzahl der kommunistisch orientierten oder organisierten Emigranten. Lediglich ein im Verhältnis kleiner Kreis vorwiegend der führenden kommunistischen Kader und prominenter Kulturschaffender fand Einlaß und ein

Betätigungsfeld in der UdSSR. Die eigentlichen Motive dieser praktizierten, jedoch nicht formulierten Verweigerung aufzuschließen, erfordert auch heute noch weitgehend den Regreß auf Mutmaßungen und Schlußfolgerungen. Eine solche, nicht unwahrscheinliche Motivation gibt Wieland Herzfelde 1938 in einem Brief an Kurt R. Grossmann, damals Vorsitzender der Demokratischen Flüchtlingsfürsorge in Prag, deren Hauptanstrengung zu dieser Zeit der Rettung der Emigranten aus der Tschechoslowakei galt. Es lag nahe, daß man angesichts der immer stärker gefährdeten Situation der Emigranten in der CSR alles versuchte, eine Revision der ablehnenden sowjetischen Haltung zu bewirken. Nachdem Herzfelde in dem von Grossman zitierten Schreiben [258] die Behauptung, die Sowjetunion habe keine Emigranten aufgenommen, zurückgewiesen und seinerseits auf »Zehntausende, wenn nicht Hunderttausende Flüchtlinge«, die bereits in der UdSSR Asyl gefunden hätten, verwiesen hat, nennt er folgenden Grund für die ablehnende Haltung der sowjetischen Behörden speziell gegenüber den Emigranten, die aus der Tschechoslowakei ausreisen wollten: Die moralische Verantwortung für das Schicksal der dortigen Flüchtlinge fiele den am Münchener Abkommen beteiligten Staaten zu, also Frankreich und England. Denn nur durch diesen Vertrag sei die gefahrvolle Situation für die Emigranten in der CSR entstanden. Durch ihre Aufnahme in der UdSSR würden die demokratischen Staaten des Westens von diesen Verpflichtungen befreit – mit dem Ergebnis, daß die dort ohnehin anzutreffende Indifferenz gegenüber der Entwicklung in Deutschland noch verstärkt werde. Andererseits könne in diesen Ländern gerade durch die Verpflichtung, die Emigranten aufnehmen und sich mit den daraus resultierenden Problemen auseinandersetzen zu müssen, eine eindeutigere Stellungnahme gegen den Nationalsozialismus gefördert werden.

Ein weiterer Grund dafür, daß sich in der UdSSR kein annähernd so umfangreiches und wirkungsvolles Exilzentrum wie in manchen westlichen Staaten bildete, lag unzweifelhaft in den Vorbehalten, die viele Emigranten der UdSSR als einem in Frage kommenden Exilziel entgegenbrachten. Diese Vorbehalte fanden mit dem Einsetzen der Stalinistischen Prozesse, von denen ja auch deutsche Emigranten betroffen wurden, neue und berechtigte Nahrung. Bezeichnenderweise zog es eine ganze Reihe in die Sowjetunion Emigrierter vor, zu dieser Zeit in westliche Exilländer auszureisen. In autobiographischen Darstellungen klingt immer wieder die Beunruhigung und Verstörung Moskauer Emigranten an, deren Situation in den Jahren zwischen 1936 und 1938 durch die innenpolitischen Umwälzungen in der Sowjetunion unmittelbar betroffen wurde [259]. Schließlich bewirkte die strenge

[258] Vgl. K. R. Grossmann: ›Emigration‹, a. a. O., S. 106.

[259] Vgl. Margareta Buber-Neumann: ›Von Potsdam nach Moskau‹. Stuttgart 1957; J. Hay: ›Geboren 1900‹, a. a. O.; Susanne Leonhard: ›Gestohlenes Leben‹. Frankfurt

Reglementierung auch des kulturellen Lebens, die keine wie immer geartete, von den vorgegebenen ideologischen und formalen Richtlinien des sozialistischen Realismus abweichende Kunstäußerung tolerierte oder gar förderte, daß der Kreis der in der UdSSR lebenden und tätigen emigrierten deutschen Kulturschaffenden eng begrenzt blieb. – Stellt man in diesem Zusammenhang eine Liste allein der zum Zeitpunkt ihrer Emigration eindeutig kommunistisch oder links-sozialistisch organisierten oder orientierten deutschen Schriftsteller und Künstler auf, so überrascht, wie viele von ihnen gerade *nicht* in der Sowjetunion Asyl nahmen – obwohl sie zum Teil den Redaktionsstäben in Moskau erscheinender Zeitschriften angehörten, ihre Werke dort erschienen und sie die UdSSR besucht oder sogar von dort aus ihre Weiterwanderung angetreten hatten. Einige Beispiele stehen für andere: Alexander Abusch, Kurt Barthel, Bertolt Brecht, Alfred Döblin, Hanns Eisler, Leonhard Frank, Bruno Frei, Louis Fürnberg, Alexander Granach, John Heartfield, Wieland Herzfelde, Alfred Kantorowicz, Egon Erwin Kisch, Arthur Koestler, Heinrich Mann, Herbert Marcuse, Erwin Piscator, Gustav Regler, Ludwig Renn, Anna Seghers, Ernst Toller, Bodo Uhse, Franz Carl Weiskopf, Arnold Zweig. Demgegenüber nimmt sich die Liste exponierter deutscher Schriftsteller und Künstler, die die Sowjetunion zum ständigen Exil wählten, verhältnismäßig klein aus.

Die weitere politische Entwicklung trug nicht dazu bei, die sowjetische Haltung zur Emigration in einem positiven Sinne zu ändern. Im Gegenteil, durch den deutsch-sowjetischen Nichtangriffspakt und den deutschen Überfall auf die UdSSR wurde die ablehnende Haltung nur verstärkt und die Situation für die in der UdSSR befindlichen Emigranten nicht leichter. Daß die in diesem Zusammenhang zu nennende Auflösung der ASSR der Wolgadeutschen und die im August 1941 einsetzende Deportation ihrer Bewohner auch direkte und sehr unmittelbare Auswirkungen auf die Situation der Emigranten hatte, wird sich gerade für den Bereich des Theaters besonders eindrucksvoll zeigen lassen.

Das deutsch-sowjetische Bündnis vom August 1939 bedeutete einen tiefreichenden Schock für die gesamte Emigration, soweit sie auf die entscheidende Rolle, die der Sowjetunion bei der Zerschlagung des deutschen Faschismus zufallen werde, gebaut hatte – und das war ein Großteil, der keineswegs nur die kommunistischen Kreise umfaßte. Während sich jedoch die Emigranten in den westlichen Exilländern, die nicht der KPD angehörten, in ihrer vielfältig zum Ausdruck gebrachten Ablehnung des Dritten Reiches durch diesen unerwarteten und unverständlichen Standortwechsel der Sowjetunion nicht beirren ließen, sahen sich die in der UdSSR lebenden

a. M. 1956; Wolfgang Leonhard: ›Die Revolution entläßt ihre Kinder‹. Köln/Berlin 1955; I. v. Wangenheim: ›Auf weitem Feld‹, a. a. O.

Emigranten gezwungen, ihre bisherige antifaschistische Position von heute auf morgen grundsätzlich zu revidieren und der offiziellen Linie der Respektierung des deutschen Regimes und des Abrückens von jeder prinzipiellen Kritik an ihm anzupassen. Besonders deutlich wurde diese Kursänderung in der in Moskau erscheinenden Zeitschrift ›Internationale Literatur‹, einem der angesehensten Publikationsorgane der Emigration: Mit dem Septemberheft 1939 verschwand bis zum deutschen Einfall in der UdSSR jede kritische Auseinandersetzung mit dem Nationalsozialismus aus der Zeitschrift, und auch die Erörterung von Exilthemen, bis dahin eines der Hauptanliegen, trat ganz in den Hintergrund. Während zum Beispiel der weitere Abdruck des Romans ›Das siebte Kreuz‹ von Anna Seghers gestoppt wurde, fanden die entscheidenden Reden Molotows mit der Begründung der neuen sowjetischen Haltung Aufnahme. Ja, die Annäherung ging so weit, daß eine deutsche Auslieferungsstelle der Zeitschrift eingerichtet und über kulturelle Ereignisse in Deutschland berichtet wurde. Es darf ohne Zweifel geschlossen werden, daß den Emigranten die Einsicht in die Notwendigkeit dieser politischen Schwenkung nicht leicht fiel, da durch sie bis zu einem gewissen Grad die Berechtigung ihres Exils und ihrer zentralen Anliegen in Frage gestellt worden war. Daß das Arrangement Stalins mit Hitler weithin auf Ablehnung gestoßen war, mußte selbst Molotow einräumen. Er erwähnt, daß Stimmen laut geworden seien,

»in denen ein Unverständnis für die einfachsten Grundlagen der in die Wege geleiteten Verbesserung der politischen Beziehungen zwischen der Sowjetunion und Deutschland anklingt.« [260]

Das Desinteresse der Sowjetunion an jedem sichtbaren Hervortreten der Emigranten während der Dauer des Paktes wirkte sich auch auf den Bereich des Exiltheaters entscheidend aus. Wolfgang Leonhard, der in der Sowjetunion aufwuchs, beschreibt die damalige Situation in Moskau:

»In der Bibliothek für ausländische Literatur in Moskau lagen nun statt der Emigrantenzeitungen häufig Nazi-Zeitungen aus, und manche antifaschistische Romane deutscher Emigranten waren aus der Bibliothek entfernt worden. Das Wort ›Faschismus‹ kam in der Sowjetpresse überhaupt nicht mehr vor. Es war, als hätte es nie einen Faschismus gegeben.
Die innenpolitischen Veränderungen waren schlagartig nach dem Abschluß des Paktes eingetreten. Schon am Abend des 23. August 1939 waren in allen Lichtspielhäusern der Sowjetunion die damals bekannten antifaschistischen Sowjetfilme *Professor Mamlock* (nach einem Theaterstück von Friedrich Wolf) und *Familie Oppenheim* (nach einem Roman von Lion Feuchtwanger) abgesetzt

260 ›Internationale Literatur‹, H. 9, Sept. 1939, S. 159. Zitiert nach: Hans-Albert Walter: ›Internationale Literatur / Deutsche Blätter. Eine Exilzeitschrift in der Sowjet-Union‹. In: ›Frankfurter Hefte‹, Jg. 24, H. 8, Aug. 1969, S. 591.

worden. Auch alle Theaterstücke mit antifaschistischem Inhalt verschwanden am gleichen Abend.«[261]

2. Emigranten in der Sowjetunion

Genaue Angaben über den Umfang der Emigration in der UdSSR sind noch weitaus schwerer zu finden als über die anderer Exilzentren: Grossmann nennt für 1935 eine Zahl von 500 kommunistischen Emigranten[262], während Wieland Herzfelde – wie schon erwähnt – sehr vage von Zehntausenden bis Hunderttausenden spricht[263]. Es ist mit Sicherheit anzunehmen, daß Herzfeldes Angaben stark überhöht sind, schon deshalb, weil eine so umfangreiche Emigrationskolonie wesentlich stärker in Erscheinung getreten wäre. Und die seit Generationen in Rußland ansässigen wolgadeutschen Bauern sowie die vor 1933 von der Sowjetunion angeworbenen deutschen Industriearbeiter zur Emigration zu zählen, ist wohl kaum statthaft. Andererseits sind auch Grossmanns ungesicherte Angaben mit Zurückhaltung zu betrachten, da seine Berichterstattung offensichtlich von Vorbehalten gegenüber der Rolle der Sowjetunion als Exilland nicht frei ist. Leonhard schreibt über den Umfang der Emigrantenkolonie im Jahre 1935, auf das auch Grossmann seine Angaben bezieht:

»Es leben in Moskau einige Tausende deutsche und österreichische Emigranten, darunter auch viele Schutzbündler, Teilnehmer des Aufstandes gegen Dollfuß im Februar 1934, die nach der Niederlage nach Moskau gekommen sind.«[264]

Die Situation derjenigen Emigranten, denen ständiger Aufenthalt in der UdSSR gewährt worden war, unterschied sich grundsätzlich von den Verhältnissen, mit denen sich ihre Schicksalsgenossen in den westlichen Ländern auseinandersetzen mußten. Während dort die Unvermögenden von der Sorge um die Sicherung eines Existenzminimums ständig verfolgt waren, bestanden in der UdSSR derartige Probleme nicht oder doch nur in einem wesentlich geringeren Ausmaß: Wohnraum, Unterstützung oder Anstellung wurden zentral zugewiesen, Kindererziehung und Krankenversorgung waren gesichert. In vielfältiger Weise wurden die Emigranten, sofern sie nicht zu den politisch tätigen Kadern gehörten, gerade auch im Bereich des deutschsprachigen Kulturlebens eingesetzt. Sie arbeiteten in Bibliotheken, im Rundfunk, in deutschen Kinderheimen, Schulen und

261 W. Leonhard: ›Die Revolution entläßt ihre Kinder‹, a. a. O., S. 65.

262 Vgl. K. R. Grossmann: ›Emigration‹, a. a. O., S. 43.

263 Die Angaben Herzfeldes beziehen sich auf das Jahr 1938. Die Zahlen umfassen also nicht die vorwiegend jüdischen Flüchtlinge, die nach dem deutschen Einfall in Polen zu Tausenden über die sowjetische Grenze strömten.

264 W. Leonhard: ›Die Revolution entläßt ihre Kinder‹, a. a. O., S. 14.

Volkshochschulen; während der Kriegszeit waren viele von ihnen in der antifaschistischen Propaganda beim Rundfunk, an der Front und in Kriegsgefangenenlagern beschäftigt.
Einen besonders wichtigen Bereich der Tätigkeit deutscher Emigranten bildete ihre Schulungs- und Kulturarbeit in den Gebieten der sowjetischen Bürger deutscher Herkunft. Diese Nachfahren deutscher bäuerlicher Kolonisten lebten vor allem in der Wolgadeutschen Republik, um Dnjepropetrowsk, in der Ukraine und am Schwarzen Meer. Daneben gab es Tausende deutsche und österreichische Arbeiter im sowjetischen Bergbau und in der eisenverarbeitenden Industrie, die zur Zeit der Weltwirtschaftskrise und danach als Spezialisten zum Aufbau und zur Modernisierung der sowjetischen Schwerindustrie ins Land geholt worden waren und vor allem im Industriegebiet des Donez-Beckens lebten. Bei der ideologischen Schulung und im kulturellen Leben dieser Gruppen leisteten die Emigranten, Schriftsteller, Theaterleute, Musiker und Journalisten, wichtige Kaderarbeit.
Während Moskau als das eigentliche Zentrum der deutschen Emigration in der UdSSR anzusehen ist – dort erschienen die vorwiegend von Emigranten redigierten Zeitungen und Zeitschriften wie die ›Deutsche Zentral-Zeitung‹, ›Das Wort‹ und ›Internationale Literatur‹, dort arbeiteten die deutschsprachigen Verlage und dort organisierten sich die Emigranten in Vereinigungen wie dem Klub ausländischer Arbeiter –, war ein nicht kleiner Teil von ihnen in den Gebieten der Sowjetdeutschen tätig.
Zur Situation der sowjetischen Staatsbürger deutscher Herkunft sind einige spezifische Anmerkungen nötig: Durch zahlreiche Konzessionen und Bevorzugungen vor der einheimischen Bevölkerung [freies Bauerntum, Befreiung vom Militärdienst] hatten die zaristischen Regierungen seit 1763 deutsche Kolonisten zur Ansiedlung in Rußland und Urbarmachung weiter Steppengebiete bewogen. In Verbindung mit dem von den Kolonisten in Zähigkeit und Ausdauer im Laufe der Zeit Aufgebauten hatten die gewährten Privilegien die Entstehung einer deutschen bäuerlichen Oberschicht, eines zum Teil äußerst wohlhabenden, über immer ausgedehnteren Landbesitz verfügenden Großbauerntums begünstigt. Dieser wirtschaftliche Aufstieg ursprünglich landfremder Einwanderer zeitigte tiefgreifende soziale Folgen. In Walter Kolarz' Darstellung der ›Nationalitätenpolitik der Sowjetunion‹ heißt es:

»So ziemlich alle Schichten der russischen Bevölkerung sahen die immer wachsende wirtschaftliche Macht der Deutschen sehr ungern. Die Tatsache, daß der russische Landbesitz in den fruchtbaren Bezirken immer weiter zurückging, während deutscher Besitz im gleichen Maße zunahm, machte überall böses Blut.«[265]

265 Walter Kolarz: ›Die Nationalitätenpolitik der Sowjetunion‹. [Frankfurt a. M.

Im Einklang mit Lenins Nationalitätenpolitik, wie sie später in der sowjetischen Verfassung von 1936 verankert wurde, war schon 1917 der eigengesetzliche Fortbestand der deutschen Gebiete garantiert worden. Ja, die Wolgadeutschen gehörten zu den nationalen Minderheiten, denen als eine der ersten, 1918, nationale Autonomie gewährt wurde, die 1924 in der Zuerkennung des Status einer autonomen sozialistischen Sowjetrepublik [ASSR] bestätigt wurde. In folgerichtiger Konsequenz dieser Eingliederung in den Verband der sowjetischen Nationalitäten trieb man die Sozialisierung der wirtschaftlichen und gesellschaftlichen Strukturen voran. Das bedeutete konkret vor allem die Enteignung und Verbannung der führenden großbäuerlichen Schicht, der »Kulaken«, die Kollektivierung der Landwirtschaft, die Forcierung eines sich bereits abzeichnenden Industrialisierungs- und Urbanisierungsprozesses und die Schaffung von loyalen kommunistischen Kadern in den administrativen und kulturpolitischen Organen. In diesem letzten Bereich nun wurde die Mitarbeit geschulter und gebildeter kommunistischer deutscher Emigranten wichtig. Gerade beim Aufbau eines als Agitations- und Schulungsapparat im ideologischen Bildungsprozeß bedeutungsvollen sozialistischen Theaterlebens nahmen Emigranten, die aus den linken Theatern und kommunistischen Ensembles der Weimarer Republik kamen, Schlüsselpositionen ein. Für das sowjetische Interesse an den Deutsch-Russen und die besondere Bevorzugung, die ihnen gewährt wurde, waren folgende Motive vor allem maßgeblich: Die ASSR der Wolgadeutschen sollte für das Ausland, speziell für die Arbeiterklasse Deutschlands die Rolle des Vorbildes und Musters eines sozialistischen Staatswesens einnehmen und als solches vorgeführt werden, wofür sie infolge ihrer relativ hohen wirtschaftlichen Leistungsfähigkeit besonders geeignet erschien. Um dieses Propagandawertes willen setzte man besonderes Interesse darein, die Kollektivierung der Wirtschaft und den Abbau vorhandener Klassenstrukturen in Verbindung mit einem konsequenten marxistischen Umschulungsprozeß zügig voranzutreiben.

Zur selben Zeit wurde in der Sowjetunion, gleichsam als Gegenbewegung zum gleichzeitigen Kampf gegen »Formalismus«, »Subjektivismus« und »Avantgardismus« in der Kunst, eine bemerkenswerte Förderung des Theaterbereiches eingeleitet[266]. Zahllose professionelle Theaterensembles wurden

1956], S. 89. – Die folgenden Ausführungen stützen sich im wesentlichen auf diese Arbeit sowie auf Robert Conquest: ›The Soviet Deportation of Nationalities‹. London 1960.

266 »The return to normalcy, the consolidation of the Soviet regime, symbolized by the 1936 constitutional law and the economic development of the country, favored a huge growth of theatrical enterprises throughout the Soviet Union. By the end of the thirties, there were 387 theaters in Russia proper, and some 500 in the other ten republics of the Union [...]. These included non professional and amateur companies.« – Marc Slonim: ›The Russian Theatre From The Empire to The Soviets‹. London [1963], S. 314.

in allen Unionsrepubliken gegründet oder reorganisiert, und das System der Kolchostheater und der Theatertruppen der Roten Armee wurde ausgebaut. In Kongruenz zu den Leninschen Maximen der Beibehaltung, Pflege und Förderung ethnischer Individualitäten der im Sowjetstaat versammelten Rassen, Völker und Volkstumsgruppen einerseits und zu der Überzeugung von der kulturschöpferischen Kraft des Volkes andererseits entwickelte sich die Bewegung des auf den Traditionen der Volkskunst aufbauenden Laientheaters und des proletarischen »selbsttätigen« Theaters.
Infolge der führenden Rolle, die zahlreiche deutsche emigrierte Theaterleute in diesem Prozeß der Entwicklung eines sowjet-deutschen Nationaltheaters einnahmen, wurden gerade sie vom weiteren Schicksal der ASSR der Wolgadeutschen und der anderen deutschen Gebiete ganz unmittelbar betroffen. Die Auflösung der ASSR und die konsequente Massendeportation der Bevölkerung ab September 1941 [267] setzte dem interessanten Experiment des Aufbaus einer deutschen sozialistischen Theaterkultur ein jähes Ende. Hatte schon die Ära der Stalinistischen Massenprozesse das Vertrauen gerade der kommunistischen Emigranten in die Sowjetunion auf eine harte Probe gestellt und der Abschluß des deutsch-sowjetischen Nichtangriffspaktes ihnen eine waghalsige dialektische Umorientierung abverlangt, so bedeutete die Tilgung der wolgadeutschen Republik von der sowjetischen Landkarte und aus dem nationalen Bewußtsein für die Emigrantenkolonie, gerade weil viele von ihnen unmittelbar am Entwicklungsprozeß der jungen Republik Anteil gehabt hatten, einen tiefen und nachhaltigen Loyalitätskonflikt gegenüber dem apodiktischen Wahrheitsanspruch der Partei.

3. **Exildramatik auf sowjetischen Bühnen**

a) Sozialistischer Realismus und Exildramatik – Moskau

Es kennzeichnet die besondere Situation des Theaters in der Sowjetunion, daß die für diese Untersuchung gewählte Unterscheidung zwischen Bühnen des Exillandes und von Emigranten aus eigener Initiative gegründeten, zumeist in deutscher Sprache für ein Emigrantenpublikum spielende Ensem-

[267] In der UdSSR lebten 1939 rund 1,5 Millionen Sowjetdeutsche, davon etwa 600 000 in der Wolgarepublik. Die Auflösung der ASSR und die Deportation der Deutschen nach Westsibirien wurde in einem regierungsamtlichen Dekret vom September 1941 damit erklärt, daß innerhalb der wolgadeutschen Bevölkerung Tausende und Zehntausende Saboteure und Spione entdeckt worden seien. Da die wolgadeutsche Bevölkerung diese Nazi-Agenten nicht selbst zur Anzeige gebracht habe, sei erwiesen, daß sie mit ihnen gemeinsame Sache gemacht habe und ein Feind des Sowjetvolkes sei. – R. Conquest: ›The Sovjet Deportation of Nationalities‹, a. a. O., S. 49 f.

bles auf die Bühnenrealisation der Exildramatik in der UdSSR nicht angewendet werden kann. Private Theaterbetriebe gab es zu dieser Zeit in der UdSSR nicht mehr. Auch die deutschsprachigen Bühnen waren in gleicher Weise in den sowjetischen Theaterapparat eingegliedert und an die Direktiven der Kulturbehörden gebunden wie jede russische oder anderssprachige Bühne auch. Das aber bedeutete im literarischen Bereich die unbedingte Ausrichtung auf die von Maxim Gorki, Andrei Shdanow und Karl Radek anläßlich des ersten Kongresses der Sowjetschriftsteller in Moskau 1934 proklamierte und für verbindlich erklärte Literaturtheorie des sozialistischen Realismus unter dem kulturellen Führungsanspruch der KPdSU.
Anläßlich der Uraufführung von Friedrich Wolfs ›Floridsdorf‹ 1936 in Moskau faßte der Kritiker Hugo Huppert die Kriterien des sozialistischen Realismus, bezogen auf den Bereich des Dramas und des Theaters, folgendermaßen zusammen:

»Das Sowjetpublikum straft im Theater jede Verengung des historischen Gesichtskreises, jede Verfälschung der Vergangenheit und jedes Ausweichen vor der Gegenwart mit sicherem Mißerfolg. Auf dem Forum der Sowjetkunst gelten Wahrheit und Volkstümlichkeit – beides im unvulgären Sinn der vollen Lebensbejahung durch die Kunst – höher als die destillierten ›Spielregeln‹ eines weltfremden Artistentums. Der im Frühling dieses Jahres unter Führung des Zentralorgans der Partei begonnene Kampf gegen den Formalismus – und sein verwandtes Widerspiel: den Naturalismus – geht weiter, mit unverminderter Grundsätzlichkeit. Auch im Theater.« [268]

Schon daraus wird ersichtlich, daß Werke der Exildramatik, die nicht den Forderungen des sozialistischen Realismus nach Gegenständlichkeit, Detail-Realismus, Einfachheit, Allgemeinverständlichkeit, Emotionalität, Parteilichkeit und einer positiven, optimistischen Gegenwartsschilderung entsprachen, nur geringe Aussichten hatten, auf sowjetischen Bühnen zur Aufführung zu gelangen. Dafür mag Brechts Dramatik als exponiertes Beispiel stehen: Während der Jahre des Exils ist keines seiner Dramen in der UdSSR aufgeführt worden, lediglich einzelne seiner Balladen und Songs standen auf dem Programm des Deutschen Theaters Kolonne links. Bis weit in die fünfziger Jahre war Brechts Bedeutung als Dramatiker nur einem kleinen Kreis Eingeweihter bekannt. Erst mit dem Moskauer Gastspiel des Berliner Ensembles von 1957 begann man seine Stücke auch für die sowjetischen Bühnen zu entdecken. Im Theater der UdSSR der dreißiger Jahre, das die Methode Stanislawskis zum Fundament des sozialistischen Realismus in der Bühnenkunst erhoben hatte, mußte Brechts epische und innerhalb dieses Prinzips einer epischen Dramaturgie noch so vielfach wandelbare Dra-

268 H. Huppert: ›Ein Kampfdrama siegt‹. In: ›Deutsche Zentral-Zeitung‹, Jg. 11, H. 272, 27. 11. 1936, S. 3.

matik ein Fremdkörper bleiben; zumal Brechts Haltung zu Stanislawski, dessen System er geradezu als die Apotheose des bürgerlichen Theaters und als einen Irrweg bei der Entwicklung eines neuen, marxistisch-proletarischen Theaters ansah, eine eindeutige war:

»Der Ernst und die Ehrlichkeit dieser Schule war nicht zu bezweifeln. Sie stellt einen Höhepunkt des bürgerlichen Theaters dar. Aber gerade durch ihren Ernst trieb sie alle Fehler auf die Spitze.« [269]

Brecht gab sich hinsichtlich der Wahrscheinlichkeit, sein Werk in der UdSSR aufgeführt zu sehen, offenbar keinen Illusionen hin. Denn während in seinen Schriften aus dem Exil mannigfache Hinweise darauf zu finden sind, daß er Bühnenrealisationen seiner Stücke etwa in Dänemark, Schweden, der Schweiz und den USA erhoffte – und nicht unbegründet, wie auch diese Untersuchung zeigt –, findet man demgegenüber keine Bemerkungen, die andeuten, daß er mit sowjetischen Aufführungen rechnete. Werner Mittenzwei bestätigt – wenn auch indirekt und eher unbeabsichtigt – diesen Sachverhalt, indem er in seiner Arbeit über Brecht konstatiert:

»Außerhalb der Sowjetunion war eine Aufführung kaum möglich. Wenn eine Bühne des Auslandes es wagte, ein deutsches antifaschistisches Stück zu spielen, so hatte das sofort diplomatische Schritte und finanziellen Druck der Hitlerregierung zur Folge. Es gab eigentlich nur eine einzige professionelle deutschsprachige Bühne, die es wagte, antifaschistische Stücke herauszubringen, das Züricher Schauspielhaus, ein Privattheater unter der Direktion von Ferdinand Rieser. Hier erlebten die Stücke von Brecht und Wolf ihre Uraufführung.« [270]

Die im ersten Satz des Zitats intendierte Schlußfolgerung, welche ja besagen müßte, daß Brecht also gerade in der Sowjetunion aufgeführt worden sei, nimmt Mittenzwei mit seiner Feststellung, eigentlich habe nur das Züricher Schauspielhaus den Mut zur Aufführung antifaschistischer Dramatik gehabt, wieder zurück. Der offensichtliche Widerspruch zwischen beiden Aussagen wird nicht aufgeklärt, und es werden keine Gründe dafür angeführt, daß die so eindeutig antifaschistische Dramatik Brechts keine Pflegestätte im sowjetischen Theater fand. Brecht selbst hatte sich in die Debatte um die formalen Kriterien des sozialistischen Realismus nicht eingeschaltet. Allerdings beweisen seine zwischen 1937 und 1941 entstandenen, erst posthum veröffentlichten kritischen Schriften, die sich mit der in jenen Jahren vor allem in der ›Internationalen Literatur‹ und im ›Wort‹ geführten Expressionismus-, Realismus- und Formalismus-Debatte auseinandersetzen, daß Brecht in diesen Fragen einen eindeutigen Standpunkt vertrat [271].

[269] B. Brecht: ›Gesammelte Werke‹, a. a. O., Bd. 15, S. 382.
[270] W. Mittenzwei: ›Bertolt Brecht‹, a. a. O., S. 150.
[271] Vgl. B. Brecht: ›Gesammelte Werke‹, a. a. O., Bd. 19, S. 290–382.

Doch blieb die Dekretierung eines methodischen Dogmas, auf das die gesamte fortschrittliche Literatur verpflichtet werden sollte, durchaus nicht ohne den öffentlich formulierten Widerspruch emigrierter Autoren in der Sowjetunion. Bereits auf dem Moskauer Schriftstellerkongreß von 1934 hatten Radeks Thesen und seine Polemik gegen formale Experimente zahlreiche und so exponierte Opponenten wie Jean Richard Bloch, Wieland Herzfelde, André Malraux, Theodor Plivier und Ernst Toller gefunden. In einem der interessantesten literarisch-theoretischen Dispute jener Jahre diskutierten Georg Lukács und Anna Seghers die Fragen weiter, wobei Anna Seghers vehement für einen unbeeinflußbaren Freiraum der Entscheidung über den vom Autor einzuschlagenden formalen Weg eintrat[272]. Doch schon bald verebbte die Kritik, denn es konnte kein Zweifel an der Verbindlichkeit der sowjetischen Literaturtheorie bleiben – und an der Notwendigkeit, sich ihr entweder unterzuordnen oder aber auf eine literarische Tätigkeit und ihre öffentliche Würdigung in der UdSSR zu verzichten.
Damit aber hatten die sowjetischen Kulturpolitiker einen Zwiespalt geschaffen, dessen Unüberbrückbarkeit spätestens mit dem Scheitern der Volksfrontpolitik und der von ihr proklamierten Einheitsfront in der Literatur sichtbar wurde: Denn während einerseits am Absolutheitsanspruch des sozialistischen Realismus konzessionslos festgehalten wurde und ihm entgegenstehende formale Wege als l'art pour l'art-Formalismus und gesellschaftsferner Psychologismus abgelehnt wurden, unternahm man andererseits während der Volksfront-Periode große Anstrengungen, nicht nur linksgerichtete, sondern auch bürgerliche Schriftsteller der Mitte mit den kommunistischen zu einem einheitlichen antifaschistischen Block zusammenzuschließen. Sichtbaren Ausdruck fand dieses Bemühen in dem 1935 in Paris abgehaltenen internationalen Schriftstellerkongreß »zur Verteidigung der Kultur gegen Krieg und Faschismus«. Doch verhinderte letztlich der Dogmatismus der kommunistischen Literaturtheorie in allen grundsätzlichen ideologischen und formalen Fragen eine dauerhafte und tiefergehende Bindung. Im Gegenteil, der Bruch zwischen beiden Lagern der literarischen Emigration vertiefte sich und verstärkte die Isolierung der in der Sowjetunion lebenden Autoren.
Im Grunde blieb es einem Autor vorbehalten, die deutsche Exildramatik auf den Bühnen der Sowjetunion zu vertreten: Friedrich Wolf. Und es gehört zu den erstaunlichsten Phänomenen des literarischen Exils, daß Wolfs Werk eine intensive, über viele Jahre sich erstreckende Pflege im sowjetischen

272 Einen informativen Einblick in die Problematik des Schriftstellers im sowjetischen Exil und in den Verlauf der Diskussionen um den sozialistischen Realismus gibt H. A. Walter in seinem Aufsatz: ›Internationale Literatur / Deutsche Blätter‹. In: ›Frankfurter Hefte‹, 1. Teil: Jg. 24, H. 8, Aug. 1969, S. 580–593, 2. Teil: H. 9, Sept. 1969, S. 648–658.

Theater erfuhr, während von anderen emigrierten deutschen Dramatikern höchstens sporadisch einzelne Werke zur Aufführung angenommen wurden. Mit Recht kann Walther Pollatschek, der Biograph Wolfs, feststellen:

»Auch in anderen Ländern sind Dramen Friedrich Wolfs in der faschistischen Aera gespielt worden – die Sowjetunion wurde zu ihrer eigentlichen Heimstätte.«[273]

Eine Reihe von Gründen, die diese Bevorzugung erklären, können namhaft gemacht werden: Wolf war zur Zeit des Exils der erste – und wohl auch einzige – deutsche Dramatiker von Rang, dessen Werk den Forderungen des sozialistischen Realismus schon in der Anlage und im Anliegen weitgehend entsprach. Wolfs Dramatik war, abgesehen von seinem dem Expressionismus verhafteten Frühwerk, immer und ganz unmittelbar politisch-agitativ und erzieherisch im gesellschaftlichen Sinne. Das bestätigen besonders eindrücklich seine beiden größten Bühnenerfolge vor 1933, ›Cyankali‹, eine furiose Anklage gegen den Abtreibungsparagraphen, aus dem Jahre 1929 [Uraufführung 9. 10. 1929 durch die Gruppe Junger Schauspieler im Lessing Theater, Berlin] und ›Die Matrosen von Cattaro‹, eine Dramatisierung des Aufstandes der österreichisch-ungarischen Kriegsflotte von 1918, geschrieben 1930 [Uraufführung 8. 11. 1930, Volksbühne, Berlin]. Mit diesen beiden Stücken begründete Wolf seinen Ruhm in der Sowjetunion.
Wolfs langdauernder Erfolg auf sowjetischen Bühnen wird erst durch sein Verhältnis zum Kommunismus und zur Partei voll erklärlich: Wolf gehörte der KPD seit 1928 an. Schon seine Arbeit mit dem Spieltrupp Südwest [1932–1933] war Agitationsarbeit im Sinne der Partei zur Warnung vor dem Faschismus gewesen. Doch erst mit seiner Exildramatik wird die unmittelbare und loyale Bindung an die Politik der KP und der Komintern ganz deutlich. Das Drama ›Floridsdorf‹, 1934 in der UdSSR verfaßt, bietet sich zur Exemplifizierung dieser These an. Einige erklärende Bemerkungen sind vorauszuschicken:
Der im Exil, mit einer vorübergehenden Einschränkung während der Volksfront-Periode, unvermindert fortgesetzte Kampf der KP gegen die deutsche und österreichische Sozialdemokratie und ihre Führer wurde mit beinahe ebenso unversöhnlicher Härte wie der Kampf gegen den Faschismus geführt. Fritz Heckert, Mitglied des ZK der KPD und des Exikutivkomitees der Komintern, schrieb 1933 in einer programmatischen Schrift über die künftige Haltung gegenüber der Sozialdemokratie:

»Alle Elemente des Programms, der Strategie und Taktik der Sozialdemokratie, auf Grund deren wir Kommunisten sie als soziale Hauptstütze der Bourgeoisie bezeichneten, existieren noch wie ehedem.

[273] W. Pollatschek: ›Das Bühnenwerk Friedrich Wolfs‹, a. a. O., S. 173.

Aus einer sozialreformistischen Partei verwandelte sich die Sozialdemokratie in eine sozialchauvinistische, vom Sozialverrat ging sie über zum Sozialfaschismus.«[274]

Und noch während die Kommunisten die Bildung einer alle antifaschistischen Kräfte umfassenden Volksfront propagierten, wurde in dem taktischen Konzept einer »Einheitsfront von unten« vorgeschlagen, die Masse der SPD-Mitglieder von der Parteiführung zu spalten, gegen die der Kampf weitergeführt werden sollte. Erst 1935 auf dem VII. Weltkongreß der Komintern in Moskau wurde diese Taktik von Dimitroff zugunsten der »Einheitsfront von oben«, dem Zusammengehen auch mit der sozialdemokratischen Parteiführung, aufgegeben. Doch nun zeigte sich die Frucht der bisherigen Konfrontation: Die Sozialdemokratie reagierte mit verständlicher Zurückhaltung auf die so plötzliche Geste antifaschistischer Verbrüderung. Und als immer deutlicher zutage trat, daß die KP nicht daran dachte, ihren Führungsanspruch in der Politik und den Organen der Volksfront zu verringern und zu teilen, war das Schicksal dieser Einigungsbestrebung, der eine bedeutende Rolle zumindest im Kampf gegen einen sich ausweitenden Einfluß des nationalsozialistischen Deutschlands im Ausland hätte zufallen können, schon besiegelt. Nach dem Abschluß des deutsch-sowjetischen Nichtangriffspaktes verlor auch die kommunistische Seite schlagartig das Interesse an dem Projekt.
Dies zu erinnern ist notwendig, denn ›Floridsdorf‹ spiegelt ganz unmittelbar die Politik der kommunistischen Partei vor dem VII. Kominternkongreß. Wolf zeichnete in seiner dramatisierten Chronik ein heroisches Bild vom Februaraufstand der kommunistischen und sozialistischen Arbeiter Wiens gegen das autoritäre Dollfuß-Regime und die österreichischen nationalsozialistischen Organisationen im Jahre 1934. Die Hauptattacke des Stückes richtet sich jedoch nicht in erster Linie gegen die Vertreter des Austrofaschismus, die eigentlichen Gegner im Aufstand, sondern gegen die Führungsspitze der österreichischen Sozialdemokratie und ihr Versagen bei dem Aufstand. Der SPÖ-Führung wird Reformismus, Defensivpolitik und elitäre Entfremdung von den wahren Interessen der werktätigen Massen zum Vorwurf gemacht und darin der eigentliche Grund für das Scheitern des Aufstandes des Republikanischen Schutzbundes und der kommunistischen Arbeiter gesehen. Als Vertreter dieser Politik wird – in kaum verhüllter Form – Otto Bauer, damals stellvertretender Vorsitzender der SPÖ und innerhalb der Partei den Zentristen angehörend, die eine Abgrenzung gegenüber den Bolschewisten vertraten, in schärfster Weise angegriffen. Auf welcher Ebene diese Kritik geführt wurde, mag ein Passus aus der Bespre-

[274] Fritz Heckert: ›Ist die Sozialdemokratie noch die soziale Hauptstütze der Bourgeoisie?‹. [Basel] 1933, S. 1ff. Zitiert nach: ›Exil-Literatur 1933–1945‹, a. a. O., S. 126.

chung Bernhard Reichs anläßlich der Moskauer Uraufführung des Stückes im Jahre 1936 illustrieren:

»Otto Bauer ist kein gewöhnlicher Demagoge, kein gewöhnlicher Volksverräter. Es ist dies ein Meister der Niederträchtigkeit.« [275]

Nach der erwähnten Änderung des taktischen Konzepts der Volksfront-Politik blieb konsequenterweise diese Darstellung der sozialdemokratischen Parteiführung in Wolfs Drama nicht unkritisiert [276]. Und hinsichtlich der Mittel zur Charakterisierung Bauers heißt es heute, daß sie »infolge ihrer verallgemeinernden Tendenzen die Individualität der historischen Person Bauers« [277] einschränkten.

Um den großen Erfolg und die weite Publizität, die gerade dieses Drama Wolfs in der UdSSR errang, in ihrer zeitgeschichtlichen Dimension voll verständlich werden zu lassen, ist folgendes nachzutragen: Nach der blutigen Niederwerfung des Aufstandes hatten sich 1934 Hunderte Schutzbundkämpfer und Familienangehörige gefallener österreichischer Arbeiter über die Tschechoslowakei in die UdSSR gerettet. Hier wurden sie als Helden des antifaschistischen Kampfes gefeiert.

Auch mit seinem Schauspiel ›Das trojanische Pferd‹, 1935 geschrieben, stand Wolf in Einklang mit den Vorstellungen der Komintern. Der Titel des Stückes geht zurück auf die von Georgi Dimitroff auf dem VII. Komintern-Kongreß erläuterte Taktik der illegalen Arbeit in Deutschland: »Mit Hilfe des trojanischen Pferdes in das Innere, in das Herz des Feindes eindringen.« [278] – Die Mehrzahl der Emigranten vertrat während der ersten Jahre des Dritten Reiches noch die Auffassung, daß das nationalsozialistische Regime nicht von langer Dauer sein werde. Auf kommunistischer Seite glaubte man zudem daran, daß Hitler durch eine Revolution von unten, durch die vom Nationalsozialismus enttäuschten werktätigen Massen gestürzt werden könne. Man hoffte auf einen Linksruck, der zur Solidarisierung mit den im Untergrund tätigen Widerstandsgruppen führen müsse. Die in ihrer Gefährlichkeit für das Hitlerregime stark überschätzten Kräfte des kommunistischen Widerstandes sah man als die führenden Kader des kommenden Aufstandes an. Diese Kräfte galt es zu stärken und zu unterstützen. Und es galt, das Vorhandensein und die Schwierigkeit des illegalen Kampfes in Deutschland dem sowjetischen Volk glaubhaft zu ma-

[275] Bernhard Reich: ›Floridsdorf‹. In: ›Sowjetskoje Iskustwo‹, Moskau 23. 11. 1936. [Übersetzung: Friedrich Wolf-Archiv, Lehnitz.]

[276] Vgl. Werner Jehser: ›Friedrich Wolf. Sein Leben und Werk‹. Berlin 1968, S. 108.

[277] Ebenda.

[278] Zitiert nach: Ap.: ›Das Trojanische Pferd‹. In: ›Deutsche Zentral-Zeitung‹, Jg. 11, H. 298, 28. 12. 1936, S. 2. »Der streitbare Kommunist Friedrich Wolf war sofort bereit, diese von Dimitroff empfohlene Taktik des Trojanischen Pferdes auch literarisch zu popularisieren.« – B. Reich: ›Im Wettlauf mit der Zeit‹. Berlin 1970, S. 322.

chen. Daß hier die eigentliche Aufgabe von Wolfs Stück lag, geht aus den Worten Wilhelm Piecks hervor, der in seiner Ansprache: ›Zur Taktik des trojanischen Pferdes‹ in Moskau sagte:

»Ich bin überzeugt, daß von manchen Arbeitern der Sowjetunion die scheinbar passive Rolle der Arbeiterschaft in Deutschland nicht verstanden wird.« [279]

Zu einem ersten Sammelpunkt der emigrierten Literaten, Theaterleute, Musiker und Maler in Moskau entwickelte sich der Klub ausländischer Arbeiter, ein deutscher Künstlerklub. Dort trafen sich die emigrierten Mitglieder des Berliner Agitprop-Ensembles Kolonne links und die ebenfalls aus Berlin stammende Truppe 1931 Gustav von Wangenheims [280]. Es lag nahe, daß auch hier schon bald der Plan eines ständigen deutschsprachigen Theaters diskutiert wurde, zumal mit den mehr als 1,5 Millionen Sowjetdeutschen ein großes Publikumsreservoire vorhanden war. Inge von Wangenheim, selbst Schauspielerin in der Truppe 1931, schildert die Umstände der Gründung dieses Theaterunternehmens in ihrer Autobiographie:

»Die Moskauer Öffentlichkeit war an der Gründung eines antifaschistischen deutschen Theaters interessiert, die deutsche Sprache war Schulfach, sehr viele Menschen sprachen Deutsch, und für die zahlreichen deutschen Facharbeiter und Spezialisten, die nicht nur in Moskau, sondern auch in den entlegenen Industriegebieten des Landes arbeiteten, war ein solches Gastspieltheater als geistiges, kulturpolitisches Bindeglied zwischen allen Deutschen in der Sowjetunion direkt erwünscht und notwendig. Die dringendsten Mittel wurden vom Volkskommissariat für Erziehungswesen schnell bereitgestellt, sehr unbürokratisch. Etliche Mitglieder der ›Truppe 1931‹ konnten ebenfalls sehr schnell aus Berlin, aus Paris und aus Zürich herbeitelegraphiert werden, die mit einigen in Moskau

279 Wilhelm Pieck: ›Zur Taktik des trojanischen Pferdes‹. In: ›Deutsche Zentral-Zeitung‹, Jg. 12, H. 12, 15. 1. 1937, S. 3.

280 Das Schauspielerkollektiv Truppe 1931 war 1933 nahezu geschlossen in die Emigration gegangen und traf sich in Paris wieder, um ein deutsches antifaschistisches Gastspieltheater ins Leben zu rufen. Friedrich Wolf schrieb speziell für diese Truppe seinen ›Professor Mamlock‹, dessen Titelrolle Alexander Granach zugedacht war. Die ungünstigen Bedingungen des französischen Exils, das Fehlen ausreichender finanzieller Mittel und schließlich die Sorge der emigrierten Schauspieler, ihr Auftreten in einem so eindeutig antifaschistischen Kampfdrama könne Repressalien gegen noch in Deutschland lebende Familienangehörige zur Folge haben, machten die Realisation des Plans zunichte. Alexander Granach setzte jedoch alles daran, das Stück auf eine Bühne des Auslandes zu bringen. Seine Bemühungen hatten Erfolg: Im Februar 1934 erlebte das Stück im Warschauer Kaminski-Theater seine Welturaufführung mit Granach als Mamlock. Es wurde in jiddischer Sprache unter dem Titel ›Der gelbe Fleck‹ gespielt. Die Regie lag in den Händen Herbert Rappaports, der 1938 auch die berühmt gewordene sowjetische Verfilmung des Stückes inszenierte. Die Warschauer Inszenierung wurde ein außergewöhnlicher Erfolg bei Presse und Publikum. Über 300 Aufführungen und Gastspiele in 68 Städten werden genannt. – Der Erfolg der deutschsprachigen Uraufführung vom 8. 11. 1934 am Züricher Schauspielhaus in der Regie Leopold Lindtbergs mit Erwin Kalser, Leonhard Steckel, Wolfgang Langhoff und Heinrich Greif stand dem der Warschauer Inszenierung nicht nach.

ansässigen deutschen Arbeiterspielern den Grundstock der neuen Truppe bildeten.« [281]

Die Leitung des damit gegründeten Deutschen Theaters Kolonne links war Gustav von Wangenheim übertragen worden. Da die Truppe während der beabsichtigten Gastspielreisen in den deutschen Gebieten vor einem fast ausschließlich proletarischen und bäuerlichen Publikum auftreten würde und als eines der Hauptziele neben der marxistischen Schulung durch das Medium des Theaters die Aufklärung über den Faschismus angesehen wurde, war es nur konsequent, daß man die Tradition des Agitprop fortsetzte, in der die meisten Mitglieder der Truppe durch ihre Arbeit in der Weimarer Republik standen. – Curt Trepte, der zum Ensemble gehörte, beschreibt das Repertoire, mit dem man Anfang März 1934 in Moskau im Klub ausländischer Arbeiter das Programm eröffnete:

»Der erste Theaterabend auf der Saalbühne des Klubs hatte folgendes Programm: den Einakter ›Helden im Keller‹, das satirische Versspiel ›Agenten‹ über die Entlarvung eines Spitzels (eine aktuelle Parallele zu Goethes ›Bürgergeneral‹), beide von Wangenheim geschrieben, die satirische Szene ›Brak-Brak‹ von Djemjan Bjedny und ›Die Ballade vom Reichstagsbrand‹ von Brecht/Ottwalt. Zum Programm der ›Kolonne‹ gehörten ferner die Szene ›Die Kommune kommt‹ von Wangenheim, der Songzyklus aus ›Die Mutter‹ von Brecht/Eisler und Lieder aus der deutschen Arbeiterbewegung, die immer wieder im Klub und in den Betrieben mit großem Erfolg vorgetragen wurden. Dieses Programm wurde auch auf Tourneen in den Donbass, in die Wolgadeutsche Republik, in die Ukraine und nach Gorki vor Tausenden von Zuschauern erfolgreich aufgeführt.« [282]

Inge von Wangenheim erwähnt darüber hinaus noch Wangenheims Einakter ›Faschisten‹ und bezeichnet das Vers-Singspiel ›Agenten‹ als

»eine musikalische Satire ›aus deutschem Bauernland‹, die im Hinblick auf unsere Gastspiele bei den deutschen Bauern an der Wolga verfaßt worden war.« [283]

Es wird deutlich, daß es sich um eine unmittelbar auf das angesprochene Publikum bezogene aktivistische Theaterkunst handelte. Die Truppe reiste im Kohlenrevier des Donezgebietes um Stalino von einer Schachtsiedlung zur anderen und spielte in den Kulturhäusern vor deutschen Bergarbeitern. Andere Gastspielreisen, so – wie oben erwähnt – in die Wolgadeutsche Republik, schlossen sich an. – Es bestanden Pläne, dieses erste deutsche Theaterensemble des Moskauer Exils zu einem international repräsentativen

[281] I. v. Wangenheim: ›Auf weitem Feld‹, a. a. O., S. 127.
[282] C. Trepte: ›Deutsches Theater in der Sowjetunion‹. In: ›Theater der Zeit‹, Jg. 22. H. 20, Berlin Nov. 1967, S. 25.
[283] I. v. Wangenheim: ›Auf weitem Feld‹, a. a. O., S. 173.

Deutschen Theater auszubauen. In ›PEM's Privat Berichten‹, einem von dem österreichischen Theaterkritiker und Journalisten Paul Ernst Marcus anfangs in Wien, später in London herausgegebenen Nachrichtendienst über Theaterereignisse und Personalnachrichten emigrierter Theaterleute, erschien im Juli 1936 der Hinweis, daß Piscator, der in der Sowjetunion an der Verfilmung des Romans ›Der Aufstand der Fischer von St. Barbara‹ von Anna Seghers arbeitete, nach Wien reisen wolle, »Kräfte für sein im Herbst zu eröffnendes Deutsches Theater in Moskau« [284] zu suchen. Dieser Plan eines großen deutschen Theaters in Moskau, das nach Möglichkeit alle exponierten deutschen Theaterleute in der Emigration zumindest für vorübergehende Mitarbeit sammeln und in großem Stil die freie deutsche Kultur repräsentieren sollte, wurde während der ersten Emigrationsjahre intensiv verfolgt, vor allem von Piscator propagiert und von der sowjetischen Künstlergewerkschaft unterstützt. Aus finanziellen Gründen kam es zu keiner Realisation. Sicherlich hat auch die weitere politische Entwicklung dazu beigetragen, daß man das Projekt schließlich fallen ließ.

Das erste Drama Friedrich Wolfs, das nach seiner Emigration auf Bühnen der UdSSR aufgeführt wurde, war das Agitprop-Stück ›Bauer Baetz‹. Wolf hatte das Werk noch in Deutschland für den von ihm mitgeleiteten Spieltrupp Südwest geschrieben. Gerade in der UdSSR der Kollektivierungskampagnen, der stalinistischen Agrarpolitik und der Fünfjahrespläne fand das Drama wegen seiner in dieser Situation besonders aktuellen Problematik ein interessiertes Publikum [285]. 1934 wurde es in Moskau vom Arbeiter-Künstlertheater [RMCHAT] und von einer lettischen Truppe uraufgeführt. Die Übersetzung stammte von dem russischen Dramatiker Wsewolod Wischnewski [›Optimistische Tragödie‹, ›Erste Reiterarmee‹], dessen Frau Sonja Wischnewskaja die Bühnenbilder für die Inszenierung des RMCHAT entworfen hatte. In der Folgezeit fand es zahlreiche Inszenierungen in vielen Landessprachen in der ganzen Sowjetunion: so in Kiew, Kasan, Ufa, Baku, Riga. Seiner Form nach für Amateurtruppen besonders geeignet, gehörte es lange Zeit zum Repertoire solcher Ensembles [286].

Den eigentlichen Auftakt zum Siegeszug der Wolfschen Dramatik über die

[284] ›PEM's Privat Berichte‹, Juli 1936. [Masch. vervielf.]

[285] ›Bauer Baetz‹ war als Agitationsstück für die Wahlkampagnen der KPD Anfang 1933 konzipiert und wandte sich, auf der Grundlage der Leninschen Forderung nach der Schaffung eines engen Bündnisses zwischen Proletariat und Bauernstand, an die Schicht der verarmten Kleinbauern, die von den Nationalsozialisten – nicht ohne Erfolg – besonders umworben wurde. Im Stück wird die Sinnlosigkeit der spontanen Verzweiflungstat des Bauern Baetz, der einen Gerichtsvollzieher erschießt, um seine letzte Kuh vor der Pfändung zu retten, einer von Bauern und Arbeitern gemeinsam organisierten und durchgeführten Massenaktion kontrastierend gegenübergestellt.

[286] Vgl. ›Deutsche Zentral-Zeitung‹, Jg. 11, H. 272, 27. 11. 1936, S. 3. – Zur Inszenierung des Stückes durch das Moskauer Staatliche Lettische Theater Skatuve, Regie: Asja Lazis, vgl. B. Reich: ›Im Wettlauf mit der Zeit‹, a. a. O., S. 313 f.

sowjetischen Bühnen gab zweifelsohne die glanzvolle Inszenierung von ›Professor Mamlock‹ durch das Moskauer Gewerkschaftstheater [MOSPS] im März 1935. Über die Probenarbeit des Moskauer Ensembles und die mannigfachen Schwierigkeiten, denen sich die beiden Regisseure und die Schauspieler konfrontiert sahen, besitzen wir in den Briefen Else Wolfs an ihren Mann ein aufschlußreiches, detailliertes Dokument [287]. Da Wolf selbst an der entscheidenden Endphase der Probenarbeit nicht teilnehmen konnte – er unternahm zu dieser Zeit eine Reise zum amerikanischen Schriftstellerkongreß [vgl. Kap. VII, S. 175] –, berichtete ihm seine Frau über den Fortgang der Inszenierungsarbeit und über den großen Erfolg der Premiere am 23. 3. 1935. Das Ensemble probierte Wolfs Stück dreieinhalb Monate. Eine Probenarbeit von solcher Dauer stellte im staatlich subventionierten sowjetischen Theater, das sich an Stanislawskis Ideal der vollkommenen szenischen Realisation orientierte, nichts Ungewöhnliches dar.
Die größten Schwierigkeiten lagen für die beteiligten Künstler des MOSPS darin, sich die deutsche bürgerliche Welt, wie sie vor allem Mamlocks Familie spiegelt, bewußt zu machen und sich von den allgemeinen russischen Klischeevorstellungen über »typisch deutsche« Atmosphäre, Lebensgewohnheiten und Verhaltensweisen freizumachen. Daß dies nicht immer ganz gelang, zeigen die Berichte Else Wolfs: So durfte im bürgerlichen Haushalt Mamlocks ein Dienstmädchen mit weißem Häubchen nicht fehlen, und unter die zahlreichen musikalischen Einlagen, mit denen die Szenen eröffnet und beschlossen wurden – ein im damaligen sowjetischen Theater beliebtes Stilelement –, hatte man auch – die Lorelei aufgenommen. Es bedurfte großer Anstrengungen der bei den Proben hospitierenden Emigranten, die russischen Theaterleute von der Notwendigkeit zu überzeugen, solche Stilbrüche auszumerzen. Die Emigranten mußten feststellen,

»daß sie [die russischen Theaterleute, H.C.W.] so gar keine Ahnung haben von der bürgerlichen Intelligenz und stattdessen Kleinbürger spielen.« [288]

Große Probleme warf auch die angemessene Darstellung der Figuren auf, die in Wolfs Stück die nationalsozialistische Ideologie verkörpern. Else Wolf schreibt darüber:

»Ein Witz waren ja die SA-Leute. Sie latschten herein, als kämen sie in eine Kneipe, Hände in den Hosentaschen usw. Hellpach grüßte mit einer legeren Armbewegung. Das wirkt so grotesk, wenn man die richtige Haltung kennt. Daran merkt man eben, daß sie sich wirklich keinen Begriff machen können von dem ganzen faschistischen Geist.« [289]

[287] F. Wolf: ›Briefwechsel‹, a. a. O., S. 75–81, 86–90, 99 f.
[288] Ebenda, S. 80. Brief Else Wolfs an Friedrich Wolf vom 11. 3. 1935.
[289] Ebenda, S. 77. Brief Else Wolfs an Friedrich Wolf vom 9. 3. 1935.

Wie schwierig es für Nicht-Deutsche sein mußte, sich Anfang 1935 die deutsche Situation vorzustellen, geht aus der folgenden Episode besonders deutlich hervor: Der ebenfalls die Inszenierung vor der Premiere begutachtende Vertreter des Hauptkomitees für Kontrolle von öffentlichen Darbietungen und Programmgestaltung kritisierte, daß der Rassenproblematik in Wolfs Stück zu viel Raum gegeben werde. Es handele sich dabei um eine »Lokalangelegenheit«, die in der UdSSR nicht von Interesse sei. Er verlangte die Streichung der Szene, in der Mamlock aus den Worten seiner Frau »das ist ein Erbteil Deiner Rasse« erkennen muß, daß auch sie von der Rassenideologie bereits beeinflußt ist. Der Zensor begründete seine Einstellung damit, daß

»das Publikum nicht verstehen könne, daß diese Mutter, nachdem sie über 20 Jahre verheiratet sei, zu ihrem Mann Jude sage, also antisemitisch sei.« [290]

Die Regisseure Dawidowski und Margolin verwandten viel Mühe darauf, die deutsche Atmosphäre glaubhaft zu vergegenwärtigen: Sie setzten vor das eigentliche Stück eine – nicht von Wolf verfaßte – erklärende Straßenszene und leiteten jeden Akt durch eine Kostümfiguren-Prozession ein, die auf der Drehbühne vorbeiglitt. Dazu wurden Diapositive von Parolen, Flugblättern, Zeitungsausschnitten und Porträts, so von Torgler und Thälmann, projiziert. Wieviel Gewicht auf eine möglichst genaue Wiedergabe deutschen Lokalkolorits gelegt wurde, unterstreicht die Tatsache, daß ein Beauftragter des Volkskommissariats für auswärtige Angelegenheiten die Proben besuchte und entsprechende Anregungen gab. – Die Premiere [die inoffizielle Premiere fand am 23. 3. 1935 statt, die offizielle mit geladenen Gästen am 30. 3.] bewies, daß sich Mühe und Sorgfalt gelohnt hatten: Die Kritiker hoben gerade diesen Aspekt der Inszenierung besonders hervor. Ernst Held betont in der ›Deutschen Zentral-Zeitung‹:

»Die Moskauer Aufführung [...] unterscheidet sich wohltuend von vielen Vorstellungen ausländischer Dramen, die wir hier in der letzten Zeit erlebt haben, und in denen das westliche Milieu völlig verzeichnet war.« [291]

Auch der Rezensent der sowjetischen Kulturzeitschrift ›Sowjetische Kunst‹ lobt, daß die Inszenierung »ein lebendiges und ausgeprägtes, wahrheitsgetreues und künstlerisch wertvolles Bild des faschistischen Deutschland« [292] gezeichnet habe. Entscheidenden Anteil an dem außergewöhnlichen Erfolg

[290] Ebenda, S. 79.

[291] Ernst Held: ›Professor Mamlock‹. In: ›Deutsche Zentral-Zeitung‹, Jg. 10, H. 75, 1. 4. 1935, S. 4.

[292] M. Shiwow: ›Ein neues Drama von Friedrich Wolf im Moskauer Gewerkschaftstheater‹. In: ›Sowjetische Kunst‹, Moskau 11. 4. 1935. [Übersetzung: Friedrich Wolf-Archiv.]

des Stückes hatte der Darsteller der Titelrolle, Jewsei Ossipowitsch Liubimow-Lanskoi, künstlerischer Leiter des Theaters und zu jener Zeit einer der gefeiertsten russischen Charakterdarsteller. In Moskau wurde das Stück über 400mal gezeigt und trat von hier aus einen wahren Siegeszug über die Bühnen der Sowjetunion an: Unmittelbar nach der Moskauer Premiere wurde es in Kiew und Leningrad in viel beachteten Inszenierungen aufgeführt, und darüber hinaus sind Inszenierungen bekannt u. a. in Alma-Ata, Astrachan, Charkow, Erewan, Kasan, Kirow, Taschkent, Tiflis, Ufa. Es gehörte während der dreißiger Jahre in der Sowjetunion unbestritten zu den meistgespielten ausländischen Dramen. Der 1938 fertiggestellte sowjetische Film, der weltweite Verbreitung fand, hob die am Stück kritisierte pessimistische Haltung Mamlocks auf: Mamlock begeht nicht Selbstmord, sondern beteiligt sich am Kampf gegen den Faschismus. Die Moskauer Emigrantenkolonie erwog, das Stück auch in einer deutschen Inszenierung einzustudieren, da sich Alexander Granach und Heinrich Greif [293], denen Wolf, als er das Stück für die Truppe 1931 schrieb, von vornherein die Rollen des Mamlock und des Hellpach zugedacht hatte, in Moskau aufhielten [294]. Granach hatte den Mamlock bereits in Warschau gespielt und Greif den Hellpach in Leopold Lindtbergs Züricher Inszenierung.

Die Moskauer Uraufführungen der Dramen ›Floridsdorf‹, im November 1936, und ›Das trojanische Pferd‹, im Januar 1937, denen zahlreiche Inszenierungen beider Stücke in der ganzen Sowjetunion folgten, lösten ein womöglich noch größeres öffentliches Echo aus, als dies ›Professor Mamlock‹ vermocht hatte. Denn in diesen beiden Stücken wurden – wie in anderem Zusammenhang bereits ausgeführt – unmittelbar gegenwärtige, in der Sowjetunion viel diskutierte politische Fragen angeschnitten. – Die Erstaufführung von ›Floridsdorf‹ fand am 18. 11. 1936 im Wachtangow-Theater statt, zugleich als Feier des fünfzehnjährigen Bestehens der Bühne. Es ist anzunehmen, daß die verantwortlichen Behörden dieses Werk nicht ohne gewisse Bedenken freigaben. Dafür spricht die relativ lange Zeitspanne, die zwischen der Fertigstellung des Textes und der Inszenierung lag. Wolf hatte das ›Floridsdorf‹-Manuskript, wie aus einem Brief an Wischnewski hervorgeht, bereits im September 1934 abgeschlossen [295]. Wischnewskis

[293] Heinrich Greif: Geb. 1907 in Dresden, gest. 1946 in Berlin. Schauspieler. Nach Abitur ab 1926 Ausbildung in Berlin am Volksbühnenstudio und Piscatorstudio. 1929 bis 1931 im Piscatorkollektiv; 1931 Reise in die UdSSR; Mitglied der Truppe 1931; 1934 Emigration, Arbeit am Züricher Schauspielhaus; 1935–1945 in der UdSSR, Sprecher der deutschen Sendungen Radio Moskaus, viele Filmrollen; Mai 1945 Rückkehr nach Berlin, Schauspieler am Deutschen Theater.

[294] Vgl. F. Wolf: ›Briefwechsel‹, a. a. O., S. 99. Brief Else Wolfs an Friedrich Wolf vom 15. 5. 1935.

[295] Vgl. ebenda, S. 198. Brief Wolfs an Wsewolod Wischnewski vom 6. 9. 1934. – Wischnewski übersetzte und bearbeitete für sowjetische Bühnen nach ›Die Matrosen von Cattaro‹ und ›Bauer Baetz‹ auch ›Floridsdorf‹. – Die Moskauer Uraufführung von

offensichtlich nach einer Rohübersetzung angefertigte Übertragung und Bearbeitung für die sowjetischen Bühnen lag im August 1935 fertig vor, und schon einen Monat später konnte er Wolf berichten, daß fünf Bühnen, allen voran das Wachtangow-Theater, das Stück positiv beurteilt und zur Aufführung angenommen hätten[296]. Doch erst über ein Jahr später fand die Uraufführung statt.

Im Sommer 1935 hatte in Moskau der VII. Komintern-Kongreß stattgefunden, auf dem die Volksfront-Politik beschlossen worden war. Die Präsentation eines Dramas, in dem die sozialdemokratische Führung derart massiv angegriffen wurde, hätte daher die gerade eingeleiteten Bestrebungen, ein gemeinsames antifaschistisches Kampfbündnis von Kommunisten und Sozialdemokraten aufzubauen, empfindlich gestört – zumal es sich bei Wolf um einen der prominentesten Vertreter der kommunistisch orientierten Schriftsteller handelte und auch der Ort der Aufführung die Inszenierung besonders hervorheben mußte. Ende 1936 hatte sich dagegen die politische Situation schon wieder gewandelt: In den Volksfront-Organen war es bereits zu harten Konfrontationen gekommen, und auch die ersten Moskauer Prozesse hatten negative Auswirkungen auf den Einigungsgedanken spürbar werden lassen. Man wollte sicher auch deshalb nicht auf die propagandistische Wirkung des Stückes verzichten, weil ›Floridsdorf‹ – abgesehen von der Kritik an der SPÖ-Führung – geradezu als ein dramatisierter Aufruf zur Einsicht in die Notwendigkeit einer antifaschistischen Einheitsfront verstanden werden muß. Daß man das Stück schließlich doch an so exponierter Stelle präsentierte, lag jedoch vor allem an seiner neuen Aktualität: Im Juli 1936 hatte die Militär-Junta unter General Franco gegen die spanische Volksfront-Regierung geputscht. Die UdSSR stellte sich auf die Seite der republikanischen Regierung, und die Internationalen Brigaden begannen sich zu formieren. In dieser Situation mußte – und sollte – ›Floridsdorf‹, das erste Drama, in dem der Aufruf zur Vereinigung aller poli-

›Floridsdorf‹ im November 1936 war nicht die erste Präsentation des Werkes auf einer Bühne: Bereits im Februar 1935 hatten nach Moskau emigrierte deutsche Schauspieler die Szene ›Weissel vor dem Standgericht‹ in der Regie C. Treptes, der selbst den Weissel spielte, für eine »Gedenkfeier anläßlich des Jahrestages der Februarkämpfe des österreichischen Proletariats« inszeniert. [Programmzettel im Besitz von H. C. W.; Abb. in W. Pollatschek: ›Das Bühnenwerk Friedrich Wolfs‹, nach S. 264]. – Die eigentliche Uraufführung des gesamten Werkes fand im Frühjahr 1936 in Toronto/Kanada durch Laienspieler des Deutschen Arbeiter und Farmer Verbandes statt. [Ankündigung in: ›Deutsche Arbeiter-Zeitung‹, Jg. 6, H. 33, Winnipeg 5. 2. 1936; Szenenfotos im Friedrich Wolf-Archiv]. Dieselbe Truppe hatte zuvor schon ›Die Matrosen von Cattaro‹, ›Bauer Baetz‹ und ›Professor Mamlock‹ gespielt [Vgl. Brief der Sektion Toronto des D. A. & F. V. vom 14. 5. 1936 an Wolf; im Friedrich Wolf-Archiv]. Pollatschek: ›Das Bühnenwerk Friedrich Wolfs‹, a. a. O., S. 384, erwähnt darüber hinaus für denselben Zeitraum Amateuraufführungen in Zürich, Oslo, Los Angeles.

296 Vgl. F. Wolf: ›Briefwechsel‹, a. a. O., S. 209 f. Brief Wischnewskis an Wolf vom 15. 9. 1935.

tischen Kräfte zum Kampf gegen den Faschismus artikuliert war, als ein Bekenntnis zum spanischen Freiheitskampf verstanden werden. Die Kritik betont dementsprechend diesen Aspekt:

»Wenn der Zuschauer wirklich überzeugt ist, daß das Wien des Jahres 1934 wirklich so war und so sein konnte, [...] – und wenn diese Vorstellungen auf das kämpfende Madrid, auf das Morgen jeder anderen Hauptstadt übertragen werden kann, dann hat das Theater seine Aufgabe erfüllt.« [297]

Die Inszenierung, an der Wolf persönlich mitgearbeitet hatte, wurde einstimmig besonders positiv beurteilt [298]. Offensichtlich hatte man großes Gewicht darauf gelegt, den kämpferischen Auseinandersetzungen Authentizität und Spannung zu geben. Unter den Schauspielern ragte Ruben Simonow hervor, der die zentrale Figur des Schani Hölzel verkörperte, eines sozialdemokratischen Bezirksobmannes, der sich vom opportunistischen »Reform-Sozialisten« zum »klassenbewußten proletarischen Kämpfer« wandelt [299]. Simonow, »verdienter Schauspieler des Volkes«, zu den markantesten Schauspieler-Persönlichkeiten der Sowjetunion zählend, gehörte dem Wachtangow-Theater seit seiner Gründung an und leitete das Theater nach dem Krieg bis zu seinem Tod im Jahre 1969.

In seinem Drama ›Das trojanische Pferd‹ hatte Wolf das optimistische Bild einer starken und trotz aller Verfolgungen wachsenden Widerstandsorganisation in deutschen Fabriken gezeichnet. In einer Besprechung des Stückes in der ›Deutschen Zentral-Zeitung‹ heißt es anläßlich der bevorstehenden Moskauer Uraufführung:

»›Das trojanische Pferd‹ zeigt alle Schwierigkeiten dieses Kampfes der deutschen Arbeiter, aber es ist ein optimistisches Stück. Wir spüren die Kraft der antifaschistischen Front in Deutschland, die der Sieger dieses Kampfes sein wird.« [300]

Nach eigenem Bekunden schrieb Wolf das Stück im Auftrag des Moskauer Theaters für jugendliche Zuschauer [TJUS] [301]. Von daher erklärt sich, daß er für die Schilderung der Widerstandstätigkeit in einem deutschen Rüstungsbetrieb eine Gruppe jugendlicher Arbeiter wählte, die eine illegale Zelle aufbauen und die nationalsozialistischen Betriebsorganisationen unterwandern. Mitte Januar 1937 hatte das Stück in Moskau Premiere. Welche

[297] P. Antokolski: ›»Florisdorf« im Wachtangow-Theater‹. In: ›Deutsche Zentral-Zeitung‹, Jg. 11, H. 265, 18. 11. 1936, S. 3.

[298] Vgl. Arthur Pieck: ›Ein Kampfdrama siegt‹. In: ›Deutsche Zentral-Zeitung‹, Jg. 11, H. 272, 27. 11. 1936, S. 3.

[299] W. Jehser: ›Friedrich Wolf‹, a. a. O., S. 109.

[300] Ap.: ›»Das Trojanische Pferd«. Zu den bevorstehenden Aufführungen des neuesten Stückes von Friedrich Wolf in Engels und Moskau‹. In: ›Deutsche Zentral-Zeitung‹, Jg. 11, H. 298, 28. 12. 1936, S. 2.

[301] Vgl. F. Wolf: ›Was verdanken wir dem Sowjettheater und dem Sowjetfilm?‹ In: Friedrich Wolf: ›Aufsätze über Theater‹. Berlin 1957, S. 318.

Bedeutung ihm als Illustration der Idee des internationalen kommunistischen Kampfes zugemessen wurde, zeigt sich darin, daß Georgi Dimitroff, Präsident der Komintern, und Wilhelm Pieck, Vorsitzender der KPD und Sekretär des Exekutivkomitees der Komintern, an der Generalprobe teilnahmen und – wie oben angeführt – zur Politik der Komintern sprachen. Nach Aussage Walther Pollatscheks wurde das Stück in der Folgezeit vielfach auf sowjetischen Bühnen aufgeführt, vor allem auch von Laienensembles und dramatischen Zirkeln, in denen naturgemäß jüngere Mitglieder überwogen.

b) Deutsches Theater in der Sowjetunion – Engels

Drei Typen oder Organisationsformen des deutschen Theaters in der Sowjetunion sind zu unterscheiden: erstens die dramatischen Zirkel, Laienspieler-Ensembles, die vielfach unter der Leitung eines erfahrenen Theatermannes standen, zweitens die Kollektivisten- oder Kolchostheater, Berufstheater, denen ein bestimmter Bezirk zugeteilt war, in dem sie als Wanderbühnen Tourneen unternahmen, um in den Kollektiv- und Sowjetwirtschaften, den MTS und Industriebetrieben zu spielen, und drittens die zentralen Theater in den größeren Städten, die über ein eigenes Haus verfügten und nur vereinzelte Tourneen in die benachbarten landwirtschaftlichen Gebiete unternahmen. Diese Typologie galt grundsätzlich für die Theatersituation in sämtlichen Sowjetrepubliken. Es bestanden vielfältige Wechselbeziehungen zwischen den verschiedenen Theaterformen: Begabte Mitglieder der dramatischen Zirkel wurden weiter gefördert und wechselten schließlich in den Schauspielerberuf über, um dann vorwiegend in Ensembles der Kolchostheater mitzuwirken. Viele Kolchostheater rekrutierten den größeren Teil ihrer Ensemble aus ehemaligen Laienspielern. Auf der anderen Seite übernahmen die Mitarbeiter der professionellen Theater verschiedentlich auch die Unterweisung und Weiterbildung der dramatischen Zirkel [302].

Die Amateurtheater-Bewegung war in den frühen dreißiger Jahren ins Leben gerufen worden, und infolge intensiver staatlicher Förderung erreichte sie schon bald eine erstaunliche Blüte: Um 1939 sollen in der UdSSR mehr als 250 000 Menschen in über 4000 lokalen Theaterkollektiven zusammengefaßt gewesen sein, und allein in der Republik der Wolgadeutschen sollen zu dieser Zeit mehr als 400 dramatische Zirkel bestanden haben, in denen über 5000 Menschen tätig waren [303].

302 Vgl. A. W. [i. e. C. Trepte]: ›Zum Gastspiel des Engelser Deutschen Staatstheaters in Seelmann und Balzer‹. In: ›Deutsche Zentral-Zeitung‹, Jg. 12, H. 183, 11. 8. 1937, S. 4.
303 Vgl. M. Slonim: ›The Russian Theatre‹, a. a. O., S. 315.

Die Kolchostheater waren nach einem einheitlichen Organisationsschema aufgebaut und straff gegliedert. Sie unterstanden »dem Volkskommissariat für Bildungswesen und Kultur oder dem Kunstkomitee der betreffenden sozialistischen Republik«[304]. Dort wurde für jedes Ensemble ein Arbeitsplan ausgearbeitet. Auch der Spielplan und selbst die Regiebücher bedurften der Begutachtung und Bestätigung durch die Kunstverwaltung. Die Erfüllung des Planes wurde nach einem besonderen Punktsystem bewertet. Die Gagen waren ebenfalls staatlich festgesetzt und staffelten sich nach dem jeweiligen künstlerischen Niveau des Gesamtkollektivs. – Wie die Amateurtheater-Bewegung fiel auch die Verwirklichung des Kolchostheater-Gedankens in die Zeit 1931/32. 1939 arbeiteten im Gesamtgebiet der Russischen Föderativen Sowjetrepublik bereits 130 Kolchostheater. Um eine solche Ausbreitung innerhalb weniger Jahre durchsetzen zu können, bedurfte es, neben einem weitverzweigten administrativen Apparat, eines großen Stammes geschulter Theaterleute, die als Lehrer, Vorbilder und erfahrene Kollegen den Aufbau in die Hand nahmen. Hier also fiel den emigrierten Theaterleuten die Aufgabe zu, beim Aufbau eines autonomen sowjetdeutschen Kulturlebens Pionierarbeit zu leisten. Zwei Beispiele sind hervorzuheben: Die emigrierte Schauspielerin Ilse Berend-Groa [Fogarasi] leitete eine im Bereich von Odessa eingesetzte Theatergruppe dieser Art, das Allukrainische Deutsche Kollektivistentheater[305]. Maxim Vallentin, ehemals Leiter des Roten Sprachrohrs in Berlin und nach seiner Rückkehr aus der Emigration von 1952–1968 Intendant des Berliner Maxim Gorki-Theaters, führte das Dnjepropetrowsker Deutsche Gebietstheater, an dem neben ihm noch mehrere Emigranten, so zeitweilig auch Erwin Geschonnek, arbeiteten[306].

Der dritte der genannten Theatertypen, der des zentralen Theaters mit eigenem Theaterbau, umfangreicherem technischen Apparat und größerem Ensemble, am ehesten dem deutschen Provinzialtheater vergleichbar, wurde in der Wolgadeutschen Republik durch das Deutsche Akademische Staatstheater in Engels repräsentiert.

Engels, seit 1922 Hauptstadt und Regierungssitz der Wolgadeutschen, war nicht das eigentliche historische Zentrum des Deutschtums. Der russische und ukrainische Bevölkerungsanteil überwog hier bei weitem[307]. Dennoch

304 Ilse Fogarasi: ›Der neue Thespiskarren‹. Berlin 1955, S. 39. – Die folgenden Ausführungen stützen sich auf die Arbeit I. Fogarasis [vgl. ebenda, S. 40–53].

305 Vgl. Gustav Fischer: ›Das Odessaer Deutsche Theater im Aufstieg‹. In: ›Deutsche Zentral-Zeitung‹, Jg. 11, H. 73, 29. 3. 1936, S. 4.

306 Vgl. C. Trepte: ›Deutsches Theater in der Sowjetunion‹, a. a. O., S. 29.

307 W. Kolarz: ›Die Nationalitätenpolitik der Sowjetunion‹, a. a. O., S. 91, nennt für 1926 eine Bevölkerungszusammensetzung aus 42 % Ukrainern, 44 % Russen und 11 % Deutschen. – Über die Größe der Stadt gehen die Angaben – für etwa den gleichen Zeitraum – weit auseinander: 20 000 Einwohner nennt C. Trepte: ›Deutsches Theater in

dominierte im kulturellen Bereich das deutsche Element, was seinen sichtbaren Ausdruck im deutschen Theater fand. Als das Theater 1929 seine Arbeit aufnahm, mußten die Mitarbeiter aus dem Nichts anfangen, denn bis zu diesem Zeitpunkt war Theater jeglicher Art, wohl auf Grund religiöser Bindungen der Wolgadeutschen, unbekannt geblieben. Eine gewisse künstlerische Blüte – die einzige, zu kurzfristig, um sich voll entfalten zu können – erlebte das Theater, als 1936 sechs emigrierte deutsche Schauspieler und Regisseure dorthin verpflichtet wurden [308]. Über den Spielplan und den Aufgabenkreis des Theaters heißt es:

»Es hatte zunächst dem Wolgavolk das neue sozialistische Drama vorzuführen; es hatte als zweites das Kulturgut des bürgerlichen Theaters zu übermitteln; es hatte als drittes die Theaterkunst des russischen Volkes und der anderen Völker der Sowjetunion zu zeigen, und es hatte nicht nur den Wandertheatern für die Kollektivwirtschaften, sondern all den Dramenzirkeln und Kolchostheatern als Lehrmeister, als Anreger, als Kritiker zu dienen.« [309]

Die 21 als aufgeführt erwähnten Dramen ergeben das Bild eines weitgefächerten Repertoires, das sich in seiner Tendenz nur wenig vom Spielplanaufbau etwa eines bürgerlich-progressiven Theaters der Weimarer Republik unterschied. Eine betonte Pflege der klassischen Dramenliteratur mit deutlichem Übergewicht der deutschen Dramatik ist festzustellen: Lessings ›Emilia Galotti‹ wurde gespielt, und Schiller war mit drei Werken – ›Die Räuber‹, ›Kabale und Liebe‹ und ›Wilhelm Tell‹ – vertreten. Von Shakespeare wurden ›Othello‹ und ›Was ihr wollt‹ gegeben. Mit je einer Inszenierung kamen Molière, Puschkin, Gogol, Ostrowski und Tolstoi zu Wort. Ibsen und Gutzkow werden genannt, und die sowjetische Dramatik ist mit drei Werken zu finden. Die deutsche Exildramatik repräsentierte auch an dieser Bühne allein Friedrich Wolf, von dem drei Dramen zur Aufführung gelangten [310]. Mit diesem Spielplan verwirklichte das Theater die zu Beginn

der Sowjetunion, a. a. O., S. 29, 53 000 nennt W. Kolarz: ›Die Nationalitätenpolitik der Sowjetunion‹, a. a. O., S. 91, und 90 000 nennt Fritz Brügel: ›Engels – eine Stadt an der Wolga‹. In: ›Das Wort‹, H. 11, Nov. 1937, S. 125.

308 Ly David, Amy Frank, Bernhard Reich, Friedrich Richter, Curt Trepte, Maxim Vallentin.

309 F. Brügel: ›Engels – eine Stadt an der Wolga‹, a. a. O., S. 130. – B. Reich: ›Im Wettlauf mit der Zeit‹, a. a. O., S. 349 u. 351 schreibt über das Theater in Engels und über den Leistungsstand des Ensembles: »Das deutsche Ensemble bestand aus jungen Wolgadeutschen, die sich zuvor größtenteils nur als Laienspieler betätigt hatten. Und da die kulturelle Bildung der deutschen Bevölkerung auf einem relativ niedrigen Niveau stand, so war auch die Theatertruppe schlecht ausgebildet [...].
Die Schauspieler: blutige Anfänger, geringes Können, wenig Charme. Wenn man beide Augen zudrückte, konnte man von den zwanzig Darstellern etwa fünf in kleinen Rollen verwenden. Die Aussprache war durchweg miserabel; man begegnete in der ganzen Republik kaum einem Dutzend Leute, die ohne Dialektfärbung ein richtiges Deutsch sprechen konnten.«

310 F. Brügel: ›Engels – eine Stadt an der Wolga‹, a.a.O., S. 131.

der dreißiger Jahre erneut als Ziel aufgestellte, gegen den Utilitarismus der Proletkult gewandte Leninsche Forderung, die sozialistische Kultur in ihrer organischen Verbundenheit mit den progressiven Elementen der abendländischen Kunst aller Epochen zu sehen. – Von dem Theater in Engels heißt es, es sei ein »hübsches, intimes Haus«, das über eine »technisch gut eingerichtete Bühne«[311] verfügt. 1937/38 umfaßte das Ensemble etwa 50 Mitglieder, von denen ein großer Teil ihre Schauspielerlaufbahn als Laiendarsteller begonnen hatte. Während der Spielferien wurde das Kollektiv in speziellen Kursen geschult und ausgebildet.

Es bestanden weitreichende Pläne, das Engelser Theater zu einem großen Zentrum der deutschen kulturellen Emigration auszubauen; es war daran gedacht, »dort eine große Produktionsgemeinschaft deutscher Schriftsteller, Theater- und Filmleute ins Leben zu rufen«[312]. Diesen Bemühungen lief eine Initiative der Verwaltung für Kunstangelegenheiten beim Volkskommissariat der ASSRdWD parallel, deren Ziel es war, deutschsprachige Dramatiker, Emigranten und Wolgadeutsche anzuregen, Stücke über Leben und Aufbau in der Wolgadeutschen Republik zu schreiben. So erhielt Julius Hay den Auftrag, ein solches Stück zu schreiben und, gemeinsam mit Piscator, ein Drehbuch für einen Spielfilm über die Wolgadeutsche Republik zu verfassen, den Piscator drehen sollte[313]. Gleichzeitig versuchte

[311] E. Held: ›Das Deutsche Staatstheater in Engels‹. In: ›Deutsche Zentral-Zeitung‹, Jg. 11, H. 263, 16. 11. 1936, S. 3.

[312] C. Trepte: ›Deutsches Theater in der Sowjetunion‹, a.a.O., S. 32. – B. Reich: ›Im Wettlauf mit der Zeit‹, a. a. O., S. 349 ff., erläutert ausführlich dieses Projekt eines deutschen Kulturzentrums: Reich berichtet, Piscator sei der Initiator des Planes gewesen, in Engels »ein Theater von Weltruf« [S. 349] aufzubauen, das in der Zusammenarbeit der bedeutendsten emigrierten deutschen Dramatiker, Regisseure und Schauspieler »eine neue künstlerische Tradition schaffen, ein Mustertheater, eine Art ›Weimar‹ errichten« [S. 350] sollte. Piscator habe daran gedacht, unter anderem die folgenden Künstler zur Mitarbeit heranzuziehen: die zu dieser Zeit in der UdSSR lebenden Schauspieler Alexander Granach, Carola Neher, Maria Leiko, Herman Greid, Hans Rodenberg, Lotte Löbinger, Ernst Busch, Albert Hetterle, Curt Trepte, Friedrich Richter und Amy Frank, aus der Schweiz Karl Paryla und Wolfgang Langhoff, aus Skandinavien Helene Weigel und Guido Reif; als Regisseure sollten neben Piscator und Reich Gustav von Wangenheim, Hans Rodenberg und Maxim Vallentin tätig sein, und auch die Dramatiker Brecht, Hay und Wolf sollten in Engels in unmittelbarer Zusammenarbeit mit dem Theater arbeiten. Zunächst schien eine Verwirklichung des Projektes in greifbare Nähe gerückt zu sein, denn Regierung und Partei der ASSR befürworteten den Plan. Doch, so fährt Reich fort, »der Plan geriet unter das Feuer realer historischer Konflikte und lokaler Belange« [S. 351]. Die Verhaftungswellen setzten ein, C. Neher und M. Leiko verschwanden, A. Granach verließ unmittelbar nach seiner Freilassung die Sowjetunion [vgl. J. Hay: ›Geboren 1900‹, a. a. O., S. 228 f.], und die Bereitschaft der Emigranten, sich gerade zu dieser Zeit für ein derartiges Unternehmen zu engagieren und damit auf sich aufmerksam zu machen, war nicht groß.

[313] Vgl. J. Hay: ›Geboren 1900‹, a. a. O., S. 194 ff. und: P. Wächter: ›Theaterstücke und Lieder für die Sowjetdeutschen‹. In: ›Deutsche Zentral-Zeitung‹, Jg. 12, H. 147, 29. 6. 1937, S. 3.

man, schriftstellerische Talente unter der wolgadeutschen Bevölkerung zu entdecken und zu fördern. Infolge der weiteren politischen Entwicklung trugen alle diese Bemühungen jedoch nur in geringem Maße Früchte. Hays Drama blieb ungeschrieben, Piscators Film wurde nicht gedreht, und auch die emigrierten Schauspieler und Regisseure blieben zum großen Teil nur für eine Spielzeit in Engels. Die Gründe dafür lassen sich vielleicht erschließen, wenn man in einem Zeitungsartikel von 1938 über ›Kunst und Künstler in der Republik der Wolgadeutschen‹ folgendes liest:

»Die niederträchtigen trotzkistisch-bucharinschen Volksfeinde, die es verstanden haben, sich eine Zeitlang in die Kunstinstitutionen der ASSR der Wolgadeutschen einzuschleichen und dort ihr schmutziges Handwerk getrieben haben, haben die Entwicklung der nationalen Kunst nicht wenig gehemmt.« [314]

Hinter diesen Formeln verbirgt sich die Tatsache, daß auch die Wolgadeutschen von den stalinistischen Säuberungen der Jahre 1936–1938 nicht verschont blieben. Julius Hay bestätigt diesen Tatbestand in seiner Autobiographie:

»Seit 1933 glaubten mehrere deutsche Intellektuellenfamilien, an der Wolga eine neue sozialistische Heimat gefunden zu haben. Nun erlebten sie erschütternde Enttäuschungen. Während des Hitler-Stalin-Paktes sind die Verhaftungen noch häufiger geworden. Außer den Schauspielern blieb kaum ein deutscher Emigrant in Wolga-Deutschland auf freiem Fuß.« [315]

Unter diesen Umständen ist es verständlich, daß die emigrierten Theaterkünstler es vorzogen, Engels bald wieder zu verlassen.
Nach seiner Ankunft in der UdSSR besuchte Wolf häufig die Wolgadeutsche Republik und nahm Anteil am Ausbau des Theaters in Engels. Speziell für diese Bühne schrieb er 1934 das Stück ›Laurencia‹, das am 7. 11. 1934 in Engels unter dem Titel ›Der Kampf um die Schafsquelle‹ uraufgeführt wurde [316]. Es handelt sich um eine freie Bearbeitung des Schauspiels ›Fuente Ovejuna‹ von Lope de Vega. Wolf hatte den zu dieser Zeit noch recht begrenzten Möglichkeiten des jungen Ensembles besonders Rechnung getragen und Handlung und Figurenführung stark vereinfacht, so daß das Stück auch von Laienensembles mit einfachen Mitteln darzustellen war. Von solchen sowjetischen Gruppen wurde das Werk in der Folgezeit häufig aufgeführt. Gleichzeitig hatte Wolf den sozialistisch-revolutionären Aspekt der Solidarisierung der Bauern und ihrer Frontstellung gegen die Mächte des Feudalismus besonders hervorgehoben.

[314] S. Fedulkin: ›Kunst und Künstler in der Republik der Wolgadeutschen‹. [Zeitungsausschnitt aus Beständen der Akademie der Künste der DDR. – Wahrscheinlich ›Deutsche Zentral-Zeitung‹, Aug. 1938.]
[315] J. Hay: ›Geboren 1900‹, a. a. O., S. 221 f.
[316] Vgl. W. Jehser: ›Friedrich Wolf‹, a. a. O., S. 105.

Ende 1936 glaubte sich das Ensemble in Engels auf Grund der regelmäßigen Schulung und der Auffüllung mit ausgebildeten deutschen Theaterkräften befähigt, ein Werk des Schwierigkeitsgrades von Wolfs ›Trojanischem Pferd‹ aufführen zu können. Die Beteiligten betrachteten die Arbeit am ›Trojanischen Pferd‹ als einen Prüfstein für den Entwicklungsstand, als den Beweis für die künstlerischen Möglichkeiten des Theaters. Die Regie hatte Bernhard Reich, ein erfahrener deutscher Regisseur, übernommen [317]. Reich zweifelte anfangs, ob die Schauspieler in der Lage sein würden, einem politischen Drama dieser komplizierten Art gerecht zu werden. Doch im Rückblick resümiert er:

»Als ich mit der Probenarbeit [...] begann, empfand ich einige Besorgnis, ob auch das junge Schauspielerkollektiv die schwierigen Rollen des Wolfschen Dramas bewältigen würde.
Nach einigen Proben aber war der Kontakt da, war es offensichtlich, daß die Schauspieler das Stück tragen werden.« [318]

Offensichtlich hatte das Engelser Ensemble den Ehrgeiz, das Stück noch vor oder gleichzeitig mit der Moskauer Inszenierung zur Aufführung zu bringen, um den Ruhm der Welturaufführung ganz oder zumindest zum Teil für sich in Anspruch nehmen zu können. Wohl deshalb drängte sich die Probenzeit auf 20 Tage zusammen. Dennoch war der Erfolg beim Publikum nach Aussage der beteiligten Künstler stark. Auch Friedrich Wolf selbst schrieb anläßlich der Premiere, daß sich das Ensemble seit der Einstudierung der ›Schafsquelle‹ zwei Jahre zuvor bedeutend weiterentwickelt und zur Darstellung des ›Trojanischen Pferdes‹ qualifiziert gezeigt habe [319]. Sicher trug zu diesem positiven Eindruck entscheidend bei, daß gerade die tragenden Rollen der Mutter Wulle, des alten Merz und des SS-Mannes Harry von den Emigranten Amy Frank, Friedrich Richter und Curt Trepte gespielt wurden. Doch mußte Reich andererseits zugeben, daß das Ensemble noch immer in Entwicklung begriffen sei; die Aufführung habe »noch bedeutende Mängel (in der sprachlichen Bewältigung) und Schwächen« [320] gezeigt. Die Exploitation der deutschen Arbeiter sei nicht genügend zum Ausdruck gebracht worden.

[317] Bernhard Reich gehörte während der zwanziger Jahre zu den Hauptregisseuren der Berliner Reinhardt-Bühnen. So inszenierte er 1920 Tolstois ›Lebenden Leichnam‹ mit Alexander Moissi und 1921 als Berliner Erstaufführung Hofmannsthals ›Schwierigen‹ mit Anton Edthofer und Helene Thimig. Auch als Mitarbeiter Brechts wird er genannt, so bei ›Mann ist Mann‹. Nach 1945 blieb Reich in der UdSSR.

[318] B. Reich: ›Das Theater wird zur politischen Tribüne‹. In: ›Deutsche Zentral-Zeitung‹, Jg. 12, H. 12, 15. 1. 1937, S. 3.

[319] F. Wolf: ›Ein antifaschistisches Stück in einem deutschen Theater »Das trojanische Pferd« in ›Engels‹. In: ›Sowjetische Kunst‹, 17. 1. 1937. [Übersetzung: Friedrich Wolf-Archiv, Lehnitz.]

[320] ›Deutsche Zentral-Zeitung‹, Jg. 12, H. 12, 15. 1. 1937, S. 3.

Im Oktober desselben Jahres wählte das Theater in Engels noch einmal ein Drama Wolfs zur Aufführung, sein gerade fertiggestelltes Schauspiel ›Peter kehrt heim‹, das die Wandlung eines aus deutscher Kriegsgefangenschaft heimkehrenden Soldaten zum Sozialisten schildert. Es gilt als eine schwächere Arbeit Wolfs und wurde außer in Engels nur selten gespielt. Über die Inszenierung liegen keine detaillierten Quellen vor.

VII. Die USA – Stadien der Integration

1. Situation der USA und Haltung gegenüber den Emigranten

Als das eigentliche Zentrum der Emigration aus dem nationalsozialistischen Deutschland – insoweit diese Emigration ein Zentrum überhaupt besaß – können zweifellos die USA und insbesondere New York angesehen werden. Spätestens seit dem Anschluß Österreichs, der Besetzung der Tschechoslowakei und dem Beginn des Westfeldzugs wurden die Vereinigten Staaten als ein Exilland, in dem die Emigranten vor der Notwendigkeit einer neuerlichen Flucht sicher waren, zum Hauptziel der deutschen Flüchtlinge. Daß sich durchaus nicht für alle, die den Wunsch hatten, in die USA zu emigrieren, diese Hoffnung erfüllte, da die amerikanischen Einwanderungsbestimmungen zwischen 1933 und 1945 eher restriktiv gehandhabt wurden, ist inzwischen bekannt. Die Haltung der amerikanischen Regierung in der Frage der Aufnahme von Emigranten aus Europa in jener Zeit ist gerade durch jüngste Forschungen differenziert worden [321]. Vor allem die mit den Fragen der Einwanderung, der Vergabe der Visa etc. betrauten Regierungsstellen, besonders das State Department, vertraten weitgehend eine isolationistische, fremdenfeindliche Politik, die auch gewisse antisemitische Tendenzen zu enthalten schien. Man war bestrebt und setzte alles daran, das Hereinströmen von Flüchtlingen aus Europa – und vor allem von jüdischen – zu blockieren. Eine entscheidende Änderung trat erst 1944 mit der Absetzung der dafür verantwortlichen Politiker und Beamten und mit der Gründung des War Refugee Board ein, zu einer Zeit also, da die sich nun doch noch bietende Rettungsmöglichkeit für ungezählte Emigranten zu spät kam [322]. Dennoch sammelte sich in den USA die weitaus größte Emigrantenkolonie, bestanden dort die meisten Möglichkeiten der Integration und gelang es den Emigranten dort, auch auf künstlerischem Gebiet den stärksten Einfluß zu gewinnen.

Allerdings kamen die Emigranten in ein Land, das noch lange nach 1933 durch die Erschütterungen der Weltwirschaftskrise von 1929 zutiefst geprägt war und gerade die ersten energischen Ansätze machte, die Krise zu überwinden. Im März 1933 leitete Roosevelt sein umfangreiches Reformprogramm des New Deal ein, das zumindest bis zum Eintritt der USA in den Krieg das soziale, ökonomische und auch das kulturelle Leben des

[321] Den Gesamtkomplex der Rettung beziehungsweise der möglichen, aber versäumten Rettung jüdischer Flüchtlinge aus Deutschland und den besetzten Gebieten behandelt ausführlich Arthur D. Morse: ›Die Wasser teilten sich nicht‹. München 1968.

[322] Vgl. K. R. Grossmann: ›Emigration‹, a. a. O., S. 251 ff.

Landes in starkem Maße prägte. Gerade im kulturellen Bereich jedoch wirkte die Depression besonders lange nach. Einige Zahlen: Noch 1938 wurde die Hälfte der 40 Theater New Yorks nicht bespielt. – Während 1920 in den USA ungefähr 1500 Theaterunternehmen gezählt worden waren, hatte sich diese Zahl 1930 auf 300 verringert. – Noch 1935 gab es rund 20 000 arbeitslose Theaterleute. – Namhafte Produzenten hatten Konkurs anmelden müssen, und bestimmte Theaterformen wie Vaudeville, Stock-company und Road-show hatten praktisch zu existieren aufgehört [323].

Man muß sich gleichsam im Kontext ständig dieser angestrengten Situation bewußt sein, die das öffentliche Leben der USA in jener Zeit so weitgehend bestimmte, will man die Bestrebungen und Unternehmungen der Emigranten auf dem Gebiet des Theaters in angemessenen Relationen sehen. Da die angesprochene Problematik vielfältig dokumentiert ist, bedarf es an dieser Stelle keiner ausführlichen Erläuterung [324]. Helge Pross faßt den Komplex, bezogen auf die Situation der Emigranten, folgendermaßen zusammen:

»Kaum ein zweiter Faktor hat so entscheidend die Arbeits- und Erfolgsmöglichkeiten deutscher Einwanderer bestimmt, wie die Wirtschaftslage Amerikas zu Beginn der dreißiger Jahre. 1933 stand das Land noch im Zeichen der Depression von 1929 und der ihr folgenden Arbeitslosigkeit. Die Zahl der Unbeschäftigten belief sich 1931 auf ca. neun Millionen. Die Wirtschaftskrise, die zu den schwersten Erschütterungen gehört, welche Amerika jemals erlebt hat, traf alle Schichten und griff tief in das Leben jedes Einzelnen ein. Es gab keinen Beruf, der nicht ihre Auswirkungen gespürt hätte. In dieser Situation, die zu bewältigen schon den Einheimischen ungeheure Schwierigkeiten bereitete, mußten die Emigranten auf Stellungssuche gehen und nur zu oft berufsfremde oder unterbezahlte Arbeit akzeptieren. Sie hatten fast ausnahmslos harte Existenzkämpfe durchzustehen und konnten in vielen Fällen erst im Krieg auskömmliche Positionen oder Anstellung in ihren früheren Berufen finden.« [325]

Die nationale Geschichte der USA ist auch eine Geschichte der Einwanderungen, und die Absorption neu Hinzukommender bildet einen ständigen und alltäglichen Prozeß des amerikanischen Lebens. Insofern trafen die Emigranten hier eine für sie wesentlich günstigere Haltung an, als sie ihnen in vielen anderen Ländern begegnete, in denen man Ausländern, die in der Absicht kamen, auf längere Zeit zu bleiben und im Land ihren Beruf aus-

[323] Angaben nach: Glenn Hughes: ›A History of the American Theatre, 1790–1950‹. New York [1953], S. 420; Jane de Hart Mathews: ›The Federal Theatre, 1935–1939‹. Princeton 1967, S. 34 u. S. 246; Ernst Haeussermann: ›Max Reinhardts Theaterarbeit in Amerika‹. Phil. Diss. Wien 1966, S. 13 u. 73 f.

[324] Ich verweise auf die Darstellungen der Weltwirtschaftskrise und der Maßnahmen zu ihrer Überwindung durch das Reformwerk des New Deal u. a. bei: W. Arthur Lewis: ›Economic Survey, 1919–1939‹. London 1949.

[325] Helge Pross: ›Deutsche Emigranten in den Vereinigten Staaten‹. In: ›Deutsche Rundschau‹, Jg. 81, H. 7, Juli 1955, S. 696.

zuüben, mit äußerster Reserve, wenn nicht feindselig gegenübertrat. In den USA erwartete man geradezu von allen Ankommenden, daß sie sich so bald als möglich auf eigene Füße stellten. Wenn also Helge Pross auf die großen Schwierigkeiten der Emigranten aus dem nationalsozialistischen Deutschland hinweist, in ihren angestammten Berufen tätig zu werden, so sind die Gründe dafür vor allem darin zu suchen, daß sich diese Emigration von früheren Einwanderungsgruppen grundlegend unterschied.

Obwohl auch die amerikanische Bevölkerung bis zu einem gewissen Grad noch immer vom Isolationismus der Big Business-Periode [1919–1929] geprägt war[326] und dementsprechend der fremdenfeindlichen Politik der Regierung nicht ernsthaft entgegentrat, muß auf der anderen Seite auch die grundsätzlich liberale und aufgeschlossene Haltung des amerikanischen Volkes gegenüber Neuankömmlingen gewürdigt werden. Allerdings erwartete man, daß die Immigranten ihrerseits bestrebt sein würden, sich möglichst schnell und vollständig zu integrieren. Diese Haltung erfuhr gegenüber den Emigranten vor dem Nationalsozialismus eine besondere Akzentuierung: Die öffentliche Meinung der USA über das Geschehen in Deutschland war, bis auf die einiger politisch unbedeutender rechtsextremistischer Kreise, eindeutig ablehnend. Schon die ersten aufsehenerregenden Ereignisse, wie die Verhaftungswellen nach dem Reichstagsbrand und die Bücherverbrennung, lösten eine Welle des Abscheus und der Solidarität mit den Geflüchteten aus. Thomas Mann weist in einer seiner ›Radiosendungen nach Deutschland‹ darauf hin:

»Es ist merkwürdig genug, daß unter allen Schandtaten des Nationalsozialismus, die sich in langer blutiger Kette daran reihen, diese blödsinnige Feierlichkeit der Bücherverbrennung vom 10. 5. 1933 der Welt am meisten Eindruck gemacht hat und wahrscheinlich am allerlängsten im Gedächtnis der Menschen fortleben wird. Das Hitler-Regime ist das Regime der Bücherverbrennungen und wird es bleiben.«[327]

Man vermochte in den USA sehr wohl zwischen dem nationalsozialistischen Deutschland und den vor dem Nationalsozialismus geflohenen Deutschen zu unterscheiden und brachte den Exilierten Verständnis und Sympathie entgegen. Fonds und Hilfsorganisationen wurden gegründet, um die Neuankömmlinge finanziell zu unterstützen, zu beraten und ihnen bei der Stellungssuche zu helfen. Das geschah durchaus auch in der ganz nüchternen Erkenntnis, daß die amerikanische Wissenschaft und Kultur durch diese Emigranten eine bedeutende Bereicherung erfuhr. »Europe's loss will be

[326] »Das Gespenst der isolationistischen Politik war in den dreißiger Jahren noch stark sichtbar.« K. R. Grossmann: ›Emigration‹, a. a. O., S. 260.

[327] Thomas Mann: ›Deutsche Hörer! Fünfundzwanzig Radiosendungen nach Deutschland‹. 2., erw. Ausg., Stockholm 1945, S. 90 f.

America's gain« heißt es in einem von vielen Aufsätzen, in denen mit Nachdruck auf die Bereicherung hingewiesen wird, welche die USA durch die europäischen Hitler-Emigranten erfuhren [328].
Es war gesagt worden, daß die USA dem Nationalsozialismus ablehnend und somit zwangsläufig den vor dem Nationalsozialismus Flüchtigen freundlich gegenüberstanden. Jedoch muß auch dieser Tatbestand differenziert werden: Das State Department verteidigte seine immigrationsfeindliche Haltung unter anderem damit, daß in der Maske des Flüchtlings auch nazistische Agenten in die USA eingeschleust werden könnten und daß die Einwanderer, Repressalien der Nationalsozialisten gegen noch in Deutschland verbliebene Verwandte fürchtend, zum Werkzeug dieser nationalsozialistischen Spione werden könnten. Man glaubte also in bestimmten Kreisen, die Emigranten könnten sich als notgedrungen willfährige Objekte einer möglichen nationalsozialistischen Bewegung erweisen: die Emigranten als potentielle Fünfte Kolonne [329]! Auch gab es Stimmen, die vor einer kommunistischen Unterwanderung durch die Emigranten warnten. Bereits bei der Vergabe der Einreisevisa wurde die Genehmigung von einer Überprüfung der politischen Einstellung des Antragstellers abhängig gemacht. Und es war nicht ratsam für Emigranten, sich zu kommunistischen Überzeugungen zu bekennen. Spätestens mit der Einsetzung des House Committee on Un-American Activities im Jahre 1938 (vor dem sich 1947 auch Hanns Eisler und Bertolt Brecht verantworten mußten) wurde dieser antikommunistische Kurs offen sichtbar.
Auf der anderen Seite aber machte sich – in ganz vereinzelten Fällen – sogar eine pro-nationalsozialistische Haltung bemerkbar, die sich etwa im Verbot des sowjetischen ›Professor Mamlock‹-Films durch einige lokale und bundesstaatliche Zensurbehörden äußerte. So wurde der Film 1938 im Bundesstaat Massachusetts nur bedingt freigegeben, da die Gefahr bestünde, er könne einen Aufruhr auslösen [330]. In Ohio und Chicago wurde er mit der Begründung verboten: »It is purely Jewish and Communist propaganda against Germany and Hitler and might incite a riot.« [331]
Beide Haltungen, diejenige, die der antifaschistischen Überzeugung der

[328] »The cultural life of the United States has been and will be increasingly enriched by the gifted refugees who have come to establish their home in this country.« Charles I. Glicksberg: ›The Culture of the Refugees in the United States‹. In: ›South Atlantic Quarterly‹, Jan. 1941, S. 78. – Vgl. auch Albert Jay Nock: ›Culture Migrates to the U.S.A.‹. In: ›American Mercury‹, April 1939, S. 484: »the products of their Western culture come to us anyhow, because we have the money to pay for it, a population not only able to read but able to buy reading matter, and margins of wealth for acquiring pictures and statues, opera stars and scientific brains.«

[329] Vgl. K. R. Grossmann: ›Emigration‹, a. a. O., S. 253 und H. Pross: ›Deutsche Emigranten in den Vereinigten Staaten‹, a. a. O., S. 695 f.

[330] Vgl. ›Variety‹, New York, 8. 3. 1939.

[331] ›New York Post‹, 17. 11. 1938.

Emigranten Skepsis entgegenbrachte, und andererseits die, welche mit der Entwicklung in Deutschland sympathisierte, fanden nur wenige Anhänger. Die maßgebliche Haltung gegenüber den Emigranten war und blieb in den USA die einer anteilnehmenden Sympathie. Nicht zuletzt hat auch das Wirken der Emigranten mit dazu beigetragen, daß Amerika sich stärker als bisher seiner Verbindung mit der europäischen Kultur bewußt wurde, sich für sie interessierte und so aus seiner isolationistischen Haltung herausfand [332].

2. Realität und Bedingungen des Exils in den USA

Über den Umfang der Emigration nach den USA können folgende Aussagen gemacht werden: Zwischen 1933 und 1943 fanden rund 280 000 europäische Flüchtlinge vor dem Nationalsozialismus in den USA Asyl [333]. Die für die gesamte Emigration bestimmende Tatsache eines überdurchschnittlich großen Prozentsatzes an Vertretern akademischer und freier Berufe trifft auch für die Emigration nach den USA zu. Unter den deutschen und österreichischen Emigranten nach USA wurden mehr als 22 000 Angehörige freier Berufe einschließlich der Akademiker gezählt. Etwa 2500 geflüchtete deutsche Akademiker lehrten an amerikanischen Universitäten, Fachhochschulen und Instituten [334]. Dem Bild einer solchen vorwiegend bürgerlich-akademisch bestimmten Emigration entsprechen die Formen der Zusammenschlüsse, Gruppierungen und Publikationsorgane. Auch die Tatsache, daß sich der weitaus größere Teil der europäischen Emigranten in den Großstädten konzentrierte, findet Erklärung in ihrer bürgerlich städtischen Zusammensetzung. Vor allem New York wurde zum Sammelpunkt, wobei sicher mit ausschlaggebend war, daß in dieser Stadt mit ihren [1944] sieben Millionen Einwohnern zwei Millionen Juden lebten. Neben New York hat nur noch Los Angeles als Exilzentrum größere Bedeutung gewonnen. Dort war es vor allem die Filmindustrie, um die sich eine Emigrantenkolonie sammelte. Natürlich ist die ökonomische Absorption der Emigranten durch eine solche Massierung an wenigen Punkten nicht gefördert worden.

Stärker noch als andere nationale Minoritäten in den USA schlossen sich die europäischen Emigranten in Klubs, Kulturvereinigungen, Landsmannschaften, Selbsthilfe-Organisationen und ähnlichen Gruppierungen zusammen, die durchaus nicht alle und nicht vorrangig aus antifaschistischen

[332] Vgl. L. Lania: ›Welt im Umbruch‹, a. a. O., S. 332.

[333] Angaben nach: Louise W. Holborn: ›Deutsche Wissenschaftler in den Vereinigten Staaten in den Jahren nach 1933‹. In: ›Jahrbuch für Amerikastudien‹. Bd. 10, Heidelberg 1965, S. 16.

[334] K. R. Grossmann: ›Emigration‹, a. a. O., S. 297.

Implikationen entstanden waren. Vielfach sahen sie ihre Zielsetzung darin, »die seelischen und sozialen Auswirkungen der Status- und Prestigeverluste ebenso wie Frustration durch Entzug schöpferischer Schaffensmöglichkeit« [335] auszugleichen, einen Rest des früheren kulturellen und gesellschaftlichen Lebens zu konservieren und in einem Kreis von Schicksalsgenossen sich der vormaligen sozialen Rolle zu versichern. Aus diesen Vereinigungen gingen die ersten Versuche eines reinen Exiltheaters für ein Publikum von Emigranten hervor, das ihnen in Zielsetzung und Programmgestaltung voll entsprach. Auch die Exilpresse spiegelt diese Haltung der Emigranten wider.

Zu einem der wichtigsten Presseorgane des Gesamtexils entwickelte sich die 1934 in New York gegründete zweisprachige, noch heute bestehende Zeitschrift ›Aufbau‹/›Reconstruction‹, die der German Jewish Club herausgab. In ihr läßt sich die Entwicklung der New Yorker Emigrantengruppe in ihrer Prägung und in ihren Wandlungen deutlich verfolgen. Während die Zeitung zu Anfang nicht viel mehr als ein Vereinsblatt war, das sich vor allem aus Personalnachrichten, Veranstaltungsberichten und Annoncen zusammensetzte, wurde sie im Laufe der Jahre immer ausgeprägter zum geistigen Forum der nordamerikanischen Emigranten, auf dem grundsätzliche Probleme des Exils abgehandelt wurden: So etwa die Haltung der Emigranten zum Nationalsozialismus und auf der anderen Seite das Verhältnis zum Gastland, der Antagonismus also zwischen Separierung und Bewahrung der ursprünglichen nationalen Individualität einerseits und Integrierung, gleich Amerikanisierung andererseits. Schließlich wurde im ›Aufbau‹ eine sehr aufschlußreiche, auch für unsere Thematik wichtige Debatte über das Bild des zukünftigen Deutschland nach Hitler und die Stellung der Emigranten dazu geführt.

In vieler Weise versuchte das Blatt, den Emigranten bei der Eingliederung in das Leben des Gastlandes zu helfen. Dabei fällt jedoch auf, wie wenig das vielfältige Kulturleben von New York im ›Aufbau‹ seinen Niederschlag fand. Eine ernsthafte Auseinandersetzung etwa mit dem New Yorker Theater in Premierenkritiken und Spielplanüberblicken ist kaum wahrzunehmen oder nur dann, wenn Emigranten daran beteiligt waren. Ein Grund dafür ist sicher, daß es dem größeren Teil der Emigranten auf Grund ihrer wirtschaftlichen Situation nicht möglich war, regelmäßig Theatervorstellungen zu besuchen, zumal die Eintrittspreise der amerikanischen Theater auch schon in den dreißiger Jahren recht hoch lagen. Der zweite ausschlaggebende Grund ist hier jedoch von größerer Bedeutung: Das Interesse der Emigranten am amerikanischen Theater war, soweit sie nicht selbst Thea-

335 Marta Mierendorff: ›German Jewish Club of 1933, Los Angeles‹. Manuskript einer Sendung des Süddeutschen Rundfunks, 1966. S. 7 u. 8.

terberufe ausübten, außerordentlich gering und wuchs auch mit längerem Aufenthalt nicht wesentlich. Die Ursachen dafür liegen auf der Hand und spielen in unserer Betrachtung eine nicht unwesentliche Rolle: Der ›durchschnittliche‹ deutsche Emigrant der Hitlerzeit, wie er bereits skizziert wurde, war mit dem Theaterleben Deutschlands vertraut gewesen und fand keinen echten Zugang zu dem so grundsätzlich anders orientierten amerikanischen Theater. Das zeigt sich immer wieder in abschätzigen Darstellungen der amerikanischen Theatersituation, wie sie im folgenden charakterisiert werden. Nicht zuletzt dürfte auch die Sprachbarriere für viele, vor allem aus der älteren Generation, ein Hindernis gebildet haben, sich intensiv und unvoreingenommen damit auseinanderzusetzen.

Eine allgemeine Tendenz machte sich in diesen Gruppenbildungen mit einem starken retrospektiv-zentripetalen Charakter bemerkbar: Die Emigranten neigten dazu – zu Anfang stärker als in späteren Jahren –, sich von der neuen, ihnen fremden und oft genug feindlichen Umwelt abzuschließen, sich in Gruppen zu sammeln, die die Erinnerung an das Alte, Vergangene pflegten und die notwendige Rezeption des Neuen, wenn schon nicht ablehnten, so doch unbewußt erschwerten [336]. Den Aktivitäten dieser Gruppen maßen die Emigranten oft übertriebene Bedeutung zu. Auch das muß man berücksichtigen, wenn man sich über den Beitrag der Emigration zum Kampf gegen den Nationalsozialismus klar werden will – und vor allem, wenn man dazu die Darstellungen ehemaliger Emigranten heranzieht. Darum ist es notwendig, auch die Vielzahl der Berichte über kulturelle Leistungen der Emigranten in der Exilpresse in den angemessenen Relationen zu sehen.

Es stellt sich die Frage, mit welchem Vorverständnis über die Situation der amerikanischen Gesellschaft und des kulturellen Lebens der USA die Emigranten in das Land kamen. Gerade weil ein Großteil der deutschen Emigranten dem sogenannten Bildungsbürgertum angehörte, erstaunt es, in Darstellungen der Emigranten immer wieder zu lesen, mit welch vagen und weitgehend undifferenzierten Vorstellungen über die USA sie in das Land kamen. Das Amerikabild dieser Emigranten war mitbestimmt vom »Amerikanismus« der deutschen Kunst in den zwanziger Jahren, wie er etwa besonders stark das Werk Brechts zu jener Zeit prägte. Generell identifizierte man Amerika mit New York; man erwartete eine moderne, hek-

[336] Ein besonders eindrückliches Bild der Exilsituation zeichnet Aufricht: ›Erzähle, damit du dein Recht erweist‹, a. a. O., S. 228: »Auf den Bänken saßen untätig die alten Emigranten, durch die Hitze zum Unterhalten zu müde, noch immer in ihren deutschen Anzügen, auf den Köpfen die unmodernen Hüte, und stierten vor sich hin. Sie waren außerstande, zur Kenntnis zu nehmen, wo sie sich befanden. Alles, was ihnen Freude gemacht hatte, war anders oder zu teuer, sie konnten es sich nicht leisten. Mit ihren Kindern, die sich assimilierten, lebten sie sich auseinander, die Enkel sprachen ihre Sprache nicht mehr.«

tisch großstädtische Lebensform und glaubte nicht an eine kulturelle Kontinuität. Gerade auf kulturellem Gebiet fühlte man sich Amerika überlegen. Man machte sich in der Mehrzahl nicht die Mühe, tiefer in die grundlegend andere Struktur des amerikanischen Kulturlebens einzudringen. Besonders typisch ist hier das Verhältnis zum amerikanischen Theater, für dessen geringschätzige Beurteilung mit Vorliebe seine Inkontinuität und seine Ausrichtung nach kommerziellen Gesichtspunkten angeführt wurden [337].
Dem stand eine ausgeprägte Sympathie für die Politik Roosevelts und sein gesellschaftspolitisches Reformprogramm gegenüber. Roosevelts und seiner Frau vielfach geäußerte Anteilnahme am Schicksal der geflüchteten Gegner des Nationalsozialismus, ihr Interesse an den Problemen der Emigration und persönliche Kontakte zu exponierten Vertretern der Emigration [Thomas Mann, Emil Ludwig] schufen unter den Emigranten eine deutliche Roosevelt-Anhängerschaft.
Die Situation der Emigranten in den USA wurde im wesentlichen von zwei Faktoren bestimmt, die nicht getrennt voneinander gesehen werden können: zum einen waren der erlernte Beruf und die bei den verschiedenen Berufsgruppen sehr unterschiedlichen Chancen, ihn auch in Amerika weiter ausüben zu können, von entscheidender Bedeutung für die Integrierung in das Wirtschaftsleben. Hier befanden sich Musiker, Ärzte, Professoren und Dozenten vor allem naturwissenschaftlicher Disziplinen weitaus in günstigster Position. Sie fanden sehr schnell und meist auch gleichwertige Positionen. Wesentlich ungünstiger sah die Situation etwa für Juristen und für Berufe der freien Wirtschaft aus. Am schwierigsten hatten es jedoch Angehörige aller der Berufsgruppen, die in irgendeiner Form der deutschen Sprache besonders stark verhaftet waren und zudem in den USA eine völlig andersgeartete Berufsstruktur vorfanden, wie Journalisten, Schriftsteller, Regisseure und Schauspieler. – Der zweite bedeutsame Faktor betrifft die Bereitschaft und das Vermögen des einzelnen, den Erwartungen der amerikanischen Gesellschaft nachzukommen, die als selbstverständlich voraussetzte, daß jeder Einwanderer das Bestreben habe, sich möglichst schnell und vollständig zu integrieren. Die amerikanische Bevölkerung sah in diesen Flüchtlingen aus Europa nicht so sehr die Emigranten als vielmehr die Immigranten. Darin lag ein oft quälender Zwiespalt für die Betroffenen, die Minderheit derer nämlich, die ihr Exil als eine Verpflichtung zum Kampf gegen den Faschismus ansahen: Einerseits fühlten sie die Notwendigkeit der Integration und Amerikanisierung, wollten sie sich nicht selbst

[337] »Das Ganze heißt in bestimmten Kreisen gar nicht Theater, sondern Show-Business. Nur was geeignet ist, ›Geschäfte zu machen‹, gilt. Daß man Geld hinauswirft, ohne daß es zurückkommt, ist undenkbar. [. . .] Es kann keinen Programmaufbau geben, keine bewußt geführte Kulturarbeit.« – Erwin Piscator: ›Amerikanisches Theater‹. In: ›Die Andere Zeitung‹, Jg. 3, H. 24, Hamburg, 13. 6. 1957, S. 11.

vom Leben des Landes ausschließen und in einem beziehungslosen Zwischenzustand des Wartens Fremde bleiben. Eine Integration bedeutete und forderte jedoch nichts weniger als das Abstreifen wesentlicher Merkmale ihrer bisherigen, ihrer europäischen Existenz. Auf der anderen Seite fühlte sich gerade diese Emigration ihrem geistigen Herkommen besonders eng verpflichtet, lagen doch darin für viele die Gründe ihrer Emigration. Ihr Blick blieb in der Erwartung des nationalsozialistischen Zusammenbruchs auf Deutschland gerichtet, sie betrachteten ihren Aufenthalt in den USA als einen vorübergehenden. Sie wollten ihr Deutsch-Sein bewußt bewahren, da sie ihre Aufgabe darin sahen, nach dem Sturz des Dritten Reichs und nach ihrer Rückkehr am Wiederaufbau der Demokratie mitzuwirken. Wer diese Haltung nicht aufzugeben vermochte, dem standen bei seinem Bemühen, sich dennoch mit den Lebensformen des Gastlandes zu arrangieren und Zugang zu ihnen zu finden, entscheidende Hindernisse entgegen. »In Amerika gibt es Amerikaner, solche, die es werden wollen, und Fremde«, formuliert es pointiert Ernst Lothar[338]. Dieser Entschluß, Amerikaner zu werden, verlangte oft auch die Entscheidung, den erlernten und durch Jahrzehnte ausgeübten Beruf aufzugeben und noch einmal ganz von vorn mit einer neuen Berufsausbildung zu beginnen. Es läßt sich verfolgen, daß im Laufe der Jahre, und verstärkt mit dem Eintritt Amerikas in den Weltkrieg, diese Gruppe, die sich endgültig für Amerika entschied, kontinuierlich anwuchs und dementsprechend die Zahl der Rückkehrwilligen nach 1945 überraschend klein blieb.

Es konnte also durchaus geschehen, daß es etwa ein Schauspieler, der sich bewußt und mit allen Konsequenzen entschloß, zum amerikanischen »actor« zu werden, leichter fand, in den USA akzeptiert zu werden [Peter Lorre und Oskar Homolka sind hier als Beispiele zu nennen], als ein Angehöriger einer Berufsgruppe, deren Chancen in den USA an und für sich größer waren, der jedoch, da er sein Exiliertsein vorrangig als Auftrag zum Kampf gegen den Nationalsozialismus verstand, seine Bindung und Rückbesinnung an Deutschland nicht aufzugeben vermochte und daher keinen endgültigen Zugang zur amerikanischen Lebensform fand. Man muß sich jedoch darüber klar sein, daß dieser Typ des Emigranten durchaus in der Minderzahl blieb. Der »durchschnittliche« deutsche Emigrant sah anders aus. Die folgende Charakteristik, 1938 von einem Emigranten geschrieben, mag aus verständlicher Enttäuschung über das mangelnde politische Bewußtsein der Masse der Schicksalsgenossen zu pessimistisch geprägt sein, sie wirft jedoch ein bezeichnendes Licht auf die Haltung und Interessenlage vieler, die – vom Standpunkt des Exiltheaters aus gesehen – den Kreis seiner Rezipienten bildete oder bilden sollte: Man müsse, heißt es da,

[338] Ernst Lothar: ›Das Wunder des Überlebens‹. Hamburg/Wien o. J., S. 159.

»in Betracht ziehen, daß nur wenige der nach den Vereinigten Staaten kommenden Neu-Einwanderer wirklich politische Emigranten sind, sie sind wirtschaftlich erdrückt worden, ihr eigenes Hemd, ihr eigenes kleines Leben ist oft ihr einziges Interesse. An Deutschland, am wahren Deutschland, liegt ihnen nichts, so wie ihnen auch an dem wirklichen, kämpfenden Amerika nicht viel liegen wird. Hitler hat ihnen, so weit sie eines besaßen, das Rückgrat gebrochen. Sie nehmen sich ein Appartement in Stadtteilen, die ihrer sozialen Zusammensetzung nach Berlin-Wilmersdorf entsprechen, und man hört nichts mehr von ihnen.« [339]

Die Verfechter einer Integration der Emigranten vertraten die Überzeugung, daß es notwendig sei, mit allem europäischen Herkommen zu brechen, selbst mit der europäischen Kultur, die sich als äußerst fragwürdig erwiesen habe, da auch sie den Aufstieg Hitlers weder habe verhindern können noch überhaupt ernsthafte Anstrengungen dazu unternommen habe.

»We have lost our past once and for all. We have only a future now, a future which demands of us only one thing of which we can be proud: To be Americans, and nothing but Americans!« [340]

Diese Forderung wurde 1941 erhoben, um gegen das Projekt eines deutschen Emigrantentheaters in Kalifornien anzugehen. Ein deutschsprachiges Theater, so heißt es weiter, sei nicht wünschenswert, da man verhindern müsse, daß Amerikaner die Leistungen dieses Theaters mit dem weltweiten Ruhm des deutschen Theaters vor 1933 verglichen. Einen solchen Standard könne das geplante Unternehmen unter den ungünstigen Umständen des Exils jedoch niemals erreichen, so daß dem Ansehen der nicht-nationalsozialistischen deutschen Kultur nur Schaden zugefügt werden könne. Große Worte von Bewahrung deutscher Kultur, mit denen das Unternehmen begründet würde, seien lächerlich, da derjenige Teil der deutschen Kultur, der würdig sei, bewahrt zu werden, bereits Teil der amerikanischen Kultur geworden, ohne daß es deshalb deutschsprachigen Theaters in den USA bedurft habe. Ohnehin verstünden die Amerikaner kein Deutsch, und ältere Emigranten, die nicht mehr in der Lage seien, Englisch wirklich zu lernen, müßten eben ohne Theater auskommen. Die Zeit verlange größere Opfer als dieses. Zudem gehe es nicht an, daß allein die Theaterleute unbedingt versuchten, weiterhin in ihren angestammten Berufen tätig zu sein, während unzählige andere Emigranten ihren Beruf hätten wechseln müssen. Nur eine verschwindend kleine Gruppe hervorragender Theaterleute unter den Emigranten werde in den USA echte Möglichkeiten finden, in der amerikanischen Filmindustrie zu arbeiten, alle anderen müßten sich ohne

339 Stefan Heym: ›Kleine deutsche Chronik. USA‹. In: ›Das Wort‹, H. 8, 1938, S. 145.
340 Max L. Berges: ›There is no Place for a German Theatre!‹ In: ›California Jewish Voice‹, 24. 1. 1941.

Zweifel früher oder später doch nach einem anderen Lebensunterhalt umsehen[341].

Sicher kann als unausgesprochener Grund für diese unbedingte Stellungnahme zur Amerikanisierung auch das Bestreben angenommen werden, sich von den eingesessenen Deutsch-Amerikanern und deren völkischer »Deutschtumspflege« abzusetzen. Auch in den Vereinigten Staaten bedeutete die Auseinandersetzung mit einer stark völkisch-nationalistisch oder sogar nationalsozialistisch orientierten auslandsdeutschen Kolonie eine zusätzliche Belastung für die Emigranten. Zwar wußte man in den USA sehr wohl zwischen den Angehörigen der faschistischen Bewegung und den Flüchtlingen vor dem Faschismus zu differenzieren, doch der indirekte Einfluß, den das Vorhandensein und zeitweilig lautstarke Auftreten einer solchen nationalsozialistisch beeinflußten Gruppe von Landsleuten auch auf die kulturpolitische Aktivität der Emigranten ausübte, darf nicht übersehen werden. Ihr Handeln war immer auch von dem Bestreben beeinflußt, sich als Vertreter des »anderen Deutschland« von den Volksdeutschen zu distanzieren, zumal diese nach Kräften versuchten, die Emigration zu diffamieren und eine massive Anti-refugee-Propaganda zu entfachen. Man vermutet, daß rund eine Million der «obviously Germanic population« [342] mit dem Nationalsozialismus sympathisierte. Die Zahl der eindeutig und enragiert nationalsozialistisch auftretenden Deutsch-Amerikaner, die sich auch zum Antisemitismus bekannten, wurde auf etwa 50 000 geschätzt. Der Amerika-Deutsche Volksbund [German-American Bund] selbst umfaßte jedoch nur zwischen 3000 und 6000 Mitglieder. Diese geringe Zahl wird zum Teil dadurch erklärt, daß man der Aktivität der »Bundisten« sogar von seiten Deutschlands mit Skepsis gegenüberstand[343]. Es war nur zu

[341] Zum selben Problem: »Eine Emigranten-Bühne ist in den Vereinigten Staaten ein noch viel schwereres Problem als in Europa. In Europa ist seine Berechtigung viel stärker, denn wo auch auf diesem Kontinent der Deutsche ist, selbst im freundlichsten Bezirk, fordert ihn niemand auf, nun aber auch da zu bleiben und so rasch wie möglich ein ›Einheimischer‹ zu werden. Hier hat die Bewahrung der eigenen Sprache, die starke Herausstellung deutschsprachiger Leistung und Kunst etwas Selbstverständliches, und der kleinste Vorteil ist die Wachhaltung künstlerischen Selbstgefühls. In den Vereinigten Staaten ist aber nur der willkommen, der möglichst rasch und gründlich einschmilzt. So wird besonders der deutsche Künstler immer wieder versuchen, in den Kreis der amerikanischen Produktion herein zu kommen und mit der Vergangenheit Schluß zu machen.« – Manfred Georg: ›Emigranten-Theater in Hollywood‹. In: ›Pariser Tageszeitung‹, Jg. 4, H. 944, 15.3. 1939, S. 4.

[342] Richard O'Connor: ›The German-Americans. An informal history‹ [Boston/Toronto] 1968, S. 439. – Die deutschstämmige Bevölkerung der USA umfaßte 1936 – nach offensichtlich recht vagen Erhebungen – rund 6,8 Millionen Menschen, von denen 1,6 Millionen noch in Deutschland geboren waren. – Die Gesamtbevölkerung der USA betrug zu dieser Zeit rund 122 Millionen Menschen.

[343] Das Bestreben des Auswärtigen Amtes und des deutschen Botschafters, den hektischen Aktivitäten des Bundes wegen ihrer negativen Auswirkungen auf das Bild des nationalsozialistischen Deutschlands in Amerika und damit auf die deutsch-amerikani-

eindeutig, daß etwa das Auftreten uniformierter, Hakenkreuz tragender Jugendlicher oder bombastische Massenversammlungen im Sportpalaststil die Amerikaner eher von der Glaubwürdigkeit der erschreckenden Nachrichten aus Deutschland überzeugte als Sympathien für den Nationalsozialismus in ihnen weckte.

Bisher war vor allem dargestellt worden, welcher Haltung die Emigranten bei ihrem Eintreffen in den USA begegneten, welches Bild von dem Land, in dem sie nun leben würden und mit dem sie sich auseinandersetzen mußten, sie selbst hatten und welcher Art ihr Selbstverständnis als Emigrant oder potentieller Bürger Amerikas war. Im folgenden soll mit einigen zusammenfassenden Bemerkungen die Situation der Emigranten während der Zeit ihres amerikanischen Exils bis 1945 geschildert werden, da diese Modalitäten einen nicht geringen Einfluß auch auf die Theaterarbeit der Emigranten ausübten.

Die meisten Ankömmlinge waren in der ersten Zeit ihres Aufenthalts in den USA ganz oder teilweise von der Unterstützung durch die zahlreichen Hilfsorganisationen abhängig. Das traf vor allem auch auf diejenigen zu, die nach 1937 Deutschland verließen, als jeder Auswanderer nur mehr zehn Reichsmark ausführen durfte. Oft waren es in der Anfangszeit die Frauen, die den Unterhalt für ihre Familien als Serviererinnen, Hausangestellte etc. verdienten, bis die Männer eine Stellung gefunden hatten oder für einen neuen Beruf umgeschult worden waren. Das relativ hohe Durchschnittsalter der Emigranten brachte zusätzliche Probleme für die Stellungssuchenden[344]. – Der Eintritt der USA in den Krieg wirkte sich in mehrfacher Hinsicht auf die Situation der Emigranten aus: Einmal verbesserte sich ihre wirtschaftliche Situation, denn statt Arbeitslosigkeit herrschte jetzt – bedingt durch Mobilisierungen und sprunghaftes Anwachsen der Rüstungsindustrie – Arbeitskräfte-Mangel. Auf der anderen Seite verwies der Weltkrieg die Emigranten wieder neu auf ihren intermediären Status: Im Dezember 1941, nach dem Überfall auf Pearl Harbor, wurden im Lande lebende Deutsche zusammen mit Italienern und Japanern zu »enemy aliens« erklärt. Besonders belastete die Emigranten dabei die Tatsache, daß – wie in Frankreich – keinerlei Differenzierungen vorgenommen wurden: So sahen sich enragierte Hitlergegner, die den Nationalsozialismus in Deutschland mit allen Mitteln bekämpft und dafür zum Teil Haft und KZ in Kauf

schen Beziehungen entgegenzutreten und sich davon abzusetzen, ist dokumentiert in: ›Akten zur deutschen auswärtigen Politik 1918–1945. Aus dem Archiv des Deutschen Auswärtigen Amtes‹. Ser. D, Bd. I, Baden-Baden 1950, S. 529–532, 548–552, 577–580.

344 Während in den ersten drei Jahrzehnten des 20. Jahrhunderts weniger als 10 % der USA-Emigranten älter als 45 Jahre waren, bildete diese Altersgruppe unter den deutschen und österreichischen Emigranten der Jahre 1933–1939 zeitweilig mehr als 27 %. Nach: ›Auszug des Geistes‹, a. a. O., S. 93.

genommen hatten, plötzlich in dieselbe Kategorie der »enemy aliens« eingeordnet, zu der die sich offen zum Nationalsozialismus bekennenden Reichsdeutschen in den USA gehörten. Es bedurfte langer Kämpfe, bis der paradoxe Zustand abgeändert wurde.
In kaum einem Berufszweig trafen die Emigranten die ihnen aus Deutschland und Europa vertrauten Verhältnisse an. Der Aufbau des amerikanischen Wirtschaftsgefüges ist ein anderer als in Deutschland, das amerikanische Rechtswesen unterscheidet sich grundlegend vom deutschen, selbst in der medizinischen Ausbildung sind die Verschiedenheiten so groß, daß die geflüchteten Ärzte gezwungen waren, sich einer besonderen Examinierung zu unterziehen, um die Lizenz zur weiteren Ausübung ihres Berufes zu erhalten. – Für keinen anderen Berufszweig jedoch stellten sich derart viele und grundlegende Probleme wie für die Theaterschaffenden. Das wird deutlich, wenn man sich die entscheidendsten Unterschiede in den Strukturen des deutschen und des amerikanischen Theatersystems vergegenwärtigt. Im folgenden wird versucht, die Situation des amerikanischen Theaters vor allem aus der Sicht der deutschen Theaterleute zu zeichnen, um dadurch gleichzeitig ihre Haltung zu den veränderten Gegebenheiten ihres Berufsstandes deutlich werden zu lassen.

3. Amerikanisches Theater – Spekulationsobjekt und Gegenströmung

Ein Repertoire-Theater europäischer Prägung mit fest engagiertem Schauspielerensemble, einem ständigen Stab technischen und administrativen Personals und einem auf längere Sicht vorausgeplanten und nach bestimmten Kriterien aufgebauten Spielplan kannte man in den USA der dreißiger und vierziger Jahre nicht, sieht man von wenigen, jedoch richtungsweisenden Ausnahmen ab. Die »kommerziellen«, um den Broadway konzentrierten Theater New Yorks konnten hinsichtlich ihrer Organisation mit deutschen Theaterunternehmen in keiner Weise verglichen werden. Das konstitutive Element des amerikanischen Theaters war die jeweilige einzelne »production« und dementsprechend die beherrschende Persönlichkeit deren »producer«. Erwin Piscator beschreibt dessen Einfluß:

»Ein Veranstalter erwirbt ein Stück, darauf drückt er den Stempel seiner Firma, von da ab ist das Stück sein Eigentum (property). Dann schickt er das Stück zu einem Star, ob er, ob sie es spielen will. Wenn das Stück hergestellt ist, mietet er ein Haus am Broadway.« [345]

Da der Produzent gleichzeitig der Finanzier des geplanten Unternehmens

[345] E. Piscator: ›Amerikanisches Theater‹, a. a. O., S. 11.

war und sein Unternehmen daher vorrangig nach geschäftlichen Gesichtspunkten mit dem Blick auf eine optimale Rendite führte – in eine Produktion mußten auch zu damaliger Zeit schon Summen zwischen 80 000 und 400 000 Dollar investiert werden –, waren alle künstlerischen Entscheidungen vom Aspekt ihres Einflusses auf den finanziellen Erfolg bestimmt. Max Reinhardt faßt diese Situation folgendermaßen zusammen:

»Es ist ein fliegender Handel mit mehr oder minder begabten Stücken, der heute in diesem, morgen in jenem Theater hausiert und oft glänzende Geschäfte macht. Die Unternehmer sind größtenteils Spekulanten, die alles auf die Karte eines einzigen Stückes und auf einen oder zwei bekannte Namen setzen, um in diesem Hazardspiel ihren Einsatz zu vervielfachen oder zu verlieren. [...] Die Auswahl der Schauspieler, die ganze Vorstellung ist dem Händler preisgegeben, denn er bezahlt sie. Deshalb kann natürlich das Stück manchmal ein Kunstwerk sein. Die Aufführung kann es nie sein. [...]
Die unproduktiven ›Producer‹ suchen [...] aus den Erfolgen von gestern nur die Tips für morgen herauszufinden und wetten immer wieder auf dieselben favorites. Sie machen aus dem Play ein Gamble. Sie laufen mit langen Nasen unentwegt dem Publikum nach und sehen infolgedessen nur seine Kehrseite. Dort lernen sie natürlich nicht seine Aufnahmefähigkeit kennen, sondern eher – das Gegenteil.« [346]

Die Entwicklung einer stilbildenden ästhetischen Ausdrucksform oder einer Konzeption von der Rolle und Einflußnahme des Theaters in der Gesellschaft, die ihrerseits wieder Einfluß auf den Entwicklungsprozeß des nationalen Theaters hätte nehmen können, war in diesem Produktionsbetrieb, der die langdauernde intensive Zusammenarbeit eines Ensembles nicht kannte, undenkbar. Das Theater spielte in den USA niemals eine vergleichbare Rolle als Kulturträger wie in der europäischen Geschichte. Dazu genügt es, sich zu vergegenwärtigen, daß noch um 1950 »auf 149 Millionen Amerikaner 150 Berufsbühnen entfielen, also auf eine Million Menschen ein professionelles Theater« [347].

Aus dem Bestreben, ein möglichst »marktgerechtes« Produkt anzubieten, erklärt sich eine weitere Besonderheit des amerikanischen Theatersystems: Vor der New Yorker Premiere einer Inszenierung wurde diese in sogenannten Try-out-Vorpremieren in bestimmten Städten der Ostküste – vorwiegend in Boston, Philadelphia und Washington – aufgeführt, um die Publikumswirkung zu testen und gegebenenfalls sichtbar gewordene Mängel zu beheben. Erschienen einem Produzenten Publikumswirkung und Presseecho dieser Try-outs so wenig erfolgversprechend, daß er finanzielle Verluste befürchten mußte, wurde nicht selten die gesamte Produktion zurück-

346 Reinhardt in einem Brief an Graf Ledebour vom Juli 1940. Zitiert nach: Gusti Adler: ›Max Reinhardt. Sein Leben‹. Salzburg [1964], S. 276f.

347 E. Haeussermann: ›Max Reinhardts Theaterarbeit in Amerika‹, a. a. O., S. 74.

gezogen und die New Yorker Premiere abgesagt. Zumindest für Autor und Regisseur des betreffenden Stückes, oft jedoch auch für die beteiligten Schauspieler, bedeutete eine solche Absetzung Deklassierung und Zurückstufung, die ernste wirtschaftliche Folgen mit sich brachte. Denn Einschätzung und damit Chancen für die Aufführung des nächsten Stückes oder für das nächste Engagement wurden fast ausschließlich nach dem Erfolg der letzt vorhergehenden Arbeit bewertet. Das mußten auch emigrierte deutsche Theaterleute erfahren. Gerade an dieser Stelle ist es notwendig, auf die außerordentliche Macht der amerikanischen Pressekritik hinzuweisen. Das übersteigerte Bestreben nach Markt-Konformität war weitgehend in der Furcht vor der uneingeschränkten Entscheidungsgewalt der Kritiker über Erfolg und Mißerfolg einer Inszenierung begründet: Von der Mehrzahl der Kritiker am Tage nach der Premiere negativ oder auch nur wohlwollend zurückhaltend bewertete Produktionen mußten in nahezu allen Fällen nach wenigen Tagen oder Wochen zurückgezogen werden, da sie kein Publikum fanden.

War ein Stück erfolgreich, wurde es in extrem langen Laufzeiten gespielt, um dann auf der »National-tour« die Staaten zu bereisen, wenn es nicht in einer völlig identischen Zweit-Inszenierung mit einem eigens dafür zusammengestellten Ensemble gleichzeitig auf Tournee geschickt wurde.

Auch in den Theaterfachkreisen Amerikas wurden die entscheidenden Nachteile und negativen Auswirkungen des beschriebenen Systems erkannt. Es konnte nicht länger übersehen werden, daß sich das amerikanische Theater nicht nur in einer ökonomischen, sondern auch in einer seiner schwersten geistigen Krisen befand. Man beklagte seine merkantile Ausrichtung, die Flachheit, Konformität und Orientierungslosigkeit des Spielplans. – Man begann sich stärker als bisher für die neuen Impulse, die aus dem europäischen, speziell dem deutschen und dem sowjetischen Theater hervorwuchsen, zu interessieren, und man unternahm von verschiedenen Seiten den Versuch, auch in das amerikanische Theatersystem den Typus eines ständigen, künstlerisch anspruchsvollen Theaters mit festem Ensemble und literarischem Spielplan einzufügen.

Die Theatre Guild, 1918 gegründet, verfolgte eine solche Zielsetzung. Als erste amerikanische Bühne führte sie mit Erfolg das Repertoire-Theater in den USA wieder ein. Über viele Jahre war sie »eine der wichtigsten Theaterinstitutionen Amerikas in diesem Jahrhundert«[348]. Ihr Ruhm als bedeutendste avantgardistische Bühne der zwanziger Jahre ist heute unumstritten. – Im Zusammenhang dieser Arbeit ist die Theatre Guild besonders wichtig, da sie sich für die neuere deutsche Dramatik und so auch für die

348 Marielouise Jeitschko: ›Deutsche Dramatik auf New Yorker Bühnen 1900–1965 im Spiegel der Kritik‹. [Masch.] Phil. Diss. Wien 1966, S. 21.

Exildramatik einsetzte. Bis 1945 wurden von ihr folgende im Exil entstandene Dramen produziert: 1934 Bruckners ›Die Rassen‹ [›The Races‹], 1941 Kortner/Zuckmayers ›Somewhere in France‹, 1944 Werfel/Behrmans ›Jacobowsky und der Oberst‹ [›Jacobowsky and the Colonel‹], 1944 Werfel/Bush-Feketes ›Der veruntreute Himmel‹ [›Embezzled Heaven‹].
Während der dreißiger Jahre entstanden zahlreiche Truppen eines sozialkritisch engagierten Theaters als Gegenbewegung zu der rein kommerziell ausgerichteten »Entertainment-Industrie« des Broadway. War die Theatre Guild wie viele andere Bühnen methodisch noch mehr dem Theater Stanislawskis verpflichtet, so machte sich in diesen Truppen der Einfluß des sowjetischen Avantgarde-Theaters um Majakowski, der Arbeit Piscators und der Agitprop-Bewegung erstmals auf amerikanischen Bühnen bemerkbar.
In diesem Zusammenhang muß auf die 1932 entstandene Theatre Union hingewiesen werden, die unter den einflußreicheren Neugründungen am konsequentesten auf ihr Selbstverständnis als proletarisches Zeittheater verwies: Ihr Ziel war,

»auf eine sorgfältige, berufskünstlerische Weise Stücke herauszubringen, die Ereignisse vom Gesichtspunkt der Klasseninteressen der Arbeiterklasse interpretieren.« [349]

Der amerikanische Bühnenbildner Mordecai Gorelik, der vielfach mit der Union zusammengearbeitet hat und 1935 die Bühnenausstattung für die Union-Inszenierung von Brechts ›Die Mutter‹ entwarf, charakterisiert Individualität und Zielsetzung der Arbeit der Theatre Union folgendermaßen:

»The Theatre Union [could not], in most instances, claim much interest on the score of brillant technique. Its artistic contribution lay in enriching and deepening the earlier agitational plays, in bringing to the new content some of the stored-up experience of older theatre.« [350]

Diese eher kritische Einschätzung findet sich auch bei Brecht [351], der, ausgehend von der Inszenierung der ›Mutter‹, zu der allgemeinen Feststellung kommt:

»Das proletarische Theater benutzt, wo es sich in den überkommenen Verkauf

[349] Charles R. Walker, Schatzmeister der Theatre Union, in einem Brief an F. Wolf vom 17. 2. 1933. In: F. Wolf: ›Briefwechsel‹, a. a. O., S. 241.

[350] M. Gorelik: ›New Theatres for Old‹. [New York] 1948, S. 404.

[351] Brecht, Eisler und Gorelik mußten harte Kämpfe mit den Mitgliedern der Theatre Union ausfechten, um ihre Vorstellungen einer nicht-illusionistischen Inszenierung der ›Mutter‹ zumindest teilweise durchzusetzen. Über diesen Komplex gibt detailliert Auskunft: Lee Baxandall: ›Brecht in America, 1935‹. In: ›The Drama Review‹, Jg. 12, H. 1 [T 37], New York 1967, S. 69–87. Vgl. auch Hans Bunge: ›Fragen Sie mehr über Brecht. Hanns Eisler im Gespräch‹. München 1970, S. 231–233.

von Abendunterhaltung durch das bürgerliche Theater einschaltet, zumeist ganz bürgerliche Mittel, um zu wirken.«[352]

In den Zeitraum der Jahre des Exils fällt eine der interessantesten und in ihrer Art für die USA einzigartigen Unternehmungen auf dem Gebiet des Theaters: 1935 wurde im Rahmen der Works Progress Administration, des sozialen Reformprogrammes der Regierung Roosevelt zur Behebung der Arbeitslosigkeit, das Federal Theatre Project [FTP] gegründet, das erste und einzige staatlich subventionierte und organisierte Theaterunternehmen der USA. Bis zu seiner spektakulären Auflösung 1939 gab das Federal Theatre vielen Tausend unbeschäftigten Theaterleuten wieder Verdienstmöglichkeit. Über Intentionen und Ziele des Projekts heißt es:

»The task of new artistic venture was twofold: to preserve the talents of unemployed actors, directors, designers and stagehands and to bring the results of that talent to an audience of Americans virtually untouched by commercial theatre. Shaped by individuals committed to the creation of a theatre with regional roots and socially relevant plays, it would hopefully become the foundation of a permanent, national theatre.«[353]

Die großen Zukunftshoffnungen der Initiatoren, damit den Grundstein für ein modernes amerikanisches Nationaltheater gesetzt zu haben, sollten sich nicht erfüllen: Mit dem Aufkommen der antikommunistischen Hysterie in den USA, die in der Einsetzung des Comittee on un-American Activities 1938 eine erste Klimax erreichte, geriet auch das Federal Theatre Project auf Grund seiner sozialkritischen Intentionen und seiner Aufgeschlossenheit gegenüber den avantgardistischen Theaterströmungen der Sowjetunion in den Verdacht kommunistischer Umtriebe und Unterwanderung und wurde 1939 aufgelöst. Damit war ein Projekt zerstört worden, das große Hoffnungen auf eine von ihm ausgehende Erneuerung des amerikanischen Theaters geweckt und in der kurzen Zeit seines Bestehens auch bereits gerechtfertigt hatte.

Zwei der wichtigsten Inszenierungen von Exildramen sind durch die Initiative des Federal Theatre erzielt worden: 1937 produzierte es in New York, sowohl in Englisch als auch in Jiddisch, Wolfs ›Professor Mamlock‹ und 1938 Tollers satirische Komödie ›No More Peace‹, die von einer ganzen Reihe anderer Ensembles des Projektes nachgespielt wurde. Beide Ereignisse fanden ein weites Presseecho, an das sich grundlegende Erörterungen über die zeitgeschichtliche Problematik und ihre Darstellungsmöglichkeit durch das Theater anschlossen.

Neben dem auf New York konzentrierten professionellen Theater darf die

[352] B. Brecht: ›Gesammelte Werke‹, a. a. O., Bd. 17, S. 1076.
[353] J. de Hart Mathews: ›The Federal Theatre, 1935–1939‹, S. VII.

zweite Linie in der Entwicklung des amerikanischen Theaters nicht übersehen werden. Gemeint ist der umfangreiche Sektor der vielen Universitäts- und Collegetheater und der aus Amateuren, Absolventen der Drama-Departements der Universitäten und Berufsschauspielern zusammengesetzten City Theatres oder Little Theatres. Nicht wenige emigrierte Theaterleute fanden hier ein neues, einflußreiches Betätigungsfeld, so zum Beispiel Georg Altmann [354], Ernst Lothar [355], Heinrich Schnitzler und Max Reinhardt. Da sie weitgehend nicht-kommerziell orientiert waren, vielfach in technisch hervorragend ausgestatteten Häusern spielten und von ausgebildeten und oft bedeutenden Fachkräften geführt wurden, bildeten sie ein ernstzunehmendes Gegengewicht zum Theater am Broadway. Die europäische Gegenwartsdramatik und die neuen Strömungen des europäischen Theaters wurden in diesem Bereich oft zuerst wahrgenommen und bekanntgemacht. Gerade am Beispiel der Exildramatik Brechts und Tollers, die vielfach und meist häufiger als auf den kommerziellen Bühnen an diesen Halb-Amateurtheatern zur Aufführung kamen, wird ihre bedeutende Rolle im amerikanischen Theaterleben deutlich. Zudem fand ein ständiger Austausch zwischen beiden Erscheinungsformen statt, der sich in erster Linie als eine kontinuierliche geistige Befruchtung des professionellen Theaterbereichs auswirkte.

4. Die Aufführungen der Exildramatik

a) Emigrantenensembles

Eine Zusammenstellung der Inszenierungen deutscher Exildramatik in den USA während der Jahre des Dritten Reichs zeigt eine gewisse Fülle der Ereignisse, die das in den anderen Ländern des Exils Verwirklichte weit übersteigt. Jedoch läßt auch eine solche Summierung nicht von vornherein den Schluß zu, daß diese vielfältigen und verschiedenartigen Einzelereignisse in direkter Beziehung zueinander standen, daß also eine kontinuierliche Entwicklung stattfand und ein, wie immer artikulierter, Leitgedanke

[354] Georg Altmann lehrte seit 1938 in San Francisco Theaterwissenschaft und inszenierte mit der San Francisco Theatre Union ›The Informer‹ und ›Senora Carrar's Riffles‹, die zusammen mit dem Stück ›Pretext‹ des jungen deutschen Emigranten Peter Bernt am 3. und 4. 2. 1939 aufgeführt wurden.

[355] Ernst Lothar: Geb. 1890 in Brünn. Schriftsteller und Regisseur. Ursprünglich Jurist [Ministerialdirektor]; seit 1932 Regie [Burgtheater]; Mitinitiator der Salzburger Festspiele; 1935–1938 Intendant des Theaters in der Josefstadt als Nachfolger Reinhardts; Emigration nach den USA; 1940–1945 Lehrtätigkeit an der Universität von Colorado; 1946 Rückkehr nach Wien; Regie am Burgtheater, Josefstadt, Salzburg; Kritikertätigkeit.

die Theaterarbeit der Emigranten bewußt miteinander verband. Vielmehr wird sich bei näherer Betrachtung zeigen, daß sie als Leistung verschiedener, nicht in Verbindung stehender Personenkreise gesehen werden muß und daß sie sich auf verschiedenen, gleichzeitig nebeneinander bestehenden Ebenen der Realisationsmöglichkeit, des Wirkungsbereichs und des wechselweisen Durchdringens von Exiltheater und amerikanischen Bühnen vollzog.

In New York kam es bis 1945 immer wieder zu Gründungen von Emigranten-Theatergruppen und -Schauspielensembles unterschiedlichster Prägung. Keine von diesen errang jedoch solche Bedeutung, daß sie – wie ja von den meisten intendiert – zu *der* Exilbühne der New Yorker Emigrantenkolonie werden konnte. Vielmehr blieben ihr Wirkungskreis und ihre Aktivitäten notwendigerweise begrenzt, wie auch ihre Existenz in den meisten Fällen von nur kurzer Dauer war. Zum großen Teil sind sie nur lückenhaft dokumentiert. – Als frühester Zusammenschluß emigrierter deutscher Schauspieler, die in deutscher Sprache für ein Emigrantenpublikum spielten, kann die um die Jahreswende 1933/34 gegründete Neue Theater-Gruppe angesehen werden. Die Truppe, wohl die am deutlichsten zeitkritisch engagierte unter den Emigrantenensembles in den USA, formulierte ihr Ziel »die Darbietung von wertvoller antifaschistischer Kunst, ausgehend von dem Gedanken, daß in einer Zeit sozialer Neugestaltung die *bleibende* Kunst politisch und freiheitlich eingestellt sein muß.«[356] Noch deutlicher werden Selbstverständnis und Ausrichtung in einem Statement der Gruppe anläßlich ihrer Inszenierung von Gustav von Wangenheims ›Die Mausefalle‹:

»Die Neue Theater-Gruppe, als ein Zeittheater, will zu den brennenden Fragen der Zeit Stellung nehmen. Die ›Mausefalle‹ kommt dieser Forderung nach. Die Situation Berlin 1932 entspricht der Situation New York 1935. Wachsender Faschismus, propagiert durch Radio, Zeitung, Reden – hinter der Maske von ›Rettung der Nation‹, ›Sozialisierung‹, ›Planung‹, ›der kulturelle Führer‹, ›der wirtschaftliche Führer‹.
Das Hauptthema des Stückes, das Verhältnis zwischen Handarbeitern, Angestellten und Intellektuellen mit der Schlußfolgerung, daß sie eine starke geschlossene Gruppe bilden können und müssen gegen alle kulturfeindlichen Kräfte, erscheint uns angemessen und wichtig in diesem Augenblick.«[357]

Diese Äußerungen lassen zwei wesentliche Schlüsse auf die ideologische Prägung der Gruppe zu: Die Selbstcharakterisierung als »Zeittheater«, einem Leitbegriff der Agitprop-, Arbeitertheater- und sozialistischen Berufstheater-Bewegung im Deutschland der zwanziger Jahre, und die Wahl

[356] [anonym]: ›Die neue Theatergruppe‹. In: ›Aufbau‹, Jg. 1, H. 2, 1. 1. 1934, S. 9.
[357] John E. Bonn: ›Gustav Wangenheim's »Mausefalle«‹. In: ›Aufbau‹, Jg. 2, H. 2, 6. 1. 1936, S. 6.

des Stückes von Wangenheim, dem größten Erfolg seiner Truppe 31, legen es nahe, in der Arbeit der Neuen Theater-Gruppe den Versuch einer Fortführung oder Neubelebung der sozialistischen Theaterströmung Deutschlands zu sehen. Daneben kommen in den zuletzt zitierten Äußerungen vom Januar 1936 Vorstellungen zum Ausdruck, die Gedankengut der 1935 propagierten Volksfront-Politik wiedergeben. Der Gedanke, eine Volksfront aus allen antifaschistischen Kräften in Aktionseinheit von Kommunisten, Sozialdemokraten und Vertretern bürgerlicher Parteien zu sammeln, hatte unter den Emigranten zunächst viele Befürworter. So ist es verständlich, daß sich eine zeitkritische, aktivistische Theatergruppe das Ziel der Überwindung von Parteigegensätzen zum gemeinsamen Kampf gegen den Faschismus zu eigen machte.

Nur zwei Inszenierungen der Gruppe ließen sich belegen: Im Juni 1934 wird die Aufführung einer politisch-satirischen Revue ›So leben wir‹ erwähnt. Von ihr heißt es lediglich: »Es wird eine sehr gute, straff organisierte Aufführung geboten.«[358] Auch über die Inszenierung der vor 1933 entstandenen ›Mausefalle‹ im Januar 1936 ist nicht mehr zu erfahren. Anläßlich eines Gastspiels im New Yorker Deutsch-Jüdischen Club wird darauf hingewiesen, daß sich »maßgebende Theaterfachleute New Yorks [. . .] über diese Aufführung der neuen Theatergruppe anerkennend geäußert« haben[359].

Im Herbst 1941 wurde in New York die Tribüne für Freie Deutsche Literatur und Kunst in Amerika [Free Culture in the Land of the Free] gegründet, die in gewisser Weise die Arbeit des 1940 aufgelösten Schutzverbandes Deutsch-Amerikanischer Schriftsteller fortsetzte. Zum engeren Kreis der Tribüne, deren Aktionsprogramm bereits in der Namensgebung deutlich wird, gehörten neben anderen Brecht, Bruckner, Feuchtwanger, Graf, Herzfelde, Heym, H. Mann und Viertel. Sie veranstaltete in der Folgezeit eine Vielzahl von Kundgebungen, Lese-, Rezitations- und Liederabenden. Unter diesen Veranstaltungen in deutscher Sprache, die sich vorwiegend an Emigranten richteten, sind zwei, die an dieser Stelle Interesse verdienen: Am 7. Februar 1942 wurde anläßlich einer »Kundgebung gegen Rassenverfolgung und Intoleranz«[360], auf der Oskar Maria Graf über ›Kultur und Rasse‹ sprach und Grete Mosheim Gedichte von Heine, Brecht, Toller, Hermann-Neisse und Werfel vortrug, in Anwesenheit Bruckners dessen Drama ›Die Rassen‹ in einer Leseaufführung unter der Regie Berthold Viertels vorgestellt. Wirklich handelte es sich um eine erste Vorstellung des

[358] [anonym]: ›Die neue Theatergruppe‹. In: ›Aufbau‹, Jg. 1, H. 7, 1. 6. 1934, S. 12.
[359] [anonym]: ›Gastspiel der Neuen Theatergruppe‹. In: ›Aufbau‹, Jg. 2, H. 2, 6. 1. 1936, S. 3.
[360] Der Programmzettel der Veranstaltung ist wiedergegeben in: Friedrich Pfäfflin: ›Berthold Viertel. Eine Dokumentation‹. München 1969, S. 42.

Stückes, das – ein nahezu weltweiter Bühnenerfolg in den Jahren zwischen 1934 und 1936 – erstaunlicherweise in New York noch nicht inszeniert worden war[361]. Stück und Lesung fanden großen Beifall beim Publikum, so daß eine Wiederholung angesetzt wurde[362]. Das »seltsame Experiment: eine Lese-Uraufführung«[363] wird verständlich durch die einführenden Worte Viertels:

»Als das Licht der Menschlichkeit auszulöschen begann, wurde – im Zwielicht – dieses Stück geschrieben, das wir Ihnen heute vorlesen wollen – wir: Schriftsteller und Schauspieler im Exil, die wir kein Theater besitzen – noch immer kein Theater besitzen – die wir aber Dramatiker besitzen und ein Publikum.
Aus dem Vorhandensein eines Dramas – und aus der Not an einem Theater ist diese vorläufige Form entstanden: einer dramatischen Vorlesung mit verteilten Rollen, aber ohne Dekoration.«[364]

Damit ist eine grundsätzliche Schwierigkeit für alle New Yorker Emigrantenensembles angesprochen: Die finanziellen Erträge ihrer Veranstaltungen, die auf Grund des Desinteresses eines breiteren, den Kreis der Emigranten überschreitenden, deutschsprachigen Publikums an Veranstaltungen antifaschistischen Charakters selten mehr als drei oder vier Wiederholungen fanden, gestatteten es nur in Ausnahmefällen, einen der teuren Theaterbauten in der City zu mieten. Da aber andererseits, wie der amerikanische Kritiker Brooks Atkinson feststellt »die amerikanischen Zeitungen über Darbietungen in fremder Sprache nur dann kritisch berichteten, wenn es sich um eine zu erwartende Aufführungsserie handele«[365], fanden solche Veranstaltungen auch nicht die nötige öffentliche Unterstützung, durch die wiederum ein größeres Interesse erst hätte geweckt werden können.
Bei der zweiten Darbietung eines Exildramas durch die Tribüne handelt es

361 Zwar erwähnt ›Das Neue Tage-Buch‹, Jg. 1, H. 22, 1. 6. 1935, S. 527, eine Inszenierung des Stücks durch eine Gruppe New Yorker Amateurschauspieler, das Forum-Theatre, doch waren über dieses Ereignis sonst keine Materialien zu finden, so daß man wohl schließen darf, daß die Inszenierung – sollte sie tatsächlich stattgefunden haben – keine breitere Wirkung hatte. – Über die von der Theatre Guild 1934 geplante Inszenierung, die nach dem Try-out zurückgezogen werden mußte, wird in anderem Zusammenhang berichtet.

362 K. H.: ›Bruckner's »Rassen«. Eine Veranstaltung der »Tribüne«‹. In: ›Aufbau‹, Jg. 8, H. 7, 13. 2. 1942, S. 8.

363 Ebenda.

364 B. Viertel: ›Schriften zum Theater‹. München [1969], S. 100. – In Verbindung mit dieser Inszenierung steht wahrscheinlich eine Veranstaltung, die in der ›New York Times‹ vom 27. 3. 1942 folgendermaßen angekündigt wird: »To impress American students with the value of preserving the culture of Anti-Nazi Germany, ten actors and writers who have been exiled from Germany within recent years will present a program of drama, music and poetry tonight at Hunter College [...]. Ferdinand Bruckner's ›Races‹ will be given.«

365 Brooks Atkinson über die Chancen der von Ernst Lothar geplanten Österreichischen Bühne. In: E. Lothar: ›Das Wunder des Überlebens‹, a. a. O., S. 165.

sich um eine Bühnen-Inszenierung von Brechts ›Furcht und Elend des Dritten Reiches‹. Die Inszenierung Berthold Viertels brachte am 28. Mai 1942 die fünf Szenen ›Rechtsfindung‹, ›Das Kreidekreuz‹, ›Die jüdische Frau‹, ›Der Spitzel‹ und ›Die Kiste‹ zur Aufführung [366]. Zugleich war diese Inszenierung nicht allein antifaschistische Demonstration, sondern auch Aktion: Der Reinertrag des Abends wurde für die Rettung bedrohter antifaschistischer Flüchtlinge verwendet [367]. Hinsichtlich der Resonanz gilt, was Peter Bauland schreibt, der damit auf denselben Punkt verweist, den Brooks Atkinson hervorhob: »Since the selected scenes were played in German, both audience and critical comment were limited.« [368] Diese erste umfangreichere Konfrontation mit der Szenenfolge, von der in New York zuvor [1939] nur zwei Szenen innerhalb eines Einakterabends der New York Players in englischer Sprache aufgeführt worden waren, erregte jedoch großes Aufsehen in der Emigrantenkolonie, so daß eine Wiederholung stattfand. Ein Jahr später, am 6. März 1943, veranstaltete die Tribüne einen Brecht gewidmeten Autoren-Abend, auf dem unter anderem Wieland Herzfelde über Brechts Arbeiten sprach, Elisabeth Bergner den ›Kinderkreuzzug 1939‹ vortrug und zwei der in der Inszenierung von 1942 nicht gespielten Szenen aus ›Furcht und Elend‹ gelesen wurden: ›Die Bergpredigt‹ und ›Volksbefragung‹ [369].

Im Rahmen eines Autoren-Abends zu Ehren Berthold Viertels anläßlich seines sechzigsten Geburtstages veranstaltete die Tribüne eine englische Leseaufführung aus seinem in Englisch geschriebenen Drama ›The Way Home‹, an der Elisabeth Neumann, Oskar Homolka und Herbert Berghof beteiligt waren. Das Stück setzt sich mit der Emigrationsproblematik auseinander.

Man muß diesen und ähnliche Versuche von Emigrantentruppen, deutsche Exildramatik in Englisch vorzustellen, wohl auch unter dem Gesichtspunkt des Bestrebens sehen, diese Stücke einem amerikanischen Publikum, vor allem aber auch maßgeblichen Kreisen des Theaterwesens und der Presse erstmals bekanntzumachen, um Möglichkeiten einer Broadway-Inszenierung und damit der breiteren öffentlichen Auseinandersetzung mit der in den Stücken behandelten zeitgeschichtlichen Thematik zu erschließen.

[366] Peter Bauland: ›The Hooded Eagle. Modern German Drama on the New York Stage‹. New York 1968, S. 148, schreibt irrtümlich: »Piscator had originally intended to do the play, but after he changed his plans, the production was undertaken by the émigré performers under the direction of Brecht's friend, Berthold Viertel.« – Der geschilderte Tatbestand bezieht sich jedoch auf die englischsprachige Inszenierung von 1945, über die an anderer Stelle gesprochen wird. [vgl. S. 164 ff.].

[367] Programmzettel der Aufführung im Bertolt Brecht-Archiv.

[368] P. Bauland: ›The Hooded Eagle‹, a. a. O., S. 148.

[369] Programmzettel in: Theatre Collection. Museum and Library for the Performing Arts. Lincoln Centre, New York.

Im Interesse eines möglichst vollständigen Überblickes sollen im folgenden auch die übrigen deutschsprachigen Emigrantenensembles, für die keine Inszenierungen von Exildramtik nachgewiesen sind, kurz genannt werden:
Um 1938 wird ein German Jewish Refugee Theatre mit Namen Die Komödie erwähnt, das unter anderem mit literarischen Kabarettrevuen hervortrat.
Im Dunkel liegt auch das Schicksal des Freien deutschen Theaters in New York [Theatre of German Freemen], dessen eindrucksvolles Gründungsmanifest am 7. 3. 1941 im ›Aufbau‹ veröffentlicht wurde[370]. Dort wird auch ein »künstlerischer Beirat« des Unternehmens erwähnt, der so klangvolle Namen wie Bruckner, B. Frank, Kortner, Fritz von Unruh, Werfel und Zuckmayer aufweist. Es war gedacht, etwa jeden Monat ein Drama »zeitgenössischer wie klassischer Autoren«[371] herauszubringen. Die Zielsetzung dieser Gruppe war – wie die vieler anderer – geprägt von der Ideologie des »anderen Deutschland«:

»Seine [des Theaters, H.C.W.] Aufgabe besteht in der Zentralisierung aller Bestrebungen, die die wahre deutsche Kultur verteidigen und pflegen wollen und eine ›gleichgeschaltete‹ Unkultur ablehnen. Hier in Amerika soll das wieder auferstehen, was im heutigen Deutschland unterdrückt, verboten und verjagt worden ist. Die Gründung des ›Theatre of German Freemen‹ soll den entschlossenen Willen bekunden, deutsche Kulturpropaganda nicht mehr denen zu überlassen, die sie verfälschen, sondern sie wieder in die Hände derer zu legen, die dazu berufen sind, Amerika und somit der Welt das wahre Deutschland durch Schrift und Wort zu vermitteln.«[372]

Offensichtlich war dem Unternehmen jedoch nicht viel Erfolg beschieden, denn die Nachrichten über künstlerische Aktivitäten sind nur spärlich.
Die Organisationsform der Players from Abroad, die im Rahmen der deutschsprachigen Emigrantenensembles ebenfalls genannt werden müssen, unterschied sie wesentlich von den zuvor genannten Gruppen. Am ehesten kann dieses Theaterunternehmen mit einer Gastspielagentur verglichen werden. Das Programm des 1942[373] von Gert von Gontard[374] gegründeten

[370] ›Aufbau‹, Jg. 7, H. 10, 7. 3. 1941, S. 11.
[371] Ebenda.
[372] Ebenda.
[373] In einem maschinenschriftlichen Statement: ›Gert von Gontard's and Felix Gerstman's »Deutsches Theater in New York«‹ in der Sammlung Exil-Literatur der Deutschen Bibliothek in Frankfurt a. M. wird zwar als Gründungsdatum »the late thirties« angegeben, doch geht aus einer Notiz im ›Aufbau‹, Jg. 8, H. 26, 26. 6. 1942, S. 11, hervor, daß das Unternehmen The Players from Abroad erst 1942 gegründet wurde und seine »Spielzeit anfangs Oktober beginnen wird«.
[374] Gert von Gontard: Geb. 1906 in Berlin. Gründer u. Herausgeber der ›Neuen Revue‹ [1930–1932]; 1933 Emigration nach den USA; 1936–1939 Assistent on Reinhardts Dramatic Workshop in Hollywood; 1942 Gründung der Players from Abroad; fortgeführt nach 1945 als Deutsches Theater [Gastspielunternehmen].

Theaters reichte von Werken der deutschen Klassik bis zu Boulevardkomödien. Es handelte sich dabei um Gastspielinszenierungen, mit denen die berühmtesten Exil-Schauspieler – wie etwa Albert Bassermann, Elisabeth Bergner, Ernst Deutsch, Grete Mosheim und andere – zum Teil von Land zu Land und von Kontinent zu Kontinent reisten. Doch blieben diese Gastspiele vereinzelt, von einem kontinuierlichen Spielplan kann nicht gesprochen werden. Die Gründer der Players from Abroad »fanden damals keine Basis für eine ständige Tätigkeit in New York, ebenso wenig wie andere ›Gäste‹«[375].

Das kann auch für die durch Ernst Lothar gegründete Österreichische Bühne [The Austrian Theatre] gelten, die in der kurzen Zeit ihres Bestehens fünf Inszenierungen herausbrachte: Einakter von Wildgans, Schnitzler und Raoul Auernheimer[376], Bruno Franks ›Sturm im Wasserglas‹ und Jean Cocteaus ›Les parents terribles‹ in einer eigenen Übersetzung. Im Ensemble befand sich eine ganze Reihe bekannter Schauspieler des Wiener Burgtheaters, so daß der Name Österreichische Bühne doppelt, vom Spielplan wie von den Darstellern, gerechtfertigt war[377]. Auch hier waren es wirtschaftliche Gründe, die das Unternehmen schon bald wieder zum Aufgeben zwangen. Wie auch bei allen anderen Gruppen blieb der Kreis des Publikums auf interessierte Emigranten beschränkt und das Presseecho auf die beiden New Yorker Exilzeitungen ›Aufbau‹ und ›New Yorker Staatszeitung‹.

Größeren und längerdauernden Erfolg konnten allein die Emigranten-Kabaretts und -Revuen erzielen, deren es gerade in New York mehrere gab, die oft ein halb deutsches, halb englisches Programm führten und es mitunter sogar zu einer gewissen Berühmtheit brachten: so das Kabarett der Komiker, Die Arche und Valeska Gerts[378] Bettlerbar.

In Los Angeles, dem zweiten nordamerikanischen Zentrum der deutschen Emigration, das vorrangig durch die Filmindustrie in Hollywood als Anziehungspunkt für emigrierte darstellende Künstler von Bedeutung war,

375 K. O. Paetel: ›Deutsches Theater in Amerika‹. In: ›Deutsche Rundschau‹, Jg. 81, H. 3, Baden-Baden März 1955, S. 274.

376 Raoul Auernheimer: geb. 1876 in Wien, gest. 1947 in Oakland. Schriftsteller, Kritiker und Feuilletonist. Jurastudium, Dr. jur.; Redakteur und Theaterkritiker der Wiener ›Neuen Freien Presse‹ bis 1933; Vicepräsident des österreichischen PEN-Clubs; 1938 Verhaftung, Dachau; 1939 Emigration nach den USA; schriftstellerisch tätig [Komödien und Novellen].

377 Zum Ensemble der Österreichischen Bühne gehörten unter anderem die Burgtheater-Schauspieler Adrienne Gessner, Erika Wagner, Oscar Karlweis, Arnold Korff und Eduard Wengraf.

378 Valeska Gert: Geb. 1900. Tänzerin und Kabarettistin. Engagements bei Reinhardt und an der Tribüne in Berlin; internationale Tanz-Tourneen [Grotesk-Tanz]; Emigration nach den USA; Leitung eigener Kabarettunternehmen in Berlin, New York und Zürich.

kam es zwar ebenfalls zu kulturellen Vereinigungen, doch überwogen diejenigen, welche den hier, aufgrund der Ausrichtung auf Hollywood, stärker ausgeprägten Willen zur Integration ins amerikanische Leben widerspiegelten, also von vornherein die Sprachbarriere zu durchbrechen versuchten und sich englischsprachig orientierten. Im wesentlichen waren es zwei Organisationen, die auch kulturelle Veranstaltungen in deutscher Sprache unternahmen: Der 1933 gegründete German Jewish Club, der vor allem in seinen Anfängen auch fürsorgerische Arbeit leistete, und die 1939 von Walter Wicclair [379] ins Leben gerufene Freie Bühne [380]. – Der German Jewish Club führte 1939 im Rahmen eines Bunten Abends Friedrich Holländers [381] ›Emigrantenballade‹ auf. Es heißt darüber:

»Es handelt sich um eine große innerliche Auseinandersetzung mit dem Schicksal der Emigration, um eine Wanderung durch die Stationen von der Austreibung bis zum Aufatmen in einer schwer und bitter errungenen neuen Heimat.« [382]

Walter Wicclairs Freie Bühne umfaßte ebenfalls ein reines Emigrantenensemble, das in der Zeit bis zum Eintritt der USA in den Weltkrieg mit mehreren Inszenierungen, vor allem von Lustspielen, hervortrat, deren Resonanz über den lokalen Bereich kaum hinausdrang [383].

Während die Grundhaltung der Emigrantenensembles, die deutschsprachiges Theater pflegten, auch als ein Sich-Abschließen von den kulturellen Gegebenheiten und Einflüssen des Gastlandes und als Rückwendung auf das aus Deutschland vertraute geistige Milieu gesehen werden kann, sind die wenigen reinen Emigrantentruppen, die zumindest mit der sprachlichen Anpassung den Versuch unternahmen, ein amerikanisches Publikum zu erreichen, Ausdruck des Bestrebens, eine Verbindung zur Gesellschaft des Gastlandes und ihrer Kultur zu finden.

Die geringe Anzahl der Versuche mit englischsprachigem Theater durch Emigranten zeigt, daß man sich der Schwierigkeiten bewußt war, als Ausländer in den ganzen komplexen Bereich des Duktus' einer fremden Sprache mit all ihren tieferen atmosphärischen Schichten einzudringen. Eine

379 Walter Wicclair: Geb. 1900 in Kreuzberg. Schauspieler. 1932 Gründung der Gerhart-Hauptmann-Bühne in Kreuzberg; Emigration nach Prag, England und den USA; Gründer der Freien Bühne in Los Angeles; nach 1957 verschiedentlich Regie- und Schauspieltätigkeit in Deutschland.

380 Vgl. M. Mierendorff: ›German Jewish Club of 1933, Los Angeles‹, a. a. O.

381 Friedrich Holländer: Geb. 1896. Komponist. Studium am Konservatorium Berlin; schreibt Bühnenmusiken für Reinhardt und für das Tingel-Tangel; 1930 internationaler Durchbruch mit der Musik für den Film ›Der Blaue Engel‹; Emigration nach Hollywood; zahlreiche Filmmusiken.

382 ›Pariser Tageszeitung‹, Jg. 4, H. 944, 15. 3. 1939.

383 Die Programmzettel dieser Veranstaltungen sowie eines ›Kabarett Abend von heute‹ [Musik und am Flügel: Georg Kreisler], den die Freie Bühne am 25. 1. 1941 veranstaltete, befinden sich im Archiv Deutsches Theater- und Filmschaffen im Exil an der Akademie der Künste der DDR.

solche möglichst vollständige Aneignung und Durchdringung des sprachlichen Materials war aber unbedingt vorauszusetzen, sollte der Gesamteindruck für den einheimischen Zuschauer nicht von vornherein durch eine Sperre sprachlichen Dilettantismus' beeinträchtigt werden und den Blick für das Ausgesagte und Dargestellte verstellen. Deshalb leuchtet des weiteren auch ein, daß sich solche Versuche erst in den späteren Jahren des amerikanischen Exils artikulierten, als sich die Emigranten mit der fremden Sprache bereits genügend vertraut glaubten, um derartige Versuche zu wagen.

Es soll hier zuerst das Beispiel eines totalen und beinahe tragischen Scheiterns an dieser Schwierigkeit angeführt werden: 1939 gründeten Charlotte und Wilhelm Dieterle in Hollywood die Continental Players, eine ausschließlich aus Emigrantenkünstlern bestehende und in englischer Sprache spielende Truppe. Ihre erste Inszenierung war 1940 Schillers ›Wilhelm Tell‹ in einem Hollywooder Theater. Die Besetzungsliste hätte den ersten deutschen Bühnen zur Ehre gereicht: Unter der Regie Leopold Jessners spielten Leo Reuss [Tell], Ernst Deutsch [Geßler], Alexander Granach [Stauffacher], Christiane Grautoff [Armgard] und andere. Während der ›Aufbau‹ von einem »großen Erfolg« berichtete [384], sind die Berichte anderer Augenzeugen einhellig negativ, sie zeichnen das Bild eines vollkommenen Desasters. Mehrere Gründe trafen zusammen: Schillers Dramatik blieb dem amerikanischen Publikum weitgehend fremd und unverständlich. Auch wurde der Zugang zum Stück dadurch erschwert, daß Jessner an seiner anti-realistischen Konzeption mit all ihren bekannten (einem amerikanischem Publikum jedoch weitgehend unbekannten) Erscheinungsformen wie der übersteigert expressiven Sprachregie und dem beherrschenden dekorativen Element der Treppe festhielt. Und schließlich war die Vertrautheit der Schauspieler mit der englischen Sprache allgemein nicht groß genug und außerdem bei keinem der Beteiligten völlig gleich, so daß von einem Ensemble-Ton nicht gesprochen werden konnte, vielmehr ein sprachlich eher befremdender Eindruck entstehen mußte [385]. – Am Beispiel Jessners, der zu dieser Zeit sein 60. Lebensjahr bereits überschritten hatte, manifestierte sich in besonders tragischer Weise Situation und Schicksal jener vorwiegend älteren Emigranten, die nach dem Verlassen Deutschlands nicht mehr die Kraft und den in die Zukunft gerichteten Optimismus zu einem neuen Anfang aufbrachten und am Exil zerbrachen. Mit wenigen Sätzen umreißt Fritz Kortner diese Situation in seiner Autobiographie (zur Erklärung: Jessner hatte vor der ›Tell‹-Inszenierung in Los Angeles dasselbe Stück in der Habimah in Tel Aviv inszeniert):

384 [anonym]: ›Refugees spielen »Wilhelm Tell«‹. In: ›Aufbau‹, Jg. 5, H. 10, 1. 6. 1939, S. 19.

385 M. Mierendorff: ›German Jewish Club of 1933, Los Angeles‹, a. a. O., S. 13/14.

»Die Aufführung soll weder revolutionär noch national konformistisch gewesen sein. Eher traurig farblos. Ein entwurzeltes Stück: ein Entwurzelter, Schwankender hatte sich an Vergangenes angeklammert. Armer Jessner. – Dann hatte er noch eine englische ›Tell‹-Aufführung in Hollywood zustande gebracht. Seine Lebensgeister waren schon im Verglimmen. Er starb nicht allzu lange danach.«[386]

Vielleicht hat der niederdrückende Mißerfolg dieser vom künstlerischen Rang der Beteiligten so exponierten Gruppe dazu beigetragen, daß man kaum weitere Anstrengungen unternahm, völlig auf sich gestellte und in keiner Weise in den amerikanischen Theaterbetrieb integrierte Aufführungen in englischer Sprache zu wagen.

b) Formen der Kooperation und Integration

In den USA finden wir in überraschend großer Anzahl Theaterproduktionen, an denen Emigranten und amerikanische Bühnenkünstler – in sehr verschieden ausgeprägten Formen und Beteiligungen – gemeinsam tätig waren. Man kann diese aus dem Aufeinandertreffen von Kooperations- und Aufnahmebereitschaft des amerikanischen Theaters einerseits und Integrationsbestrebungen der emigrierten Bühnenkünstler andererseits entstandenen Mischformen und Übergangserscheinungen auf dem Weg der Emigranten zu einer völligen Absorption im amerikanischen Theater als die für die USA typischste Ausformung des Exiltheaters bezeichnen. Das zeichnet die Situation in den USA – dies sei besonders hervorgehoben – vor allen anderen Exilländern, in denen sich Formen von Exiltheater artikulierten, aus. Darin auch scheint, vom Aspekt der historischen Entwicklung aus gesehen, einer der Gründe für die Orientierung des deutschen Theaters nach 1945 an der modernen englisch-amerikanischen Dramatik und Schauspieltechnik zu liegen.
Hier sollen zuerst diejenigen Theater-Ereignisse in chronologischer Reihenfolge dargestellt werden, deren Gestalt vom Einfluß der beteiligten Emigranten entscheidender geprägt wurde als von den ebenfalls beteiligten amerikanischen Bühnenkünstlern. Das amerikanische Theater und Publikum wurde hierbei mit neuen dramatischen Ausdrucksformen, mit neuen Themen und Inhalten und mit einer neuen oder – aus amerikanischer Sicht – typisch europäischen Ausdrucks- und Formensprache konfrontiert. Natürlich kann nicht von einem nur einseitigen Rezeptionsprozeß gesprochen werden: Auch für die beteiligten Emigrantenkünstler bedeutete das Vorhaben, Theater für ein amerikanisches Publikum zu machen, mehr als nur eine intime Beherrschung der Sprache. Es hieß, detailliert mit dem organi-

[386] Fritz Kortner: ›Aller Tage Abend‹, a. a. O., S. 420.

satorisch-administrativen Aufbau und Apparat des amerikanischen Theaterwesens vertraut zu werden. Es hieß, dem amerikanischen Publikum in seinen Sehgewohnheiten entgegenzukommen und sich etwa dem Stil »der angelsächsischen Beherrschtheit des Spieles, der gemessenen, kühlen Haltung, der betonten Unerregtheit in der Konversation« [387] anzunähern, einem Schauspielstil, dem – wie erste Erfahrungen auf dem amerikanischen Theater deutlich lehrten – die Mehrzahl der deutschen Regisseure und Akteure ferner stand, als sie selbst es vermutet hätte.

Die nach den vorgenannten Kriterien zusammengefaßten theatralischen Ereignisse beginnen chronologisch mit dem erfolgreichsten, spektakulärsten und – nach seinen äußeren Dimensionen – größten Unternehmen: Am 7. 1. 1937 hatte in dem speziell für diesen Anlaß vollständig umgebauten Manhattan Opera House ›The Eternal Road‹ [›Der Weg der Verheißung‹] von Franz Werfel mit der Musik von Kurt Weill in Max Reinhardts Inszenierung nach über dreijähriger Vorbereitungszeit, nach immer neuen Terminverschiebungen über insgesamt mehr als ein Jahr und nach einem finanziellen Zusammenbruch der Produktionsgesellschaft seine glanzvolle Premiere. Man kann diese Inszenierung ohne Frage als einen der Höhepunkte unter den Äußerungen des künstlerischen Exils bezeichnen. In der kongenialen Zusammenarbeit von Werfel, Weill, Reinhardt und dem amerikanischen Bühnenbildner Norman Bel-Geddes, der bereits 1924 die kolossalen Bühnenbauten für Reinhardts New Yorker Inszenierung von Vollmoellers ›Mirakel‹ entworfen hatte, entstand ein szenisches Gesamtkunstwerk, das seinem Typus und seinen Dimensionen nach außerhalb jeder Vergleichsmöglichkeit steht. Die amerikanischen Kritiker fanden für diese zwischen Geschichtsdrama, geistlichem Spiel, Oratorium und Oper einzuordnende monumentale Darbietung die Bezeichnung »Biblical Pageant«. Es darf nicht übersehen werden, daß Werfels Drama wie das gesamte Unternehmen seiner Realisation seinen Ursprung in den Verfolgungen der Juden im nationalsozialistischen Deutschland hat, auf die es mahnend hinweisen will. Insofern gehören Stück und Inszenierung ganz unmittelbar in den Zusammenhang der antifaschistischen Dramatik und Bühnenkunst. Doch wuchsen das Schauspiel und seine Verifizierung auf der Bühne im Laufe der Arbeit in Dimensionen, die über den tagespolitischen Anlaß, so bedrückend gegenwärtig er auch blieb, weit hinausreichten. Brooks Atkinson bringt das zum Ausdruck, der seine Kritik in der ›New York Times‹ mit den Worten schließt:

»›The Eternal Road‹ is a deeply moving experience in the theatre. Although

[387] Ludwig Ullmann: ›Max Reinhardt und das amerikanische Theater‹. In: ›Der Turm‹, Jg. 3, H. 314, Wien 1946, S. 122.

the event may have had a political motive originally, it is now the story of the ages, told with great dignity, power and beauty.« [388]

Werfel gibt in seinem Stück den Höhepunkten der alttestamentlichen Geschichte in einer Fülle bewegender Szenen, Prozessionen, Tänze und gleichnishafter Bilder plastische Gestalt. Dieser endlose Zug durch die Jahrhunderte wird durch eine Rahmenhandlung, die in einer Art zeitloser jüngerer Vergangenheit angesiedelt ist, deren ganz aktueller Bezug jedoch immer offenkundig ist, zusammengefaßt: Die sehr differenziert und zum Teil gegensätzlich gezeichneten jüdischen Einwohner einer osteuropäischen Stadt haben sich vor einem angekündigten Pogrom und der unmittelbar zu erwartenden Austreibung in die Synagoge zurückgezogen und schöpften Kraft aus der Geschichte der Wanderungen und Austreibungen des jüdischen Volkes, die ihnen der Rabbi aus der Thora vorliest und die in einzelnen Episoden auf der Bühne dargestellt werden. In heftigen Auseinandersetzungen um die Bedeutung und Verpflichtung dieser geschichtlichen Bindung findet die Gruppe die Antwort auf ihre gegenwärtige Situation [389].

Von rund 230, in einzelnen Szenen vollzählig auf der Bühne versammelten Schauspielern, Tänzern und Sängern wurden diese biblischen Szenen auf den terrassenartig ansteigenden Spielflächen ausgebreitet, die von der Tiefe des Orchesterraumes wie ein vielfach abgetreppter Berg bis zu den scheinbar im Unendlichen verschwindenden Säulen des Himmelstores 17 Meter emporragten [390]. Trotz der in jeder Hinsicht spektakulären Ausmaße der Inszenie-

[388] B. Atkinson: ›The Eternal Road‹. In: ›New York Times‹, 8. 1. 1937.

[389] Nach einem im Lincoln Centre eingesehenen Typoscript-Textbuch aus dem Jahre 1935 mit den erwogenen Titeln: ›The Road of Promise‹ oder ›Path of Destiny‹. – Auf eine detaillierte Beschreibung der Inszenierung kann verzichtet werden, da gerade dieses Ereignis vielfältig belegt und dargestellt ist. Ich verweise auf: G. Adler: ›Max Reinhardt‹, a. a. O., S. 260 ff; Heinrich Braulich; ›Max Reinhardt. Theater zwischen Traum und Wirklichkeit‹. Berlin 1966, S. 228 ff.; Helga Meister: ›Franz Werfels Dramen und ihre Inszenierungen auf der deutschsprachigen Bühne‹. Phil. Diss. Köln 1964, S. 216 ff; Kurt Pinthus: ›Max Reinhardt and the USA‹. In: ›Theatre Research‹, Jg. 4, H. 1, Florenz 1962, S. 151 ff. – Nach ›The Eternal Road‹ war Reinhardt als Regisseur im amerikanischen Theater kein Glück mehr beschieden: Eine ›Faust‹-Inszenierung, die im Sommer 1938 in zwei kalifornischen Freilichttheatern aufgeführt wurde, fand keinen Beifall, ebensowenig seine New Yorker Inszenierung von Thornton Wilders ›The Merchant of Jonkers‹ im Dezember 1938, der freien Adaption von Nestroys ›Einen Jux will er sich machen‹, die Wilder auf Reinhardts Anregung schrieb. 1955 wurde das Stück, überarbeitet und unter dem Titel ›The Matchmaker‹ – von Wilder dem Gedenken Reinhardts gewidmet –, wieder am Broadway herausgebracht, errang internationalen Erfolg und bildete die Grundlage zu dem Musical ›Hallo, Dolly‹ von 1964, das seine Entstehung somit letztlich Reinhardt zu verdanken hat. Reinhardts letzte Inszenierung, Irwin Shaws ›Sons and Soldiers‹, die im Mai 1943 am Broadway Premiere hatte, fand nur negative Aufnahme.

[390] Nach zahlreichen Szenenfotos im Lincoln Centre. Auf der Rückseite eines Bildes heißt es in einer Bühnenbildbeschreibung für die Presse: »The permanent setting consisted of a graded floor rising from the wall of the orchestra and broken into five

rung scheint Reinhardt die naheliegenden Gefahren eines sich in äußerlicher Gigantomanie erschöpfenden Spektakels durch den bei aller Spielfreude und Prachtentfaltung stets gegenwärtigen und die Zuschauer tief beeindruckenden Verweis auf die geistig-religiöse Bedeutung des Ausgesagten und Dargestellten gemieden zu haben. In einer Fülle »großer« Pressekritiken kommt oft geradezu das Erstaunen und die Verblüffung darüber zum Ausdruck, daß trotz des äußeren Aufwandes diese inneren Schichten des Werkes die eigentlich wesentlichen blieben. Denn infolge immer neuer Ankündigungen und Verschiebungen des Premierentermins, infolge einer mit Superlativen nicht sparenden Vorauswerbung und nicht zuletzt auch infolge der sensationellen Nachrichten über Ausmaß und Schwierigkeiten des Projektes waren die Erwartungen vor allem auf diese beeindruckenden Äußerlichkeiten gelenkt worden. Dennoch heißt es:

»Reinhardt has never, so far as we have seen his work, handled crowds with such clarity of movement and impressivness of grouping. Nor kept his central theme moving more comprehendingly.« [391]
»It is hugely purposeful, hugely effective, a full expression of a whole people, and there is the majesty of the voices of millions of grieving humans in it.« [392]

Daß dem Unternehmen von vornherein ein öffentliches Interesse sicher war, lag vorwiegend auch an dem Ruhm, den Werfel, Weill und Reinhardt zumindest in interessierten Kreisen genossen. Werfel hatte mit seinem Roman ›Die vierzig Tage des Musa Dagh‹ in den USA gerade einen außerordentlichen Erfolg errungen, Reinhardt, dessen Ruf als Europas bedeutendster Theatermann auch in den Vereinigten Staaten unbestritten war, hatte spätestens seit seiner New Yorker ›Mirakel‹-Inszenierung von 1924, die bis 1927 durch viele Bundesstaaten reiste, einen weithin bekannten Namen, und Kurt Weill war seit der New Yorker Inszenierung der ›Dreigroschenoper‹ von 1933, die zwar als Theaterereignis nur einen mäßigen Erfolg erzielte, Weills Ruhm als Komponist jedoch verbreitete, kein Unbekannter mehr. So wurde ›The Eternal Road‹ auch von den Amerikanern durchaus als ein Werk der Emigration verstanden. So wird Reinhardt beispielsweise apostrophiert als »the eminent exile, assisted by such distinguished fellow fugitives as Kurt Weill and Franz Werfel« [393].
Daß das Unternehmen dennoch beinahe in einem Fiasko endete, obwohl

levels. It reached its pinnacls in the stairs of the Heavenly Hosts. At the foot of the road and seemingly part of the audience was the synagoge. Along the road the various episodes from the Old Testament were acted. By the use of lights and props, the locale was changed from the wilderness to Joseph's palace in Egypt, to the temple of Salomon, etc.«

[391] Burns Mantle: ›The Eternal Road‹. In: ›New York Daily News‹, 8. 1. 1937.
[392] Gilbert W. Gabriel: ›Eternal Road‹. In: ›New York American‹, 8. 1. 1937.
[393] Richard Watts: ›The Eternal Road‹. In: ›New York Herald Tribune‹, 8. 1. 1937.

die Kritik ihm anderthalb Millionen Zuschauer oder sogar eine unbegrenzte Laufzeit prophezeit hatte, bekommt angesichts eines solchen kaum bestrittenen künstlerischen Erfolges einen fast tragischen Akzent und hat speziell auf die Bereitschaft der Theaterunternehmer und -finanziers, Reinhardt weiterhin Schaffensmöglichkeiten zu geben, einen lähmenden Einfluß ausgeübt. – Die Produktionskosten hatten sich auf die für damalige Verhältnisse noch sensationelle Summe von 500 000 Dollar belaufen, und über 30 000 Dollar verschlang die Inszenierung wöchentlich. Unter diesen Umständen war es nicht möglich, das Defizit durch die Kasseneinnahmen zu decken, so daß die Finanziers des Unternehmens, um eine ständige Vergrößerung des Defizits zu vermeiden, das Stück nach 153 ausverkauften Vorstellungen und einer Spielzeit von fünf Monaten vom Spielplan nahmen.

Im Gegensatz zur Publizität der ›Eternal Road‹-Inszenierung ist auf Grund ihres geringen Bühnenerfolges über zwei andere Exildramen und deren Inszenierungen viel weniger bekannt als ihnen hinsichtlich ihrer Bedeutung innerhalb der dramatischen und theatralischen Auseinandersetzung mit dem Nationalsozialismus zukommt. Gemeint sind die beiden Dramen ›Another Sun‹ von Fritz Kortner und Dorothy Thompson[394] und ›Somewhere in France‹ von Fritz Kortner und Carl Zuckmayer. – Kortner verstand seine Emigration von Anfang an als Verpflichtung zum politischen Kampf gegen den Nationalsozialismus, und daher versuchte er, über das Medium des Theaters um Verständnis und Anerkennung für die Situation der Emigranten zu werben. Denn mit dem Schicksal von Emigranten setzen sich die Stücke auseinander, zu denen wohl in beiden Fällen Idee und entscheidende Impulse von Kortner ausgingen.

Aus den zahlreichen erhaltenen Notizen über Entstehung und Produktion von ›Another Sun‹, die ab 1937 bis zur Premiere am 23. 2. 1940 in der New Yorker Presse erschienen, läßt sich die Geschichte dieses Stückes detailliert verfolgen[395]: Bereits Ende 1937 hatte Kortner eine erste deutsche Fassung fertiggestellt und übersetzt. Zu dieser Zeit wurde es unter dem Titel ›Spell Your Name‹ [zwischenzeitlich auch ›It Might Have Been You‹] angekündigt. Dorothy Thompson beteiligte sich seit Ende 1939 an der Neufassung des Stückes, das im Verlaufe dieser Zusammenarbeit einige wesentliche Veränderungen erfuhr: Während der erste Akt der früheren Fassungen noch in Deutschland lokalisiert war, hatte die endgültige Version nur

[394] Dorothy Thompson: Geb. 1894. Amerikanische Journalistin. Universitätsstudium und Lehrtätigkeit; Sozialarbeit; 1915–1917 in der Frauenrechtsbewegung tätig; 1928–1942 Ehe mit Sinclair Lewis; seit 1920 als politische Auslandskorrespondentin für verschiedene große amerikanische Zeitungen tätig; weitreichender politischer Einfluß.

[395] Notizen in: ›New York Times‹ vom 10. 11. 1937, 11. 5. 1938, 3. 2. 1939, 11. 2. 1939, 23. 11. 1939 und 9. 1. 1940.

einen einheitlichen Schauplatz, die New Yorker Wohnung eines emigrierten deutschen Schauspielers und seiner Frau. Die Fabel des Stückes zeigt eine ganze Reihe autobiographischer Züge oder zumindest doch vom persönlichen Schicksal Kortners herzuleitende Konstellationen: Ein berühmter Schauspieler geht aus Protest gegen die Boykottierung und Inhaftierung eines ihm befreundeten Dramatikers ins Exil, findet in Amerika auf Grund der Sprachbarriere keinen Zugang zu seinem Beruf, lebt vom mageren Verdienst seiner Frau und muß sich mit dem plötzlichen, vollkommenen Verlust seines Ruhms, seiner sozialen und gesellschaftlichen Stellung und den Notwendigkeiten seiner Isolierung und Armut auseinandersetzen: Die Grundproblematik des Emigranten, der von der Beherrschung und künstlerischen Gestaltung der Sprache lebt, sich nun ohne jeden Übergang dieses Mediums beraubt und ins Schicksal der Sprachlosigkeit geworfen sieht, ist hier zum zentralen Thema geworden, artikuliert mit den Mitteln einer Kunstform, deren Medium die Sprache ist. Neben dem Schauspieler und seiner Frau werden in den Randfiguren der Mitbewohner und Freunde in New York mehrere andere typische Emigrantenschicksale vorgeführt. – Schon aus dieser Zusammenfassung wird vielleicht deutlich, worin der – von allen Referenten ausnahmslos als Hauptursache des Mißerfolges angeführte – Fehler des Stückes lag: Kortner hatte es nicht verstanden, die tragischen Einzelschicksale in eine dramatische, bühnengemäße Handlung zu binden. Dem Stück wurde seine Statik, das Übergewicht dialogischer Reflexionen und das Fehlen einer zentralen motorischen Kraft vorgeworfen. Brooks Atkinson schreibt:

»All the scheming, all the desperate hoping for assistance, all the wishing that the German oppressor will be overthrown are doubtless painful realities in the bleak life of an exile. But still the playwright has to make a living play out of them. What seems dead in a man's heart has somehow to be translated into the life of a stage drama.« [396]

Dabei darf nicht übersehen werden, daß die Kritik dem Unternehmen durchaus wohlwollend gegenüberstand: Man war auf das erste Drama der berühmten politischen Kolumnistin gespannt (in den meisten Kritiken wurde Dorothy Thompson als Hauptautorin und Kortner lediglich als Mitautor genannt) und auch Kortner besaß als Schauspieler und prominenter Vertreter der deutschen refugees einen guten Ruf. Daneben aber brachten gerade die literarischen Kreise der USA der Situation und den Schwierigkeiten der Emigranten viel Verständnis und Sympathie entgegen. So klingt – wie in Atkinsons Rezension – in den Aufführungskritiken immer wieder

[396] B. Atkinson: ›Another Sun‹. In: ›New York Times‹, 24. 2. 1940. Weitere Kritiken in: ›New York Telegram‹, ›Christian Science Monitor‹, New York 24. 2. 1940 und ›Variety‹, 28. 2. 1940.

das Bedauern darüber an, daß einem so wichtigen und ernsthaften Vorhaben nicht mehr Erfolg zuteil wurde. Der Grund für das Scheitern wurde nahezu einhellig allein in den Mängeln des Stückes gesehen; zwar fand Kortners Regie keine ausdrückliche Bewunderung, doch die schauspielerischen Leistungen des Ensembles, in dem Emigranten überwogen, wurden ausnahmslos gelobt. Zu ihm gehörten so namhafte Schauspieler wie Adrienne Gessner, Johanna Hofer und Erwin Kalser. Der besonders starke Beifall der Kritik für den Darsteller der Hauptrolle, den jungen Wiener Schauspieler Hans Jaray [397], der mit dieser Rolle sein Broadway-Debut und gleichzeitig sein Debut als englischsprachiger Schauspieler gab, schien diesem die vorausgesagte Karriere als Broadway- oder Hollywood-Star zu eröffnen: »the actor gives as direct, sensitive and skilful a performance as possible under the circumstances, and he has the look and personality for Hollywood attention.« [398] Dennoch: Nach elf Vorstellungen wurde das Stück vom Spielplan abgesetzt.

Noch weniger Erfolg war der Inszenierung der Gemeinschaftsarbeit ›Somewhere in France‹ von Carl Zuckmayer und Fritz Kortner beschieden: Das Stück wurde nach dem Try-out am 28. 4. 1941 in Washington mit der offiziellen Begründung zurückgezogen, die Beseitigung der offensichtlichen Fehler der Inszenierung mache eine Verschiebung der New Yorker Premiere nötig. Trotz gegenteiliger Ankündigungen der Theatre Guild, von der es produziert worden war, tauchte es nie wieder auf. Die in der Pressekritik namhaft gemachten Gründe für dieses erneute Scheitern gleichen in überraschendem Maße den für den Mißerfolg von ›Another Sun‹ angeführten: Wieder wurde dem Stück die Wichtigkeit und Ernsthaftigkeit der vermittelten Botschaft attestiert – »There have been a number of plays this season with neither theme nor message; so, [. . .] here is a message without a play« [399] – und wieder wurde als hauptsächlicher Mangel kritisiert, daß es mit Statements, politisch theoretischen Erörterungen und einer verwirrenden Fülle verschiedener Teilprobleme, die von zu vielen Nebenfiguren vorgetragen würden, überfrachtet sei.

Das Stück war der »Versuch einer modernen Bearbeitung von Anzengrubers ›Viertem Gebot‹« [400]. Allerdings blieb nur die Hauptfabel erhalten und wurde aus dem österreichischen Beisl-Milieu in das Frankreich der Gegenwart von 1940/41 verlegt. Während die Idee wohl von Kortner stammte,

[397] Hans Jaray: Geb. 1906 in Wien. Schauspieler und Lustspielautor. Ausbildung an der Wiener Akademie für Musik und darstellende Kunst; 1923 als Schauspieler am Volkstheater in Wien; seit 1930 am Theater in der Josefstadt; 1938–1948 Emigration nach den USA; 1949 wieder am Volkstheater; seit 1950 am Theater in der Josefstadt; seit 1952 dort Spielleiter; lehrt am Max Reinhardt-Seminar.

[398] Hobe: ›Another Sun‹. In: ›Variety‹, 28. 2. 1940.

[399] Mac: ›Somewhere in France‹. In: ›Variety‹, 30. 4. 1941.

[400] ›Fülle der Zeit. Carl Zuckmayer und sein Werk‹. [Frankfurt a. M.] 1956, S. 183.

hatte Zuckmayer den größeren Anteil an der Ausarbeitung des Stückes. Die grundsätzlichen und nicht allein auf die französische Situation beschränkten Fragen der Haltung gegenüber dem Nationalsozialismus, also das Problem der vielfach differenzierten Entscheidung zwischen Resistance und Kollaboration bildete die Achse des Stückes. Die zeitgeschichtliche Brisanz der damit angerührten Fragen wurde durchaus gesehen und gewürdigt. Dennoch ist das Urteil negativ:

»As such an essay, as one more report on ›what happened in France‹ it is interesting. And the parallel between the state of mind of many of these French people shown here and that noted in many quarters of the U.S. today, is arresting. But it still isn't a play.« [401]

Zuckmayer schildert die Schwierigkeiten, denen er und Kortner sich bei der Inszenierungsarbeit gegenübersahen [402]: Dem von der Guild ausgewählten jungen Regisseur blieb die europäische Atmosphäre fremd, so daß die geschilderten Beziehungen und Spannungen zwischen der französischen Bevölkerung und der deutschen Besatzungsmacht nicht deutlich zum Ausdruck kamen. Daher übernahm Kortner die Probearbeit weitgehend selbst, ohne jedoch nach außenhin als Regisseur in Erscheinung zu treten. Zuckmayer hingegen versuchte, während die Proben bereits liefen, die inzwischen erkannten Schwächen des Textes zu beseitigen und arbeitete das Stück teilweise um. Beide zweifelten zu diesem Zeitpunkt bereits an einem Erfolg. – Dennoch beurteilte die Presse Regie, schauspielerische Leistung des bis auf Herbert Berghof und Walter Slezak amerikanischen Ensembles und das Bühnenbild eines »typischen« französischen Weinlokals durchaus positiv.

In der Beurteilung der beiden Stücke durch die amerikanische Kritik scheinen gewisse normativ-dramaturgische Kriterien eine Rolle gespielt zu haben, die etwa für die Kategorie des zeitgeschichtlichen Problemstückes einen bestimmten, durch eine Tradition der Gewohnheit herausgebildeten dramaturgischen Aufbau voraussetzten. Eine aktive, motorische und in sich geschlossene Spielhandlung würdigte die Kritik höher als die Bedeutung und Behandlung der jeweiligen Problematik, welche die Realitätsebene des Stückes nicht verlassen durfte, in Aktion aufzulösen war und auf retardierende Elemente weitgehend verzichten mußte. Der Begriff des »stirring play« spielt im angelsächsischen Theater eine wesentlich entscheidendere Rolle als etwa im deutschen der vergleichbare einer »spannungsgeladenen Handlung«.

Aus Furcht vor finanziellem Risiko war im kommerziell orientierten und

[401] ›Variety‹, 30. 4. 1941.
[402] Nach einem Gespräch mit Carl Zuckmayer im Sept. 1969.

gebundenen amerikanischen Theater der Vorkriegszeit die Verwendung neuer formaler Mittel selten geworden, was wiederum die Empfindlichkeit des Publikums gegenüber ihm unvertrauten und von ihm nicht erwarteten dramatischen Techniken gesteigert hatte; daher – hier schließt sich der Zirkel – konnte jedes Überschreiten der Normen für das Theater die mögliche Gefährdung seiner ökonomischen Basis bedeuten. Noch immer dominierte auf dem amerikanischen Theater eine durch Ibsens Dramatik und den Schauspielstil Stanislawskis bestimmte psychologisch-naturalistische und illusionistische Szene derart unumschränkt, daß eine Kritik an anderen, unvertrauten dramatischen und szenischen Methoden nicht erst bei Brecht, sondern auch schon bei den beiden, diesen Forderungen noch nahestehenden Dramen Kortners und Zuckmayers einsetzte.

Bertolt Brecht war auf dem amerikanischen Theater bis 1945 nur durch zwei Inszenierungen bekanntgeworden; das heißt, da beide nur wenige Aufführungen erlebten, war er für das amerikanische Publikum weitgehend ein Unbekannter geblieben: Die Inszenierung der ›Dreigroschenoper‹ fand kein positives Echo und bedeutete lediglich für Weill eine Verbreitung seines Rufs in musikalisch interessierten Kreisen. Spektakulärer war im November 1935 der Mißerfolg der ›Mutter‹-Inszenierung durch die Theatre Union, die von der irritierten bürgerlichen Presse zum großen Teil aus Unverständnis und antikommunistischem Ressentiment, aber auch wegen der Mängel der Aufführung fast einhellig abgelehnt wurde[403]. So ging Brecht, als das Theatre of All Nations, eine zum großen Teil aus Emigranten zusammengesetzte Truppe, am 12. Juni 1945 die Inszenierung von ›The Private Life of the Master Race‹ vorstellte, höchstens der Ruf eines exzentrischen, zwar nicht unbegabten, aber um so eigenwilligeren Dramatikers voraus, der sein Talent im Dienst kommunistischer Parteipropaganda profaniert hatte; Voraussetzungen, die eine vorurteilslose Berichterstattung nicht unbedingt förderten. Hinzu kam, daß auch die Inszenierungsarbeit an ›Private Life‹ selbst nicht frei von Spannungen blieb und diese inneren Gegensätze sich in der mangelnden Geschlossenheit der Ensembleleistung manifestierten: Piscator, der die Regie übernommen hatte, legte die Arbeit kurz vor der angesetzten Premiere nieder und machte Berthold Viertel Platz[404]. Doch gelang es weder ihm noch Brecht und Eisler, die zu den

[403] Brecht hatte eine solche Reaktion befürchtet: In dem Gedicht ›Als der Klassiker am Montag, dem siebenten Oktober 1935, es verließ, weinte Dänemark‹, das er auf der Überfahrt nach New York schrieb, fragt er zweifelnd: »Gern steht das Allerneuste dort im Licht,/ Ob sie jedoch ein Lehrstück schon verstehen?« [›Gesammelte Werke, a. a. O., Bd. 9, S. 560]. Einen Überblick über die Haltung der New Yorker Kritik gibt Brecht auszugsweise in seinen Anmerkungen zu ›Die Mutter‹ [›Gesammelte Werke‹, a. a. O., Bd. 17, S. 1057 ff.].

[404] Für die Darstellung Baulands: ›The Hooded Eagle‹, a. a. O., S. 155, Viertel habe die Regie niedergelegt, die dann von Eric Russell Bentley übernommen worden sei,

Proben aus Hollywood angereist waren, bis zu dem nicht verschiebbaren Premierentermin die Schwächen der Inszenierung zu beseitigen. Brecht versuchte vergeblich, die Pressevertreter aus der Premiere fernzuhalten, voraussehend, welcherart die Besprechungen sein würden. Zwar ging es in diesem Fall nicht um die vom Urteil der Kritik abhängige Laufzeit des Stückes, da von vornherein nur sechs Vorstellungen vorgesehen waren, doch Brecht kämpfte noch immer darum, Zugang zum amerikanischen Theater zu finden. Er wußte, daß ein neuerlicher Mißerfolg eines seiner Stücke diese Aussichten empfindlich schmälern würde. Auch auf die schon projektierte Inszenierung des ›Galilei‹ – Brecht arbeitete damals bereits mit Charles Laughton an der englischen Bühnenfassung – mußte eine negative Aufnahme Schatten werfen.

Hinzu kommt, daß es zu Brechts Arbeitsstil gehörte, seine Dramentexte in unmittelbarer Verbindung mit der Bühne zu erarbeiten und erst in den Proben endgültig zu formulieren. Stücke, die nicht in der praktischen Probenarbeit experimentell getestet waren, blieben für Brecht fragmentarisch. »Denn dieses Experiment war für Brecht eine Phase der Arbeit, die zum Stück gehört wie das Schreiben.«[405] Im Exil jedoch ergaben sich solche Möglichkeiten nur in wenigen Fällen, obwohl gerade Brecht, um die agitativen Absichten seiner antifaschistischen Stücke wirksam werden zu lassen, im Aufbau dieser Dramen die beschränkten Möglichkeiten der Amateur- und Emigrantenensembles berücksichtigte. In einer Anmerkung zu ›Furcht und Elend‹ schreibt er:

»Damit das Stück sogleich unter den ungünstigen Umständen des Exils aufgeführt werden konnte, ist es so verfaßt, daß es von winzigen Spieltruppen [...] und teilweise [...] gespielt werden kann.«[406]

Bewußt hatte sich Brecht im Exil wieder den Methoden einer »aristotelischen« Dramatik zugewandt; nicht allein um die politische Botschaft seiner Stücke auch an einen Publikumskreis herantragen zu können, dem das Verständnis und die Vorkenntnis epischer Dramatik noch fehlte, sondern

ließen sich keine Belege finden; vielmehr sprechen alle Angaben gegen diese Version. Vgl. F. Pfäfflin: ›Berthold Viertel. Eine Dokumentation‹, a. a. O., S. 48 ff. Auch Bentley selbst äußert in seinem Aufsatz: ›Brecht auf der amerikanischen Bühne‹. In: ›Theater der Welt. Ein Almanach‹. Hrsg. von Herbert Ihering. Berlin 1949, S. 70–75, in dem er auf die Inszenierung eingeht, nichts Derartiges. – Ebenso ließ sich das von Hanns Eisler, in: H. Bunge: ›Fragen Sie mehr über Brecht‹, a. a. O., S. 237 und auch bei Martin Esslin: ›Brecht. Das Paradox des politischen Dichters‹. München 1970, S. 109, erwähnte Detail nicht verifizieren, Brecht habe einen Negerschauspieler weiß geschminkt in der Rolle eines Weißen eingesetzt, worüber sich die New Yorker Theaterkritik entrüstet habe. Nicht eine von sechs eingesehenen Aufführungskritiken New Yorker Zeitungen erwähnt etwas Derartiges.

405 H. Bunge: ›Im Exil‹, a. a. O., S. 144.

406 B. Brecht: ›Gesammelte Werke‹, a. a. O., Bd. 17, S. 1099.

auch um den Emigrantenensembles die Ausbreitung der Botschaft nicht durch ungewohnte formale Probleme zu erschweren [407]. Doch noch 1940, während der Arbeit an ›Der gute Mensch von Sezuan‹ in Finnland, notierte er resignierend:

»Es ist unmöglich, ohne die Bühne ein Stück fertigzumachen. The proof of the pudding. [...] Nur die Bühne entscheidet über die möglichen Varianten. Außer ›Mutter‹ und ›Rundköpfe‹ ist seit der ›Johanna‹ alles, was ich schrieb, ungetestet.« [408]
»Ohne das Ausprobieren durch eine Aufführung kann kein Stück fertiggestellt werden.« [409]

Deshalb mußte Brecht an einem Erfolg besonders gelegen sein, denn nur dadurch wurden weitere Möglichkeiten der Realisation auf der Bühne begünstigt. »Dringend brauchte Brecht eine Theateraufführung« [410], bestätigte Eisler in dem Zusammenhang. So nahm Brecht die Ironie in Kauf, daß sein in den Jahren 1935 bis 1938 geschriebenes Stück, das zur Aufklärung des Auslandes über das wahre Wesen des Nationalsozialismus beitragen sollte, dem amerikanischen Publikum mit neun Szenen [411] erst zu einer Zeit bekannt wurde, als die Kapitulationsurkunden schon unterzeichnet waren. Wie zu erwarten, griff die Kritik diesen Umstand – als eine Beeinträchtigung des Unternehmens – auf:

»›The Private Life of the Master Race‹ did give one new proof of an old theory – that the theatre insists on waiting until everything is over before getting into the discussion. The Brecht play should have been produced some years ago, when the panzer soldiers and the mistrustful citizens the drama discusses were starting out over the Continent. It would have had more point then, it would have sounded a warning.« [412]

Viertel hatte die ungünstige zeitliche Konstellation für die Wirkung der Aufführung deutlich erkannt und seinerseits versucht, einen Weg aus dem Dilemma zu finden. In seinen ›Schriften zum Theater‹ findet sich der inter-

407 »So gefestigt war diese epische Bühne, so groß der Kreis der von ihr Geschulten noch nicht, daß sie in der Emigration hätte aufgebaut werden können. Diese Einsicht liegt der neuen Arbeit von Brecht [›Furcht und Elend des Dritten Reiches‹, H. C. W.] zugrunde.« W. Benjamin: ›Brechts Einakter‹. In: ›Die Neue Weltbühne‹, Jg. 34, H. 26, 30. 6. 1938, S. 827.

408 Werner Hecht: ›Materialien zu Brechts »Der gute Mensch von Sezuan«‹. Frankfurt a. M. 1968, S. 13.

409 Ebenda, S. 16.

410 H. Bunge: ›Fragen Sie mehr über Brecht‹, a. a. O., S. 234.

411 ›The Betrayal‹ – ›The Chalk Cross‹ – ›Prisoners Mix Cement‹ – ›The Jewish Wife‹ – ›In Search of Justice‹ – ›The Informer‹ – ›The Box‹ – ›The Sermon on the Mount‹ – ›The Plebiscite‹.

412 Lewis Nichols: ›Two Plays Off Broadway‹. In: ›Screen-Radio‹, New York 17. 6. 1945.

essante Entwurf zu einer Rahmenhandlung, die das bereits historische Stück in die gegenwärtige Situation Deutschlands im Jahre 1945 binden sollte [413]: Ein amerikanischer Offizier – offenbar ein ehemals nach den USA ausgewanderter deutscher Jude – vernimmt Volkssturmleute, Halbwüchsige und ältere Männer, die in einer von den amerikanischen Truppen während der letzten Kriegswochen besetzten deutschen Stadt gefangengenommen worden sind. Da tritt der Lehrer vor, der bei dieser Befragung an seinem eigenen Fall vom zerstörten Vertrauensverhältnis zwischen Eltern und Kindern berichtet, um das überall ausgesäte Mißtrauen deutlich zu machen. Während er spricht, verschwindet die Szene auf der Vorderbühne im Dunkel, und auf der Hauptbühne beginnt die Szene ›Der Spitzel‹. In dieser Weise sollten alle Szenen aus den retrospektiven Aussagen von Personen der Brechtschen Szenenfolge entstehen. – Die Überlegung Viertels, daß eine derartige Aktualisierung dem amerikanischen Publikum das Stück nähergerückt hätte, erscheint einleuchtend. Es ist nicht bekannt, was Brecht bewog, diesen Vorschlag zu verwerfen. Da Viertel als Zeitpunkt der Fixierung seiner Rahmenhandlung Januar 1945 angibt, wäre bis zur Premiere genügend Zeit zur Ausarbeitung verblieben. Statt dessen schrieb Brecht, nach Eisler speziell für diese Inszenierung [414], die Rahmenhandlung des Panzerwagens:

»the nine scenes are introduced by an uniformed narrator, each act is led off with a song by a Nazi soldier [...], eight German soldiers try to keep the audience form seeing the props shifted.« [415]

Dazu erschien als Projektion die Zeichnung des Panzerwagens.
Ein im Brecht-Archiv befindliches Album mit Szenenfotos gibt einen recht guten Einblick in den Stil der Inszenierung und den Aufbau des Bühnenbildes: Die Bilder zeigen eine weite, leere, im Hintergrund und zu den Seiten von sehr großen, hängenden Projektionsflächen abgeschlossene Bühne, auf welcher der jeweilige Aktionsraum durch Licht herausgehoben wird. Auch Mobiliar und Requisiten sind auf das Notwendigste beschränkt. Durch die Projektionen skizzenhafter Umrißzeichnungen, die im Stil den Zeichnungen Caspar Nehers zur ›Baal‹-Inszenierung von 1926 im Berliner Deutschen Theater ähneln, ist rechts und links die jeweilige Örtlichkeit angedeutet, während auf die mittlere Fläche die Fotos von Größen des Dritten Reiches oder Spruchbänder mit Hinweisen auf die zeitlichen und örtlichen Gegebenheiten projiziert sind – etwa: »The kitchen of a well-to-do house in Berlin 1933« oder »Concentration camp Oranienburg 1934«.

[413] B. Viertel: ›Schriften zum Theater‹, a. a. O., S. 216–221.
[414] H. Bunge: ›Fragen Sie mehr über Brecht‹, a. a. O., S. 235 f.
[415] Wilella Waldorf: ›Bertolt Brecht's »Private Life of the Master Race« is Staged‹. In: ›New York Post‹, 13. 6. 1945.

Das Personenverzeichnis zeigt ein fast zu gleichen Teilen aus Emigranten und amerikanischen Schauspielern zusammengesetztes Ensemble, aus dem Albert Bassermann als prominentester Beteiligter hervorragt und als solcher auch von den amerikanischen Kritikern besonders erwähnt wurde. Bassermann war in den USA zu dieser Zeit kein Unbekannter mehr: Durch eine Vielzahl zumeist kleinerer Filmrollen, in denen er hoch gelobt worden war, hatte der zur Zeit seiner Ankunft in den USA 72-jährige Schauspieler noch einmal eine Karriere aufbauen können. Seine Erfolge als Bühnenschauspieler blieben geringer. Bassermann konnte einen starken deutschen Akzent nicht ablegen und fiel durch sein unamerikanisches Spiel auf. Lediglich in der Rolle des Papstes in Bush-Feketes englischer Dramatisierung von Werfels Roman ›Der veruntreute Himmel‹ [›Embezzled Heaven‹], die im Oktober 1944 den Broadway erreichte, konnte er die uneingeschränkte Akklamation der amerikanischen Pressekritik erringen. – In ›The Private Life of the Master Race‹ spielten er und seine Frau das Lehrerehepaar der Szene ›The Informer‹ [›Der Spitzel‹], und Bassermann mußte sich attestieren lassen:

»He plays it in the traditional manner of domestic comedy in the Jiddish theatre. He works [...] to get laughs in situations which the author intended to be tragic.« [416]
»Mr. Bassermann's manerisms and accent detracted a good deal from the expression of the author's thought.« [417]

Die Inszenierung, von der Eisler sagt, sie sei »wieder einer unserer eklatantesten Mißerfolge« [418] gewesen, wurde von der Kritik fast einhellig abgelehnt. Auch die Szenenfolge selbst stieß nur bei wenigen auf Verständnis und wurde von zwei Kritikern sogar als kommunistische Propaganda abgetan. Nur Eislers Musik fand ungeteilte Zustimmung. Der Tenor der Kritik läßt sich in folgender Äußerung zusammenfassen:

»the play has been largely ruined by a lot of either bad or ill-considered acting and by monotonous direction full of emphasis and wholly wanting in modulation.« [419]

Es muß zumindest erwähnt werden, daß Brechts Stück wenige Tage vor der New Yorker Premiere, am 7. 6. 1945, in der vollständigen Form der englischen Bühnenfassung [17 Szenen] durch Heinrich Schnitzler, der zu dieser Zeit als Professor für Drama und Theater an der University of California in

416 Burton Ruscoe: ›»Master Race« Due for Mighty Leaps‹. In: ›New York World-Telegram‹, 13. 6. 1945.
417 ›Screen-Radio‹, 17. 6. 1945.
418 H. Bunge: ›Fragen Sie mehr über Brecht‹, a. a. O., S. 236.
419 Louis Kronenberger: ›A Play Buried in Production‹. In: ›Daily Morning‹, New York, 13. 6. 1945.

Berkeley lehrte, mit dem von ihm geleiteten Universitätstheater ebenfalls in der Übersetzung Eric Russell Bentleys inszeniert worden war. – Schon im Jahre 1943 hatte Bentley selbst das Stück mit Studenten des Black Mountain College/North Carolina inszeniert.
Im Rahmen der Theaterunternehmen und Inszenierungen, deren Realisation entscheidend durch Persönlichkeiten des deutschen Exils geprägt wurde, dürfen der von Erwin Piscator 1939 gegründete Dramatic Workshop of the New School for Social Research und das ihm seit 1940 angeschlossene Studio Theatre nicht ungenannt bleiben. Gerade von den Dozenten des Dramatic Workshop und den Initiatoren der Theaterarbeit im Studio Theatre, unter denen sich neben namhaften Emigranten wie Hanns Eisler, Kurt Pinthus, Hans José Rehfisch, Carl Zuckmayer die profiliertesten amerikanischen Theaterleute befanden – so Maxwell Anderson, Brooks Atkinson, Harold Clurman, John Gassner, Mordecai Gorelik, Lillian Hellman, Sidney Kingsley, Orson Welles und andere – gingen für die Folgezeit entscheidende Impulse aus. – Um es an einem Beispiel mit Piscators eigenen Worten zu illustrieren:

»Während T. Williams z. B. in meiner Schule war, inszenierte ich gerade Alfred Neumanns und meine Dramatisierung von ›Krieg und Frieden‹. T. Williams war kurze Zeit vorher mit seinem Stück ›The battle of angel‹ durchgefallen. Es war im naturalistischen Stil in drei Akten geschrieben. T. Williams sah nun das episch dramatisierte Werk, das einen Sprecher hatte, keine Akteinteilung, sondern Szenenfolgen, und sein nächstes Werk ›Glasmenagerie‹ verwendet dann erstmalig diesen epischen Stil.« [420]

Der Dramatic Workshop stellte mit seinem umfangreichen und vielseitigen Lehrbetrieb für die USA zu jener Zeit einen völlig neuen Typ dar und kann am ehesten mit einer modernen Theaterakademie verglichen werden. Ein intensives theoretisches Studium stand in unmittelbarer und vielfältiger Wechselbeziehung zur ebenso umfassenden praktischen Ausbildung.
Aus einer Programmschrift des Jahres 1942 geht hervor, daß für Frühjahr 1943 im Rahmen einer Vorlesung ›The rise of the epic theatre; Brecht and Piscator; epic concepts of the drama‹ eine Inszenierung von Brechts ›Der gute Mensch von Sezuan‹ [‹The Good Woman of Sezuan‹] projektiert war. Auch ein Drama Wieland Herzfeldes, das im Frankreich des deutschen Einmarsches spielt und den Titel ›Der Anfang vom Ende‹ [›The

[420] E. Piscator: ›Amerikanisches Theater‹. In: ›Die Andere Zeitung‹, Jg. 3, H. 24, Hamburg 13. 6. 1957, S. 12. – Die Darlegungen über Dramatic Workshop und Studio Theatre sind hauptsächlich durch Originaldokumente im Besitz von H. C. W., in der Akademie der Künste der DDR, der Westberliner Akademie der Künste, durch Berichte im ›Aufbau‹ [(anonym): ›Eine Bühne der jungen Generation‹, Jg. 8, H. 37, 11. 9. 1942, S. 12. – L. Ullmann: ›Erwin Piscators Theater-Universität‹, Jg. 9, H. 5, 2. 2. 1945, S. 13] und durch Rezensionen der New Yorker Presse belegt.

Beginning of the End‹] trägt, soll 1942 in einer Lesung des Workshop vorgestellt worden sein. Das professionell geführte und mit amerikanischen und emigrierten deutschen Berufsschauspielern arbeitende, unter Piscators Leitung stehende Studio Theatre war unmittelbar in den Ausbildungsprozeß eingegliedert. Die Studenten verfolgten die Probenarbeit des Theaters in aktiver Mitarbeit, um mit den Produktionsproblemen eines regulären, professionellen Theaterbetriebs vertraut zu werden. Über die Bedeutung des Studio Theatre und seines monatlich wechselnden Spielplans schreibt Bauland:

»The Studio Theatre presented some of the most interesting drama in New York during the ten years of its existence. Piscator's repertory was not restricted to the experiments that had brought him fame in Berlin. His selections were varied and included many plays of German origin. In a decade when the New York stage and Broadway were synonymous, and when even the university drama groups were doing largely ›hit‹ plays warmed over, Piscator's theatre was one of the few that presented noncommercial drama of quality.« [421]

Der große Einfluß Piscators und der Emigranten unter seinen Mitarbeitern auf die Ausbildung und geistige Prägung einer Generation amerikanischer Theaterschaffender darf auch angesichts der Tatsache nicht unterschätzt werden, daß dieser didaktische Aspekt im Wirken der geistigen Emigration und so auch die Arbeit des Dramatic Workshop bisher in keiner Weise angemessen untersucht und gewürdigt worden ist. Doch allein eine – unvollständige – Liste der prominenten Dramatiker, Regisseure und Schauspieler des amerikanischen Theaters, die bei Piscator lernten, läßt diesen Einfluß schon ahnen: Zu seinen Schülern gehörten Julian Beck und Judith Malina, Marlon Brando, Arthur Miller, Rod Steiger und Tennessee Williams. »›In Amerika werden wir zu Lehrern‹, pflegte Max Reinhardt resignierend zu sagen« [422], dessen eigenem, von 1938 bis 1940 bestehendem Workshop for Stage, Screen and Radio in Hollywood nur wenig Erfolg beschieden war.

Es ist zu fragen, ob Reinhardts Resignation angesichts dieser Erkenntnis berechtigt ist, ob nicht vielmehr der indirekte Einfluß der Emigranten über die verschiedenartigsten Lehrfunktionen an vielen Orten des Landes dem amerikanischen Theater sogar entscheidendere Impulse vermittelt hat, als es die Integration emigrierter Theaterleute in den Theaterbetrieb vermochte.

Sicher ist es kein Zufall, daß sich die oben dargestellten Dramen und Inszenierungen, deren Zustandekommen und Gestalt vom Wirken der Emigration direkt und entscheidend geprägt wurden, in der Hauptsache mit dem

[421] P. Bauland: ›The Hooded Eagle‹, a. a. O., S. 146.
[422] E. Lothar: ›Das Wunder des Überlebens‹, a. a. O., S. 184.

Phänomen des deutschen Faschismus auseinandersetzten. Darin kann eine Bestätigung der Forderung gesehen werden, die Walter Benjamin mit den Sätzen zum Ausdruck bringt: »Das Theater der Emigration kann nur ein politisches Drama zu seiner Sache machen. [. . .] Das Theater der Emigration muß von vorn beginnen; nicht nur seine Bühne, sondern auch sein Drama ist neu aufzubauen.« [423]

c) Exildramatik in amerikanischer Produktion

Die Exildramatik nimmt unter den modernen Dramen deutscher Herkunft, die ohne die im vorigen Abschnitt charakterisierte Initiative und prägende Beteiligung der deutschen Emigration an amerikanischen Theatern produziert wurden, nur den kleineren Teil ein [424]. Es bedarf keiner Erläuterung, daß es sich dabei vor allem um Stücke handelte, deren dramaturgischer und stilistischer Aufbau dem dargestellten herrschenden Trend im amerikanischen Theater entsprach.

Als erstes Drama eines emigrierten deutschen Autors wurde im September 1933 ›Kultur‹ von Theodore Wächter in einer rein amerikanischen Produktion am Broadway aufgeführt. Die Grundkonstellation der Handlung weist eine erstaunliche Ähnlichkeit mit Wolfs im Frühjahr 1933 entstandenen ›Professor Mamlock‹ auf: Auch hier steht im Mittelpunkt ein jüdischer Chirurg, der die beginnende Rassendiskriminierung erfahren muß. Doch ganz im Gegensatz zu Wolf nimmt Wächter die Geschehnisse in Deutschland zum Anlaß einer wohl satirisch gemeinten, »schwarzen« Komödie: Die Ausgangsposition für erste »komische« Effekte ist gegeben, als der Professor – er selbst ein unpolitischer, liberaler Mann, seine Familie jedoch bereits nationalsozialistisch »gleichgeschaltet« – von seiner ihm bislang unbekannten jüdischen Abstammung erfährt. Der Schock, den diese Nachricht und die darauffolgende Amtsenthebung des Professors in der Familie auslösen, ist beträchtlich. Da verunglückt der Kanzler des ungenannten europäischen Landes, in dem das Stück angesiedelt ist. Nur der entlassene Professor besitzt die Qualifikationen, eine erfolgversprechende Operation durchzuführen. Als Arzt an seinen hippokratischen Eid gebunden, leistet er dem Ruf Folge und rettet den Diktator, dem – wohl auch als ein komischer Effekt gedacht – während der Operation jüdisches Blut übertragen wird. Zum Dank bietet man dem Professor die völlige Rehabilitierung an, doch er lehnt ab und geht in die Emigration. – Den Kritiken

[423] W. Benjamin: ›Brechts Einakter‹, a. a. O., S. 825.

[424] Zur Ergänzung des Gesamtbildes muß zudem berücksichtigt werden, was Baulands: ›The Hooded Eagle‹, a. a. O., S. 134, anführt: »The years between 1930 and 1945 in New York were actually without much European drama of any kind, but the German offered the least likely choice.«

zufolge schwankte das Stück unsicher zwischen den Extremen eines »heavy-footed, old-fashioned farce poking fun« [425] und »lengthy and rather obvious speeches about racial intolerance and the place of the Hebrew in civilization« [426]. Diese angesichts der Bedeutung des abgehandelten Themas eher peinliche Mischung divergierender Elemente wurde von der Kritik als Hauptgrund für das geringe Echo beim Publikum angeführt. Es heißt:

»the play descends to the lower level of cheap Broadway farce comedy, which was a poor way to treat what should have been a tragic theme.« [427]

So ist es nicht verwunderlich, daß das Stück, trotz guter Kritik für Inszenierung und schauspielerische Leistung, nur auf zehn Aufführungen kam. Wächters Drama macht erneut deutlich, daß der Versuch, schon 1933 das Geschehen in Deutschland szenisch darzustellen, auf nahezu unüberwindliche Schwierigkeiten stoßen mußte. Gerade an diesem Beispiel wird daher die prophetische Kraft der zur selben Zeit entstandenen Stücke Wolfs und Bruckners deutlich, die beide [›Professor Mamlock‹ und ›Die Rassen‹] ein unbedingt wahrheitsgetreues Bild des anbrechenden nationalsozialistischen Terrorregimes zu einer Zeit zeichneten, da für die Mehrzahl der Deutschen die Richtung der kommenden Entwicklung noch im Dunkeln lag. Beide Dramen enthalten bereits in nuce die kommenden Ereignisse, transponiert in die lastende, unheimliche Stimmung aus Furcht und Haß.
Gerade solchen Dramen konnten jedoch die amerikanischen Bühnen zumindest während der ersten Jahre nach 1933 und ohne die sachkundige Unterstützung durch die Emigranten aus dem Dritten Reich nicht gerecht werden. Für Amerikaner überstieg das, was in Deutschland als tagtägliche Realität erfahren wurde, jeden Erfahrungshorizont. Daher überraschte die Emigranten immer wieder die Unsicherheit und Ungenauigkeit in der Darstellung schon der äußeren Realitätsschichten des nationalsozialistischen Deutschlands im amerikanischen Theater: Mit den fehlerhaften Uniformen, der Unkenntnis des militärischen Zeremoniells, der allgemeinen Anrede- und Grußformeln etc. begann die Verzeichnung der Atmosphäre, und es entstand eine den Ernst der Aussage mindernde Karikatur anstelle des beabsichtigten Porträts. Das typisierte Bild vom nationalsozialistischen Deutschland setzte sich aus einer merkwürdig irrealen, oft in fast mythische Bereiche ragenden Mischung von sadistischem Gruselkabinett, brutalem Gangstertum, omnipotentem Staatsmilitarismus und heidnischem Kultus zusammen, genährt durch die offiziellen Bilder und Wochenschauaufnahmen von Bücherverbrennungen, Parteitagen, Fahnenweihen und durch die

[425] W. Waldorf: ›»Kultur« at the Mansfield‹. In: ›New York Evening Post‹, 27. 9. 1933.
[426] Howard Barnes: ›Kultur‹. In: ›New York Herald Tribune‹, 27. 9. 1933.
[427] Stephen Rathburn: ›»Kultur« opens‹. In: ›New York Sun‹, 27. 9. 1933.

immer dichtere Flut der Nachrichten und schockierenden Details aus deutschen Konzentrationslagern. Man übersah aus der Ferne des amerikanischen Kontinents, daß das Verbrecherische bevorzugt in der Maske des Positiven, des Durchschnittlichen, Normalen und Unauffälligen auftrat und damit dem Normalbürger die Möglichkeit gab, sein unterschwelliges Mißbehagen mit dem äußeren Erscheinungsbild des neuen Regimes zu beruhigen. Dieses Bild, das man sich in den USA vom Dritten Reich machte, spiegelte sich seinerseits in den zahlreichen reißerischen Antinazi-Filmen Hollywoods wider, wo ein derart dankbares Sujet natürlich nicht unvermarktet blieb. Die enttäuschte Abwendung Brechts vom amerikanischen Film nach seinen negativen Erfahrungen mit dem Script für den Heydrich-Film ›Hangmen also Die‹ steht hiermit im Zusammenhang. Es gehört zu den Paradoxien dieses Exils, daß gerade durch die Entstehung dieses neuen Film-Genres vielen emigrierten deutschen, oft jüdischen Schauspielern Arbeitsmöglichkeiten in Hollywood geboten wurden – nämlich als Darsteller von Parteigenossen, SS-Leuten und KZ-Wächtern, in Rollen also, für die ihr harter deutscher Akzent, der ihnen bis dahin nur hinderlich gewesen war, plötzlich gewünscht wurde.

In diesen falschen Erwartungen liegen auch die wesentlichen Gründe für das Scheitern der Theatre Guild an Bruckners ›Rassen‹ im März 1934. – Bruckner war auf Einladung der Guild zur Inszenierungsarbeit nach New York gekommen und hatte an der Übersetzung mitgearbeitet. Seine Tagebuchaufzeichnungen während dieses Amerikaaufenthaltes [428] geben ein plastisches Bild der Schwierigkeiten, denen die Mitarbeiter der Guild bei der Aufgabe gegenüberstanden, das nationalsozialistische Deutschland abzubilden, das sie selbst nicht kannten. Am 25. 2. 1934 notiert Bruckner als ersten Eintrag zu der Inszenierung seines Stückes:

»Dilettantisch die Übersetzung
" " Regie
" " Besetzung
" " Bühnenbilder
" der ganze Eifer dieser Guild.
Wie wird es werden.«

Die nächsten Notierungen setzen am Tag vor der Tryout-Premiere in Philadelphia, am 18. 3. 1934, ein:

»Wenn ich nicht längst die Erfahrung gemacht hätte, daß jede Stadt (gar jedes Land) ihr eigenes Theater haben, wäre ich nach dieser General Probe restlos verzweifelt. So bin ich lediglich neugierig.«

428 Nach einem handschriftlich geführten Taschenkalender Bruckners für 1934 [im Ferdinand-Bruckner-Archiv].

19. 3. 1934, Philadelphia:

»Ein unbewegliches, massives, ahnungsloses Publikum vor einer ebenso ahnungslosen Vorstellung. Zu diesem Durchfall bin ich nicht nur hergefahren, sondern habe 2 Monate hier verputzt.«

20. 3. 1934, Philadelphia:

»Die ganze Nacht ›Sitzung‹ der Guild, Schmus. Worauf es ankommt: eine ahnungslose Regie. Können sie für NY nicht mehr ändern.«

23. 3. 1934, New York:

»um meine Rückfahrkarte gebeten, gleichgültig, ob die NY Premiere gemacht wird. Es soll sich am Mo in Ph entscheiden. Die ahnungslose Hellburn [Theresa Helburn, die Regisseurin, H.C.W.] probiert dort jeden Tag bis zur Abendvorstellung die Schauspieler kaputt und wird angeblich eine ›vollk. neue Vorstellg.‹ zustande gebracht haben.«

26. 3. 1934, Philadelphia:

»Vorstellung noch schrecklicher. Es offen in der Nachtsitzung allen gesagt.«

27. 3. 1934, Philadelphia:

»Lee Simonson [Bühnenbildner, H.C.W.] bringt mir vorsichtig bei, daß die gestrige Beratung Verschiebung beschlossen habe. Erleichterten Herzens nach NY.«

Die Kritik sah jedoch als Ursache des Scheiterns weniger die Mängel der Inszenierung, sie machte die angeblichen Fehler des Stückes dafür verantwortlich. Bruckner wird vorgeworfen:

»it is he who took a great subject, calling upon forces that are shaping our world for his material, and then permitted those forces to run away with him. [...] Bruckner made of it a sermon. A sermon which is effective, but a sermon just the same. Too often the piece loses sight of its story and turns itself into a one-siden debate.« [429]

Es erstaunt, daß dieser Vorwurf sogar gegenüber einem Drama erhoben wurde, das die von ihm abgehandelte Problematik in eine eher konventionelle, äußerst dramatische Handlung faßt und im Zentrum das Auseinanderbrechen einer Liebesbeziehung schildert; ein Handlungsgefüge also, das viele Entsprechnungen zu dem des durchschnittlichen amerikanischen Problemstückes jener Zeit aufweist. Selbst der amerikanische Kritiker gibt dem indirekt Ausdruck, wenn er auf den weltweiten Erfolg gerade dieses

[429] Robert Garland: ›»Races« Fails to Attain‹. In: ›New York World-Telegram‹ [ohne Datum, wahrscheinlich: 20. 3. 1934].

Stückes hinweist: »it has registered in half the non-Nazi capitals of Europe.«[430]

Dem anderen berühmt gewordenen Drama gegen den Antisemitismus in Deutschland, Wolfs ›Professor Mamlock‹, das von der Jewish Theatre Unit of the Federal Theatre Project am 13. 4. 1937 in New York vorgestellt wurde, war wesentlich mehr Erfolg beschieden[431]. Dazu mag beigetragen haben, daß Wolf der Ruf eines auch in den USA erfolgreichen Dramatikers vorausging. Die eindrucksvolle, viel beachtete Inszenierung seiner ›Matrosen von Cattaro‹ [›The Sailors of Cattaro‹] durch die Theatre Union im Dezember 1934 und der persönliche Erfolg, den Wolf mit einer Lecturetour während seines USA-Aufenthaltes anläßlich der Einladung zum amerikanischen Schriftstellerkongreß erringen konnte, bildeten günstige Voraussetzungen für die Aufnahme des ›Mamlock‹[432]. Allerdings wurde die Wirkung des 1933 geschriebenen Stückes durch den späten Zeitpunkt seiner ersten Präsentation in den USA [1937] beeinträchtigt: Nahezu alle Kritiker wiesen darauf hin, daß die im Drama behandelten Ereignisse durch die Vielzahl erschütternder Nachrichten aus dem deutschen Reich während der letzten Jahre bereits genau bekannt seien und daß sie in der jüngsten Vergangenheit schon verschiedentlich die Thematik für Versuche ihrer Widerspiegelung im Drama abgegeben hätten. Wolfs Stück sage also nichts wesentlich Neues aus:

»›Professor Mamlock‹ loses some of its force by virtue of the fact that we know everything that will happen in it before it happens, having seen plays of the Hitler terror before and read about contemporary Germany at length in the

430 Ebenda. – Gerade Bruckner, der seit 1936 in den USA lebte, war auf amerikanischen Bühnen während der Jahre des Exils keinerlei Erfolg beschieden: 1936 hatte er ›Napoleon I.‹ speziell für Peter Lorre geschrieben. Das Stück sollte mit dem Schauspieler – inzwischen ein Hollywoodstar – am Broadway inszeniert werden, während sich Ernst Lubitsch für die Verfilmung, wohl ebenfalls mit Lorre, interessierte. Diese Projekte, deren Realisierung für Bruckner den Durchbruch in den USA bedeutet hätte, wurden zwar vielfach angekündigt und kommentiert, zu ihrer Durchführung kam es jedoch nie. Vgl. Alma Whitaker: ›Many Stars Seek Role of Napoleon‹. In: ›Los Angeles Times‹, 19. 7. 1936. Das Nichtzustandekommen der Inszenierung mit Lorre ist mehrfach belegt, so mit einer Notiz der ›New York Times‹ vom 12. 3. 1938. Auch über eine andere amerikanische Inszenierung innerhalb des fraglichen Zeitraums ist nichts bekannt. Um so mehr verwundert, daß Bruckner in einer autobiographischen Notiz schreibt: »›Napoleon der Erste‹, Uraufführung 21. Dezember 1936.« In: ›Das Wort‹, H. 4 5, April/Mai 1937. – Um 1936/37 wurde desgleichen eine New Yorker Inszenierung von ›Krankheit der Jugend‹ [›Sickness of Youth‹] angekündigt, die ebenfalls nicht realisiert wurde. Eine Inszenierung der ›Elisabeth von England‹, unter dem Titel ›Gloriana‹ 1938 am Broadway vorgestellt, fand so geringen Beifall, daß das Stück nach nur fünf Vorstellungen zurückgezogen wurde.

431 Ein vollständiges Regiebuch [»complete Working-Script«] mit Bühnengrundrissen und Fotos der Dekorationen und Schauspieler befindet sich im Lincoln Centre.

432 Während dieses Amerikaaufenthaltes vom März bis Juni 1935 wurde auf einem »antifaschistischen Theaterabend« zu Ehren Hanns Eislers und Wolfs durch das Social Repertory Theatre eine Szene seines ›Floridsdorf‹ aufgeführt.

papers. As reasonable as Friedrich Wolf writes, as honestly and intelligently and eloquently as his play is put together, the facts remain the same and all the world now knows them.« [433]

Daß gerade Wolfs Drama einen der ersten Versuche darstellte, das Geschehen in Deutschland dramatisch zu gestalten, und daß – ähnlich wie im Fall der Inszenierung von ›Furcht und Elend‹ 1945 – nicht dem Dramatiker vorgeworfen werden konnte, was eher als ein Versäumnis des amerikanischen Theaters anzusehen ist, diesen Tatbestand differenzierend klarzumachen, unternahm keiner der Kritiker [434]. Auch Wolf mußte sich sagen lassen, sein Stück bestehe aus dialogisierten Zeitungsmeldungen, aus einem Dialog zudem, der mehr einer politischen Debatte als dem eines Theaterstücks gliche. In manchen Besprechungen klingt wieder die grundsätzliche Fragestellung nach der Darstellbarkeit derart gegenwärtiger und grundsätzlicher zeitgeschichtlicher Probleme an:

»the subject of Nazi terrorism is altogether too complex, psychologically and politically, for casual play-making. It needs more power than any playwright has brought to it yet.« [435]

Doch war man sich darüber einig, daß Wolfs Drama zu den bedeutendsten antifaschistischen Zeitstücken gehörte, die bisher den Weg auf die Bühne gefunden hatten. Und obwohl auch die Inszenierung und die schauspielerischen Leistungen keine ganz ungeteilte Zustimmung fanden, artikulierte sich doch in allen Darstellungen der tiefe Eindruck, den das tragische Schicksal des jüdischen Professors stellvertretend für das aller vom Nationalsozialismus bedrohten Juden auf die amerikanischen Zuschauer machte: »the sheer force of its honest indignation gives it a certain inescapable impressivness.« [436] Darin ist wohl der hauptsächlichste Grund des für ein zeitpolitisches Problemstück großen Erfolges von 76 Aufführungen zu suchen.

[433] Arthur Pollock: ›»Professor Mamlock«, a Play From Germany About the Hitler Nightmare, Is Presented by the Federal Theatre‹. In: ›Brooklyn Daily Eagle‹, 14. 4. 1937.

[434] Wie sehr Wolf 1933 daran gelegen war, sein Drama möglichst unmittelbar nach Fertigstellung des Textes als Aufklärung über den deutschen Antisemitismus auf die Bühne gebracht zu sehen, wie wichtig ihm also die unmittelbare Aktualität des Stückes als ein Teil seiner Bühnenwirksamkeit erschien, geht aus einem Briefwechsel mit der Theatre Union hervor, die 1933 erwog, das Stück zu inszenieren. Als deutlich geworden war, daß bis zu einer Inszenierung durch die Union noch geraume Zeit vergehen würde, bewog Wolfs New Yorker Vertreter die Truppe, das Stück freizugeben. Das geschah in der Absicht, andere, frühere Aufführungsmöglichkeiten für ›Professor Mamlock‹ zu finden. Vgl. F. Wolf: ›Briefwechsel‹, a. a. O., S. 238–289.

[435] B. Atkinson: ›Nazi Customs and Manners‹. In: ›New York Times‹, 14. 4. 1937.

[436] R. Watts, Jr.: ›Brown Terror‹. In: ›New York Herald Tribune‹, 14. 4. 1937. – Weitere Kritiken in: ›New York Daily News‹; ›New York World-Telegram‹; ›New York Sun‹; ›New York Post‹; ›New York American‹, ›Daily Mirror‹, alle vom 14. 4. 1937; ›Daily Worker‹, 15. 4. 1937 und ›Variety‹, 21. 4. 1937. –

– Ein außergewöhnlicher Vorfall, der sich in einer der ersten Wochen nach der Premiere ereignete, steigerte die Publizität der Produktion beträchtlich: Im Hafen von New York landete Professor Mamlock, vormals Leiter der zahnmedizinischen Abteilung der Berliner Universitätskliniken. Eine erstaunliche Übereinstimmung biographischer Details im Leben des realen Mamlock mit Wolfs Bühnenfigur gaben Stoff für große Presseberichte. Sie rückten das Stück noch stärker in das öffentliche Interesse. Professor Mamlock behauptete zudem, Wolf habe wissentlich seine Biographie zum Vorbild des Dramas genommen. Die Schweizer Uraufführung [8. 11. 1934] habe die gegen ihn einsetzenden Repressalien ausgelöst, die schließlich zum Verlust seiner Stellung und zur Notwendigkeit der Flucht geführt hätten. Wolf bedauerte in einem Telegramm aus Moskau die unglückliche Verkettung von Zufällen und bestritt, von der Existenz des Berliner Mediziners gewußt zu haben. Die Parallelen seien völlig zufällig, er habe vielmehr den Namen seiner Bühnenfigur gewählt, gerade weil er in Deutschland selten und es daher höchst unwahrscheinlich sei, daß sich für einen existenten Namensträger gefährliche Weiterungen ergeben könnten [437].

Erst neun Monate später, im Januar 1938, fand wieder ein im Exil entstandenes Drama eines deutschen Autors in einer rein amerikanischen Produktion den Weg auf eine Bühne New Yorks: Ernst Tollers Komödie ›No More Peace‹ [›Nie wieder Friede‹], die bis heute weder in deutscher Sprache erschienen noch auf deutschen Bühnen aufgeführt ist [438]. Toller gehörte zu den in den USA bekanntesten Persönlichkeiten des literarischen Exils. Sein unermüdlicher Einsatz in Gesprächen mit Politikern, auf Kundgebungen und Vorlesungsreisen in Amerika, in Skandinavien und Großbritannien, die der Schaffung einer Hilfsaktion für die spanische Zivilbevölkerung und – mit Themen wie: ›Hitler – the Promise and the Reality‹ – der Aufklärung über den wahren Charakter des Nationalsozialismus dienen sollten, hatten ihn zu einem der am meisten beachteten und geachteten Sprecher des Exils werden lassen [439]. (Das diffamierende Bild, das Tankred Dorst in seinem Drama vom Emigranten Toller entwirft, entspricht in keiner Weise der historischen Wahrheit!). – Auch als Schriftsteller genoß Toller in den USA größtes Ansehen. Seine expressionistische Dramatik war von den avantgardistischen Bühnen, den Collegetheatern und Little Theatres, vielfach aufgeführt worden. Nicht allzulange vor der Premiere von ›No More Peace‹ hatte New York Inszenierungen von ›Man and Masses‹

[437] Nach Hallie Flanagan: ›Arena. The history of the Federal Theatre‹. [New York 1940], S. 198.

[438] Vgl. dazu J. M. Spalek: ›Der Nachlaß Ernst Tollers. Ein Bericht‹. In: ›Literaturwissenschaftliches Jahrbuch‹, N. F., Bd. 6, Berlin 1965, S. 251–266.

[439] Vgl. dazu J. M. Spalek und Wolfgang Frühwald: ›Ernst Tollers amerikanische Vortragsreise 1936/1937‹. In: ›Literaturwissenschaftliches Jahrbuch‹, N. F., Bd. 6, S. 267–311.

[›Masse Mensch‹ – 1934] und ›The Machine Wreckers‹ [›Die Maschinenstürmer‹ – 1937] gesehen. So fand Tollers neues Stück keine unvorbereitete Öffentlichkeit.

Der New Yorker Inszenierung des im Juni 1936 in London welturaufgeführten Stückes waren bereits zwei andere amerikanische Inszenierungen voraufgegangen, die gewissermaßen als ihre Vorstufen angesehen werden können: Die eigentliche amerikanische Erstaufführung fand am 26.2.1937 in Poughkeepsie/N. Y. durch das Experimental Theatre of Vassar College statt. Diese Bühne ragte durch ihre Bedeutung und ihren Ruf weit über die zahllosen anderen Collegetheater heraus. Zu den bedeutenderen Produktionen dieses Theaters fuhren sogar die Kritiker der großen New Yorker Blätter. So konnte die Uraufführung eines Dramas dieses Autors an dieser Bühne großer Aufmerksamkeit sicher sein. Die Kritiker spendeten der Inszenierung, den schauspielerischen Leistungen und vor allem auch dem Bühnenbild großes Lob, während die Meinung über das Stück geteilt blieb. Der allgemeine Tenor war, daß Tollers Bedeutung als Dramatiker mit diesem Stück zwar wieder bewiesen sei, daß er jedoch in der Form der Komödie nicht seine eigentliche Begabung entfalten könne. Der Humor des Stücks sei stellenweise erstaunlich naiv und die abgehandelte Problematik bereits vielfältig auf der Bühne verarbeitet. Der Gesamteindruck blieb dennoch so positiv, daß das Federal Theatre Project, nach anfänglichem Zögern zwar, das Stück für eigene Inszenierungen übernahm.

Die Gründe dieses Zögerns sind in verschiedener Hinsicht von Interesse: Das Federal Theatre Project, das 1939 wegen des Verdachts kommunistischer Unterwanderung aufgelöst wurde, stand zu dieser Zeit, Mitte 1937, bereits in der heftigen Kritik konservativer Kreise, kommunistischem Gedankengut gegenüber zu aufgeschlossen zu sein. Da jedoch Toller in den USA als Kommunist angesehen wurde, bedeutete die Annahme eines seiner Stücke ein mögliches Risiko für das Federal Theatre [440]. Nach der New Yorker Premiere hieß es dann auch angesichts des in Hitlermaske auftretenden Diktators Cain in einer Pressekritik: » – a caricature which, since it is indirectly sponsored by the Government [das FTP wurde staatlich subventioniert, H. C. W.], might easily cause official trouble.« [441] Vielleicht ist es daher als taktisches Vorgehen der Leiter des Federal Theatre zu verstehen, daß sie Tollers Komödie zuerst an einem weniger exponierten Ort

[440] In einem im Lincoln Centre befindlichen maschinenschriftlichen Report vom Dezember 1936 über Verhandlungen zwischen Tollers Agenten und dem Federal Theatre heißt es: »Mr. Toller is an alien and any preferential treatment of him would immediately raise an issue. [...] The New York Sun [rechtsgerichtetes Blatt, H. C. W.] would accuse Mrs. Flanagan [Leiterin des FTP, H. C. W.] of favoring communism. Mr. Toller may not be a communist, but he is so stamped in this country.«

[441] Robert Sylvester: ›»No More Peace«, at Maxine Elliot's, Shows War is Hell‹. In: ›New York Daily News‹, 29. 1. 1938.

zur Nebensaison produzierten, um zu testen, ob der befürchtete Entrüstungssturm darüber einträte, daß ausgerechnet das einzige staatliche Theaterunternehmen der USA das Bühnenwerk eines »kommunistischen« Autors aufführte. Am 3. 6. 1937 hatte ›No More Peace‹ im Theatre of the Four Seasons, einem Sommertheater in Roslyn auf Long Island, Premiere, die damit in besonderer Weise ein Try-out für New York darstellte. Dem Programmzettel der Aufführung wurde dann auch der sonst nicht zu findende Vermerk aufgedruckt, daß der in den produzierten Stücken zum Ausdruck kommende Standpunkt nicht zwangsläufig der der Works Progress Administration oder anderer staatlicher Organe sei. Da die Kritik positiv reagierte und Anschuldigungen hinsichtlich linker Infiltration ausblieben, wurde das Stück am 28. 1. 1938 in New York herausgebracht. Die Inszenierung war weitgehend von Roslyn übernommen. Derselbe Regisseur hatte das Stück mit dem Großteil derselben Schauspieler für New York inszeniert. Als Bühnenbild hatte man – wie auch schon in Roslyn – das vielfach bewunderte der Vassar-Inszenierung übernommen. Es wurde als konstruktivistisch und modernistisch bezeichnet und seine Variabilität gerühmt. Fotos im Lincoln Centre zeigen eine Bühne aus zwei Spielebenen, die obere den himmlischen Bereich darstellend – auf ihr findet das einleitende Gespräch zwischen Napoleon und St. Franziskus statt – die untere mit Rednerpult, Mikrofon und halbkreisförmiger Chor-Estrade den irdischen Bereich des Landes Dunkelstein bezeichnend. Durch bogenförmige und dreieckige Zwischenwände waren die verschiedenen Spielorte differenziert. Die Kostüme zeigen in karikierender Typisierung Volksquerschnitt: Cut und Zylinder, Polizeiuniform, Overall. – Auch in New York wurden Inszenierung und Darstellung gelobt, während die Musik, die in Collagetechnik Stücke wie Beethovens ›Die Himmel rühmen des Ewigen Ehre‹ und die ›Internationale‹ verarbeitete, wenig Sympathie fand. Sie mußte sich dem Vergleich mit Paul Green/Kurt Weills kurz zuvor am Broadway erfolgreichem Musical ›Johnny Johnson‹ stellen, zu dem sie Ähnlichkeiten aufwies, und sie bestand diesen Vergleich nicht. Auch Tollers Stück selbst fand wenig Sympathie:

»For Ernst Tollers new anti-war comedy [...] is a dull, rambling, elementary vaudeville exercise, devised for children and not very smart children at that.« [442]

Was dem Stück hier vorgeworfen wird, ist zum guten Teil in den großen Unterschieden zwischen deutschem oder europäischem und amerikanischem Humor und Sinn für Komik begründet, wie er sich im Lustspiel artikuliert. Das amerikanische Lustspiel, das zu dieser Zeit in der Mehrzahl

[442] Robert Coleman: ›Offering Found Short of Usual Standard‹. In: ›Daily Mirror‹, 29. 1. 1938.

schon dem Typus der »brutal comedy« angehörte, war in viel stärkerem Maße als das deutsche dieser Zeit auf Slapstick-Effekten und Mitteln des Groteskkomischen aufgebaut. Seine Dramaturgie war von der wirkungsvoll herausgearbeiteten, scharfen, überraschenden Pointe bestimmt und näherte sich den Formen der Film-Groteske. Die deutsche Komödie erschien einem amerikanischen Publikum oft erstaunlich naiv in ihrem Humor, unpointiert und gemüthaft sentimentalisch: »the chief trouble with ›No More Peace‹ is that its satire never seems pointed.« [443]

Ein Zweites kam hinzu: Tollers Stück mußte sich dem Vergleich mit Sinclair Lewis' äußerst erfolgreicher, satirischer Komödie ›It Can't Happen Here‹ stellen, die eine ganz ähnliche Thematik behandelt. Das Stück wurde vor 1936 in einer bundesweiten Simultanpremiere von 21 Theatern des Federal Theatre Project uraufgeführt und stand zum Zeitpunkt der Premiere von ›No More Peace‹ noch immer in vielen Bundesstaaten auf dem Spielplan. Auch ›It Can't Happen Here‹ ist eine bittere Attacke gegen den Geist des Faschismus. Ebenso wie Toller wollte Lewis zeigen, daß der Faschismus nicht als ein fernes, deutsches, italienisches oder spanisches Problem abgetan werden dürfe, daß vielmehr die Gefahr einer Entwicklung in diese Richtung jedem Staat drohe, dessen demokratische Prinzipien durch geheime und unkontrollierte Machtkonzentration, eine monopolistische Wirtschaftsstruktur und nationalistische Überheblichkeit gefährdet würden. Es ist verständlich, daß ein amerikanisches Publikum das Amerika von Lewis' ›It Can't Happen Here‹ stärker beeindruckte als Tollers märchenhaftes, europäisches Land Dunkelstein. So kann als Grund für den geringen Erfolg von Tollers Komödie nicht zuletzt auch dieses unglückliche zeitliche Zusammentreffen zweier thematisch ähnlicher Stücke angesehen werden.

Und schließlich taucht in den Begründungen für das geringe Interesse an Tollers Stück wieder der Vorwurf auf, der sich wie ein roter Faden durch die Beurteilungen der zeitkritischen Dramen emigrierter Autoren zieht:

»It offers nothing new on the subject, nothing that hasn't been said time and again. And said more effectively.« [444]

Dabei muß bedacht werden, daß zwischen der Niederschrift des Stückes und seiner New Yorker Premiere bereits über zwei Jahre vergangen waren. Erstmalig wird dieser Gesichtspunkt von der amerikanischen Kritik berücksichtigt:

»Perhaps his drama, written during the full flush of Nazi power, was forced to wait too long for production.« [445]

[443] R. Watts, Jr.: ›War and Peace‹. In: ›New York Herald Tribune‹, 29. 1. 1938.
[444] ›New York Daily News‹, 29. 1. 1938.
[445] Ebenda.

Eine ganze Reihe der zuvor charakterisierten, halbprofessionellen College- und Little Theatres führte das Stück neben dem Experimental Theatre des Vassar-College in derselben Saison 1937, also noch vor dem Broadway-Debut, auf. Auch in den folgenden Jahren stand ›No More Peace‹ auf dem Spielplan solcher Bühnen, deren künstlerischen Intentionen und Möglichkeiten es offensichtlich entsprach. Zum Teil handelte es sich dabei um Produktionen des Federal Theatre Project [446]. Noch nach 1945 wurde die Komödie im angelsächsischen Raum verschiedentlich aufgeführt [447].

Als ein Gegenbeispiel zu den hier angeführten antifaschistischen Zeitdramen emigrierter Autoren soll die Inszenierung des Dramas ›Letters to Lucerne‹ von Fritz Rotter, einem Wiener Lyriker, der in Hollywood als Drehbuchautor arbeitete, angeführt werden. Das Stück fällt durch seine für die Darstellung politischer Zeitereignisse ungewöhnliche Handlung auf: Sie ist in einer vornehmen Schweizer Privatschule für »höhere Töchter« angesiedelt und beginnt am Tage vor dem deutschen Angriff auf Polen. Durch die schriftlichen Berichte der Anverwandten dringt die politische Wirklichkeit auch in der Abgeschiedenheit der Schule zu den Schülerinnen der Abschlußklasse und beeinflußt und verändert ihre Beziehungen zueinander. Sechs Mädchen, eine Deutsche, eine Polin, eine Französin, eine Engländerin und eine Amerikanerin, haben es sich zur Gewohnheit gemacht, abends in ihrem Schlafraum gegenseitig aus den Briefen von zu Hause vorzulesen. Mit den Briefen drängt sich zerstörerisch das Weltgeschehen zwischen ihre Freundschaft: Aus den Briefen an die Deutsche geht hervor, daß sich ihre Familie offenbar voll und ganz zum Nationalsozialismus bekennt und daß ihr Bruder, der Verlobte der polnischen Mitschülerin, zur Luftwaffe eingezogen wurde. Zuvor der Liebling aller, sieht sich das deutsche Mädchen von wachsendem Mißtrauen umgeben, dem auch die weise Schulleiterin nicht begegnen kann. Das Mißtrauen schlägt in Haß und völlige Abwendung von der deutschen Kameradin um, als die junge Polin erfährt, daß ihre gesamte Familie bei den deutschen Bombenangriffen auf Warschau umgekommen ist. In den Mädchen wird der Verdacht wach, daß ihre deutsche Mitschülerin eine Spionin sei, und sie entschließen sich, einen an diese gerichteten Brief zu öffnen. Doch gerade dadurch erfahren sie, daß

[446] Folgende Inszenierungen in den USA sind – neben den besprochenen – bekannt: 10. 4. 1937 Pittsburgh./Pa.: The »Y« Playhouse [3 Aufführungen]; 23. 4. 1937 Cincinnati/Ohio: Fed. Th. Proj. [11 Auff.]; 24. 5. 1937 Indianapolis/Ind.: Fed. Th. Proj. [6 Auff.]; 28. 1. 1938 Yellow Springs/Ohio: The Antish Players, Fed. Th. Proj. [Simultanpremiere mit N. Y.]; 10. 2. 1938 Peabody/Mass., Fed. Th. Proj. [in jiddischer Sprache]; 1938 Los Angeles, Hollywood Playhouse, Fed. Th. Proj.; 1938 Sarasota/Flor.: Sarasota High School Dramateers; 18. 10. 1939 Chapel Hill/N. C.: The Carolina Playmakers [4 Auff.]; Sommer 1939 Fairfield/Conn.: Stock Company; zwischen 1938 und 1940 Palo Alto/Cal.: The Division of Speech and Drama of the Stanford University. [Nach Programmzetteln in Lincoln Centre.]

[447] Vgl. J. M. Spalek: ›Der Nachlaß Ernst Tollers‹, a. a. O., S. 256ff.

die deutsche Familie zu den Gegnern des Dritten Reiches gehört und daß sich der Bruder des Mädchens mit seinem Flugzeug in den Tod gestürzt hat, um dem Befehl zu entgehen, polnische Städte zu bombardieren. Beschämt nehmen die Mädchen ihre deutsche Kameradin wieder in ihrer Mitte auf.

Die Handlung ist in solcher Ausführlichkeit referiert worden, weil sie als Versuch, ein den Rahmen des Unterhaltungstheaters sprengendes Anliegen gerade mit den Mitteln des Unterhaltungstheaters vorzutragen, Interesse verdient. Der Autor versteckte seine Botschaft in einer dem bürgerlichen Rührstück bedenklich verwandten Handlung, um dem Aufruf zur Mitmenschlichkeit und Völkerversöhnung durch die Aktivierung emotionaler Reaktionen eine tiefere Wirkung zu sichern. Doch auch die Kritik erkannte einhellig das Mißverhältnis zwischen der dramatisch effektvollen, sentimentalen Handlung und der zeitgeschichtlichen Katastrophe, durch die sie in Gang gesetzt wird: »a girl's school has its limitations as a laboratory for world problems.« [448] Diese Reduzierung der welterschütternden Ereignisse des beginnenden Krieges auf die Perspektive eines idyllischen Mädchenpensionats in den Schweizer Alpen erschien peinlich unangemessen: »something like yoddeling in a cemetery.« [449]

»You are forced to wonder [...] if the feuds and whisperings, the love affairs and dormitory bickerings of little girls of boarding-school age are not a pathetically inadequate sounding-board for the horrors and passions, the cruelties and devastations of war.« [450]

Darüber hinaus wurde dem Autor zum Vorwurf gemacht, sein Anliegen im falschen Medium artikuliert zu haben. Denn in der Tat handelt es sich bei dem Stück im Grunde ja um den eigenwilligen Versuch, die literarische Form des Briefromans oder besser der Briefnovelle zu dramatisieren. Das wechselweise Verlesen von Briefen ist jedoch kein dramatischer Vorgang, und da die Briefe eine zentrale Rolle spielen, fand die Kritik das Drama trotz aller zugestandenen Qualitäten hinsichtlich seines effektvollen Dialogs und der Echtheit seiner Gefühlstiefe ermüdend und unglaubwürdig [451].

Auf die Richtung, in die das Stück zielte, und auf den Publikumskreis, den es ansprechen wollte, deutet auch der kuriose Einfall der Produzenten, die Rollen der »höheren Töchter« nicht mit Berufsschauspielerinnen, sondern mit den Töchtern berühmter Persönlichkeiten des öffentlichen Lebens, so

448 B. Atkinson: ›Letters to Lucerne‹. In: ›New York Times‹, 24. 12. 1941.

449 John Anderson: ›»Letters to Lucerne« Staged at the Cort‹. In: ›New York Journal-American‹, 24. 12. 1941.

450 John Mason Brown: ›Rotter's and Vincent's Play »Letters to Lucerne« Is Offered‹. In: ›New York World-Telegram‹, 24. 12. 1941.

451 Vgl. G. Freedley: ›»Letters to Lucerne«, Drama of War's Effect at International Girls School‹. In: ›Morning Telegraph‹, 25. 12. 1941.

etwa einer Tochter Leopold Stokowskys, zu besetzen. Dementsprechend beschränkte sich die Mehrzahl der Pressekritiker der New Yorker Uraufführung am 23. 12. 1941 vorsichtig darauf, Schönheit, Charme und natürliche Frische der Darstellerinnen zu loben. Lediglich die schwere Rolle der deutschen Schülerin wurde von einer Schauspielerin gespielt: von Grete Mosheim, die damit ihr erfolgreiches Broadway-Debut gab. Die Kritik spendete ihrer schauspielerischen Leistung einhellig größtes Lob mit Urteilen wie: »genuine emotion« [452], »sensitively moving performance« [453], »extremely fine« [454], »sensitiveness and muted torment« [455] und: »an exceptional player. She is far less mannered than Elisabeth Bergner, and is possessed of an intensity matched off by her simplicity.« [456]

Als einziges, im Exil entstandenes Drama eines emigrierten deutschsprachigen Schriftstellers kann Werfels »Komödie einer Tragödie« ›Jacobowsky und der Oberst‹ [›Jacobowsky and the Colonel‹], die am 14. 3. 1944 in einer Produktion der Theatre Guild in New York vorgestellt wurde, auch nach den kommerziellen Gesichtspunkten des Broadway als ein überragender Erfolg angesehen werden. Die Inszenierung Elia Kazans wurde ein Jahr in New York gespielt und ging anschließend auf die National-tour. 417 Aufführungen zählt Bauland [457]. Doch auch die künstlerische Bedeutung von Drama und Inszenierung fand höchste Würdigung und Anerkennung: Werfels Stück gewann den geachteten Preis der amerikanischen Theaterkritik für das beste ausländische Drama des Jahres 1943/44 [New York Drama Critics Circle Award], und die zahlreichen ausführlichen Kritiken interpretierten das Stück nicht nur nach dem Gesichtspunkt seiner Eignung als Rohprodukt für ein theatralisches Entertainment, sondern sie würdigten seinen literarischen Wert und die Botschaft des als »anti-war play« klassifizierten Dramas. Erstmals wurde sich die amerikanische Kritik an diesem Beispiel auch der grundsätzlichen Problematik englischer Adaptionen von ausländischen Theaterstücken bewußt und diskutierte aus Anlaß der scharfen Kritik, die Werfel an der Bearbeitung durch den amerikanischen Dramatiker Samuel N. Behrman geübt hatte, das Problem der Schutzwürdigkeit eines literarischen Werkes in seiner Originalgestalt.

Über die Entstehungsgeschichte von ›Jacobowsky und der Oberst‹ existieren verschiedene Versionen, doch stimmen sie alle in dem Punkt überein, daß Werfel die Arbeit am Stück von vornherein im Blick auf Aufführungen durch amerikanische Bühnen begonnen hatte. Während für die meisten

[452] Richard Lockridge: ›»Letters to Lucerne«, a Merely Touching Play, Opens at the Cort‹. In: ›New York Sun‹, 24. 12. 1941.
[453] ›New York Times‹, 24. 12. 1941.
[454] R. Watts: ›Letters of Hate‹. In: ›New York Herald Tribune‹, 24. 12. 1941.
[455] ›New York Journal-American‹, 24. 12. 1941.
[456] ›New York World-Telegram‹, 24. 12. 1941.
[457] P. Bauland: ›The Hooded Eagle‹, a. a. O., S. 151.

seiner emigrierten Kollegen die Aussichten, ihre Stücke auf amerikanischen Bühnen aufgeführt zu sehen, so gering blieben, daß sie sich in der Regel darüber im klaren waren, »für die Schublade« zu schreiben – die Vielzahl der bis 1945 nicht oder überhaupt nie aufgeführten Exildramen beweist das –, konnte Werfel sicher damit rechnen, daß seine Komödie bei den Theateragenten großes Interesse finden würde. Denn nach dem Erfolg des Romans ›Die vierzig Tage des Musa Dagh‹ hatte Werfel in den USA mit seinem 1941 geschriebenen Roman ›Das Lied von Bernadette‹, der in den USA 1942 im exklusiven Book of the Month Club als ›The Song of Bernadette‹ erschien, in kürzester Zeit zum Bestseller emporstieg und 1943 verfilmt wurde, den Höhepunkt seines Ruhms erreicht. Er galt als Erfolgsautor. So war es selbstverständlich, daß für sein nächstes Werk, eben ›Jacobowsky und der Oberst‹, die bedeutendsten Übersetzer und Bearbeiter und die besten Kräfte des amerikanischen Theaters herangezogen werden würden.

Damit ist ein grundsätzliches Problem der Literatur im Exil angeschnitten: Publizierung, Verbreitung, möglicher Erfolg und Bühnenwirksamkeit blieb vielen literarischen Produkten des Exils schon allein deshalb versagt, weil sie die notwendige Vermittlung in die andere Sprachwelt nicht fanden. Eine gediegene, das heißt sprachliche und formale Individualität feinfühlig in die fremde Sprache hinübertransportierende Übersetzung oder Adaption erfordert einen intensiven und langwierigen Arbeitsprozeß. Gerade die dramatische Literatur verlangt eine besonders genau der sprachlichen Realität angepaßte Übertragung, die in den meisten Fällen keine wortgetreue Transponierung sein kann. Die schwierige und kostspielige Arbeit der Adaptierung durch gute Übersetzer, die oft, wie im Falle Behrmans, selbst Dramatiker waren, wurde daher in der Regel nur bei den Werken besonders bekannter Autoren unternommen, für deren Stücke Aufführungschancen bestanden und somit das finanzielle Risiko relativ gering blieb[458].

Doch selbst wenn alle diese Voraussetzungen erfüllt waren, blieb das Ergebnis solcher Adaptionen oft zwiespältig. Dafür bildet gerade Werfels Stück ein besonders deutliches Beispiel. Die Theatre Guild, die vorhatte, das Stück zu produzieren, machte Werfel zu Anfang den Vorschlag, sein

[458] »A non-Nazi playwright writing in German has small chance of seeing his play performed. The literal translation of German plays into other languages offers much greater difficulties than the translation, say, of novels or scientific works. The drama demands a much greater degree of adaptability to the peculiar tastes and interests of its audience; in nearly every case the more *translation* of the play has to be replaced by an ›adaptation‹ undertaken by another playwright more familiar with prevailing conditions than the German author can be. And only in cases where the author's name is internationally famous, or his topic one of international interest, will the costly and laborious experiment of adaptation be undertaken.« – E. u. K. Mann: ›Escape to Life‹, a. a. O., S. 295.

Stück selbst zu übertragen, wohl in Berücksichtigung der erwähnten Schwierigkeiten. Werfels englische Fassung wurde jedoch von der Guild nicht akzeptiert, die daraufhin den prominenten amerikanischen Dramatiker Clifford Odets mit der Übertragung des Stückes betraute. Doch auch Odets' Version fand keinen Beifall. Schließlich wurde in dem zu jener Zeit auf amerikanischen Bühnen besonders populären Lustspielautor S. N. Behrman der Übersetzer gefunden, in dessen Fassung das Stück schließlich in Szene ging. Doch Behrmans Adaption stieß auf erbitterten Widerstand bei Werfel. Ein Vergleich beider Fassungen, deren Unterschiede vielfach diskutiert wurden (Werfel hatte nahezu gleichzeitig mit der Behrman-Ausgabe seine eigene wortgetreue Übersetzung verlegen lassen, um die Berechtigung seiner Kritik aufzuzeigen), macht deutlich, daß Behrmans Adaption gerade die tieferen Schichten des Werkes – die differenzierenden Schattierungen in der Charakterzeichnung, die Weisheit hinter Jacobowskys Gewandtheit, die Hintergründigkeit und Schärfe seines Humors – zugunsten direkterer, gröberer Effekte und melodramatischer Höhepunkte zugeschüttet hat[459],

»wobei offensichtlich das Bestreben vorherrschend war, die Charaktere vor allem in ›nice people‹ and ›charming characters‹ zu verwandeln. Zum Schluß fügte man sogar noch eine Art B Picture Melodrama mit schießender und erschossener Gestapo in den ursprünglichen Text des Dichters ein!«[460]

Bedeutender erscheinen andere Änderungen; Behrman »entschärfte« das Schicksal der in Frankreich erneut zur Flucht vor den Deutschen gezwungenen Emigranten. Der Grund, den Bauland für dieses Verfahren angibt, erscheint plausibel: Es äußerte sich darin ein gewisses Schuldgefühl der amerikanischen Öffentlichkeit, der allmählich bewußt zu werden begann, daß die USA mit ihrer isolationistischen Einwanderungspolitik während der späten dreißiger Jahre eine indirekte Mitschuld am Schicksal vieler Emigranten auf sich geladen hatten, nämlich der Emigranten, die in Frankreich verzweifelt auf amerikanische Einreisevisa gewartet hatten und darüber schließlich doch noch den Deutschen in die Hände gefallen waren.

Durch die Zurückdrängung oder gar Eliminierung der ernsten und tragischen Grundhaltung des Stückes und durch die gleichzeitige Betonung der burlesken Aspekte verlor Werfels Drama sein wesentlichstes Charakteristikum, das polare Wechselspiel zweier unvereinbarer Elemente, deren jedes das andere schärfer umreißt. Gerade im Gegenüber zu Jacobowskys weisem, menschlichem Humor spiegelt sich um so deutlicher die Inhumanität

459 Eine ausführliche Darstellung der Unterschiede von Werfels Original und Behrmans Adaption, die – über den besonderen Fall hinausgehend – Wesentliches hinsichtlich des unterschiedlichen Charakters von deutschem und amerikanischem Lustspiel aussagt, gibt P. Bauland: ›The Hooded Eagle‹, a. a. O., S. 151 ff.

460 [anonym]: ›Rund um Jacobowsky‹. In: ›Aufbau‹, Jg. 10, H. 30, 28. 7. 1944, S. 12.

des Zeitgeschehens, von dem sein Leben so restlos bestimmt wird und über das er doch auch wieder souverän verfügt. Andererseits hat erst dieses unpersönliche Schicksal, in das er sich geworfen sieht, seinen scharfen Witz und seinen tiefen Humor als Schutzwaffe geformt. Dieses »empfindliche Gleichgewicht« war in Behrmans Adaption zerstört worden. – Dennoch blieb genügend vom Geist Werfels erhalten, um die amerikanischen Zuschauer anzurühren:

»Until the final act, the play might be considered a rather wry comedy, but it never loses touch with its central, terrible theme.« [461]

Werfel hatte sich in aller Form von der schließlich auf die Bühne gelangenden Fassung seines Stückes distanziert. So hieß es dann in den Ankündigungen und Programmzetteln für New York, nachdem die ersten auswärtigen Try-out-Aufführungen noch Werfel als alleinigen Verfasser angegeben hatten: »An American Play by S. N. Behrman based on an original play by Franz Werfel.« [462] Ein Vorfall, nicht unähnlich dem plötzlichen Auftauchen eines existenten Mamlock während der Aufführungszeit von Wolfs Stück, vergrößerte das öffentliche Interesse an Werfels ›Jacobowsky und der Oberst‹. Die Grundidee des Stückes ging zurück auf Erzählungen eines jüdischen Emigranten namens Jakobowicz, mit dem Werfel in Lourdes, einer der Stationen seiner Flucht, bekannt geworden war. Jakobowicz tauchte in New York auf, wandte sich an die Presse und verlangte öffentlich von Werfel Anteil an den Einnahmen des Stückes, dessen Fabel sein geistiges Eigentum sei. Es konnte keine Frage sein, daß die Zeitungen Jakobowiczs Forderungen, die daran anschließenden Verhandlungen und die generöse Abfindung durch Werfel gebührend erörterten [463].
Die Sorgfalt, mit der die Theatre Guild bei der Inszenierung eines so erfolgversprechenden Dramas zu Werke ging, läßt sich schon an der Länge der Probenzeit und der Try-out-Tournee, welche die Inszenierung vor ihrer Broadway-Premiere absolvierte, abmessen. Nach der eigentlichen Probenzeit wurde das Stück in Vorpremieren unter anderem in New Haven, wo es am 27. 1. 1944 zum ersten Mal gespielt wurde, in Boston [31. 1. 1944] und Philadelphia [14. 2. 1944] gezeigt. Während dieser Tournee wurde intensiv an Stück und Inszenierung gearbeitet – auf ständig wechselnden Bühnen in der hektischen, angespannten Atmosphäre einer Gastspielreise. Bereits in New Haven fanden Stück, Inszenierung und Ensemble Zustim-

[461] H. Barnes: ›Good Writing Makes a Hit of War Play »Jacobowsky«‹. In: ›New York Herald Tribune‹, 19. 3. 1944.
[462] W. Waldorf: ›»Jacobowsky and the Colonel« Escape from Conquered France‹. In: ›New York Post‹, 15. 3. 1944.
[463] Vgl. dazu die Darstellung des Vorfalls bei: Alma Mahler-Werfel: ›Mein Leben‹. [Frankfurt a. M. 1965], S. 280.

mung. Über Behrmans Bearbeitung, die bis zur endgültigen Premiere noch manche Veränderung oder: Anpassung an den Publikumsgeschmack erfuhr, heißt es bereits hier:

»S. N. Behrman is doing yeoman duty in whipping the play into a lighter, more entertaining vein than it is said to have had in some of its formative stages.« [464]

Aus dieser Absicht heraus ist wohl die Streichung der symbolischen Figuren des Ewigen Juden und des Heiligen Franziskus zu verstehen. Dementsprechend wurde auch der allegorisch-exemplarische Aspekt im gesamten Aufbau und in der Konstellation aller übrigen Figuren des Stückes zurückgenommen. Vielmehr betonte die Regie des jungen Elia Kazan, der sich zwei Jahre zuvor [1942] mit seiner New Yorker Inszenierung der Uraufführung von Thornton Wilders ›The Skin of Our Teeth‹ einen Namen gemacht hatte, die komödiantischen und burlesken Züge des Stückes:

»We wondered if Mr. Behrman hadn't actually written an American musical comedy instead of an American play. The stage often seemed all set for the entrance of an Agnes de Mille ballet. Louis Calhern as the aristocratic Polish colonel with a medieval mind occasionally appeared on the verge of bursting into song.« [465]

Dieser Eindruck ist durch die Regie Kazans wesentlich mitbestimmt worden.

Einhelliges Lob wurde in sämtlichen Kritiken dem Darsteller des Jacobowsky, dem österreichischen Emigranten Oscar Karlweis [466], gespendet. Angesichts der für die New Yorker Theaterrezensenten typischen Schärfe der Kritik und Zurückhaltung mit Lobsprüchen erscheint das Urteil über Karlweis' schauspielerische Leistung nur um so überschwenglicher. An dem großen Erfolg von Stück und Inszenierung hatte der Schauspieler entscheidenden Anteil. Von ihm wird gesagt:

»Oscar Karlweis is giving one of the fine performances of the year. [...] The actor – who, incidentally, is another exile from Nazi-controlled scenes – has a perfect command of the part. He plays Jacobowsky calmly and casually, never permitting any of that figure's vast inventiveness to stray over the border into what easily might become burlesque.« [467]

464 Bone.: ›Jacobowsky and the Colonel‹. In: ›Variety‹, 2. 2. 1944.

465 ›New York Post‹, 15. 3. 1944.

466 Oscar Karlweis: Geb. 1895 in Wien, gest. 1956 in New York. Schauspieler. Sohn des Lustspielautors Karl K. [1850–1901]; Jurastudium und Schauspielunterricht; zahlreiche Engagements in Wien, München und Berlin [1928 Orlowski in Reinhardts ›Fledermaus‹-Inszenierung]; nach 1935 Emigration nach den USA; Mitwirkung in E. Lothars Österreichischer Bühne; Mitgründer der Players of Abroad; 1942 Erfolg am Broadway in Gottfried Reinhardts ›Rosalinda‹ [›Fledermaus‹-Adaption, über 500 Vorstellungen]; nach 1945 Gastspiele in Deutschland und Österreich; Filmarbeit.

467 L. Nichols: ›Citizen of the World‹. In: ›New York Times‹, 19. 3. 1944.

In diesen Worten deutet sich auch die Sympathie an, die Werfels Jacobowsky als Bühnenfigur fand. So heißt es dann auch: »S. L. Jacobowsky probably is the season's most pleasent figure.« [468] Und an anderer Stelle: »one uncommonly delightful role beautifully played by Mr. Karlweis.« [469] Die Rolle der Marianne wurde von der Filmschauspielerin Annabella gespielt; von Oktober 1944 an übernahm ihren Part Marianne Stewart, die Tochter Reinhold Schünzels. – Auf Grund des großen Erfolges der New Yorker Uraufführung wurde das Stück in der Folgezeit vielfach von Collegetheatern der USA aufgeführt.

Noch während ›Jacobowsky and the Colonel‹ vor ausverkauftem Haus in New York gespielt wurde, war ein weiteres Werk Werfels für die Bühne angenommen worden: eine Dramatisierung seines 1938 geschriebenen Romans ›Der veruntreute Himmel‹ mit dem Titel ›Embezzled Heaven‹ durch Ladislas Bush-Fekete und Mary Helen Fay. Das Stück hatte am 31. 10. 1944 in New York Premiere und wurde in 52 Vorstellungen gezeigt. Es war von der Theatre Guild im wesentlichen als Spielanlaß für die große amerikanische Schauspielerin Ethel Barrymore in der Hauptrolle der Köchin Teta produziert worden. Sicher mag bei den Überlegungen der Guild die Absicht mitgespielt haben, den Erfolg von ›Jacobowsky und der Oberst‹ und die Zugkraft des Namens Werfel unmittelbar für eine weitere Theaterproduktion zu nutzen.

Das Stück konnte seine Herkunft vom Roman nicht verleugnen: Der Kritik fiel auf, daß es sich eher um eine Summierung einzelner Episoden denn um ein in sich geschlossenes Drama handelte [470]. Als Drama wurde es nicht sehr hoch eingeschätzt: »The play, to put it quite simply, is pointless and a bore.« [471] Um so stärker und überschwenglicher wurde Ethel Barrymores schauspielerische Leistung gewürdigt. – Nicht nur wegen der, wenn auch indirekten Autorschaft Werfels verdienen Stück und Inszenierung Beachtung. In gleichem Maße interessiert die Beteiligung Albert Bassermanns, der die Rolle des Papstes übernommen hatte. Zum ersten Mal trat Bassermann, dessen Ruhm als Hollywood-Schauspieler zu dieser Zeit schon außer Frage stand, hier als englischsprachiger Theaterschauspieler auf und fand uneingeschränkte Zustimmung. Über sein Spiel heißt es:

»Albert Bassermann in his New York stage debut was deeply impressive as the

[468] Ebenda.

[469] ›New York Post‹, 15. 3. 1944. – Weitere Kritiken in: ›Aufbau‹, Jg. 10, H. 12, 24. 3. 1944; ›New York World-Telegram‹, 16. 3. 1944; ›New Yorker Staatszeitung‹, 4. 6. 1944; ›Morning-Telegraph‹, 5. 8. 1944.

[470] »The adapters have told in a simple language a moving story but their method suggests a series of incidents rather than an integrated play.« G. Freedley: ›Ethel Barrymore Lends Exciting Personality to »Embezzled Heaven«‹. In: ›Morning-Telegraph‹, 2. 11. 1944.

[471] B. Ruscoe: ›Embezzled Heaven‹. In: ›New York World-Telegram‹, 1. 11. 1944.

late Pope. He brings authority, gentleness and religiosity to the part. One hopes, that he will linger to play more and stronger roles.« [472]
»Albert Bassermann, well known for screen fans, is beautifully restrained in the difficult role of Pope Pius.« [473]
»His accent is a little difficult, and he has one or two continental manirisms; but he plays the role with dignity and sincerity.« [474]

Die hier dargestellten und untersuchten theatralischen Ereignisse umfassen nicht sämtliche im Exil geschriebenen Dramen, die in den USA aufgeführt wurden. Nicht beachtet wurden einige wenige, die entweder nicht dem Exiltheater zuzuordnen sind oder deren literarische Entstehungsgeschichte noch in die Zeit vor 1933 zurückreicht und die auch nach Ausbruch des Dritten Reiches in Deutschland verbreitet waren; ferner solche Ereignisse, die nichts aussagen über die Wechselbeziehungen in dem Verhältnis zwischen Exil und Gastland und solche, die nur durch ungesicherte, ungenaue Erwähnungen und Hinweise bekannt sind. Dazu gehören etwa: Vicky Baums ›Divine Drudge‹ und ›Summer Night‹, die 1933 und 1939 am Broadway aufgeführt wurden, Bruno Franks Melodrama ›Young Madam Conti‹, das als ein Gastspiel aus London 1937 in New York gezeigt wurde und eine moderne Version des ›Kaufmann von Venedig‹ von Hans Heinz von Twardowsky: ›Shakespeare's Merchant 1939‹, das nach einer Notiz des ›Aufbau‹ 1938 [!] am Broadway aufgeführt worden sein soll [475], für das sich jedoch keine dokumentarischen Materialien finden ließen.
Es ist bereits festgestellt worden, daß der Anteil deutscher Dramatik in den Aufführungsverzeichnissen jener Jahre nicht groß war. Die Exildramatik bildete davon wieder nur einen kleinen Teil. Von älteren Stücken erfreuten sich offensichtlich zwei Genres besonderer Beliebtheit, die dementsprechend oft auftauchten: Die Boulevardkomödie und Farce einerseits und die Operette andererseits. Darin bestätigt sich ein Resümee Baulands:

»During the years of conflict, the best of Broadway was largely romantic escapism and wisecracking situation comedy. [...] and there were few German plays on the New York stage during the war. Of even these, only a small proportion was not the revival of older work.« [476]

In den USA entwickelte sich während der Jahre des Dritten Reiches gleichsam ein neuer Dramentypus, der des Anti-Nazi Stückes parallel zum Anti-Nazi Film [477]. Mit wenigen Ausnahmen lagen sie auf der Ebene des Trivial-

472 ›Morning-Telegraph‹, 2. 11. 1944.
473 H. Barnes: ›Miss Barrymore‹. In: ›New York Herald Tribune‹, 1. 11. 1944.
474 L. Nichols: ›Embezzled Heaven‹. In: ›New York Times‹, 1. 11. 1944.
475 Kurt Hellmer: ›Berlin und Wien am Broadway‹. In: ›Aufbau‹, Jg. 10, H. 51, 22. 12. 1944, S. 55/58.
476 P. Bauland: ›The Hooded Eagle‹, a. a. O., S. 145.
477 Ebenda, S. 156: »Native anti-Nazi plays increased in frequency.«

stückes: Ihnen diente der zeitpolitische Hintergrund lediglich als Folie reißerisch oberflächlicher Agenten-Handlungen. An einer wirklichen, aufklärenden Darstellung der politischen Probleme war den Produzenten solcher Stücke nicht gelegen:

»Most of the anti-Nazi plays were hastily manufactured melodramas written to accomodate what producers thought to be a ready market.« [478]

Es kann als einer der maßgeblichen Gründe für den geringen Erfolg zeitkritischer, sich mit dem Phänomen des Nationalsozialismus ernsthaft auseinandersetzender Exildramatik angesehen werden, daß sie gezwungen war, mit derartigen Elaboraten zu konkurrieren. Damit bestätigt sich wiederum, daß die vielfältigen geschilderten Bemühungen der Emigranten um ein Exiltheater oder um eine Beteiligung an wesentlichen, das heißt ernstzunehmenden, in die Zukunft wirkenden Äußerungsformen des amerikanischen Theaters in erster Linie infolge der kommerziellen und kulinarischen Ausrichtung des amerikanischen Theaters, wie sie zu jener Zeit noch bestimmend war, entscheidend gehemmt wurden.
Da es kaum einem der emigrierten Theaterkünstler möglich war, von Theaterhonoraren zu existieren, der Film hingegen reiche Verdienstmöglichkeiten bot, wandten sich diejenigen unter ihnen, die bereit waren, sich den Gesetzen der amerikanischen Filmindustrie anzupassen, von vornherein nach Hollywood und gingen so dem in New York konzentrierten Exiltheater und dem amerikanischen Theater verloren. Es waren die bedeutendsten Schriftsteller, Komponisten, Regisseure, Bühnenbildner und Schauspieler des deutschsprachigen Theaters. Ein zusammenfassender Bericht im ›Aufbau‹ mit dem bezeichnenden Titel ›What Our Immigration Did for Hollywood – and Vice Versa‹, der Ende 1944 eine Namensliste aufstellt, verzeichnet über 200 prominente Namen [479].

[478] Ebenda.
[479] Hans Kafka: ›What Our Immigration Did for Hollywood – and Vice Versa‹. In: ›Aufbau‹, Jg. 10, H. 51, 22. 12. 1944, S. 40 f.

VIII. Mittel- und Südamerika – Enklaven der Emigration

1. Mexiko und der Heinrich-Heine-Klub

Die lateinamerikanischen Staaten gehörten nicht zu den bevorzugten Fluchtzielen deutscher Emigranten. Die große Entfernung machte unmittelbare Einwirkungs- und Reaktionsmöglichkeiten auf Geschehnisse im Dritten Reich schwierig oder gar unmöglich. Hinzu kam, daß gerade die Flüchtlinge vor dem Nationalsozialismus wenig Neigung verspürten, sich in lateinamerikanische Länder zu wenden, deren Regierungsformen in der Mehrzahl durch ausgeprägt totalitäre Züge gekennzeichnet waren. Venezuela, Bolivien und Brasilen waren Diktaturen faschistischer Prägung. Auch ließ ihr Entwicklungsstand und ihre wirtschaftliche Struktur die meisten dieser Länder nur für einen Teil der Emigranten, vor allem Landwirte, Agrarexperten und Kaufleute, als Ziel in Frage kommen. Zudem war die Bereitschaft der Mehrzahl der südamerikanischen Regierungen äußerst gering, Emigranten aus Europa und speziell aus Deutschland aufzunehmen. Ein chauvinistisch akzentuierter Nationalismus war die Folge der in nahezu allen lateinamerikanischen Staaten zu jener Zeit anzutreffenden Bestrebungen, eine kulturelle Assimilierung und nationale Integrierung der verschiedenen ethnischen Gruppen und Minoritäten zu erreichen und ein starkes Nationalbewußtsein zu wecken. In Konsequenz dazu konnte wenig Interesse daran bestehen,

»bestimmte kompakte homogene Gruppen in die südamerikanischen Länder zu bringen, die eine Fortsetzung ihres nationalen Lebens, ihrer politischen Parteien bedeuten und vielleicht gar den Status der Minderheiten fördern könnten.« [480]

Eine Ausnahme bildete Mexiko, dessen sozialrevolutionäre Staatsform eine deutliche Frontstellung gegenüber autoritären, faschistischen Ideologien implizierte. Mexiko unterstützte die kämpfende spanische Republik, es verurteilte die Annexion Österreichs und stand mit dieser Stellungnahme allein neben der Sowjetunion. Die Regierung Cárdenas brachte mit ihrer Beteiligung an eindrucksvollen Massenkundgebungen gegen die Judenverfolgung und den Faschismus in Deutschland ihre Haltung in nachdrücklicher Form zum Ausdruck. Da zudem auch die wirtschaftlichen Voraussetzungen für Emigranten in Mexiko ungleich günstiger als in anderen lateinamerikani-

480 K. R. Grossmann: ›Emigration‹, a. a. O., S. 155 f.

schen Ländern waren, hätte sich hier ein bedeutendes Exilzentrum bilden können. Daß dies nicht oder doch nur in bescheidenem Umfang Wirklichkeit wurde, erklärt sich daher, daß auch Mexikos Politik von dem Bestreben nach nationaler Konsolidierung bestimmt war. Man verspürte bei aller Sympathie wenig Neigung, mit der Aufnahme großer Zahlen europäischer Emigranten die Bildung einer neuen nationalen Minderheit zu unterstützen, einer Minderheit zudem, von der man befürchten mußte, sie könne auf Grund ihrer sozialen Zusammensetzung und ihres Bildungsstandes in der Lage sein, im Laufe der Zeit einen zu starken Einfluß auf die verschiedenen Bereiche des nationalen Lebens zu gewinnen. Ihren sichtbaren Ausdruck fanden diese Vorbehalte 1942 in einer Regierungsverordnung, nach der Emigranten europäischer Herkunft in Mexiko nicht mehr aufgenommen werden sollten [481].

Die Zahl der in Mexiko Asyl suchenden Emigranten blieb so gering, daß sie in den verschiedenen, zur Verfügung stehenden vergleichenden Statistiken als nationale Gruppe nicht gesondert aufgeführt wird und genaue Angaben daher kaum möglich sind. In einer Darstellung heißt es: Mexiko »has absorbed – albeit with great difficulty and rather reluctantly – a few thousand refugees« [482]. Und im Zusammenhang mit der Theaterarbeit der Emigranten wird erwähnt, daß die deutschsprachigen Theateraufführungen ein Publikum von insgesamt 600–1200 Personen erreichen konnten. Allerdings bleibt unklar, ob es sich dabei ausschließlich um Emigranten gehandelt hat. Offensichtlich bildeten sie die große Mehrheit, denn es wird ausdrücklich betont:

»Die Zahl der deutschsprachigen Theaterfreunde in Mexiko war eher gering, denn die alteingesessenen Mitglieder der deutschen Kolonie waren in ihrer Mehrzahl entweder kulturell uninteressierte Geschäftsleute oder kulturfeindliche Nazis oder beides zugleich.« [483]

Sicher wäre auch das Wirken der wenigen auf politischem und kulturellem Gebiet aktiven Emigranten im Dunkel geblieben, hätten sich unter den deutschsprachigen Antifaschisten nicht erstaunlich viele namhafte kommunistisch und sozialistisch orientierte Schriftsteller und Jornalisten befunden, durch die der Blick auf die kleine und abgelegene Emigrantenkolonie Mexiko gelenkt wurde:

»Es war mitten im Krieg Ende 1941 Anfang 1942. Da kamen in mehreren aufeinander folgenden Grüppchen ein paar Dutzend deutschsprachiger Antifaschisten nach Mexiko.« [484]

[481] Vgl. ebenda, S. 157.
[482] K. R. Grossmann u. A. Tartakower: ›The Jewish Refugees‹, a. a. O., S. 318.
[483] Kurt Stern: ›Eine Bühne im Exil‹. In: ›Theater der Zeit‹, Jg. 2, H. 4, April 1947, S. 24.
[484] Ebenda, S. 23.

Zu diesen »paar Dutzend deutschsprachiger Antifaschisten«, dem aktiven Kern einer Emigrantenkolonie, gehörten unter anderem Alexander Abusch, Bruno Frei, Egon Erwin Kisch, Ludwig Renn, Anna Seghers, Bodo Uhse. Sie alle waren Mitglieder der Kommunistischen Partei, sie alle nahmen zu dieser Zeit in der politischen und kulturellen Auseinandersetzung der Emigration mit dem Faschismus bereits einen prominenten Platz ein – sei es durch Beteiligung am spanischen Bürgerkrieg, sei es durch ihr schriftstellerisches Werk, sei es durch die Herausgabe und Mitgestaltung der bedeutendsten Exilperiodika.
Angesichts der verhältnismäßig großen Anzahl linksorientierter Intellektueller und im Hinblick auf die Tatsache, daß gerade während der Exilzeit die entscheidenden kulturellen Aktivitäten hauptsächlich aus den Kreisen kommunistischer oder sozialistischer Emigranten hervorgingen, werden die bemerkenswerten Leistungen dieser kleinen und durch ihre geographische Situation noch weitaus stärker als europäische Exilzentren isolierten Gruppe verständlich. Berücksichtigt man auch hier, unter welch schwierigen Bedingungen und mit wie geringen finanziellen Mitteln gearbeitet werden mußte, so wird man den Wert des Erreichten und den starken Willen, der nötig war, um diese Schwierigkeiten zu überwinden, in den notwendigen Relationen und daher um so höher bewerten.
Den bedeutsamsten Beitrag der Emigrantengruppe in Mexiko zur antifaschistischen deutschen Kultur des Exils stellt zweifellos die Tätigkeit des von den emigrierten deutschen Schriftstellern gegründeten und geführten Verlages Das freie Buch/El Libro libre dar, »fast bis zum Kriegsende [...] der einzige deutschsprachige Exilverlag Nord- und Mittelamerikas« [485]. In ihm erschienen in Erstveröffentlichungen so wichtige Werke der Exilliteratur wie Lion Feuchtwangers ›Unholdes Frankreich‹, Heinrich Manns ›Lidice‹, Ludwig Renns ›Adel im Untergang‹ und Anna Seghers' ›Das siebte Kreuz‹.
Das kulturelle Leben der Emigranten konzentrierte sich um den Heinrich-Heine-Klub,

»eine deutschsprachige Kulturorganisation, die dann über vier Jahre lang regelmäßig literarische, wissenschaftliche, musikalische Veranstaltungen durchführte und eben auch deutsches Theater bot.« [486]

Die äußeren Voraussetzungen für die Durchführung eines solchen Vorhabens waren denkbar ungünstig: Nur sechs Schauspieler fanden sich in der Emigrantenkolonie. Der anfangs für Theateraufführungen allein zur Ver-

[485] H. A. Walter: ›Die Helfer im Hintergrund. Zur Situation der deutschen Exilverlage 1933–1945‹. In: ›Frankfurter Hefte‹, Jg. 20, H. 2, Febr. 1965, S. 131.
[486] K. Stern: ›Eine Bühne im Exil‹, a. a. O., S. 23.

fügung stehende Saal war lediglich mit einem vier mal dreieinhalb Meter messenden Vortragspodium ausgestattet. Ein Fundus war nicht vorhanden. Es fehlten die notwendigsten finanziellen Mittel. Der in Frage kommende Publikumskreis blieb begrenzt.
Dennoch gelang es dem kleinen Ensemble, in der Zeit von Anfang 1943 bis 1946 über zwölf Inszenierungen, zum Teil Welturaufführungen oder amerikanische Erstaufführungen, zu realisieren. Man bildete neue Kräfte heran, die es ermöglichten, auch personenreichere Dramen auf die Bühne zu stellen, und fand schließlich im Theatersaal einer mexikanischen Gewerkschaft auch eine angemessenere Spielfläche. Über die Situation der Truppe und über die Aufgaben, die sie sich gestellt hatte, schreibt einer der Beteiligten [wohl Alexander Abusch]:

»Ein Theater, das in Mexiko mit improvisierten technischen Mitteln und einer kleinen Schar von Berufsschauspielern arbeiten muß, aber dennoch hohes kuenstlerisches Niveau halten will, kann nur wenige Stuecke im Jahr zur Auffuehrung bringen. Die Auswahl ist in mehrfacher Hinsicht ein Problem: Schwierigkeiten der richtigen Rollenbesetzung stehen neben der Notwendigkeit, das Auffuehrungsprogramm zeitverbunden zu gestalten und doch auch dem natuerlichen Unterhaltungsbeduerfnis des Publikums Genuege zu leisten.« [487]

Gewiß blieb die Theaterarbeit des Ensembles des Heinrich-Heine-Klubs ihrem Charakter nach mehr eine Liebhaberbühne als etwa Paul Walter Jacobs Freie Deutsche Bühne in Buenos Aires oder das Ensemble der European Jewish Artists Society in Shanghai. Doch soll damit die Qualität des in Mexiko Verwirklichten keineswegs geringer veranschlagt werden. Im Gegenteil, das Echo einiger Inszenierungen drang bis in die nordamerikanischen und europäischen Exilzeitungen und -zeitschriften.
Den Auftakt bildete am 23.1.1943 gemeinsam mit einem Kabarett-Vorprogramm die Aufführung des Einakters ›Die Himmelfahrt der Galgentoni‹ von Egon Erwin Kisch. Bei dem Stück handelte es sich um die in Kischs ›Marktplatz der Sensationen‹ [488] vorgebildete, in Form einer Posse abgefaßte phantastisch-imaginäre Reportage über den Lebensweg der Prostituierten Antonia Havlová, ein Thema, das im Werk des Autors verschiedentlich auftaucht. In der Konfrontation des Mädchens mit der bürgerlichen Gesellschaft, die es in seine Rolle drängt, um es für die Erfüllung des geforderten Dienstes – die Nacht mit einem zum Tode Verurteilten zu verbringen – mit Verachtung zu strafen, hatte der Sozialkritiker Kisch eine seiner bittersten Attacken geführt. Anna Seghers schreibt anläßlich der Premiere über ›Die Himmelfahrt der Galgentoni‹: »sie ist in ihrer Art eine

[487] A. A. [i. e. Alexander Abusch?]: ›Bruckner-Urauffuehrung in Mexico‹. In: ›Freies Deutschland‹, Jg. 3, H. 2, Mexiko Nov. 1944, S. 58.
[488] Egon Erwin Kisch: ›Marktplatz der Sensationen‹. Wien 1948, S. 235–258.

vollkommene, zarte, dreckige Großstadtlegende.« [489] Ihren besonderen Reiz erhielt die Inszenierung durch das Auftreten Kischs, der die Rolle des »blonden Willi« selbst übernommen hatte [490]. – In der Folgezeit spielte die Truppe ein vielseitiges Repertoire, das von Ben Jonson [›Volpone‹] über Ibsen [›Gespenster‹, mit Ernst Deutsch als Gast], Courteline [›Der gemütliche Kommissar‹ und andere Einakter], Brecht [›Dreigroschenoper‹] bis zu wichtigen Beispielen der deutschen Exildramatik reichte. Dazu gehören die Inszenierungen von Johannes R. Bechers ›Winterschlacht‹ und Ferdinand Bruckners ›Denn seine Zeit ist kurz‹.

Becher hatte sein Zeitstück 1941, also unmittelbar nach dem historischen Ereignis der Schlacht um Moskau, in Taschkent geschrieben, »wohin ein Teil der deutschen Schriftsteller, die in der Sowjetunion eine ›Heimat für ihre Heimat‹ gefunden hatten, evakuiert wurde, als die Hitlerarmee unmittelbar Moskau bedrohte« [491]. Unter dem Titel ›Hundert Kilometer vor Moskau‹ wurde das Stück am 10. 7. 1943 in Mexiko uraufgeführt. Die Besetzungsliste nennt neben vielen anderen auch Ludwig Renn, als ehemaliger preußischer Offizier und vehementer Kritiker des deutschen Militarismus sicher ein ebenso überzeugender wie distanzierter Interpret. Kisch schreibt in seiner Besprechung über die Inszenierung:

»Bechers großes Dokument, wenn auch in gekuerzter Form, darstellerisch zu gestalten, hat als erste auf dem amerikanischen Kontinent die Kulturorganisation der deutschsprachigen Emigranten in Mexiko, der Heinrich-Heine-Klub, zu unternehmen gewagt. Diesem Mut, und dazu einer muehseligen Sorgfalt in der Vorbereitung und einer kollektiven Begeisterung der Darsteller ist es zu danken, daß Mexiko einen deutschen Theaterabend erlebte wie kaum je zuvor.«[492]

Setzt man den Umfang des öffentlichen, d. h. publizistischen Echos zum Maßstab, so kommt der Inszenierung von Bruckners Drama ›Denn seine Zeit ist kurz‹ über »den Kampf der norwegischen Kirche und des norwegischen Volkes gegen die Nazis« [493] innerhalb der Theaterereignisse des mexikanischen Exils die größte Bedeutung zu. ›Denn seine Zeit ist kurz‹ [der Titel ist der Offenbarung 12,12 entnommen: »denn der Teufel kommt zu euch hinab und hat einen großen Zorn und weiß, daß er wenig Zeit hat.«] schildert am Beispiel des Pfarrers Vossewangen die Wandlung des norwegischen Volkes von der stumm-verzweifelten Fügung unter die Demütigun-

[489] Anna Seghers: ›Die Galgentoni‹. In: ›Freies Deutschland‹, Jg. 2, H. 4, März 1943, S. 30.

[490] Vgl. Steffanie Spira: ›Theater ohne Buehne‹. In: Heinrich-Heine-Klub [Hrsg.]: ›Heines Geist in Mexiko‹, Mexiko 1946, S. 35 f.

[491] Johannes R. Becher: ›Winterschlacht‹. Berlin 1961, S. 3.

[492] E. E. Kisch: ›Hundert Kilometer vor Moskau‹. In: ›Freies Deutschland‹, Jg. 2, H. 9, Aug. 1943, S. 34.

[493] Notiz in: ›Aufbau‹, Jg. 10, H. 38, 22. 9. 1944, S. 19.

gen der deutschen Besetzung zur Empörung und zum Widerstand angesichts der Grausamkeiten der SS. – Die unter der Regie Steffanie Spiras stehende Aufführung dieses wichtigen Dramas hatte am 30. 9. 1944 Premiere. Sie fand im Theatersaal der mexikanischen Elektrizitätsarbeiter-Gewerkschaft statt. Die emigrierten deutschen Künstler hatten, wie Fotos zeigen[494], alles darangesetzt, trotz beschränktester Mittel eine vollgültige, an europäischem Standard orientierte Aufführung auch hinsichtlich der Ausstattung und der Kostüme zu realisieren. Die nationalsozialistischen Uniformen wirken echt, und auch die realistisch gemalte Kulisse eines bürgerlichen Interieurs und eines Vernehmungszimmers im Gefängnis strahlt Glaubwürdigkeit aus. Der Kritiker des ›Freien Deutschland‹ spricht von einem besonders großen Erfolg[495].

Eher als Kuriosum und intellektueller Spaß ist das letzte im Zusammenhang dieser Arbeit stehende Theaterereignis des mexikanischen Exils zu bewerten. Allerdings gab der Kreis der Mitwirkenden der Unternehmung ein besonderes Gewicht: Zum 60. Geburtstag von Egon Erwin Kisch im April 1945 stellten emigrierte deutsche Schriftsteller, Journalisten und Essayisten als Schauspieler Kischs Tragikomödie ›Der Fall des Generalstabschefs Redl‹ auf die Bühne. Vorlage war eine der sensationellsten journalistischen Enthüllungen Kischs, durch die er verhinderte, daß die österreichische Heeresleitung 1913 die blamable Spionageaffäre Redl vertuschen konnte. Den Charakter der Veranstaltung im Saal des Heinrich-Heine-Klubs brachte ein großes Schild auf der Bühne zum Ausdruck: »Das Betreten der Bühne ist Schauspielern und Bühnentalenten strengstens verboten.«[496] Die Besetzungsliste weist klangvolle Namen auf. Unter anderem wirkten mit: Alexander Abusch, Theodor Balk, Bruno Frei, Ludwig Renn, Anna Seghers, Bodo Uhse.

2. **Die Freie Deutsche Bühne in Buenos Aires**

Das nationalsozialistische Regime zeigte von Beginn an ein besonderes Interesse am südamerikanischen Kontinent, dessen Länder ebenso als Lieferanten wichtiger Rohstoffe für die Rüstungsindustrie wie als Abnehmer deutscher Industrieanlagen und -produkte für die deutsche Wirtschaft von nicht geringer Bedeutung waren. Zudem glaubte man in den ersten Jahren nach 1933 noch, durch eine Intensivierung des Handels den Einfluß der USA auf Mittel- und Südamerika eindämmen und an Stelle dessen, eine pro-nationalsozialistische Haltung aufbauen zu können. Man glaubte, dies

494 Vgl. die Abbildungen in K. Stern: ›Eine Bühne im Exil‹, a. a. O., S. 23 u. 26.
495 A. A.: ›Bruckner-Uraufführung in Mexico‹, a. a. O., S. 58.
496 K. Stern: ›Eine Bühne im Exil‹, a. a. O., S. 25.

gerade in Lateinamerika um so leichter erreichen zu können, als man angesichts der vorherrschenden totalitären, diktatorischen Staatsformen auf eine natürliche Affinität und Sympathie der Regierungen für die Ideologie des Dritten Reiches hoffte bauen zu können. Diese Geistesverwandtschaft galt es von deutscher Seite bewußt zu machen und zu verstärken, um für die geplanten kriegerischen Auseinandersetzungen der wohlwollenden Neutralität Lateinamerikas sicher zu sein, dessen Rohstofflieferungen dann von besonderer Wichtigkeit sein würden. Schon 1933 hatte Goebbels die außenpolitische Propaganda nach der Erkenntnis aufgebaut, »daß der Faktor einer friedlich gesinnten öffentlichen Meinung nicht zu unterschätzen ist und daß daher sehr bedeutende pekuniäre Opfer gebracht werden müssen, um die öffentliche Meinung der Welt zu gewinnen«[497]. Diese Strategie blieb gerade in Lateinamerika nicht wirkungslos, wenn auch das eigentliche Ziel, eine pro-deutsche Neutralität während des Krieges, nicht im vollen Umfang erreicht werden konnte.
Als Instrumente und Träger einer pro-nationalsozialistischen Beeinflussung waren vor allem die 180 000 Reichsdeutschen und die über eine Million zählenden Volksdeutschen, die in Lateinamerika lebten, ausersehen[498]. Daher galt es, diese selbst möglichst schnell und umfassend nationalsozialistisch zu infiltrieren und »gleichzuschalten«. Da im Ausland lebende Deutsche – wie spätestens die Jahre des Ersten Weltkrieges deutlich gemacht hatten – allgemein zu einer betonten Pflege des Deutschtums neigen und in Zeiten außenpolitischer Spannungen Deutschlands zu einem chauvinistisch übersteigerten Nationalismus tendieren, stieß die nationalsozialistische Propaganda bei den Deutschen Lateinamerikas kaum auf Widerstand.
Auch in Argentinien gelang es,

»einen großen Teil der Deutschen vor den Karren der Nazis zu spannen und damit eine wichtige Voraussetzung für die Erweiterung ihres Aktionsradius zu schaffen.«[499]

August Siemsen, Herausgeber der in Buenos Aires erscheinenden Exilzeitschrift ›Das Andere Deutschland‹ / ›La Otra Alemania‹, charakterisiert die Situation folgendermaßen:

»Auch in Südamerika gibt die deutsche Propaganda Millionen aus. Eine Unmenge Material wird kostenlos an Zeitungen, Vereine und Private versandt. Gesandtschaften und Konsulate, Handelskammern und die Deutsche Bank ste-

[497] Zitiert nach: Michael Frank: ›Die letzte Bastion – Nazis in Argentinien‹. Hamburg 1962, S. 39.

[498] Angaben nach: Friedrich Katz: ›Einige Grundzüge der Politik des deutschen Imperialismus in Lateinamerika von 1898 bis 1941‹. In: Heinz Sanke [Hrsg.]: ›Der deutsche Faschismus in Lateinamerika 1933–1943‹. Berlin 1966, S. 22.

[499] Klaus Kannapin: ›Zur Politik der Nazis in Argentinien von 1933 bis 1943‹. In: ›Der deutsche Faschismus in Lateinamerika 1933–1943‹, a. a. O., S. 86.

hen im Dienst dieser Propaganda, prominente Politiker der extremen Rechtsparteien werden kostenlos ins Dritte Reich eingeladen.
Die Deutschen werden in verschiedenen nationalsozialistischen Organisationen zusammengefaßt. Wer gleichgeschaltet ist, wird wirtschaftlich gefördert; die Widerstrebenden werden boykottiert oder mit Entlassungen bedroht. Umfangreich ist der Spitzeldienst.« [500]

In gleicher Weise beschreibt der Schriftsteller Paul Zech, der in Buenos Aires im Exil lebte, die deutsche Kolonie als

»dieses ungeheure Heer von Agenten, Bankbeamten, Technikern und kaufmännischen Angestellten, in der Mehrzahl natürlich ›gleichgeschaltet‹ und in der Äußerung brauner Rüpeleien so rührig, wie kaum in einem anderen außerdeutschen Lande.« [501]

Wie die meisten anderen überseeischen Zufluchtsländer, wurde auch Argentinien von einer größeren Anzahl Emigrierender als Reiseziel eigentlich erst in Erwägung gezogen, als die europäischen Exilländer für Flüchtlinge vor dem Nationalsozialismus zu unsicher geworden waren. Daß sich in Argentinien neben Uruguay die umfangreichste Emigrantenkolonie sammelte, findet seine Erklärung in der relativ liberalen Einwanderungspolitik dieser Staaten vor allem während der ersten Jahre nach 1933. Auch noch von 1938 bis 1940, während der Präsidentschaftszeit des pro-britischen Generals Ortíz, der energische Maßnahmen zur Zurückdrängung des nationalsozialistischen Einflusses in Argentinien unternahm, gelang es zahlreichen Emigranten, hier Asyl zu finden. Allerdings verschlechterte sich diese Möglichkeit in der Folgezeit. Mit Ausbruch des Weltkrieges verringerte sich die Bereitschaft Argentiniens ständig, Emigranten aus Deutschland aufzunehmen. 1944 hieß es: »Today that country is practically closed to immigrants.« [502] Die Tore schlossen sich genau in dem Augenblick, als die Flüchtlinge aus Europa ihre Hoffnungen auf die Länder in Übersee richteten.
Die Exilgruppe Argentiniens setzte sich in ihrer großen Mehrzahl aus Vertretern der »unpolitischen« Emigration zusammen. Das heißt, es handelte sich vorwiegend um jüdische Angehörige des mittleren Bürgertums, die nicht auf Grund politischer Opposition, sondern wegen ihrer Rassenzugehörigkeit zur Emigration gezwungen worden waren und die ein ausgeprägt politisches Engagement nicht kennzeichnete. Daß diese apolitische Haltung durch die Gegebenheiten des Exils mit der Notwendigkeit, alle sich bieten-

500 August Siemsen: ›Deutsche in Südamerika‹. In: ›Die Neue Weltbühne‹, Jg. 34, H. 23, 9. 6. 1938, S. 722.
501 Paul Zech: ›Buenos Aires‹. In: ›Die Sammlung‹, Jg. 2, H. 8, Amsterdam April 1935, S. 432.
502 K. R. Grossmann u. A. Tartakower: ›The Jewish Refugee‹, a. a. O., S. 316.

den Möglichkeiten einer Integration in das Leben des Gastlandes wahrzunehmen, noch verstärkt wurde, bestätigt Siemsen in seinem Bericht:

»Auch ein großer Teil der jüdischen Emigration – die politische Emigration ist nur schwach vertreten – scheidet für den Kampf gegen den Nationalsozialismus völlig aus. In dem Bestreben, nicht aufzufallen und sich möglichst schnell zu assimilieren, hält sie sich von jeder aktiven Unterstützung antifaschistischer Bestrebungen fern.« [503]

Der Großteil dieser Emigranten konzentrierte sich auf die Hauptstadt Buenos Aires, da infolge des bürgerlich-urbanen Herkommens der meisten und infolge der Altersstruktur nur wenige gewillt waren, das entbehrungsreiche, harte Leben in den landwirtschaftlichen Erschließungsgebieten des weiten Inlandes auf sich zu nehmen.
Die unmittelbare Nachbarschaft einer zahlreichen Gruppe unter Kontrolle aus Deutschland stehender Landsleute [504] bedeutete für die Emigranten eine beständige Auseinandersetzung mit dem Nationalsozialismus: »In Buenos Aires the wrangles between pro-Faschist and anti-Faschist Germans [...] go merrily on.« [505] Die Haltung, welche man schließlich – und nicht nur hier – gegenüber den nationalsozialistischen Landsleuten fand, entsprach der erwähnten apolitischen Disposition der argentinischen Emigration; man ging eine Art modus vivendi ein, indem man sich gegenseitig, vor allem aber von seiten der Emigranten möglichst ignorierte:

»Man lebt hier wie einst in Prag, ein deutsches Dorf in einer anderssprachigen Stadt. Eigentlich sind es zwei Dörfer, das republikanische und das nationalistische. Eine junge Frau, bei einer Firma im anderen Dorf angestellt, die mit mir ins Theater ging, wurde am anderen Tage fristlos entlassen – ›vertrauensunwürdig im Privatleben.‹ Wir haben nämlich ein Theater, die anderen haben auch eins; wir haben jeder eine Zeitung, jeder eine Schule, Vereine, Vorträge – in einem Wort: deutsche Welt und deutsche Unwelt.
Aber die Trennung ist so absolut, daß man in dem einen Dorf vergessen kann, daß das andere existiert.« [506]

Das Theater der Emigranten, von dem der Berichterstatter spricht, war die im April 1940 gegründete Freie Deutsche Bühne in Buenos Aires. Obwohl auf ihrem Spielplan bis 1945 Exildramatik kaum auftauchte, verdient sie im Zusammenhang dieser Darstellung dennoch besondere Beachtung. Paul

503 A. Siemsen: ›Deutsche in Südamerika‹, a. a. O., S. 723.

504 »In Argentinien gab es 1937 rund 42000 Reichsdeutsche, von denen 1500 der NSDAP angehörten. [...] Die Zahl der Deutschsprechenden wurde 1938 bei einer Gesamtbevölkerung von etwa 13 Millionen auf 210000 geschätzt.« – H. A. Jacobsen: ›Nationalsozialistische Außenpolitik 1933–1938‹, a. a. O., S. 564.

505 E. u. K. Mann: ›Escape to life‹, a. a. O., S. 223.

506 Balder Olden: ›Flucht und Hoffnung. Rückschau aus Buenos Aires‹. In: ›Aufbau‹, Jg. 7, H. 34; 22. 8. 1941, S. 9/10.

Walter Jacob[507], Gründer und Leiter des Theaters, betont in einem Rückblick auf ›Sieben Jahre Freie Deutsche Bühne in Buenos Aires‹ die Sonderstellung des Unternehmens:

»Außerhalb der Schweiz und neben den deutschen und österreichischen Theatergruppen in New York, London, Stockholm, die zum größten Teil nur sporadisch Vorstellungen geben, ist die Freie Deutsche Bühne in Buenos Aires heute das einzige ständig spielende deutschsprachige und völlig unabhängige Theater in der ganzen Welt. In den sieben Jahren ihres Bestehens ist ein Repertoire aus der klassischen und modernen Bühnenliteratur aller Völker und Zeiten in deutscher Sprache, der Sprache Goethes und Heines zur Darstellung gebracht worden.«[508]

Jacob hat insofern recht, als in der Tat keine andere von Emigranten geführte deutschsprachige Bühne über einen so langen Zeitraum ununterbrochen tätig war. Auch setzte wohl keine andere Bühne des Exils so konsequent die Traditionen des deutschen Provinzial- und Stadttheaters fort, sowohl hinsichtlich der geistig-künstlerischen Ausrichtung als auch hinsichtlich des organisatorischen Aufbaus. Darauf weist etwa die Einrichtung eines Abonnementsystems hin, von dem die kontinuierliche Arbeit der Bühne weitgehend abhängig war. Auch ist – neben den Ensembles der European Jewish Artists Society in Shanghai – von keiner anderen Emigrationsbühne bekannt, daß sie wie die FDB sogar einen Mehrspartenbetrieb unterhielt: Die Bühne spielte seit 1944 auch Operetten. Das Schwergewicht des Spielplans der Bühne lag eindeutig bei leichten Boulevardkomödien, deftigen Possen und den jeweiligen internationalen Erfolgsstücken. Eine Aufschlüsselung des Spielplans der ersten sechs Jahre von 1940 bis 1945 ergibt folgendes Bild: Mehr als 80 Lustspielen, die vorwiegend dem Genre beispielsweise von Ladislas Bush-Feketes ›Jean‹, Curt Goetz' ›Dr. med. Hiob Praetorius‹ oder Brandon Thomas' ›Charlys Tante‹ angehörten, standen 7 Kriminalstücke, 1 Operette, 11 Klassiker der Moderne [Ibsen, Pirandello, Gorki, Shaw etc.], 27 Stücke moderner Autoren und internationale Erfolgsstücke [wie Vilem Werners ›Menschen auf der Eisscholle‹, Hans José Rehfischs ›Die Affäre Dreyfuß‹, Lillian Hellmans ›Die Unbesiegten‹ / ›Watch on the Rhine‹ etc.] und nur 1 klassisches Drama

507 Paul Walter Jacob: Geb. 1905. Schauspieler, Regisseur, Dirigent, Schriftsteller. 1923–1928 Studium in Berlin [Universität, Reinhardt-Seminar, Musikhochschule]; 1925–1928 Assistent an den Berliner Staatstheatern; anschließend Theatertätigkeit in Koblenz, Lübeck, Wuppertal, Dessau, Köln und Essen; 1933 Emigration nach Luxemburg; Regisseur und Funkbearbeiter bei Radio Luxemburg; 1936–1938 an deutschen Bühnen der CSR; 1938 Emigration nach Argentinien; 1940 Gründung der Freien Deutschen Bühne in Buenos Aires; 1950 Rückkehr nach Deutschland; 1950–1962 Intendant der Städt. Bühnen Dortmund; zahlreiche Theater- und Fernsehrollen.

508 P. W. Jacob: ›Theater. Sieben Jahre Freie Deutsche Bühne in Buenos Aires‹. Buenos Aires 1946, S. 7.

[›Maria Stuart‹] gegenüber. Die Exildramatik ist mit 3 Autoren vertreten. Damit spiegelte das Theater deutlich die Interessenlage seines Publikums, der deutschen Emigranten Argentiniens, seine kulturellen Bedürfnisse und politische Haltung wider. Jacob bestätigt diesen Tatbestand in seinem zitierten Rückblick auf die Tätigkeit der FDB. Immer wieder wird darin betont, daß »handfeste Theatralik und Lustspieltechnik« [509] dem Publikum am meisten zusagte und ernste Stoffe, gar zeitkritische, eher auf Ablehnung stießen. Mit deutlicher Resignation muß Jacob feststellen:

»Im allgemeinen [...] müssen ernste, nicht der Unterhaltung dienende Stücke immer wieder durch Lustspiele und Komödien, die den großen Publikumszustrom haben, finanziert werden.« [510]

Obwohl die Initiatoren bei der Projektierung des Theaterunternehmens einen ausgewogenen Spielplan vor Augen hatten, der auch klassische Bühnenliteratur wie zeitgeschichtlich bedeutsame, antifaschistische Gegenwartsdramatik berücksichtigen sollte, war man sich andererseits doch im klaren über die Erwartungen des anzusprechenden Publikumskreises, dem es entgegenzukommen galt, wollte man »mit immer gleichbleibendem Schauspielermaterial genügenden Anreiz zu ständigem Theaterbesuch bieten« [511]. Man rechnete damit, daß »die Mehrzahl der Werke Konversations-Lustspiele sein werden oder moderne Problem-Stücke« [512]. Hinweise dafür, daß man ernsthaft versuchte, diesen eindeutig zum komödiantischen Unterhaltungstheater leichtester Prägung tendierenden Publikumsgeschmack zu beeinflussen, sind nicht zu sehen. Im Gegenteil, das Theater orientierte sich ganz an ihm; schon anläßlich der Eröffnungspremiere [Ladislas Bush-Fekete: ›Jean‹] wurde diese pragmatische Haltung deutlich, wenn es heißt: »So vorsichtig als nur irgend möglich wird das neue Unternehmen vorgestellt.« [513] Gewiß spielte bei derartiger Selbstbeschränkung auch die Furcht mit, durch eine deutlich engagierte Auseinandersetzung mit politischen Gegenwartsfragen Pressionen heraufzubeschwören. Angesichts der Situation Argentiniens zur Zeit der Präsidentschaft des pro-faschistischen, Deutschland-freundlichen Ramón Castillo konnte der Nachweis politischen Wohlverhaltens, was in diesem Falle gleichbedeutend war mit politischer Abstinenz, für eine Emigrantenbühne lebenswichtig sein. Dafür spricht, was Paul Zech über die Situation der Emigration ausführt:

»Die wenigen Emigranten [Zech veröffentlichte diesen Bericht 1935, als die Kolonie ihren endgültigen Umfang bei weitem noch nicht erreicht hatte, H.C.W.],

509 Ebenda, S. 51.
510 Ebenda, S. 43.
511 Ebenda, S. 23.
512 Ebenda, S. 23.
513 Ebenda, S. 24.

meist jüdische Rechtsanwälte und Ärzte, Lehrer und Parteisekretäre, treten kaum in Erscheinung, sie finden bei den staatlichen Organen keinerlei Unterstützung und sie werden auch nur registriert und eventuell wieder ausgewiesen, wenn die faschistischen Spitzel sie wegen ›marxistischer Umtriebe‹ bei der politischen Polizei denunzieren.« [514]

So bleibt die Bedeutung dieser wohl aktivsten und am längsten wirkenden Exilbühne im Zusammenhang der Untersuchung doch eher peripher. – Keineswegs sollen damit die Leistungen der beteiligten Theaterleute verkleinert werden. Schon der Umfang dessen, was die Bühne, die ihre Arbeit mit einem Stamm von zwölf Schauspielern begann, in den Jahren ihres Wirkens verwirklichte, berechtigt ihre Hervorhebung. – Bereits zu Beginn der vierten Spielzeit, im Frühjahr 1943, konnte die Freie Deutsche Bühne auf insgesamt 80 Premieren und über 300 Vorstellungen zurückblicken [515]. Das heißt, pro Spielzeit wurden etwa je 26 Neuinszenierungen vorgestellt. Diese Fülle erklärt sich aus dem durch die geringe Größe des Publikums bedingten Umstand, daß während der sechs- bis siebenmonatigen Hochsaison [April bis Oktober] in jeder Woche eine neue Inszenierung vorgestellt werden mußte, die in der Regel zwei- bis dreimal gespielt werden konnte. Das bedeutete: »Jede Woche Stellproben, Stückproben, Generalproben. Jede Woche Sorgen über den Spielplan, über die Besetzung, über die Dekoration.« [516] Im Anschluß an die Spielzeit in Buenos Aires gastierte die FDB mit ihren jeweilig größten Erfolgen zusätzlich regelmäßig in Montevideo, der Hauptstadt Uruguays, wo seit 1941 ebenfalls eine kleine Emigrantenbühne, Die Komödie, wirkte, zu der die FDB kooperative Verbindungen unterhielt.

Bei all dem hieß es, die Ausgaben durch rationellste Organisation, durch weitgehende Einschränkung des administrativen Bereichs und durch genaueste Kalkulation im Ausstattungswesen auf ein Minimum herabzuschrauben, ohne den professionellen Charakter des Theaters und die Qualität der Inszenierungen zu mindern.

Ihre Einstellung zur Situation in Deutschland und ihr Bekenntnis zur Emigration stellten die Mitglieder des Ensembles vor allem in einer Reihe besonders hervorgehobener Gedächtnis-Veranstaltungen unter Beweis, mit denen Person und Werk bedeutender, im Exil gestorbener Emigranten in Vorträgen, Lesungen, Filmvorführungen und Inszenierungen geehrt wurden. Solche Gedächtnis-Veranstaltungen wurden mit großer öffentlicher Beteiligung zum Beispiel für Stefan Zweig [1942], Max Reinhardt [1943], Conrad Veidt [1944], Georg Kaiser [1945] und Bruno Frank [1945] ab-

514 P. Zech: ›Buenos Aires‹, a. a. O., S. 432.
515 Vgl. P. W. Jacob: ›Theater‹, a. a. O., S. 55.
516 Ebenda, S. 18.

gehalten. Auch wurden verschiedentlich die Einnahmen einzelner Aufführungen wohltätigen Zwecken zugeführt, so etwa der Unterstützung der in französischen Konzentrationslagern internierten Emigranten.
Ein weiterer Grund dafür, daß Exildramatik von der FDB kaum gespielt wurde oder gespielt werden konnte, bestand – auch hier – in der Isolation der Exilzentren voneinander. Jacob weist darauf hin: »Die durch den Krieg bedingten Verkehrs- und Postschwierigkeiten wirken sich geradezu katastrophal auf die Beschaffung vieler der interessantesten Stücke aus.« [517] Daher lag es nahe, Stücke von Autoren heranzuziehen, die im südamerikanischen Exil lebten. So führte die FDB bis 1945 vier Lustspiele des in Montevideo lebenden Schriftstellers Fred Heller [518] auf, deren Thematik und dramatische Qualitäten sie offensichtlich aus der übrigen umfangreichen Lustspielproduktion der FDB nicht besonders hervorhoben. Von wesentlich größerer Bedeutung scheint das im September 1943 uraufgeführte Schauspiel ›Vater und Sohn‹ des ebenfalls in Montevideo lebenden jungen Dramatikers und Romanciers J. Aialti zu sein. Aialtis Schauspiel, eine eigene Dramatisierung seines in Jiddisch geschriebenen Romans, behandelt das »Schicksal einer jüdischen Familie im besetzten Paris, das heroische Leben der Untergrundkämpfer« [519]. Mit Betonung lobt die Kritik den Einsatz des Ensembles für diese engagierte Auseinandersetzung mit den unmittelbar berührenden Gegenwartsproblemen:

»Als Freie Deutsche Bühne zu zeigen, was Nazifaschismus bedeutet, wie die ›Neue Ordnung‹ aussieht, zu belehren, zu ermahnen und aufzurütteln, das wahrlich heißt seinen Namen in Ehren tragen.« [520]

Es sollen in diesem Zusammenhang abschließend zwei weitere Inszenierungen der FDB erwähnt werden, auch wenn sie bereits jenseits des für diese Untersuchung gesetzten Zeitraums liegen. Doch ist ihre Bedeutung für die Entwicklung der Bühne ebenso wie der Rang der Stücke, um die es sich handelt, innerhalb der Exildramatik zu groß, als daß man diese Ereignisse unbeachtet lassen kann. – Am 11. 9. 1945 organisierte das Deutschland-Hilfswerk in Buenos Aires eine große Veranstaltung »zu Gunsten der hungernden deutschen Kinder« [521], auf der von Mitgliedern der FDB das Schauspiel ›Europa, wir warten!‹ von Karel Talpa in verteilten Rollen gelesen wurde. Talpa, der bei dieser Uraufführung selbst anwesend war,

[517] Ebenda, S. 26.

[518] Fred [Alfred] Heller. Geb. 1889 in Ober-Sieberbrunn, gest. 1949 in Montevideo. Journalist und Schriftsteller. Emigration nach Österreich, Italien, Tschechoslowakei, Uruguay; Gründer [mit Albert Maurer] und Dramaturg der Komödie, Montevideo.

[519] P. W. Jacob: ›Theater‹, a. a. O., S. 60.

[520] ›Volksblatt‹, Jg. 2, H. 35, Sept. 1943. Zitiert nach: P. W. Jacob: ›Theater‹, a. a. O., S. 234.

[521] P. W. Jacob: ›Theater‹, a. a. O., S. 250.

schildert in seinem Drama den geheimen und zähen, tagtäglichen »kleinen« Widerstand derer im nationalsozialistischen Deutschland, die nicht zu organisierten Widerstandsgruppen gehörten, die jedoch auch nicht bereit waren, ihr Gewissen brechen zu lassen. Er schildert, so beschreibt es der Kritiker des ›Argentinschen Tageblattes‹,

»die Wühlarbeit der Unzufriedenen, der Gedemütigten, der Mitgegangenen-Mitgefangenen, aller stillen Kämpfer, die sich ihrer Lage bewußt sind oder bewußt werden und aus dem zusammenbrechenden Dritten Reich ein neues Europa retten möchten.« [522]

Mit dieser Veranstaltung deutscher Emigranten, deren Erlös zur Linderung der Not im Nachkriegsdeutschland gedacht war, mit diesem Schauspiel, das, von einem Emigranten geschrieben, ein so differenziertes Bild der Deutschen in ihrer Reaktion auf den Nationalsozialismus zeichnet, mit dieser Manifestation der Gemeinsamkeit bewies die Emigrantenkolonie von Buenos Aires, daß gerade sie, deren persönliches Schicksal durch die nationalsozialistische Machtergreifung so entscheidend in Mitleidenschaft gezogen worden war, die Bereitschaft fand, dem Deutschland nach Hitler die Hand zur Versöhnung zu reichen.
Als Jacob kurz danach, noch im September 1945 an die Inszenierung von Werfels ›Jacobowsky und der Oberst‹ ging, war er sich im klaren, damit »den Apparat der FDB vor eine Aufgabe zu stellen, die zu den schwierigsten gehört, die bis jetzt überhaupt von ihr zu lösen waren« [523]. Das gesamte Ensemble von mehr als 30 Personen wirkte in der zum Gedächtnis des am 26. August desselben Jahres in Kalifornien gestorbenen Dichters veranstalteten Inszenierung des Dramas mit, das »in der fast ungestrichenen Originalfassung«[524] gespielt wurde. Jacob selbst inszenierte das Stück und spielte den Jacobowsky. Seine Regie unterstrich stark die symbolhaften Züge des Werkes und seiner Figuren. Am deutlichsten fand dieses Bestreben in der Schlußszene Ausdruck,

»da die Marseillaise-Melodie vom leisen, schüchternen Mundharmonikaspiel des polnischen Offiziersburschen in den großen, vom Lautsprecher getragenen Orchesterklang wechselt, und Marianne mit der Tricolore den fliehenden Freunden und Mitkämpfern bei aufgehender Morgensonne nachwinkt.« [525]

Obwohl die Aufnahme bei Publikum und Presse enthusiastisch genannt werden kann, war es auf Grund der großen technischen Schwierigkeiten nicht möglich, mehr als die zwei üblichen Aufführungen zu realisieren.

[522] ›Argentinisches Tageblatt‹, 13. 9. 1945. Zitiert nach P. W. Jacob: ›Theater‹, a. a. O., S. 251.
[523] P. W. Jacob: ›Theater‹, a. a. O., S. 82.
[524] Ebenda.
[525] Ebenda, S. 83.

3. Exildramatik auf argentinischen Bühnen

Die romanische Tradition der lateinamerikanischen Kultur wurde (und wird) gerade in der unangefochtenen Vorherrschaft des Musiktheaters über die Sprechbühne besonders offensichtlich. Während die Qualität der führenden Opernbühnen Südamerikas dem europäischen Standard durchaus vergleichbar ist und die internationalen Spitzenkräfte, Sänger und Dirigenten, hier wie dort beheimatet sind – so wirkte Fritz Busch während seines südamerikanischen Exils lange Jahre am Colon in Buenos Aires, einem der bedeutendsten Opernhäuser Südamerikas –, spielte das Sprechtheater zumindest bis 1945 nur eine recht untergeordnete Rolle im südamerikanischen Kulturleben. Ständige Bühnen existierten nicht; Theaterunternehmer und Impresarios stellten um einen bekannten Hauptdarsteller und mit ihm jeweils eine »Compania« zusammen, die oft nur während des Zeitraums, in dem die Inszenierung des gewählten Stückes Besucher anzog, zusammenblieb und in einem für diesen Anlaß gemieteten Theaterbau einer der großen Städte auftrat. Wirtschaftliche Gesichtspunkte dominierten über künstlerische Motive; die Qualität der Aufführungen erreichte nur selten ein höheres Niveau. Eine Schauspielerausbildung nach europäischem Vorbild war so gut wie unbekannt. Nur die wenigsten Schauspieler hatten überhaupt eine Schulung erfahren und sich anders als in der Praxis die Grundlagen ihres Berufes angeeignet.

Dieses Bild charakterisiert auch die Theatersituation von Buenos Aires in der Zeit vor 1945 in ihren wesentlichen Zügen. Das Theaterleben war reichhaltiger und abwechslungsreicher und das künstlerische Niveau einzelner Truppen besser, da eine größere Zahl von »Companias« miteinander konkurrierte. Zech allerdings gibt in seinem schon zitierten Portrait der Stadt folgendes negative Bild:

»Genau gesehen: es gibt hier keinen Dramatiker, kein Ensemble, keinen Regisseur, keinen Szeniker, keinen Fundus, keinen Beleuchtungstechniker, nicht einmal einen Maskenmacher, aber auch kein für solche Dinge absolut empfängliches Publikum.« [526]

Infolge der Ausrichtung der Bühnen auf die französische, italienische und nordamerikanische dramatische Literatur des Unterhaltungsgenres war nicht zu erwarten, auf südamerikanischen Bühnen eine Pflege moderner deutscher Dramatik und gar der Exildramatik zu finden. Nur einzelne deutsche Dramatiker der Gegenwart waren bekannt und wurden häufiger gespielt. Einer dieser wenigen war Ferdinand Bruckner, dessen Dramen ›Krankheit der Jugend‹, ›Die Verbrecher‹ und ›Die Kreatur‹ auch in Buenos Aires, zum Teil mit großem Erfolg, aufgeführt worden waren [527].

[526] P. Zech: ›Buenos Aires‹, a. a. O., S. 436.
[527] Vgl. L. R.: ›»Las Razas«, de Bruckner‹. In: ›El Mundo‹, Buenos Aires 16. 12. 1934.

Um so größeres Interesse muß daher dem folgenden Ereignis und vor allem den von ihm ausgelösten Kontroversen entgegengebracht werden, weil sich darin die argentinische Haltung zum Nationalsozialismus und indirekt auch zu den jüdischen Emigranten wie in einem Fokus konzentrierte: Im Dezember 1934 [528] wurde im Teatro Comico in Buenos Aires Bruckners Drama ›Die Rassen‹ [›Las razas‹] durch die Compania Argentina de teatro Moderno aufgeführt. Die Inszenierung verdient an dieser Stelle auch insofern besondere Beachtung, als sich am Widerstand des deutschen Botschafters und der deutschen Kolonie gegen dieses Theaterereignis Praktiken und Einfluß der nationalsozialistisch beeinflußten Kreise deutlich ablesen lassen.

Die Inszenierung Pablo Sueros, der das Stück aus der französischen Fassung auch übersetzt hatte, und die schauspielerische Leistung des Ensembles wurden besonders gelobt [529]. Der Berichterstatter des ›Argentinischen Tageblattes‹ konstatiert lobend, wenn auch mit gewisser Distanz und Relativierung, daß »im Teatro Comico tatsächlich eine in Argentinien nicht besser zu gebende Aufführung von Bruckners Werk gebracht wird« [530]. Dieser Kritiker gibt auch einen Einblick in die Unbefangenheit, mit der man sich hier dem Stück näherte, dessen ernste und unmittelbar gegenwärtige Problematik man dennoch – wie die folgenden Ereignisse erwiesen – durchaus sah. Der deutsche Rezensent bringt den Wunsch zum Ausdruck, daß

> »die zwischen den Dekorationswechseln entstehenden Pausen nicht mehr durch den Grammophonvortrag sonst gewiß sehr netter, aber wenig in die Stimmung des Stückes passender Schallplatten ›gefüllt‹ würden.« [531]

Daß sich jedoch weite Kreise der Bevölkerung, die argentinischen Behörden und die gesamte Presse von Buenos Aires leidenschaftlich und intensiv mit der Problematik des Stückes und der antifaschistischen Position des Emigranten Bruckner auseinandersetzten, war der Einflußnahme der deutschen Botschaft und der von den nationalsozialistischen Auslandsorganisationen gelenkten Deutschen Argentiniens zu »verdanken«: Nachdem Botschafter von Thermann bereits vor der Premiere und danach mehrmals Protest gegen die Aufführung des Stückes erhoben hatte [532], kam es in der

[528] Das genaue Datum ließ sich nicht feststellen. Da die früheste Pressekritik vom 10. 12. 1934 datiert, ist als Premierendatum der 7.–9. des Monats anzunehmen.

[529] Vgl. die Kritiken: [anonym]: ›Fué escuchada con atención la pieza de Bruckner‹. In: ›La Razon‹, Buenos Aires 15. 12. 1934 und in: ›El Mundo‹, 16. 12. 1934.

[530] W. K.: ›»Die Rassen« von Ferdinand Bruckner. Im Theater Comico‹. In: ›Argentinisches Tageblatt‹, Buenos Aires 10. 12. 1934.

[531] Ebenda.

[532] Vgl. W. K.: ›Sieg des Geistes. Der gescheiterte Zensor‹. In: ›Argentinisches Tageblatt‹, 19. 12. 1934.

Vorstellung vom 16. 12. 1934 zu schweren Zwischenfällen: Etwa 70 Deutsche waren geschlossen zum Theater transportiert worden und hatten die Aufführung randalierend so stark gestört, daß die von den Demonstranten gesuchten Auseinandersetzungen und Zusammenstöße mit den übrigen Zuschauern erreicht wurden und die Vorstellung unter allgemeinem Tumult abgebrochen werden mußte. Daraufhin wurde am nächsten Tag, dem 17. 12. 1934, durch Erlaß der Stadtverwaltung die weitere Aufführung des Stückes verboten. Daß es sich dabei kaum um einen spontanen Entschluß mit dem alleinigen Ziel der Wiederherstellung von Ruhe und Ordnung, sondern vielmehr um eine geplante, von deutscher Seite beeinflußte und durch den Zwischenfall formal legitimierte Maßnahme profaschistischer und antisemitischer Kreise der Behörden gehandelt hatte, dieser nachdrücklich erhobene Vorwurf und Verdacht tauchte dann auch sofort auf. Man hatte mit dem Verbot an einen neuralgischen Punkt gerührt, an das argentinische Nationalbewußtsein: Die Empörung darüber, daß es Vertretern eines fremden Staates möglich sein sollte, Einfluß auf innerargentinische Vorgänge nehmen und Zensor-Funktion ausüben zu können, beleidigte das Selbstbewußtsein des argentinischen Staatsbürgers. Unmittelbar nach Bekanntgabe des Verbotes traten die Vorstände der argentinischen Autorengenossenschaft, des Theaterunternehmerverbandes, der Schauspielervereinigungen, des Bühnenarbeiterverbandes und des Verbandes der Kinooperateure zusammen und beschlossen die Schließung sämtlicher Theater und Kinos, sofern ihrem Protest gegen die Absetzung der ›Rassen‹-Inszenierung nicht stattgegeben und die Aufführung weiterhin verboten werden sollte. Ebenso wurden Protestmaßnahmen der Arbeitergewerkschaften erwartet [533]. Die argentinische Presse griff den außergewöhnlichen Vorfall leidenschaftlich auf und setzte sich, mit Ausnahme weniger antisemitischer Blätter und der ›Deutschen La Plata-Zeitung‹, dem Organ der deutschen Kolonie, vorbehaltlos für die sofortige Aufhebung des Verbotes ein. Die Kommentatoren erinnerten daran, daß Bruckners Drama sowohl in Frankreich als auch in der Schweiz, wo die öffentliche Diskussion so heißer Themen [»temas candentes«] angesichts der unmittelbaren Nachbarschaft Deutschlands viel gewagter sei als in dem durch einen Ozean von Deutschland getrennten Argentinien, ohne irgendwelche öffentliche Einflußnahme oder Sanktion habe aufgeführt werden können. Und man schloß die ironische Frage an, ob Argentinien bereits zur deutschen Handelsniederlassung herabgesunken sei, in welcher der deutsche Botschafter unumschränkt schalten könne [534]. Da die Kritik zudem, noch bevor die deutschen Störun-

533 Ebenda.

534 Vgl. die Berichte: Edmundo Guibourg: ›Bajo la Férula de Goebbels‹. In: ›Critica‹, Buenos Aires 18. 12. 1934; [anonym]: ›Il teatro Comico clausurato dal Municipio,

gen vor sich gegangen waren und die Schließung des Theaters angeordnet worden war, also unbeeinflußt von diesen Vorfällen, besonders betont hatte, wie dankenswert es sei, daß sich die Bühne einem so wichtigen aktuellen Problem, dem Phänomen des Nationalsozialismus und seiner Rassenideologie, gestellt habe [535], verfehlte diese umfassende, einhellige und unmißverständliche Stellungnahme ihre Wirkung nicht: Bereits am 18. 12. 1934, einen Tag nach Erlaß, wurde das Verbot mit der Begründung falscher Information über die Form der Kritik an Deutschland wieder zurückgezogen. Das ›Argentinische Tageblatt‹ kommentiert diesen Ausgang mit unverhülltem Triumph, denn er bedeutete für die Emigration – über den Einzelfall hinausweisend – nichts weniger als eine öffentliche Stellungnahme des argentinischen Staates für ihre Position und damit eine Sicherung dieser Position:

»Pg. von Thermann, der die große Ehre und das außerordentliche Vergnügen hat, die manchmal etwas komisch wirkenden ›Belange‹ des Dritten Reiches in Argentinien zu vertreten, hat durch seine Anmaßung, sich zum Zensor des argentinischen Theaters zu ernennen, wieder eine Schlappe erlitten. An derartige Mißerfolge sind er und seine Auftraggeber zweifellos schon gewöhnt. Die Stunde des Mißvergnügens, die der Vertreter Hitlers und dessen zum Theaterskandal abkommandierte Saalkämpfer erlebt haben und noch erleben, werden zweifellos dazu dienen, ihnen klar zu machen, daß sie in der Republik Argentinien leben und daß man hier keinen Sinn für ›nationalsozialistisches Brauchtum‹ hat.« [536]

Doch gab sich die deutsche Kolonie noch nicht geschlagen: Die ›Deutsche La Plata-Zeitung‹ berichtete am 24. 12. 1934 über die Sonnenwendfeier der Deutschen in Buenos Aires, an der »fünftausend Volksgenossen« teilgenommen haben sollen, und über eine anläßlich dieser Veranstaltung »auf eine spontane Anregung hin« aufgesetzte und »unter stärkstem Beifall« einstimmig angenommene Entschließung, die sich »in geharnischten Worten gegen die üble Provokation im Teatro Comico richtete und sich an den Herrn Gesandten des Deutschen Reiches wandte« [537]. Wie nicht anders zu erwarten, bewirkte dieses nochmalige Aufbegehren nichts mehr.

Zu Beginn der Darstellung war auf die positive Einschätzung der künstlerischen Qualitäten der Inszenierung durch die argentinische Presse hingewiesen worden. Um so interessanter muß für eine Objektivierung dieses Ur-

I funzionari del comune al servizio dei nazis‹. In: ›L'Italia del Popolo‹, Buenos Aires 18. 12. 1934; [anonym]; ›Por disposición municipial anoche se suspendió el espectáculo del Comico‹. In: ›La Nacion‹, Buenos Aires 18. 12. 1934.

535 »Es handelt sich hier um ein soziales Ereignis von außerordentlicher Transzendenz, viel zu wichtig, um es nicht im Rahmen der Theateraufführung zu kommentieren.« ›El Mundo‹, 16. 12. 1954. [Übersetzt von H. C. W.]

536 ›Argentinisches Tageblatt‹, 19. 12. 1934.

537 [anonym]; ›Eine spontane Entschließung zum Vorfall im Teatro Comico‹. In: ›Deutsche La Plata Zeitung‹, Buenos Aires 24. 12. 1934.

teils die Äußerung Zechs sein, der die Darbietung, an europäischen Maßstäben orientiert, als minderwertig abtut. Zech kommentiert die Inszenierung und die durch sie ausgelösten Ereignisse folgendermaßen:

»Bruckner-Taggers ›Rassen‹, übersetzt aus dem Französischen, eine lächerliche Karikatur des Stückes, eine Karikatur das ganze Theater. Und kein Hahn würde danach gekräht haben, wenn die braune Gilde nicht ein paar Hundert Leute in das Theater kommandiert hätte, um gegen die ›Verunglimpfung der deutschen Hoheitszeichen (lies: Horst-Wessel-Lied), gegen die Verächtlichmachung des Führers und gegen die Herabsetzung des deutschen Volkes‹ mit Krakel, Gestank und Handgemenge zu protestieren, was schließlich auch zur vorübergehenden Schließung des Theaters führte. Ob solche unverschämten Randalierungen, von der hiesigen Landesleitung der N.S.D.A.P. inspiriert, inszeniert und finanziert, sich dem Ansehen des Deutschtums als unbedingt förderlich erweisen, muß nach diesem ›Sturm auf das Theater‹ und nach dieser ›Saalschlacht‹ durchaus bezweifelt werden. Es war jedenfalls kein erfreuliches Zeugnis, das die hiesigen Zeitungen der neudeutschen Heldentat ausstellten.« [538]

Am 16. 10. 1945, also nur drei Wochen nach der Premiere der Inszenierung des Stückes in der Freien Deutschen Bühne, wurde ›Jacobowsky und der Oberst‹ auch auf einer argentinischen Bühne in Buenos Aires, dem Teatro El Nacional, in einer spanischen Übersetzung der englischen Fassung S. N. Behrmans vorgestellt. Der Regisseur Narciso Ibanez Menta hatte versucht, das Stück noch stärker als Jacob, der es vor der vergrößerten Kriegskarte Frankreichs abrollen ließ, mit dem zeitgeschichtlichen Geschehen zu verknüpfen:

»the six scences are interspersed with projection of newsreel shots of the Nazi occupation of France.« [539]

Die Inszenierung fand jedoch keine ganz ungeteilte Zustimmung, und auch die zu dieser Zeit besonders bewegte politische Szene Argentiniens – seit 1943 hatte das Militär die Regierungsgewalt völlig in der Hand und Juan Domingo Perón stand im Begriff, die Macht endgültig an sich zu reißen – trug nicht dazu bei, das ohnehin geringe öffentliche Interesse an Ereignissen des Theaters zu verstärken. Allerdings muß die Inszenierung dieses Dramas gerade zu dieser Zeit als ein Akt erstaunlichen politischen Mutes gewürdigt werden. Und so kam Werfels Zeitdrama, das durch die Beendigung des Weltkrieges in seiner Aktualität schon vermindert worden war, eine neue aktuelle Funktion zu, die der Warnung vor der faschistischen Entwicklung im eigenen Lande. Auch der amerikanische Kritiker fühlte das, der seine Besprechung mit den Sätzen einleitet:

538 P. Zech: ›Buenos Aires‹, a. a. O., S. 436.
539 [anonym]: ›Jacobowsky and the Colonel‹. In: ›Variety‹, 21. 11. 1945.

»This translation has been presented at a most opportune time to show the similarity between life under a Nazi occupation and that under Argentinia's military dictatorship. When the Gestapo bursts on to the stage brandishing tommyguns, Argentinos see an exact replica of their own Federal police.« [540]

[540] Ebenda.

IX. Shanghai – Theater im Ghetto

1. **Situation der Stadt und der Emigranten – Insel der Flüchtlinge**

Die Bedeutung Shanghais als Zufluchtsort für Tausende deutsche Emigranten ist bis heute weitgehend unbekannt. Die Gründe dafür können benannt werden und sollen aus den nachfolgenden Darlegungen sichtbar werden. – Für die Abhängigkeit des Theaters im Exil von der Zusammensetzung der Emigrantenkolonien und von den Gegebenheiten in den einzelnen Exilzentren stellt Shanghai ein in vieler Hinsicht besonders charakteristisches Beispiel dar. Stärker wohl noch als in den zuvor behandelten Sammelpunkten der deutschen Emigranten sind in Shanghai äußere Einflüsse und charakteristische Strukturmerkmale des Ortes für die Zusammensetzung und Organisationsform der Emigrantenkolonie und damit auch für ihre kulturellen Aktivitäten maßgeblich geworden. Deshalb ist es notwendig, hier auf soziale und wirtschaftliche Strukturen sowie auf die jüngste politische Geschichte Shanghais detaillierter einzugehen, zumal dieser Komplex bisher kaum behandelt worden ist und somit nur wenige Verweisungsmöglichkeiten gegeben sind.
Der rasche Aufschwung Shanghais zum bedeutendsten Handelshafen und zur größten Industriestadt Chinas vor dem zweiten Weltkrieg, in der zeitweise über die Hälfte der industriellen Produktion des Landes konzentriert war, nahm mit der Öffnung für den ausländischen Handel in der Mitte des vorigen Jahrhundert seinen Anfang. Das Interesse der überseeischen Kolonial- und Handelsmächte an dauernden und gesicherten Niederlassungen vor allem in den Hafenstädten Chinas hatte zum Ausbau eines Systems von »Fremdenrechten« [Handelskonzessionen] für mehrere Vertragshäfen geführt. Dazu gehörte auch Shanghai. 1854 wurde ein Teil der Stadt von der chinesischen Regierung zum exterritorialen Gebiet erklärt, das als Internationale Niederlassung oder Territorium der Internationalen Konzession unter der Verwaltungshoheit der ausländischen Konsularkorps stand. Der gesamte Lebensbereich der Fremden war damit chinesischer Zuständigkeit entzogen. Allein das Recht der Paßkontrolle und Einreisegewährung verblieb weiterhin bei den chinesischen Behörden. Die Kuomintang-Regierung hatte sich jedoch infolge der japanisch-chinesischen Kriegshandlungen in die Provinz Szechuan zurückziehen müssen, mehr als 1500 km von Shanghai entfernt. Deshalb und weil seit den ersten Kämpfen um Shanghai 1932 eine Einnahme der Stadt durch die Japaner befürchtet werden mußte, waren die wichtigsten chinesischen Behörden aus der Stadt abgezogen worden, darunter auch die Paß- und Einreiseämter. Die dadurch entstandene

komplizierte rechtliche Situation hatte zur Folge, daß Shanghai zum einzigen Hafen der Welt geworden war, in dem die Möglichkeit bestand, ohne Paß und Einreisevisum zu landen: »Anyone may land here, after undergoing customs control – simply walk off the boat«, heißt es in einem amerikanischen Bericht von 1939 [541]. – Das also ist der entscheidende Grund, der Shanghai für viele Tausende deutsche und österreichische, fast ausschließlich jüdische Emigranten, denen es nicht mehr möglich gewesen war, Visa für andere Länder zu bekommen, zum letzten Zufluchtsort werden ließ.

Aber nicht erst seit der Emigration aus dem Dritten Reich konnte Shanghai mit Grund »A City of Refugees« [542] genannt werden. Die erste große Fluchtwelle erreichte Shanghai nach der russischen Oktoberrevolution, als etwa 30 000 Weißrussen hier Asyl fanden. Weit umfangreicher war die zweite Flüchtlingsgruppe, die nach Shanghai strömte: Mit dem Einsetzen der japanisch-chinesischen Feindseligkeiten kam über eine Million chinesischer Flüchtlinge aus den Vorstädten und Ortschaften der näheren Umgebung in die Stadt. Und wenn es den Behörden auch gelang, die meisten zur Rückkehr in die Heimatorte zu bewegen, so riß der Flüchtlingsstrom im weiteren Verlauf des Krieges doch nicht ab. Im Frühjahr 1939 beherbergte die Stadt noch einmal mehr als eine Million chinesischer Flüchtlinge [543]. Shanghai war also bereits mit Flüchtlingen überfüllt, als von 1938 an die ersten großen Wellen der Emigration aus dem Dritten Reich China erreichten. Schon von daher ergaben sich für die weitere Entwicklung der Emigrantenkolonie entscheidende Schwierigkeiten: In den billigen chinesischen Stadtteilen war es schwer, Wohnmöglichkeiten zu finden, während das Gebiet der Internationalen Niederlassung, das sich in den besseren und damit wesentlich teureren Wohngegenden befand, für die in der Mehrzahl nur mit ganz geringen Geldmitteln ankommenden Emigranten weitgehend verschlossen blieb.

Die weißrussische und die chinesische Einwanderung war nicht ohne Folgen auf die wirtschaftliche Struktur der Stadt geblieben. Shanghai hatte damit einen Zustrom billiger Arbeitskräfte erhalten, der zu einem entscheidenden Hindernis bei der Integration und wirtschaftlichen Absorption spä-

[541] Albert Jovishoff: ›A City of Refugees‹. In: ›The Menorah Journal‹, New York Frühjahr 1939, S. 213.

[542] Ebenda, S. 209.

[543] Die Zahlenangaben über Größe und Zusammensetzung aller Flüchtlingsgruppen, besonders jedoch der chinesischen, differieren mitunter nicht unerheblich in den verschiedenen Zeitungsartikeln, Berichten und Untersuchungen. Es ist versucht worden, so weit als möglich abgesicherte, mittlere Werte zu finden. – Im wesentlichen basieren die Ausführungen hier auf den folgenden detaillierten Berichten: Felix Gruenberger: ›The Jewish Refugees in Shanghai‹. In: ›Jewish Social Studies‹, Jg. 12, H. 4, Okt. 1950, S. 329–348; A. Jovishoff: ›A City of Refugees‹, a. a. O., S. 209–216; Alvin Mars: ›A Note on the Jewish Refugees in Shanghai‹. In: ›Jewish Social Studies‹, Jg. 31, H. 4, Okt. 1969, S. 286–291.

ter ankommender Einwanderungsgruppen wurde. Shanghai war in erster Linie Handelsstadt. Europäische Kaufleute jedoch – und ein nicht geringer Teil der deutschen Emigranten setzte sich aus Kaufleuten zusammen – fanden nur selten Möglichkeiten, in das chinesische Wirtschaftssystem einzudringen, sofern sie nicht, wie die Mitglieder der alteingesessenen »Foreigner«-Kolonie, als Vertreter ausländischer Firmen und Handelsniederlassungen eingeführt waren. Zudem machten die Chinesen seit 1927 aus nationalistischen Gründen Anstrengungen, ausländische Arbeitskräfte so weit als möglich durch einheimische zu ersetzen. Als nun die massenhafte Flucht der chinesischen Landbevölkerung nach Shanghai einsetzte und die Stadt ab 1938 infolge der Kriegsereignisse nahezu völlig von ihrem Hinterland abgeschnitten war, wurde die wirtschaftliche Situation bedrohlich. 1939 lebten über 60 000 chinesische Flüchtlinge in Lagern, die durch private chinesische Unterstützung unterhalten wurden.

Die Gruppe der Emigranten aus Deutschland, Österreich und der Tschechoslowakei sammelte sich im Zeitraum von drei bis vier Jahren. 1938 trafen die ersten, noch kleinen Transporte ein, und bis Ende 1941 waren etwa 20 000 Emigranten aus dem Dritten Reich in Shanghai gelandet. Während jedoch die etwa 100 deutschen Emigranten, die schon 1934/35 angekommen waren, noch unter relativ geordneten und normalen Bedingungen aus Deutschland hatten ausreisen können und daher in den meisten Fällen über gewisse Mittel verfügten, um sich eine neue Existenz auch unter so völlig anders gearteten Umständen aufzubauen, hatten die später Geflüchteten, für die Shanghai buchstäblich zur letzten Rettung geworden war, zumeist nicht mehr als das nackte Leben gerettet. Ein plastisches Bild der Lebensumstände, mit denen sie sich auseinandersetzen mußten, gibt ein amerikanischer Bericht von Mai 1941, geschrieben also zu einer Zeit, da die Verhältnisse noch längst nicht ihren Tiefpunkt erreicht hatten:

»Living in poor circumstances, they hope that something will happen to enable them to rise out of their rut.

They spare no effort to achieve this aim. In a land where ›face pidgin‹ – the cult of the white man's superiority – is so jealously guarded, they have taken up work that no other white man would even consider. They have gone peddling from house to house, store to store, selling shoe laces, bottle caps, soaps, cheap linens, hosiery, neckties, etc. They have even snatched at menial jobs paying as little as the equivalent of $ 2,50 per month, barely sufficient to exist on, even though they descend to the chinese level of living.« [544]

Den wenigsten gelang es unter den geschilderten Umständen, eine Existenz aufzubauen, die sie von der Unterstützung durch die rasch ins Leben geru-

[544] David Benz: ›Refugees in Shanghai‹. In: ›Congress bi-Weekly‹, New York 9. 5. 1941, S. 11.

fenen Hilfskomitees unabhängig gemacht hätte. Kaum einer konnte seinen erlernten Beruf ausüben. Die Abhängigkeit von den Hilfskomitees und die Art der Hilfsmaßnahmen wurden zu entscheidenden Faktoren für die Prägung der Emigrantenkolonie: Schon nach Eintreffen der ersten Gruppen jüdischer Flüchtlinge war 1935 ein Hilfskomitee gegründet worden, das teils Gelder aus privaten Shanghaier Quellen, teils Gelder des Jewish Joint Distribution Committee [J.D.C.] [545] verwaltete. Bis Ende 1938 konnten die notwendigen Hilfsmaßnahmen noch ohne ernsthafte Schwierigkeiten bewältigt werden. Von da ab jedoch wurde der Kreis der ganz oder teilweise von Unterstützung Abhängigen ständig größer, während sich andererseits seit Beginn des Weltkrieges die den Komitees zur Verfügung stehenden Mittel drastisch verringerten. 1941 wurden 15 000 Emigranten in irgendeiner Form unterstützt, an 4000 lebten in fünf Barackenlagern, bis zu 8000 Personen wurden in den »Armenküchen« täglich mit zwei Mahlzeiten versorgt.

Die Probleme, denen sich die Hilfsorganisationen unter den ungewöhnlichen Bedingungen eines so fremden Landes gegenübersahen, sind schwer vorstellbar. Alle Neuankömmlinge mußten gegen Pocken, Cholera, Typhus und Paratyphus geimpft werden. Trotzdem brachen gefährliche Epidemien aus; ein Hospital mußte eingerichtet werden. Englischunterricht wurde abgehalten, um die Emigranten zu befähigen, sich in ihrer neuen Umgebung bewegen zu können; eine Art Berufsberatung wurde abgehalten, ein Büro aufgebaut, um Zeugnisse und Unterlagen ins Englische zu übersetzen und zu beglaubigen. Besondere Schwierigkeiten machte die angemessene Versorgung der vielen Kleinkinder.

Mit Japans Eintritt in den Weltkrieg im Dezember 1941 wurde die Situation für die Hilfsorganisationen und damit auch für die Flüchtlinge verzweifelt: Die Gemeinschaftsküchen mußten nun schon 10 000 Menschen versorgen, die Geldzuwendungen aus den USA, von denen das Überleben Tausender abhing, trafen infolge des Krieges nicht mehr ein, und einzelne amerikanische Mitarbeiter des J.D.C. wurden als Angehörige einer feindlichen Macht interniert. Auf der anderen Seite hatten die japanischen Besatzungsbehörden wenig Interesse daran, selbst die Versorgung Tausender mittelloser Flüchtlinge übernehmen zu müssen. So wurden die Essensrationen noch stärker verringert, und die Hilfsbereitschaft der reichen eingesessenen Fa-

545 Das seit dem Ersten Weltkrieg bestehende American Jewish Joint Distribution Committee [J.D.C.] wurde während der Jahre des Dritten Reiches in Zusammenarbeit mit anderen, zum Teil von ihm ausgehenden Hilfsorganisationen, wie dem Central Committee of Jews in Germany for Relief and Reconstruction, dem Council for German Jewry und dem National Refugee Service zur zentralen Hilfsorganisation für die jüdischen Emigranten. Das J.D.C. gab Millionenbeträge zu ihrer Rettung aus und verfügte über eine die ganze Welt umspannende Organisation von Mitarbeitern.

milien und Firmen mußte erneut und verstärkt aktiviert werden. Aber auch die wirtschaftliche Situation der als Helfer in Frage kommenden Kreise hatte sich durch den Krieg erheblich verschlechtert:

»Business in Shanghai, when the refugees arrived, was in a precarious state. Several European firms had already moved to Hongkong or Singapore. Other firms were preparing to follow them, for no one knew for sure how long the foreign authorities would be able or willing to defend foreign interests in the settlement.« [546]

Spätestens jetzt war der Aufenthalt in Shanghai für die deutschen Emigranten zum Kampf ums nackte Überleben geworden. Bisher hatten die meisten von ihnen Shanghai nur als Zwischenstation betrachtet. Kaum einer hatte ursprünglich hier bleiben wollen. Man hatte in der Hoffnung gelebt, von hier aus, in relativer Sicherheit, die Gewährung von Einreisevisa nach den USA, Palästina etc. betreiben zu können; in Länder also, von denen man wußte, daß dort möglich sein würde, was in Shanghai unmöglich war: sich eine neue Existenz als freier gleichberechtigter Bürger aufzubauen und nicht länger als Staatenloser von den Wohltaten der Hilfsorganisationen abhängig zu sein. Wenn auch diese allgemeinen geschäftigen Bemühungen um die Erlangung von Pässen, Visa, Permits in den meisten Fällen ergebnislos blieben und sich nur für einzelne die Möglichkeit zur Ausreise öffnete, so war doch die zumindest theoretisch bestehende und durch eigene Aktivität und Energie möglicherweise schneller erreichbare Chance, sein Schicksal in eigene Hände nehmen zu können, psychologisch von nicht zu unterschätzender Bedeutung für die Widerstandskraft der Emigranten. Solange dieser Hoffnungsschimmer bestand, mußten sie Shanghai nicht als den Endpunkt ihrer Emigration ansehen, nicht als das Gefängnis, das es in Wirklichkeit war.

Sich das zu vergegenwärtigen ist notwendig, um die Maßnahmen, welche die Japaner nach der endgültigen Besetzung Shanghais ergriffen, in ihrer schockierenden Wirkung auf die Emigranten voll ermessen zu können: Im Februar 1943 verordneten die japanischen Behörden, daß alle nach 1937 in Shanghai als »Staatenlose« aus Deutschland, Österreich etc. Eingewanderten sich in einem bestimmten Gebiet von mehreren Straßenzügen des chinesischen Viertels Hongkew, dem sogenannten »Distrikt«, ansiedeln mußten. Auch wenn peinlich vermieden wurde, die Einrichtung bei ihrem eigentlichen Namen zu nennen, war doch deutlich genug, was beabsichtigt war: Ein Ghetto wurde eingerichtet. Es ist keine Frage, daß diese Maßnahme entscheidend in das Gemeinschaftsleben und in die religiösen und kulturellen Organisationsformen der Emigration eingriff, die sich unter den

546 Julius Rudolph: ›The Tide of Jewish Refugees‹ [2. Bericht:] ›What Hitler's Victims Found in Shanghai‹. In: ›China Weekly Review‹, 19. 8. 1939, S. 372.

erschwerten Bedingungen Shanghais ohnehin nur mit großem persönlichem Einsatz hatten aufbauen lassen. 17 000 Menschen lebten nun, nahezu völlig von der Unterstützung der in ihren Handlungsmöglichkeiten weitgehend beschränkten Hilfsorganisationen abhängig, auf engstem Raum zusammen. Das Verlassen des festgesetzten Distrikts wurde nur in Ausnahmefällen gewährt. Übertretungen wurden streng geahndet. Bei Vernehmungen waren Schläge und Fußtritte nicht selten, auch Haftstrafen wurden verhängt. In mehreren Fälle sind Emigranten diesen Torturen zum Opfer gefallen. Die Japaner nahmen Geiseln, die für das Wohlverhalten der Internierten bürgen sollten, und zwangen die Emigranten, zu minimalen Löhnen für sie zu arbeiten. Sämtliche Flüchtlinge aus deutschem oder von Deutschen besetztem Gebiet mußten sich beim Deutschen Generalkonsulat in Shanghai registrieren lassen[547]. In einem Bericht des ›Shanghai Herald‹, der Hauptzeitung der Emigranten in Shanghai, ist 1946 sogar die Rede davon, daß die Japaner möglicherweise bereits mit dem Aufbau von Vernichtungslagern beschäftigt gewesen seien. Deutsche »Gas-Sachverständige« aus Auschwitz und Bergen-Belsen seien eingetroffen und von Emigranten identifiziert worden, in den Shanghaier Niederlassungen deutscher Firmen habe man nach Ende des Krieges Bestände an Cyclon-B gefunden, und auf zwei vorgelagerten Inseln seien Barackenlager gebaut worden, in die »ungewöhnliche Vorrichtungen und Maschinenteile hineingebracht wurden«[548]. Über die Ziele, welche die Japaner mit der Internierung verfolgten, gibt derselbe Bericht Auskunft:

»Erstens, eine Nachahmung des deutschen Vorbildes auch in dieser juedischen Angelegenheit. Zweitens, daß wir in einer kompakten Masse zusammengepfercht sind, in engster Naehe von militaerischen Objekten, [...]. Die Japaner waren der Meinung, daß mit Ruecksicht auf uns in dieser Umgebung keine Bombe, von alliierten Flugzeugen geworfen, fallen wuerde.«[549]

Je näher der alliierte Sieg rückte, desto mehr lockerte sich die Schreckensherrschaft der Japaner, und mit dem Sieg der Alliierten im pazifischen Raum im September 1945 bestanden für die Emigranten erstmals wieder reale Möglichkeiten, Shanghai, den Zufluchtsort, der sie zwar vor dem Tod bewahrt hatte, ihnen aber nicht zur Heimstätte geworden war, zu verlassen. Die endgültige Auflösung der Emigrantengemeinschaft sollte noch bis 1949 auf sich warten lassen. Die meisten wanderten in die USA oder in Palästina ein.

[547] Tausende dieser Registrierzettel befinden sich heute im Politischen Archiv des Auswärtigen Amtes.

[548] M. Elbaum: ›18. Februar 1943. Die Geschichte des Hongkewer Ghettos‹. In: ›Shanghai Herald‹. Hrsg. von der Interallied Federation. April 1946 [Sondernr.], S. 25.

[549] Ebenda, S. 24.

Die Situation Shanghais und die Lebensumstände der Emigranten in dieser Stadt sind deshalb in besonderer Ausführlichkeit geschildert worden, weil sie sich, wie deutlich wurde, in wesentlichen Punkten von der Situation und den Lebensumständen anderer Exilländer unterschieden. Gerade diese besondere Situation wurde für das kulturelle Leben der Shanghaier Emigrantenkolonie und so auch für die Theaterarbeit, wie sie im folgenden charakterisiert werden soll, von konstitutiver Bedeutung.

2. Aufbau eines Kulturlebens – Arbeitsprobleme im Vakuum

Ein korrespondierendes Verhältnis zwischen der Theaterarbeit der Emigranten und der Theaterkultur der Zufluchtsländer, wie es in unterschiedlichster Form – entweder als betonte Distanzierung oder als gegenseitige Beeinflussung – die Situation anderer Emigrationszentren charakterisiert, konnte sich in Shanghai nicht entwickeln. Zwar wurde in Shanghai chinesisches Theater gespielt, doch es bedarf keiner besonderen Begründung, daß sich ein Kontakt zu dieser schwer zugänglichen Kunstform, der die Emigranten völlig unvorbereitet gegenübertraten, nicht anbahnte. Es finden sich nirgends Erwähnungen, daß man diese Erscheinungen auch nur wahrnahm. Eine kulturelle Tradition in westlichem Sinne gab es in Shanghai jedoch nicht. Wohl bestanden in den verschiedenen Ausländerkolonien Theatergruppen und Schauspielzirkel, doch solche Unternehmungen blieben ganz im Bereich des gesellschaftlichen Lebens der Kolonien. Es waren Liebhabervereinigungen, die an bunten Abenden gelegentlich das Programm bereicherten. Die deutsche Emigrantenkolonie stieß bei ihrem Bemühen, ein professionelles, ständiges Theaterleben aufzubauen, in ein völliges Vakuum.
Als ein weiteres wichtiges Kriterium der Entwicklung des Shanghaier Exiltheaters ist die starke Konzentrierung der Emigrantengemeinschaft auf sich selbst anzusehen, das ausgeprägt zentripetale Moment ihres Zusammenlebens mit all seinen positiven und negativen Aspekten. Den Emigranten war es durch die besondere Situation der Stadt so gut wie völlig verwehrt, sich in eine Berufswelt, in eine bestehende soziale und kulturelle Gemeinschaft einzugliedern. Schon die Angehörigen der Internationalen Niederlassung sahen sich ganz als Ausländer, die aus rein beruflichen Gründen auf Zeit in einem fremden Land stationiert waren und sich bewußt in Kolonien abschlossen. Ein intensiver Kontakt oder gar ein Hineinwachsen in die chinesische Umwelt wäre wohl, auch wenn man derartiges angestrebt hätte, auf Grund der absoluten Wesensverschiedenheit äußerst schwierig gewesen. Doch auch vom Westen, von der Entwicklung in Europa und Amerika, den übernationalen Emigrantenvereinigungen und von der Fort-

führung deutschen Geisteslebens im Exil waren die Emigranten in Shanghai durch die extreme geographische Lage und die Einschränkungen, die zuerst der chinesisch-japanische Krieg mit seinen Folgen und dann der Weltkrieg mit sich brachten, fast völlig abgeschnitten. Insofern kann Shanghai geradezu als Modellfall einer von allen äußeren geistigen Beeinflussungen getrennten, auf engem Gebiet konzentrierten, auf sich gestellten und allein aus den eigenen Möglichkeiten schöpfenden Emigrantengruppe gelten.

Die Shanghaier Emigration kennzeichnete außerdem eine deutliche, in anderen Exilzentren nicht in diesem Maße anzutreffende Homogenität hinsichtlich ihrer sozialen Struktur. Die Mehrzahl setzte sich aus kleinen Kaufleuten und Gewerbetreibenden zusammen, eine finanzielle Oberschicht oder Akademiker und Künstler waren gering vertreten: »The overwhelming majority [. . .] were what are normally designated as middle-class persons.«[550] Es fand sich hier nur selten der Typus des Emigranten, der bereits zum Zeitpunkt des Reichstagsbrandes die kommende Entwicklung voraussah und persönliche Konsequenzen zog. Keine der prominenten Persönlichkeiten der deutschen Emigration hatte sich nach Shanghai verirrt, denn die persönlichen und geistigen Verbindungen zum Ausland machten es für diesen Personenkreis nicht nötig, diese letzte abgelegene Rettungsinsel als Zufluchtsort zu wählen. Dementsprechend wurde die dortige Gruppe vom Emigranten »der letzten Stunde« geprägt, der zu der großen Gruppe jener gehörte, die es nicht vermocht hatten, sich aus ihren Verhältnissen zu reißen und Deutschland hinter sich zu lassen, da sie nicht als Individuen sondern »nur« als Angehörige ihrer Rasse verfolgt wurden. Sie hatten immer wieder abgewartet, so lange bis die Bedrückungen unerträglich wurden, bis die Deportationen im großen Stil einsetzten und sie endgültig davon überzeugt sein mußten, es gelte Tod oder Leben.

Es erscheint bezeichnend für die politische Indifferenz der hier zusammengekommenen Emigranten, daß es wohl zu einer ganzen Reihe gesellschaftlicher, kultureller und vor allem religiöser Gruppierungen und Zusammenschlüsse kam, daß jedoch politische, kämpferisch antifaschistische Vereinigungen, wie sie etwa die Deutsche Freiheitspartei, die Vereinigung Revolutionärer Schriftsteller oder der Schutzverband deutscher Schriftsteller darstellten, in den Berichten über das Exil in Shanghai nicht auftreten.

Bedenkt man alle aufgeführten Schwierigkeiten und Behinderungen, denen die Emigranten in Shanghai ausgesetzt waren, bedenkt man zudem, daß Shanghai erst eigentlich von 1939 an ein Exilzentrum genannt werden kann, während etwa in New York die Theaterarbeit der Emigranten schon mit

[550] F. Gruenberger: ›The Jewish Refugees in Shanghai‹, a. a. O., S. 330.

den ersten Jahren nach der Machtergreifung begann, so erstaunt um so mehr die Fülle und Eigenart des in kürzester Zeit Aufgebauten.
Es gab in dieser Millionenstadt lediglich einen halbwegs ernstzunehmenden Theaterbau. Er gehörte der englischen Kolonie und wurde nur gelegentlich für Amateuraufführungen genutzt. Ein dilettantisches russisches Opernensemble und ein Munizipalorchester von 50 Musikern, das gelobt wird, bildeten die ganze kulturelle Landschaft, wie die deutschen Emigranten sie vorfanden.
Es gibt nicht viele Äußerungen Shanghaier Emigranten, der dorthin verschlagenen Schauspieler und Musiker, die Auskunft gäben über Motive und Intentionen, die sie veranlaßten, nahezu unmittelbar nach ihrer Ankunft mit dem Aufbau eines europäischen Kulturbetriebes zu beginnen und diesen trotz ungünstigster Voraussetzungen auch in den Zeiten der bittersten Bedrängnis aufrecht zu erhalten. Für die Theaterleute in Shanghai gilt, was Franz Molnar in einem Interview während seines New Yorker Exils sagte: »Ich sitze ununterbrochen vor einem Blatt Papier, die Feder in der Hand: arbeiten ist heutzutage nicht nur Beruf, sondern auch Narkotikum.« [551] In einem Überblick über das ›Musikleben der Immigration‹ in Shanghai wird der »Selbsterhaltungstrieb« der ins Exil verschlagenen Künstler angeführt und »der unbedingte Wille [...], das reiche Erbe der einstigen Heimatländer auch im Exil nicht untergehen zu lassen« [552]. Auch hier begegnen wir also wieder dem Selbstverständnis des Künstlers im Exil, der sich als Wahrer und Beschützer des in der Heimat unterdrückten und pervertierten Kulturerbes versteht.
Derselbe Berichterstatter weist auf einen aufschlußreichen Aspekt hin, indem er die Arbeit der Künstler in Shanghai als bewußte Fortsetzung der Linie ansieht, »die in der viel geschmähten und dennoch höchst positiv zu wertenden Kulturbundzeit in Deutschland [1934–38] innegehalten wurde« [553]. Gemeint ist der 1933 gegründete Jüdische Kulturbund, der einzige Ort, der den Juden Deutschlands bis zu seiner Auflösung 1941 die Fortführung eines kulturellen Lebens ermöglichte. Diese durch die äußeren Zwänge verstärkte Verweisung der jüdischen Künstler in Deutschland auf ihr Judentum führte dazu, daß sich die Mitarbeiter des Jüdischen Kulturbundes stärker auf die Traditionen jüdischer Kultur, besonders des jiddischen Theaters, besannen und ein entsprechendes Repertoire, einen entsprechenden Stil zu entwickeln begannen [554]. Die Prägung durch den

[551] [anonym]: ›Franz Molnar erzählt über seine neuen Werke‹. In: ›Aufbau‹, Jg. 10, H. 26, 30. 6. 1944, S. 13.
[552] Martin Hausdorff: ›Das Musikleben der Immigration‹. In: ›Shanghai Herald‹, April 1946 [Sondernr.], S. 16.
[553] Ebenda.
[554] Vgl. dazu Herbert Freeden: ›Jüdisches Theater in Nazideutschland‹. Tübingen 1964.

Jüdischen Kulturbund blieb nicht ohne Einfluß auf die Theaterarbeit Shanghais, zumindest nicht auf deren theoretische Fundierung und Zielvorstellung; denn die Situation der in Deutschland um den Jüdischen Kulturbund vereinten Juden unterschied sich von ihrer Situation in Shanghai nicht grundlegend. Auch Shanghai bildete ein kulturelles Ghetto, wie es das Deutschland nach 1935 für die Juden darstellte. Während sie dort von jedem kulturellen Leben außerhalb des Kulturbundes ausgeschlossen waren, gerieten sie hier in eine völlig kulturlose Situation. Insofern erscheint die Rückbesinnung auf die Arbeit des Kulturbundes nicht zufällig.

Es ließ sich nicht mit Sicherheit feststellen, wie viele Schauspieler, Regisseure, Dramaturgen und Bühnenbildner nach Shanghai gekommen sind, wie groß der Prozentsatz war, den sie in der Shanghaier Gesamtemigration ausmachten. Die Zahl der nach Shanghai emigrierten Künstler war sicher nicht groß, im prozentualen Vergleich zur Emigration etwa der Jahre 1933–38 wesentlich geringer als in anderen Exilzentren. Die Künstler gehörten nicht zu den »großen« Theaterleuten, zumindest wenn man von der Bekanntheit ihrer Namen, also von ihrer Popularität ausgeht. Sie kamen vor allem aus der deutschen Theaterprovinz. Wohl kaum alle, die in den Shanghaier Berichten dann immer wieder als Schauspieler auftreten, sind wohl ursprünglich Berufsschauspieler gewesen. In einem Rückblick auf ›Unser Theater‹ aus dem Jahre 1946 ist ausdrücklich davon die Rede, daß man, da »das Ensemble nachwuchsbedürftig« gewesen sei, »Schauspieler erzogen und herangebildet« habe [555]. Nach eingesehenen Rezensionen und Berichten konnten 46 Schauspieler, Regisseure und Bühnenbildner nachgewiesen werden. Die Zahl dürfte allerdings zu gering angesetzt sein [556].

Auch in Shanghai erfolgten die ersten Zusammenschlüsse von Bühnenkünstlern in der Organisierung von Bunten Abenden, Revuen, Kabaretts und Vortragsveranstaltungen. Ein fester Zusammenschluß nahm Mitte 1939 Gestalt an in der Konstituierung eines Artist Club, der zunächst 50 Personen umfaßte [557]. Nun begann man damit, ein auf längere Sicht geplantes, durch systematische Aufgabenverteilung organisiertes Theaterleben aufzubauen. Um ein solches Projekt populär zu machen und finanzielle Quellen zu seiner Durchführung zu erschließen, produzierte man im August 1939 eine Art Revue mit dem Titel ›Wir vom Theater‹, in der sich alles, »was damals an kunstschaffenden Kraeften vorhanden war, – vom Hel-

[555] Alfred Dreifuß: ›Unser Theater‹. In: ›Shanghai Herald‹, April 1946 [Sondernr.], S. 13.

[556] C. Trepte spricht in einem maschinenschriftl. Vortragsmanuskript ›Deutsches Theater im Exil der Welt‹ sogar von 200 Theaterkünstlern [Schauspieler, Sänger, Musiker, Autoren].

[557] Nach A. Dreifuß: ›Theater in Shanghai‹. In: ›Aufbau‹, Jg. 6, H. 33, 16. 8. 1940, S. 7.

dentenor bis zum Bauchredner, vom Violinvirtuosen bis zur Stepptaenzerin – dem Shanghai Publikum«[558] in einem Kinosaal vorstellte.
Damit ist die für das Theater in Shanghai so bedeutsame Raumfrage angesprochen. Während es für die Theaterensembles und Schauspielertruppen anderer Exilzentren in der Regel trotz aller Schwierigkeiten kein unüberwindbares Hindernis bildete, halbwegs geeignete Räume und Bühnen zu finden, gab es in Shanghai mit Ausnahme des einen erwähnten Baues, der den Emigranten zu Anfang nicht und auch später nur gelegentlich zur Verfügung stand, nichts Derartiges. So mußte vor allem in Kinosälen, in den Emigrantenheimen und in leeren Schulen gespielt werden. Der Ort der ersten regulären Schauspielinszenierungen, das Broadway-Theater, ein Kino im Stadtteil Hongkew, hatte eine Bühnentiefe von eineinhalb Metern, »hinter der Kinoleinwand stand ein unentfernbares Monstrum von Lautsprecher«[559]. Die Raumverhältnisse waren also denkbar ungünstig, die Probenbühnen, sofern es sich überhaupt um Bühnen handelte, unzulänglich und im Winter nicht zu heizen. Da es keine Theaterunternehmen in Shanghai gab, war auch kein Fundus oder Kostümverleih vorhanden, auf den die Emigranten hätten zurückgreifen können. So mußten Kostüme, Bühnenbild und die notwendigste technische Einrichtung selbst zusammengetragen oder ohne entsprechende Werkstätten hergestellt werden und blieben notwendigerweise unvollkommen. Wie für alle Exiltheaterbestrebungen waren und blieben auch für die Shanghaier Künstler Finanzierungsfragen ständige Probleme. Schon das Aufbringen der Mietkosten für die Räume, in denen gespielt und geprobt werden mußte, bedurfte großer Anstrengungen, die nicht immer erfolgreich waren. Oft ist zu lesen, daß man – wieder einmal – aus finanziellen Gründen nicht mehr weiterarbeiten könne. Der Einsatz der Beteiligten wurde durch keine angemessene Bezahlung gelohnt. Was im Shanghaier Theater geleistet wurde, geschah aus Idealismus. Bei alledem muß man sich zusätzlich der zahlreichen sonstigen Belastungen bewußt sein, unter denen der Shanghaier Emigrant stand:

»die Schauspieler spielten nur zu oft nach schwerer Tagesarbeit in anderen Berufen – als Brotausträger und Kellnerinnen, als Lebensmittelagenten und Karikaturenzeichner – des Abends mit leeren Taschen und mit hungrigem Magen.«[560]

Unter diesen Voraussetzungen begann man damit, einen auf längere Sicht geplanten, professionellen Theaterbetrieb mit regelmäßigem Spielplan von zwei Aufführungen pro Woche in Angriff zu nehmen. Der Artist Club wurde im Januar 1940 umstrukturiert, stark vergrößert, in eine straffere

558 A. Dreifuß: ›Unser Theater‹, a. a. O., S. 13.
559 Ebenda.
560 Erwin Felber: ›Kunstleben und Emigration‹. In: ›Almanac-Shanghai 1946/47‹. Hrsg. von Ossi Lewin. Shanghai o. J., S. 100.

Organisationsform gebunden und umbenannt in European Jewish Artists Society [EJAS]. In dieser umfangreichen Organisation waren neben dem Theaterensemble auch Kammerorchester, Kammermusikvereinigungen wie Streichquartette und Trios, Instrumentalsolisten, Chor und Operettenensemble zusammengefaßt. Man organisierte ein Theater- und Konzertabonnement.

Fünf Bühnen oder Schauspielerensembles haben in Shanghai gewirkt. Neben der zu Festgagen engagierten Truppe der EJAS bestand – wohl seit 1941 – Die Komödie, von der gesagt wird, sie sei die qualitativ bedeutendste Bühne in Shanghai gewesen und habe das kulturelle Leben am entscheidendsten geprägt. Das Repertoire der Komödie bevorzugte »das gepflegte Unterhaltungsstueck, den musikalischen Schwank, das Volksstueck«[561]. Wesentlich älter war die Boris Sapiro-Bühne, die schon vor 1939 bestand. Es handelte sich um ein winziges Zimmertheater, das über einem Kaffeehaus logierte. Der Regisseur und Schauspieler Fritz Melchior, der nach 1933 am Theater des Hamburger Jüdischen Kulturbundes gearbeitet hatte, war der Initiator und Leiter der Truppe Das Ensemble: »Er spielte Literatur, Kammerspiel. Er verhalf, [...] soweit es die hiesigen Verhaeltnisse zuliessen, der ›Buehnenaesthetik‹ zu ihrem Recht.«[562] Schließlich gab es noch die Truppe Die sieben Schauspieler, die deftiges Possen-Theater bot.

So war es immerhin möglich, daß in einer Saison [1941] drei Bühnen für eine Emigrantengruppe von 20 000 Menschen Theater spielten. Andererseits hat diese Zersplitterung sicher dazu beigetragen, daß nur ganz vereinzelt wirklich große künstlerische Ereignisse im Theater Shanghais, in der Relation der Möglichkeiten, zu verzeichnen waren. Es haben sich auch Stimmen erhoben, die eine Vereinigung und Zusammenfassung aller Kräfte forderten. Allerdings bestand eine Zusammenarbeit der Bühnen, so daß die Schauspieler bald hier bald dort arbeiteten.

Das so erstaunlich umfangreiche und vielfältige kulturelle Leben Shanghais drängte sich im wesentlichen auf einen Zeitraum von knapp zweieinhalb Jahren zusammen: Im Sommer 1939 konstituierte sich die EJAS und begann ihre Arbeit, und am 6. 12. 1941 brach der Pazifische Krieg aus, der den Aktivitäten der Emigranten mit der bald darauf erfolgenden völligen Besetzung Shanghais durch die Japaner zumindest vorläufig ein jähes Ende setzte. Denn die Japaner richteten ein Stateless Refugees Affairs Bureau ein, das von nun an das gesamte Leben der Emigranten kontrollierte und reglementierte. Das Bureau wirkte unter anderem als Zensurbehörde und untersagte zunächst einmal alle kulturellen Veranstaltungen der Emigranten. Erst mit der Einrichtung des Ghettos im Februar 1943 begann in

561 A. Dreifuß: ›Unser Theater‹, a. a. O., S. 13.
562 Ebenda.

wesentlich geringerem Umfang ein Neuaufbau des kulturellen Lebens, das jedoch mit der vorherigen Blüte nicht zu vergleichen war.

An einem zentralen Punkt des kulturellen Bereichs wurde die völlige Isolation von Europa und der übrigen Welt besonders deutlich und für das Vorhaben eines regulären Theaterbetriebs nachteilig spürbar: Die Textbeschaffung war fast ganz dem Zufall überlassen. Nur einige kleine Einakter, die der eine oder andere Schauspieler im Gepäck mitgebracht hatte, konnten aufgefunden werden [563]. Als zum einzigen Male einige Stücke klassischer deutscher Dramatik aus Deutschland eintrafen, hatte der Pazifische Krieg schon begonnen. So ist es nicht verwunderlich, daß Shanghais Spielplan – soweit er nachprüfbar ist – keines der »großen« Exildramen aufweist, Bruckners ›Die Rassen‹ etwa, Wolfs ›Professor Mamlock‹ oder Brechts ›Furcht und Elend des Dritten Reiches‹ [564]. Im Gegenteil, es ist nicht unwahrscheinlich, daß man in Shanghai auf Grund der Isolierung nicht einmal von der Existenz dieser Stücke wußte. Der Mangel an dramatischen Texten sollte jedoch entscheidend dazu beitragen, dem Theater im Shanghaier Exil ein individuelles Gepräge zu geben: Aus der bestehenden Notlage befreite man sich dadurch, daß man die dramatische Literatur, deren man bedurfte, selber schrieb. Es begann mit einigen Romanadaptionen für die Bühne; dann jedoch setzte eine regelrechte dramatische Produktion für den eigenen Gebrauch ein. Insgesamt zwanzig [!] in Shanghai entstandene und während der Exiljahre dort uraufgeführte Stücke können zumindest dem Titel nach benannt werden. Etwa die Hälfte dieser Stücke sind reines Unterhaltungstheater, Boulevardkomödien, Schwänke. Die übrigen befassen sich mit Problemen der Zeitgeschichte, denen die in China lebenden Emigranten unmittelbar konfrontiert waren, mit dem Pazifischen Krieg, mit dem jüdischen Schicksal im Dritten Reich, auf der Flucht und im Exil – hier wieder ganz unmittelbar mit dem Exil in Shanghai. Ein Drama stellt die Problematik des Juden in einer latent antisemitischen Umwelt an einem historischen Beispiel der jüngeren österreichischen Vergangenheit dar.

Keines dieser Stücke hat überdauert, und mit einer Ausnahme ist wohl auch keines im Exil an anderem Ort aufgeführt worden. Es ist heute schwer zu

563 Vgl. ebenda.

564 Zwar bestätigte Dr. Alfred Dreifuß in einem Gespräch, daß in Shanghai auch ›Die Rassen‹ inszeniert worden sei, jedoch ist anzunehmen, daß diese Inszenierung erst nach 1946 erfolgt ist, da in den früheren Berichten nichts darüber ausgesagt wird. – Um 1936/37, also vor Ankunft des Großteils der deutschen Emigranten, gab es in Shanghai eine chinesische Inszenierung des ›Professor Mamlock‹ durch eine »Chinese Drama Group, which is composed of some of Free China's best actors. The play is given under the auspices of the China Defence League.« [Nach einer Foto-Unterschrift ohne weitere Angaben im Friedrich Wolf-Archiv.] Dr. W. Pollatschek hält es für wahrscheinlich, daß die Aufführung durch den in Shanghai lebenden chinesischen Schriftsteller und Literaturwissenschaftler Lu Hsün [1881–1936], der die Kenntnis der europäischen Literatur in China entscheidend gefördert hat, initiiert worden ist. –

entscheiden, ob dies in erster Linie an der Qualität der Dramen selbst lag, obgleich man vermuten kann, daß sie in der Mehrzahl keine überragenden literarisch-dramaturgischen Werte besaßen. Es war eine Tagesproduktion im besten Sinne, für ein bestimmtes Publikum gedacht, dessen Problematik sie reflektierte und dessen Vorverständnis der Situation sie voraussetzte. Daß die Stücke jedoch so spurlos untergegangen sind und heute der Text nicht eines davon mehr aufzufinden ist, liegt sicher auch wieder mit an der lückenlosen Isolierung Shanghais als Exilort, eine Isolierung, die noch über das Ende des Dritten Reiches hinaus andauerte.

3. **Die Aufführungen der Exildramatik – Zeitgeschichte und Idylle**

Die wichtigsten in Shanghai entstandenen Dramen sind unbestreitbar die beiden Stücke ›Die Masken fallen‹ und ›Fremde Erde‹ des Autorenteams Mark Siegelberg und Hans Wiener aus den Jahren 1939/40. Beide Verfasser arbeiteten als Journalisten an Shanghaier Exilzeitungen. Hans Wiener ist das Pseudonym für einen Feuilletonredakteur des ›Shanghai Jewish Chronicle‹ mit Namen Morgenstern, der unter einem anderen Pseudonym, Hans Schubert, in Shanghai noch vier Komödien geschrieben hat, die ebenfalls aufgeführt wurden. Schon die in den beiden genannten Stücken angesprochene Problematik machte ihre Aufführung zu *den* Theaterereignissen des Shanghaier Exils. Ihre Wirkung wurde durch die Zusammenfassung aller Kräfte bei der Inszenierung, durch den relativ großen Rahmen, in dem sie vor die Öffentlichkeit gestellt wurden, und die brisanten Begleitumstände noch erhöht.
Das fünfaktige Schauspiel ›Die Masken fallen‹ schildert die auseinanderbrechende Ehe eines Juden mit einer Nichtjüdin und das Wiederfinden im Erkennen der noch immer bestehenden, tiefen Zusammengehörigkeit, als die Verbindung durch die Bedrohungen von außen – Rassentheorie und Mischehengesetz – auf die Probe gestellt wird. In den Kritiken wird die unmittelbar an die Gegenwart der Emigration heranreichende Thematik hervorgehoben: »Ein Theaterstück aus unserer Zeit, aus unserer Mitte, mit dem ganzen Kolorit eines uns nur zu vertrauten Milieus.«[565] Die Aufführung, die im November 1940 im Theatersaal der British Embassy stattfand, wurde nicht nur zu einem künstlerischen, sondern auch zu einem gesellschaftlichen Ereignis[566]: Schon der Aufführungsort zeigt an, daß es

[565] [anonym]: ›Uraufführung in Shanghai‹. In: ›Aufbau‹, Jg. 6, H. 51, 20. 12. 1940, S. 9.

[566] Nach einem maschinenschriftlichen Bericht Ossi Lewins [Herausgeber und Chefredakteur der Exilzeitung ›Shanghai Jewish Chronicle‹]: ›Kurzer Umriss des kulturellen Schaffens in der Shanghaier Emigration‹; in der Sammlung Exil-Literatur der Deutschen Bibliothek.

sich nicht um ein auf die Emigrantenkolonie beschränktes Theaterereignis handelte, sondern daß zum Publikum auch Angehörige der Internationalen Niederlassung gehörten. Für den starken Eindruck, den das Stück und seine Inszenierung hinterließen, spricht der Umstand, daß es anschließend ins Englische übersetzt werden sollte, um auch von dem englischen Theaterzirkel Shanghais aufgeführt zu werden. Zudem ist von keinem der anderen Stücke bekannt, daß es, wie dieses, offensichtlich noch einmal aufgenommen wurde: Im Frühjahr 1941 ist es wieder auf dem Programm zu finden. Nach zwei Aufführungen mußte es jedoch unter spektakulären Umständen abgesetzt werden. Die New Yorker Exilzeitung ›Aufbau‹ berichtete unter der Überschrift ›Nazis in Shanghai verhindern Antinazistück‹:

»Die plötzliche Absetzung des Stückes ist auf einen Protest des deutschen Konsuls in Shanghai zurückzuführen, der mit Repressalien gegen in Shanghai lebende deutsche Flüchtlinge sowie noch in Deutschland befindliche Juden drohte. Im Hinblick auf die in der internationalen Konzession von Shanghai geltenden besonderen Gesetze ist eine solche Intervention möglich, und das Stück mußte abgesetzt werden.« [567]

Über die Thematik des im Frühjahr 1941 ebenfalls durch die EJAS zur Aufführung gebrachten Schauspiels ›Fremde Erde‹ von Mark Siegelberg und Hans Wiener heißt es in einer Kritik des ›Aufbau‹:

»Die Dichtung spielt wohl in Shanghai, bringt aber auch Ausschnitte aus dem Leben der Gesamtemigration. Vertriebene Menschen versuchen, sich im fremden Lande und auf fremder Erde zurechtzufinden. Das Stück zeigt, wie dieses Leben unter so außergewöhnlichen Umständen das Wesen, den Charakter und das ganze Ich dieser Menschen erprobt.« [568]

Während über Einzelheiten der Inszenierung nichts ausgesagt wird, heißt es auch von diesem Stück, das vor zwei ausverkauften Häusern gespielt wurde, es sei ein ungewöhnlich nachhaltiger Erfolg gewesen. Der so unmittelbar an die Situation des Publikums rührende Stoff des Stückes habe noch lange anschließend im Gespräch gestanden. Übersetzungen ins Englische und Russische, letztere im Hinblick auf eine Inszenierung der weißrussisch-jüdischen Emigrantengruppe, seien in Vorbereitung [569]. Über das dritte Stück Mark Siegelbergs mit dem Titel ›The Face of Pearl Harbor‹ waren keine Quellen zu finden. Es soll um 1941 aufgeführt worden sein. Dem Titel nach zu urteilen handelt es sich um ein Zeitstück, das den Pazifischen Krieg als Hintergrund hat.

[567] [anonym]: ›Nazis in Shanghai verhindern Antinazistück‹. In: ›Aufbau‹, Jg. 7, S. 19, 9. 5. 1941, S. 11.
[568] E. P.: ›»Fremde Erde«. Uraufführung in Shanghai‹. In: ›Aufbau‹, Jg. 7, H. 26, 27. 6. 1941.
[569] Ebenda.

Ebenfalls mit dem Problem des Judentums in einer antisemitischen Umwelt beschäftigt sich das Stück ›Sie verrückter Mechaniker‹ von Alphons Krämer. Die Hauptfigur ist der österreichische jüdische Techniker und Erfinder Siegfried Marcus, dem auf Grund seiner Rasse die berufliche Laufbahn erschwert wird und der um die Durchsetzung seiner Erfindungen kämpfen muß.
Diesen Zeitstücken stehen Lustspiele und Schwänke gegenüber, die für die Bühnen Shanghais geschrieben und alle auch aufgeführt worden sind. Sie werden im dokumentarischen Anhang im einzelnen genannt. Dem Titel nach zu schließen, behandeln zwei von ihnen ebenfalls jüdische Themen.
Über die Inszenierung dieser Stücke und ihre Resonanz war nur wenig Material zu finden. Der gesamte Spielplan, soweit er dokumentiert ist, und eine Reihe anderer Umstände lassen den Schluß zu, daß die Haltung sowohl der Theaterschaffenden als auch vor allem des Publikums zum reinen Unterhaltungstheater tendierte. Eine bestimmte ideologische oder künstlerische Linie ist nicht feststellbar und konnte wohl insgesamt nicht vorhanden sein: Denn auch eine systematische Pflege der im Dritten Reich verfemten Klassiker der dramatischen Literatur konnte nicht stattfinden, da die entsprechenden Textvorlagen unerreichbar blieben. So wurde der Spielplan mit Ausnahme der eigenen Dramatik vom Zufall, vom gerade eben Vorhandenen bestimmt: Nur zwei Klassiker werden namentlich erwähnt: ›König Oedipus‹ in Hugo von Hofmannsthals Neufassung und Lessings ›Nathan der Weise‹. Zeitgenössische Dramatiker wurden gespielt, so G. B. Shaws ›Frau Warrens Gewerbe‹ und ›Pygmalion‹, Franz Molnars ›Spiel im Schloß‹ und ›Delila‹, Bruno Franks ›Sturm im Wasserglas‹ und ›Menschen in Weiß‹ von Sidney Kingsley. Daneben stehen leichte Unterhaltungslustspiele. Im gleichen Zusammenhang werden vier Operetten genannt, die vom Shanghaier Operettenensemble der EJAS aufgeführt wurden. Ein Spielplan also, aus dem, da er nicht in freier Entscheidung geplant werden konnte, sondern von den beschränkten Gegebenheiten bestimmt blieb, nicht herausgelesen werden kann, welche Position das Theater Shanghais beziehen wollte, von welchen Intentionen es seine Aufgabe geleitet sah. Insofern ist die dramatische Eigenproduktion aufschlußreicher.
Zwei Interessenkreise wurden mit diesen Stücken angesprochen: Einerseits handelte es sich um die Auseinandersetzung der jüdischen Gemeinschaft mit ihrem Schicksal, welches so endgültig und umfassend war, daß es selbst den geschichtlichen Erfahrungsbereich des jüdischen Volkes sprengte, in dem doch Verfolgungen und Austreibungen einen so großen Raum einnehmen. So bildete in den vorwiegend jüdischen Exilgemeinschaften die Auseinandersetzung damit stets ein Generalthema auch der künstlerischen Existenzbewältigung. Der zweite Interessenkreis mag recht trivial erscheinen und war doch von großer psychologischer Bedeutung für eine aus allen

vertrauten Lebensumständen herausgerissene, beieinander Halt suchende, ganz auf sich verwiesene Gemeinschaft, die in einem gefährdeten, unbestimmten Zwischenzustand lebte, dessen Ende und glücklicher Ausgang nicht vorauszusehen war. Dieser zweite Interessenkreis, dem das Theater entgegenzukommen hatte, wurde von dem Wunsch bestimmt, durch das Theater zurückversetzt zu werden in die Zeit des normalen bürgerlichen Lebens vor dem Dritten Reich, in dem das Unterhaltungstheater seinen bestimmten, festen Stellenwert besessen hatte. Die idyllische, unproblematisch-harmonische und heitere Welt des Lustspiels ließ die sorgenvolle, ungewisse Gegenwart für Stunden zurücktreten und trug dazu bei, dieser Gegenwart mit neu gesammelten Kräften entgegentreten zu können. »In so manche graue und truebe Hongkew-Stunde haben sie [die Schauspieler, H.C.W.] etwas Lebensfreude gebracht.« [570]

In dem eben zitierten Bericht findet sich ein interessanter Hinweis auf eine mögliche stilistische und geistige Ausrichtung des Shanghaier Theaters, die anschließt an das über seine Verbundenheit mit der Tradition des Jüdischen Kulturbundes in Deutschland Gesagte. Ausgehend von dem Wunsch, das Shanghaier Theater möge zu einer eigenen Darstellungsweise, zu einem persönlichen Stil finden, der es über die unreflektierte, zum Selbstzweck erstarrte Abwicklung eines Kultur-Betriebes hinaushöbe und es zu einem ernstzunehmenden Faktor der Exilgemeinschaft werden lasse, wird gefordert, sich auf »bestimmte ideologische Ausgangspunkte« zu besinnen und daraus einen spezifischen Stil der Darstellung, der »dekorativen Art«, der »Gesamtausdrucksform« zu entwickeln [571]. Gedacht war an eine Aufnahme der Traditionen des Jüdischen Theaters Alexander Granowskys. Die Zersplitterung des Shanghaier Exiltheaters in mehrere verschiedene Truppen ließ es in dem kurzen Zeitraum nicht zur Verwirklichung dieser Idee eines »Nationaltheaters« kommen. Doch daß die nationalsozialistische gewaltsame Zurückweisung der jahrhundertelangen Bemühungen des deutschen Judentums um eine Integration in die deutsche Nation und daß die Notwendigkeit, sich jetzt in einer rein jüdischen Gemeinschaft zu bewähren, zu einer Rückbesinnung und einer Neuentdeckung der jüdischen Kultur, zu einer Stärkung des zionistischen Gedankens, also zu einer Art jüdischer Nationalisierung führte, liegt nahe und war vielleicht die einzige plausible Alternative für eine jüdische Gemeinschaft, unter den gegebenen Umständen ein Selbstverständnis zu finden, um zu überleben. Daß so wenige Shanghaier Emigranten nach Deutschland zurückgekommen sind, spricht für diese Vermutung. – In der Emigrantenkolonie gab es, sieht man von der auf anderer Ebene liegenden gemeinsamen Vergangenheit im Jü-

570 A. Dreifuß: ›Unser Theater‹, a. a. O., S. 13.
571 Ebenda.

dischen Kulturbund ab, keinen, weder politisch noch künstlerisch nach einer bestimmten Richtung hin orientierten und durch seine Mitwirkung an einer entsprechenden Gruppierung in Deutschland geprägten Personenkreis, der einen bestimmenden Einfluß auf die kulturelle Entwicklung des Shanghaier Exils genommen hätte.

Damit ist in Umrissen der Platz, den das Theater im Shanghaier Exil einnahm, charakterisiert. Es war ein Theater, das sich an die eigenen Leidensgenossen wandte, das also nicht die Bevölkerung des Gastlandes in ihrer Haltung gegenüber dem Phänomen des nationalsozialistischen Deutschland beeinflussen und so eine aktivistisch aufklärerische Funktion ausüben wollte. Dieser Aspekt kann zwar für die beiden Stücke ›Die Masken fallen‹ und ›Fremde Erde‹ nicht völlig ausgeschlossen werden; jedenfalls spricht die beabsichtigte oder vorgenommene Übersetzung der Stücke ins Englische und Russische dafür. Aber dieser Aspekt stand nicht im Vordergrund.

X. Aufnahme und Ausstrahlung

1. Echo und Bedeutung der Aufführungen deutscher Exildramatik

Das Theater des Exils läßt sich bei aller Verschiedenartigkeit seiner Ausprägungen auf drei Motivkreise zurückführen, die seine Entstehung und Formung in Verbindung miteinander und mit Dominanz des einen oder anderen gemeinsam bestimmten: Die psychische Reaktion auf die Existenzform des Exils, die Formung durch das geistig-kulturelle Herkommen und die im weitesten Sinne politischen Zielsetzungen.

Es wurde an verschiedenen Punkten der Darstellung deutlich, daß das Bestreben der deutschen Emigranten, sich in Gruppen und Vereinigungen zusammenzuschließen, zu erklären ist als eine psychologisch verständliche und naheliegende Antwort auf die schockierende Erfahrung, ohne berufliche und gesellschaftliche Bindung als Flüchtling eine neue Existenz aufbauen zu müssen und zumeist nur langsam und unter schwierigen Umständen Zugang zur Gesellschaft des Gastlandes zu finden. Gerade das deutschsprachige Theater als Treffpunkt stellte für viele Emigranten eine der wenigen verbleibenden Möglichkeiten dar, sich einer gewissen Kontinuität ihrer Existenz als Flüchtling mit ihrem vormaligen Status in der bürgerlichen Gesellschaft zu versichern oder sich eine solche doch wenigstens vorzuspiegeln. So wurde dem Theater der Emigration, soweit es sich an Emigranten richtete, die therapeutische Funktion zuteil, den Verlust an Identität, den das Exil zweifellos für einen Großteil der Emigrierten mit sich brachte, aufzufangen oder abzumildern. Die Fortführung eines kulturellen Lebens im Stil und in der Geisteshaltung, in der man gelebt hatte, bildete einen Schutzwall gegen die neue, unbekannte und oft genug feindliche Umwelt.

Die Bewahrung des geistigen Erbes spielte in der Diskussion um Verpflichtung und Aufgabe der Emigration eine nicht geringe Rolle. Die Selbstcharakterisierung der Emigration als Verkörperung des »anderen«, des »wahren Deutschland« hat, wie Joachim Radkau betont[572], seine eigentliche Ursache in der Desorientiertheit der durch allzu viele politisch-geistig differente Gruppierungen zersplitterten Emigration. So konnte die Rückbesinnung auf das gemeinsame kulturelle Erbe, das mit den Namen Lessing, Goethe, Schiller umrissen wurde und auch für die extremsten Fraktionen Gültigkeit besaß, eine gewisse, wenn auch äußerst vage und kaum in die

[572] Vgl. Joachim Radkau: ›Die Exil-Ideologie vom »anderen« Deutschland und die Vansittartisten‹. In: ›Aus Politik und Zeitgeschichte‹, B 2/70, 10. 1. 1970, S. 32.

Zukunft weisende gemeinsame Verständigungsbasis darstellen. Gerade im Bereich des Theaters ergab sich besonders eindrucksvoll die Möglichkeit, die gemeinsame Bindung an dieses Deutschland der großen humanistisch-klassischen Tradition sichtbar zu machen. Immer wieder findet sich in Gründungsmanifesten und programmatischen Erklärungen von Exilbühnen der ausdrückliche Hinweis darauf, daß man seine Aufgabe darin sehe, »der Welt das wahre Deutschland durch Schrift und Wort zu übermitteln« [573] und zu zeigen, »daß neben dem nazistischen und militaristischen Deutschland ein anderes Deutschland existiert, ein freies, der Kultur aller Völker verbundenes, humanes, weltbürgerliches Deutschland, das Deutschland Kants, Goethes und Beethovens« [574]. Es kann nicht in Zweifel gezogen werden, daß hinter einem solchen Selbstverständnis und Selbstbewußtsein des Wahrers und des Boten einer humanistischen Kulturtradition tiefer Ernst stand. Auf der anderen Seite darf auch nicht die darin manifestierte nostalgische Rückwendung und die Verdrängung der gegenwärtigen Situation übersehen werden. Es äußerte sich hier mit besonderer Deutlichkeit die Zwischensituation des Emigranten, in der Ernst Bloch die allgemeine Situation des Menschen in dieser Zeit des Umbruchs, der Unsicherheit und der Friedlosigkeit extrem dargestellt fand. Bloch bezeichnet die Existenzform des Emigranten als

»eine Grenzsituation zwischen dem Alten, das er vielleicht nicht aufgeben will, aber auch nicht halten kann, und dem Neuen, das noch nicht wirklich wurde. In das der Zeitgenosse – mit Angst oder Hoffnung, je nachdem – hinüberhängt.« [575]

Die Rückbesinnung auf das humanistische Erbe der deutschen Dichtung resultierte aber auch noch aus einer anderen Motivation. Die Emigration wandte sich damit einerseits gegen die Unterdrückung oder die verfälschende Inanspruchnahme dieser Werte im Dritten Reich und verwies andererseits vor der Welt auf sie, um so klarzumachen, daß das nationalsozialistische Deutschland diesen Geist nicht repräsentiere. Man begann im Exil stärker als zuvor, auf die freiheitlich demokratischen, anti-nationalistischen Tendenzen, auf das »in tyrannos« der deutschen Dichtung zu hören. Schließlich verstand die Emigration gerade auch die Bewahrung, Neuentdeckung und Neuinterpretation der Literatur vergangener Epochen als eine in die Zukunft eines befreiten Deutschland weisende Verpflichtung. Paul Walter Jacob geht so weit zu konstatieren,

»daß heute die wahrhaft revolutionären Elemente auch gleichzeitig die wirklich

573 [anonym]: ›Freies deutsches Theater in New York‹. In: ›Aufbau‹, Jg. 7, H. 10, 7. 3. 1941, S. 11.

574 P. W. Jacob: ›Theater‹, a. a. O., S. 8.

575 Ernst Bloch: ›Emigration‹. Ansprache auf dem Congress of American Writers [New York 1939]. In: ›Frankfurter Rundschau‹, H. 154, 8. 7. 1970, S. 23.

konservativen Kräfte sind, d. h. daß überall die Menschen, die für eine Erneuerung der wirtschaftlichen und sozialen Formen als für das einzig mögliche Fundament eines neuen Weltfriedens und einer neuen Weltentwicklung kämpfen, auch die Menschen sind, die um die Erhaltung, die Rettung und Weiterentwicklung der kulturellen, wissenschaftlichen und künstlerischen Werte sich bemühen.« [576]

Jedoch sah man auch die Beziehungslosigkeit der Existenzform des Emigranten und die Gefahren, eine vergangene und zerstörte Lebensform künstlich lebendig zu erhalten und darüber die Auseinandersetzung mit der Gegenwart auszusparen. So fordert Walter Benjamin:

»Das Theater der Emigration kann nur ein politisches Drama zu seiner Sache machen. Von den Stücken, die vor zehn oder fünfzehn Jahren in Deutschland ein politisches Publikum versammelt hatten, sind die meisten durch die Ereignisse überholt worden. Das Theater der Emigration muß von vorn beginnen; nicht nur seine Bühne, sondern auch sein Drama ist neu aufzubauen.« [577]

Daß dieses politische, der realen Situation der Emigranten zugewandte Drama und Theater in erster Linie in der Schilderung und Analyse des Nationalsozialismus und der damit in Zusammenhang stehenden Gegenwartsprobleme seine Aufgabe sah, sollte hier deutlich gemacht werden. Weder der Dramatik noch der Bühnenkunst gelang es insgesamt, sich aus der übermächtigen, bedrückenden politischen Gegenwart so weit zu befreien, daß sie neue, in die Zukunft – in eine Zukunft nach dem Dritten Reich – weisende und für diese ersehnte Epoche konstitutive dramatische und theatralische Formen und Inhalte zu finden vermocht hätte. So blieb gerade im Bereich des Theaters die Auseinandersetzung mit dem Zeitgeschehen in der Negation des faschistischen Geistes und in der Projektion tradierter Elemente auf die Zukunft stecken. Das zeigt sich besonders eindringlich am Scheitern der verschiedenen Versuche, aus den durch die Gegebenheiten des Exils aufgezwungenen Grenzen auszubrechen, um Organisationsformen aufzubauen, welche die Entwicklung neuer Theaterformen möglich gemacht hätten: Piscators Projekt eines antifaschistischen Theaterzentrums in der Sowjetunion als Gegenposition zur Kulturrepräsentation des nationalsozialistischen Deutschlands ist hier zu nennen, auch Reinhardts Wunschtraum von einem zentralen deutschen Nationaltheater in New York oder Dudows Bestrebungen, in Frankreich ein von Emigranten gebildetes Tourneetheater engagiert zeitkritischer Prägung aufzustellen. Selbst Brecht verfolgte seine aus der Unzufriedenheit mit der Fixierung

[576] P. W. Jacob: ›Freies deutsches Theater – heute‹. In: ›Das andere Deutschland / La Otra Alemania‹, Buenos Aires Sept. 1942, S. 20.

[577] W. Benjamin: ›Brechts Einakter‹. In: ›Die Neue Weltbühne‹, Jg. 34, H. 26, 30. 6. 1938, S. 825f.

des bürgerlichen Theaters auf den »Apparat« und aus der Erfahrung des Exils resultierenden Überlegungen zur Form eines Theaters neuer Prägung nicht weiter – eines Theaters, in dem der Unterschied zwischen Berufs- und Laienschauspielern keine Trennung, sondern eine gegenseitige Bereicherung bewirken sollte. Bereits im Exil kehrte Brecht wieder zur »großen Form« zurück: ›Der gute Mensch von Sezuan‹, ›Leben des Galilei‹ und ›Mutter Courage‹ folgen einer Dramaturgie, die wohl kaum noch für ein Theater mit Amateurspielern gedacht war. Dieses Scheitern des Theaters im Exil an der Aufgabe, zu neuen, die veränderte Umwelt bejahenden, zukunftsträchtigen Formen und Inhalten zu gelangen – wozu die Umbruch-Situation der Emigration ja geradezu aufrief –, muß in erster Linie auf die mannigfaltigen, in dieser Untersuchung immer wieder erinnerten praktischen Behinderungen zurückgeführt werden. Das Scheitern der Projekte Piscators, Reinhardts und Dudows kann insofern als typisch gelten.
Das Theater der Emigranten mußte daher notwendigerweise ein Theater der »kleinen Form« bleiben. Lesungen, szenische Lesungen, Zusammenstellungen einzelner Szenen, Inszenierungen von Einaktern und personenarmen Stücken, deren Verwirklichung keines umfangreichen Apparates bedurfte, standen aus praktischen Gründen im Vordergrund. Die unmittelbare Gegenwärtigkeit der angesprochenen zeitgeschichtlichen Themen und das Bestreben nach möglichst weiter gesellschaftlicher Wirksamkeit bewirkte im Verein mit der Kargheit der zur Verfügung stehenden technischen Mittel eine Hinwendung zu realistischen Ausdrucksformen, die dem neu erwachten Interesse der emigrierten Schriftsteller und Literaturhistoriker am Realismus im weitesten Sinne voll entsprach. Auch die Bühnenkunst wurde in stärkerem Maße und entschiedener in ihrem Bezug auf die Gesellschaft, ja als Mittel der politischen Einflußnahme und Agitation verstanden. Die Ausdrucksformen der Agitprop-Kunst der sozialistischen Spieltruppen der Zeit vor 1933 erfuhren unter den einengenden Arbeitsbedingungen des Exils eine neue und sinnvolle Belebung. Eskapistische Formexperimente und eine l'art pour l'art-Kunst, welche die veränderte politische und kulturelle Situation zu negieren versucht hätte, fanden unter den Verhältnissen des Exils keinen Ort. Das bewies das Scheitern Jessners bei seinem Versuch, 1939 in Hollywood mit einer ›Wilhelm Tell‹-Inszenierung noch einmal seine expressionistische Bühnen- und Regiekonzeption wiederaufzunehmen.
Die Bühnenkünstler im Exil sahen jedoch, daß die erstrebte breite Wirkung innerhalb eines deutschsprachigen Exiltheaters nicht verwirklicht werden konnte. So sind die vielfältigen Bemühungen, Zugang zum Theater der Gastländer und Möglichkeiten der Kooperation zu finden, durchaus auch aus dem Wunsch zu verstehen, der für wichtig erachteten Botschaft ein Echo gerade unter der Bevölkerung der Exilländer zu verschaffen.

Auf den Bühnen der Exilländer konnte sich die Exildramatik allerdings zumeist auch nur in engen Grenzen durchsetzen. Die Gründe dafür waren, wie die Darstellung gezeigt hat, sehr verschiedener Natur: Das Interesse an der Entwicklung Deutschlands war, zumindest soweit es den innenpolitischen Bereich, also etwa die Judenverfolgung betraf, im Ausland während der ersten Jahre nach 1933 in weiten Kreisen oberflächlicher Natur. Politische Rücksichten und Interessen der Regierungen schränkten eine eindeutige antifaschistische Stellungnahme in vielen, vor allem den unmittelbar an Deutschland grenzenden Ländern weitgehend ein.
Daß schließlich die Exildramatik gerade in den aufgeschlossenen und politisch gleichgestimmten Kreisen des Auslandes kein außergewöhnliches Interesse und keine einhellige Zustimmung fand, ist einem Mangel zuzuschreiben, der den meisten dieser Werke zeitgeschichtlicher Ausrichtung anhaftete: Nur wenigen Autoren gelang es, über eine Beschreibung der Tatbestände zur Analyse der Mechanismen, die eine solche Entwicklung möglich gemacht hatten, vorzudringen. Die Gegenwärtigkeit und Unerhörtheit des Geschehens in Deutschland gab den Blick des Betrachters nicht frei zu distanzierter Begutachtung der Vorgeschichte, der Motive und der Hintergründe. Brooks Atkinson, zu jener Zeit der wichtigste amerikanische Theaterkritiker und ein beredter Fürsprecher der emigrierten Autoren, widmete diesem Problem anläßlich der New Yorker Premiere von ›Professor Mamlock‹ eine eingehende Betrachtung. Atkinson sieht sich zu der Feststellung veranlaßt, daß selbst so gut gebaute Dramen wie ›Die Rassen‹ und ›Professor Mamlock‹ auf der Bühne kaum eine andere und tiefere Wirkung als ein schlechtes Grusel-Stück [»a poorly written horror play«] ausübten. Atkinson gesteht ein, daß auch er letztlich nicht erklären könne, warum dies so sei; vermutlich sei die Verfolgung der Juden ein zu erschütternd reales Geschehen, als daß es auf der Bühne ohne Verflachung wiedergegeben werden könne. Viel wichtiger und dem Drama angemessener sei es dann auch aufzuzeigen, wie es dazu kommen konnte, als notgedrungen unvollkommen abzuschildern, was sich, sichtbar für jeden interessierten Zeitgenossen, in Deutschland ereigne:

»The province of the playwright goes beyond surface events to the causes of action. What we need to know is how this relapse into ignorance and barbarism came about in one of the major nations of the world. [...]
What the playwright should explain to us is not what, for we know that, but why. [...] This is a theme that involves not merely human suffering but universal justice and it needs exaltation to lift it above human agony into the agony of the spirit where even those who are innocent and those who are safe share responsibility for the crimes of mankind. For we are not exempt from the consequences, although we are guiltless.« [578]

[578] B. Atkinson: ›Culture under the Nazis‹. In: ›New York Times‹, 25. 4. 1937.

Am bedeutsamsten ist jedoch die Schlußfolgerung, die Atkinson aus diesen Forderungen zieht:

»And this is a theme, not for conventional playmaking, but for epic drama – the furies unloosed, man crying his defiance to the fates, pitting his knowledge and his will against the atavistic whirlwind.« [579]

Es ist unwahrscheinlich, daß der amerikanische Kritiker damals mehr als eine im Höchstfalle oberflächliche Kenntnis von Brechts Theorien des epischen Theaters haben konnte, die er allein aus der – eher untypischen, mißglückten – New Yorker ›Mutter‹-Inszenierung hätte gewinnen können. Um so bedeutsamer erscheint daher die Einsicht in die Unzulänglichkeit der herkömmlichen Dramaturgie gegenüber der Aufgabe, die Hintergründe und gesellschaftspolitischen Verhältnisse aufzuzeigen, die den Faschisierungsprozeß in Deutschland bewirkt und den Machthabern des Dritten Reiches die Errichtung und Aufrechterhaltung ihrer Herrschaft ermöglicht hatten.

Die Beantwortung der Frage nach der Wirkung der Exildramatik und des Exiltheaters, die ja – wie bei jeder Form des Theaters – allein in einem verändernden, modifizierenden, klärenden oder bestärkenden Einwirken auf Prädisposition und Bewußtsein des Zuschauers bestehen konnte, ist angesichts der Exil-Situation mit noch mehr Unsicherheitsfaktoren als gewöhnlich beschwert und kann notwendigerweise nur sehr allgemein ausfallen. Bestimmte konkrete Anhaltspunkte dafür, daß die Bemühungen der emigrierten deutschen Schriftsteller und Theaterleute in der Tat nicht zur Wirkungslosigkeit verurteilt waren, lassen sich jedoch aufzeigen. In gewisser Weise können sie als negative Indikatoren angesehen werden: Gemeint ist der immer wieder anzutreffende heftige Widerstand rechtsgerichteter, pro-nationalsozialistischer Kreise gegen das öffentliche Auftreten der Emigration und so auch gegen Aufführungen deutscher Exildramatik; und gemeint sind die Versuche reichsdeutscher diplomatischer Vertretungen, in Richtung auf eine Unterbindung derartiger öffentlich sichtbarer Präsenz antifaschistischer Kräfte Einfluß zu gewinnen. In diesem Widerstand kommt nachdrücklich zum Ausdruck, daß man auch in Deutschland das Wirken der Emigranten wahrnahm und ihren Einfluß auf die öffentliche Meinung im Ausland auf kulturellem Gebiet nicht gering veranschlagte.

Unzweifelhaft haben die Werke emigrierter Schriftsteller und die Theaterarbeit deutscher Emigranten in dem begrenzten Bereich, in dem ihre Stimme gehört wurde, dazu beigetragen, daß man die Taten des Dritten Reiches distanzierter, kritischer und letztlich aus der Perspektive der Emigranten zu sehen begann. Allein schon durch ihre Emigration hatten sie es unmöglich gemacht, ohne gefährliche Simplifizierung deutsch mit nationalsozialistisch

[579] Ebenda.

ausnahmslos gleichzusetzen. Und gerade die Emigration wandte sich zum größeren Teil entschieden gegen die pauschale Verurteilung alles Deutschen, wie sie die Anhänger des Vansittartismus forderten. Daß die Aufklärung des Auslandes über das wahre Wesen des Nationalsozialismus die Emigranten nicht dazu verführte, das ihnen angetane Unrecht mit einer undifferenzierten polemischen Gegenoffensive zu beantworten, beweisen unter anderem auch zahlreiche im Exil entstandene Dramen, in denen auf die tönernen Füße des nationalsozialistischen Kolosses hingewiesen wird: auf die Unterdrückung der deutschen Bevölkerung, auf ihre Opposition und auf ihren geheimen Widerstand. Gerade in Kreisen der deutschen Emigration war die Hoffnung groß, daß das Regime noch vor dem Sieg der Alliierten durch einen Massenaufstand der Bevölkerung beseitigt werde. Man hoffte darauf im Interesse der deutschen Landsleute im Dritten Reich, denn gerade die Emigranten wußten, wie wichtig ein eindrucksvoller Beweis der Existenz eines aktiven innerdeutschen Widerstandes für die Haltung der Alliierten gegenüber der deutschen Bevölkerung sein würde [580].
In vielfältiger Weise – gerade auch im Bereich des Theaters – haben die deutschen Emigranten die Aufgabe wahrgenommen, die Heinrich Mann schon 1933 formuliert hatte:

»Nicht geklagt sollte werden, auch nicht Rache geschworen, das führt zu nichts. Die Aufgabe ist, zu zergliedern, zu warnen, aber auch Vertrauen zu erwerben: das letzte Vertrauen, dessen Deutschland vielleicht noch wert ist, weil es wenigstens seine Emigrierten hat.
Die anderen Nationen wissen Ungünstiges über Deutschland genug. Was ihnen fehlt, sind eher die mildernden Umstände, die das deutsche Volk hat, und die Hoffnungen, die es trotz allem zuläßt. Wenn jemals ein Volk, ist dieses verraten anstatt erzogen worden.« [581]

2. **Rückkehr aus der Emigration**

Zum Abschluß sollen in Umrissen zwei Fragenkomplexe dargestellt werden, die in enger Verbindung zur Tätigkeit deutscher Theaterleute im Exil stehen und nach einer speziellen differenzierten Untersuchung verlangen: Welche Vorstellungen hatten die Emigranten vom Neuaufbau des Theaters in einem demokratischen Deutschland und welche Rolle nahmen die nach

580 Noch Ende 1944 schreibt Ernst Deutsch, in: ›Freies Deutschland‹, Jg. 3, H. 12, Nov. 1944, S. 7:»die Frage die uns alle heute wohl am meisten bewegt, lautet [...]: wird das deutsche Volk sich gegen Hitler erheben und einen Teil seiner schrecklichen Schuld durch Taten gesuehnt haben, oder wird es bis zum Ende in den Fesseln von Apathie, Mitschuld und schmachvollem Gehorsam verharren?«

581 H. Mann: ›Aufgaben der Emigration‹. In: ›Die Neue Weltbühne‹, 14. 12. 1933, S. 1561.

Deutschland zurückkehrenden Emigranten im Theaterleben des Nachkriegs ein?

Über Deutschland nach Hitler und über die Rolle der Rückkehrer beim Neuaufbau der demokratischen politischen und kulturellen Institutionen wurden in der Emigration ausführliche Debatten geführt, die sich vor allem zwischen den Vertretern der Exilorganisationen der Parteien abspielten. Spezielle Gruppen wurden ins Leben gerufen, die sich mit der Ausarbeitung von Modellen für einen demokratischen Wiederaufbau Deutschlands befaßten oder sogar bereits an die Ausbildung von Kadern für die Zeit nach der Kapitulation gingen. Am bekanntesten wurden das Council for a Democratic Germany in den USA und andererseits das Nationalkomitee Freies Deutschland in der UdSSR. In beiden Organisationen wirkten deutsche Schriftsteller mit. Gemeinsamer Tenor bei vielfachen Gegensätzen war die wohl von allen an diesen Diskussionen Beteiligten geteilte Überzeugung, daß gerade die Emigration auf Grund ihrer Frontstellung gegen den Faschismus berechtigt und befähigt sei, den Neuaufbau in entscheidender Weise mitzugestalten. Auch über die Konzeption und die Rolle des Theaters im Nachkriegsdeutschland finden sich mehrere dezidierte programmatische Äußerungen der Emigration [582]. Einige grundsätzliche Anschauungen kehren in den meisten dieser Stellungnahmen immer wieder: Die Reinigung des deutschen Theaterwesens von allen eindeutig nationalsozialistisch exponierten Kräften und Strukturen. Gleichzeitig gelte es, diejenigen Künstler ausfindig zu machen, die in Opposition zum Dritten Reich gestanden hatten. Vorrangige Aufgabe beim Aufbau eines Spielplanes werde die Aufklärung des deutschen Volkes über das wahre Gesicht und über die Verbrechen des Dritten Reiches, die Auseinandersetzung mit dem Problem der Schuld und die demokratische Umerziehung bilden. Daneben gelte es, die durch den Nationalsozialismus aufgerichteten chauvinistischen Schranken niederzureißen und die Deutschen wieder mit der dramatischen Weltliteratur vertraut zu machen. Das deutsche Theater des Nachkrieges werde also in erster Linie eine bedeutende und umfangreiche politisch-didaktische Aufgabe zu erfüllen haben. Eine solche Aufgabe entsprach voll und ganz Piscators Verständnis von der gesellschaftlichen Verpflichtung des Theaters. 1944 schrieb er:

»Durch seine visuelle Anschaulichkeit ist das Theater eines der wirksamsten Erziehungsmittel. Wahrscheinlich hatte es niemals eine so große Aufgabe zu loesen, wie in Deutschland nach dem Kriege.

[582] Vgl. Richard Duschinsky: ›Oesterreichs neue Staatsbühne‹. In: ›Die Zeitung‹, Jg. 4, H. 402, 17. 11. 1944, S. 9; Alfred Kerr: ›Wie sollen wir uns zu den Intellektuellen in Deutschland nach dem Krieg verhalten?‹ [Notizen für eine Ansprache im dt. PEN-Club, London 1945]. In: ›alternative‹, Jg. 10, H. 52, Febr. 1967, S. 28–30; Alfred Wolfenstein: ›Deutsche Schriftsteller – Kader der Erziehung‹. [geschrieben in Paris 1944]. In: ›alternative‹, Jg. 10, H. 52, Febr. 1967, S. 41–45.

Das Nachkriegs-Theater wird ein politisches Theater sein, nicht so sehr dem Namen nach, wie in der Bedeutsamkeit seiner Aufgabe, in der Verteidigung und Neubildung aller menschlichen Werte, in der Wandlung des politischen und geistigen Denkens des Volkes vom Faschismus zur Demokratie.« [583]

Andere Emigranten beurteilten die Möglichkeiten, mit künstlerischen Mitteln eine Umerziehung des deutschen Volkes bewirken zu können, wesentlich skeptischer [584]. Alle jedoch waren der Meinung, daß das befreite Deutschland ihre Rückkehr begrüßen und ihnen den ihrem Rang und ihrer durch die Emigration bewiesenen demokratisch-antifaschistischen Gesinnung entsprechenden Platz beim Neuaufbau des Kulturlebens zuerkennen werde.

Doch die Erfahrungen, welche die ersten zurückkehrenden Schriftsteller und Theaterleute in Deutschland machen mußten, reduzierten ihre großen Hoffnungen auf einen wirklichen Neubeginn schon bald sehr drastisch. Sie mußten bemerken, daß man ihnen versteckt oder offen ihre Emigration zum Vorwurf machte – und sei es auch nur, daß man ihnen auf Grund ihres Fernseins die Kompetenz absprach, als Emigrierte die Realität des Lebens unter der nationalsozialistischen Herrschaft in seiner ganzen Problematik einschätzen zu können. Kortner schreibt mit Bitterkeit:

»Ich bemerkte, und zunächst schien es mir unverständlich, daß das meinesgleichen Zugefügte im Bewußtsein der Mehrzahl derer, denen ich begegnete, keine Rolle spielte. [...] Die meisten verharrten im Gefühl, kein Leid reiche an ihres heran. Wahrscheinlich brauchten sie das Bewußtsein des am schwersten erlittenen Unrechts zur Beruhigung des Unterbewußtseins.« [585]

Immer wieder findet man in Berichten und Briefen von Emigranten, die in den ersten Jahren nach 1945 zurückgekommen waren, die Bestürzung darüber zum Ausdruck gebracht, wie wenig man in Deutschland bereit sei, sich mit dem Problem der Schuld auseinanderzusetzen und damit einen wirklich neuen Anfang einzuleiten. Selbstmitleid und Selbstgerechtigkeit, nur verstärkt durch die zweifelhaften Kriterien, nach denen die Besatzungs-

583 E. Piscator: ›Das Theater in der Umerziehung‹. In: ›Freies Deutschland‹, Jg. 3, H. 12, Nov. 1944, S. 11.

584 »Heute wird allerorts gestritten, wie man den Verlorenen Sohn, den deutschen Jugendlichen, ›erziehen‹ kann. Unter ›Umerziehung‹ versteht man ungefaehr Heilung, denn Umerziehung setzt irgend eine, wenn auch falsche Erziehung voraus. Wo und was soll man umerziehen, wenn die Brueder und Vaeter mit nationalen Begruendungen zum Abschlachten von Juden und zum Massenmord von Gefangenen abgerichtet wurden? Das erhabenste Kunstwerk kann kaum ein Gehirn ›umerziehen‹, das durch diese Dressur gegangen ist. Doch bei der Umwandlung des Volkes kann jenes Buch oder jenes Drama nuetzlich sein, das der Jugend einige verlorene Begriffe, einige laengst gefaelschte Begebenheiten eindeutig darstellt.« – A. Seghers: ›Aufgaben der Kunst‹. In: ›Freies Deutschland‹, Jg. 3, H. 12, Nov. 1944, S. 12.

585 F. Kortner: ›Aller Tage Abend‹, a. a. O., S. 562.

behörden das Entnazifizierungs-Problem angingen, überlagerten jede grundsätzliche Diskussion um dieses zentrale Thema. Wolf schreibt dazu:

»Ich finde, hier in Germanien [...] herrscht ein dicker geistiger Nebel, aus dem unsere Landsleute garnichtmal ernsthaft herauswollen. Über Amnestie der Jugend, Staatsform u. a. wird hin- und hergeredet, nur ein Thema darf man nicht berühren, ohne in ein Wespennest zu stechen – die Schuldfrage! Man palavert vom Aufbau und ›sittlicher Erneuerung‹, aber wie kann man erneuern, wenn man nicht eine klare saubere Basis zuvor geschaffen hat? Wird es dadurch anders, daß man über einen beschmutzten Fußboden einen bunten Teppich legt?«[586]

Auch im Bereich des Theaters konnten die zurückkehrenden Emigranten keine grundsätzliche Neubesinnung feststellen. Im Gegenteil, gerade ihnen, die in der Mehrzahl durch die Erfahrung des Exils ein politischeres Verständnis von den Aufgaben des Theaters in der Gesellschaft gewonnen hatten, fiel der Rückzug des deutschen Theaters in eine unpolitische, unbestimmt verschwommen humanistische Geisteshaltung und das Ausweichen vor den aktuellen Problemen in die oberflächlich heitere Welt des Lustspieles auf.
Mit einem Anknüpfen an die bürgerliche Theatertradition der Weimarer Republik, mit einer stillschweigenden Reinigung der Spielpläne von den eindeutig nationalsozialistischen Autoren und mit der kurzfristigen, eher lästigen Pflichtübung, das eine oder andere der berühmten Exilstücke in das Repertoire aufnehmen zu müssen, glaubte man – vor allem in den Theaterkreisen der Westzone – einen ausreichenden Beitrag zum Bruch mit zwölf Jahren nationalsozialistischer »Theaterkultur« geleistet zu haben. Unsere gegenwärtige Theaterkrise beruht zu einem Gutteil in dieser unreflektierten und bruchlosen Anknüpfung an restaurative Tendenzen während der fünfziger Jahre. Bezeichnenderweise wurde Zuckmayers ›Des Teufels General‹ als Exponent der Schuld- und Sühnedramatik besonders häufig inszeniert. Jedem Zuschauer blieb es unbenommen, sich in dem tragisch in Schuld verstrickten, die Konsequenzen mannhaft auf sich nehmenden General Harras oder gar in dem Widerstandskämpfer Oderbruch wiederzuerkennen. – Vielfach berief man sich auf eine grundsätzlich apolitische Position des Theaters in der Gesellschaft, nachdem sich Regisseure, Schauspieler und Bühnenautoren doch gerade in politischer Hinsicht für den Nationalsozialismus engagiert hatten.
Resümierend muß festgestellt werden, daß das deutsche Theater die im Exil entstandenen Bühnenwerke bis heute noch nicht entdeckt hat. In den ersten Jahren nach 1945 dürfte diese Nichtbeachtung eine bewußte Negierung gewesen sein. Inzwischen aber unterliegen die Theaterspielpläne sich

[586] F. Wolf: ›Briefe‹ [Hrsg. von E. Wolf u. W. Pollatschek]. Berlin/Weimar 1969, S. 226.

immer rascher ablösenden Wiederentdeckungstrends: Auf den Horvath-Boom folgt die Fleißer-Renaissance und die Sternheim-Welle.

Das Theater im Exil ist ohne die Kenntnis der politischen Vorbedingungen nicht denkbar. Es ist also zu fragen, ob heute nicht eine von Emotionen freie, kompromißlose, grundsätzliche Analyse des Abfalls in die Barbarei möglich ist. Unzweifelhaft könnte dazu gerade das Theater, gerade die dramatische Auseinandersetzung mit dem Nationalsozialismus durch emigrierte Autoren ein geeignetes Diskussionsforum und Instrument im Sinne einer politisch-didaktischen Theaterform werden, wie sie Piscator vorschwebte. Hier erwüchse dem Theater eine grundsätzliche Aufgabe besonders gegenüber einer heranwachsenden Generation, die diesen Geschichtsabschnitt bereits in historischer Ferne sieht und mit immer vageren Vorstellungen umreißt.

Die zurückkehrenden Emigranten bemerkten mit Unbehagen, daß zwölf Jahre nationalsozialistischer Theaterpraxis auch im Formalen tiefgreifende Veränderungen bewirkt hatten. Viertel gibt eine plastische Beschreibung des Schauspielstils, dem er auf den Bühnen Deutschlands, vor allem in Klassiker-Inszenierungen begegnete. Er führt ihn zurück auf die unaufhörliche Indoktrinierung durch Führerreden und Sprechchöre, deren aggressive, emotionale und pathetische Rhetorik auch auf der Bühne ihre Wirkung ausgeübt hatte. Er nennt diesen Stil den »Reichskanzleistil«:

»Eine wurzellose Ekstase oder eine kalt prunkende Rhetorik, die das Offizielle, Repräsentative der Darstellung betonte und überbetonte, in jäher Abwechslung mit einer sich ins allzu Leise, Private und Unterprivate flüchtenden Diskretion. Manie und Depression folgten einander ohne Übergang und ohne Zwischentöne.«[587]

So waren die Emigranten, die mit dem besten Willen zur Verständigung, mit der vollen Bereitschaft mitzuhelfen, zurückgekehrt waren, keine bequemen Mitarbeiter. Ihr Blick und ihr Ohr war durch die jahrelang kritische Auseinandersetzung mit den Vorgängen im Dritten Reich geschärft für falsche Gesten und Töne und für das Verdrängen der notwendigen konsequenten Bilanz mit dem Vergangenen hinter einer unbestimmt »allgemein-menschlichen« Phraseologie der Verbrüderung.

Während in der sowjetischen Besatzungszone von Anfang an viele zurückgekehrte Emigranten in verantwortlichen Positionen des kulturellen Bereiches eingesetzt wurden, wobei eine wesentlich stärker ausgeprägte zentralistische Struktur des administrativen Apparates die Entwicklung begünstigte, konnten in den West-Zonen und später in der Bundesrepublik nur wenige Emigranten ihrem künstlerischen Range entsprechende Positionen erlangen.

[587] B. Viertel: ›Schriften zum Theater‹, a. a. O., S. 266.

Die während des Dritten Reiches im Zuge der »Entjudung« und der »Reinigung des deutschen Theaters von Salonkommunisten etc.« zahlreichen freigewordenen Positionen waren nach den Kriterien einer »völkischen Kulturpflege« wieder besetzt worden. Bis auf wenige, extrem nationalsozialistische Exponenten gelang es den Inhabern solcher Positionen, die »Entnazifizierung« unbeschadet zu überstehen. Es ist verständlich, daß sie kein sonderliches Interesse daran hatten, sich durch eine unmittelbare Zusammenarbeit mit den zurückgekehrten Emigranten einem Vergleich ihrer Haltung in der Vergangenheit aussetzen zu müssen oder gar ihre durch das Glück der Umstände und entsprechendes politisches Still- oder Wohlverhalten errungenen Stellungen in Frage gestellt zu sehen. So unternahm man in der Regel von dieser Seite keine übermäßigen Anstrengungen, Emigranten zur Rückkehr oder gar zur Mitarbeit beim Aufbau des deutschen Theaters im Nachkriegsdeutschland zu bewegen.
Viele Emigranten zogen sich schon bald enttäuscht vom Theaterleben der Bundesrepublik zurück, manche wandten sich wieder den Ländern ihres Asyls zu, und viele andere verzichteten endgültig auf den Versuch, noch einmal in Deutschland Fuß zu fassen, als sie von den ernüchternden Erfahrungen der nach 1945 Zurückgekehrten hörten. Für sie alle spricht Alfred Döblin, der seine Eindrücke 1946 in den Worten zusammenfaßte:

»Und als ich wiederkam, da – kam ich nicht wieder. [...] Du bist nicht mehr der, der wegging, und du findest das Haus nicht mehr, das du verließest. Man weiß es nicht, wenn man weggeht; man ahnt es, wenn man sich auf den Rückweg macht, und man erfährt es bei der Annäherung, beim Betreten des Hauses.« [588]

[588] A. Döblin: ›Als ich wiederkam‹. In: ›Verbannung‹, a. a. O., S. 300 f.

Louis Naef: Theater der deutschen Schweiz

Zur politisch-ideologischen Situation 1933–1945

Vorbemerkung. Im folgenden ist weniger von den Leistungen als vielmehr von den Schwierigkeiten der Emigranten in der Schweiz die Rede. Das ist sicher typisch für die damalige Situation. Über die Aufführungen der Exil-Dramatik am Zürcher Schauspielhaus im Zweiten Weltkrieg orientiert Günther Schoop [1]. Einen informationsreichen Überblick über die Aufführungen auch anderer schweizerischer Bühnen hat Ulrich Seelmann-Eggebert in der Basler ›National-Zeitung‹ veröffentlicht [2].
Die folgenden Ausführungen beschränken sich deshalb auf den theaterpolitischen Aspekt und versuchen, das Theater der Emigranten im Zusammenhang mit der damals aktuellen Frage nach einem nationalen schweizerischen Theater zu sehen. Eine ausführliche Arbeit über die Theater der deutschen Schweiz in der Zeit des Nationalsozialismus ist im Entstehen. Ihr muß es vorbehalten bleiben, diese Überlegungen zu vervollständigen und durch weitere Beispiele ausführlich zu belegen.

Theater und Politik

»Der neue Zustand im Theater Deutschlands hängt zwar mit der neuen Politik zusammen: aber ich soll auf diesem Kongreß durchaus nicht Politik reden ... Schön. Nicht Urteile, nur Tatsachen.« [3] Alfred Kerr, selber ein im Dritten Reich verbotener und emigrierter Theaterkritiker, sprach diese Worte einen Monat nach der totalen Gleichschaltung des deutschen Theaters auf dem internationalen Kongreß des Welttheaterbundes (10. bis 17. Juni 1933) in Zürich. Das offizielle Deutschland war nicht vertreten, nur einige Emigranten (außer Kerr u. a. Gustav Hartung und Alexander Moissi) nahmen als Privatpersonen daran teil: als Vertreter jenes deutschen Theaters, das aus Deutschland vertrieben worden war und das nun versuchte, die bisherige Arbeit im Exil – an einem fremden Ort und unter noch schwierigeren Voraussetzungen – fortzusetzen.
Mit Rücksicht auf die Neutralitätspolitik und die nationalen Interessen der

1 Günther Schoop: ›Das Zürcher Schauspielhaus im zweiten Weltkrieg‹. Zürich 1957.
2 Ulrich Seelmann-Eggebert: ›Sie dachten an Deutschland in der Nacht. Dramen von Exilautoren auf schweizerischen Bühnen 1933–45‹. In: ›National-Zeitung Basel‹, Nr. 396, 31. 8. 1969.
3 Alfred Kerr: ›Der Zustand im deutschen Theater. Rede, gehalten auf einem Kongreß – in Zürich‹. In: ›Die Sammlung‹, Amsterdam, 1. Jg., 1. 9. 1933, S. 33.

Schweiz durfte Kerr »durchaus nicht Politik reden«. Wurde den Flüchtlingen eine Erwerbstätigkeit nur ganz ausnahmsweise gestattet und nur, wenn dies »im Interesse des Landes« nötig schien, so war ihnen jede politische Tätigkeit erst recht untersagt. Ohne ausdrückliche Bewilligung der Eidgenössischen Fremdenpolizei durften sie z. B. nicht öffentlich auftreten, Vorträge halten, sich schriftstellerisch betätigen oder Druckschriften herausgeben[4].

Das fundamentale Problem des Emigranten, der in der Schweiz deutsches Theater machen oder sogar nur darüber öffentlich sprechen wollte, hat Kerr in seiner Rede bissig kommentiert. Spätestens nach der Machtübernahme durch den Nationalsozialismus und insbesondere nach der Gleichschaltung des deutschen Theaterwesens konnte man nicht mehr von Theater reden, ohne von Politik zu reden. Und nicht nur der Zustand im Theater Deutschlands, auch der Zustand im Theater der deutschen Schweiz hing von nun an mit der »neuen Politik« zusammen. Es ist heute einfacher, die politische Praxis der Theater und der Behörden in der damaligen Epoche unter ganz besonders schwierigen politischen Verhältnissen zu beleuchten. Aber es muß erlaubt sein, nicht nur Tatsachen festzuhalten, sondern auch, was Kerr auf Grund behördlicher Maßnahmen noch versagt war, Urteile zu fällen. Mit dem Ziel, auf dem beschränkten Gebiet der schweizerischen Theaterpolitik sowohl die Gefahren einer totalitären Infiltrierung des geistigen Lebens der Schweiz nachzuzeichnen, als auch Möglichkeiten und Chancen des geistigen Widerstandes aufzudecken.

Ausgangspunkt einer Untersuchung über das deutsche Exil-Theater in der Schweiz ist also die allgemeine politische Situation der Schweiz während der Zeit des Dritten Reiches. Es ist festzustellen, daß ein »Exil-Theater« als selbständige Institution – abgesehen etwa vom Theater in den Internierungslagern, von Emigranten für Emigranten gespielt – in der Schweiz nicht existierte; die Emigranten waren in das nationale schweizerische Theaterleben integriert. Die für andere Gastländer entscheidende sprachliche Isolation traf für die deutschsprachige Schweiz nicht zu. Die spezifische Situation in der Schweiz wird nur verständlich in der durch die Gesellschaft bestimmte und auf die Gesellschaft wirkende *politische Praxis*.

Diese Politisierung entstand nicht aus Absichten, die sich das Theater selber in freigewählter Zielsetzung gab, sondern sie wurde ihm von außen aufgezwungen. Verständlich wird sie durch die besondere Lage der Schweiz, die sich in ihrer demokratischen Gesellschaftsform mit ihren eigentümlichen Institutionen und spezifischen Grundwerten von allen Seiten bedroht und herausgefordert fühlte. Die Existenz des schweizerischen Theaters als In-

[4] Zur Flüchtlingspolitik der Schweiz während der Zeit des NS vgl. u. a. Carl Ludwig: ›Die Flüchtlingspolitik der Schweiz in den Jahren 1933 bis 1955‹ [Bericht an den Bundesrat zuhanden der eidgenössischen Räte, 1957].

stitution und Instrument dieser Demokratie stand oder fiel mit der Existenz und Resistenz der schweizerischen Nation. So vollzog sich die geschichtliche Entwicklung des schweizerischen Theaters während der Hitler-Zeit nicht als ein organischer Prozeß, sondern sie war ein Produkt der äußeren politischen Umstände. Was Elisabeth Brock-Sulzer einmal über das Zürcher Schauspielhaus schrieb, gilt gleichermaßen für das deutschschweizerische Theater insgesamt: »Hitler hatte da eine Gemeinschaft schöpferischer Menschen zusammengetrieben, die ohne ihn kaum zusammengekommen wären und die ohne ihn sich auch nicht zu einer geistigen Einheit gefügt hätten.« [5]
Das Theater der deutschen Schweiz ist ein Teil der Gesamterscheinung des deutschsprachigen Theaters und somit immer auf diese bezogen und mit ihr verbunden. Es unterscheidet sich gewiß in vielem vom deutschen Theater, aber mehr aus der geschichtlichen, vor allem politischen Entwicklung her, als Kraft eigenwüchsiger kultureller Prägung. Auf die hier beschriebene Epoche übertragen, ist das schweizerische Theater einmal als der Zufluchtsort der Emigranten zu definieren, erhält also schon dadurch eine eminent politische Funktion. Zum anderen stellt es eine Bühne deutscher Sprache dar, die sich von ihresgleichen durch den andersgearteten gesellschaftlichen Bezug abhebt. *Ein Theater deutscher Sprache, das schweizerisch ist:* Verpflichtung und Wirkungsmöglichkeiten der Bühnen der deutschen Schweiz bewegen sich immer zwischen diesen beiden Polen. Die beiden Aspekte der kulturellen und der politisch-gesellschaftlichen Zugehörigkeit des schweizerischen Theaters bilden eine untrennbare Einheit, sie bedingen sich gegenseitig und sind für die Theaterepoche zwischen 1933 und 1945 gleichermaßen konstitutiv.

Das schweizerische Theater

Mit dem Zweiten Weltkrieg ging eine Phase der geschichtlichen Entwicklung des deutschschweizerischen Berufstheaters zu Ende, deren Ursprünge ungefähr in der Gründungszeit des schweizerischen Bundesstaates (1848) festzustellen sind, die aber erst im 20. Jahrhundert eigentlich wirksam wurde, nach dem Ersten Weltkrieg sich in immer stärkerem Maße in theoretischen und historischen Publikationen niederschlug und während der Zeit der Hitler-Herrschaft ihre extremste praktische Ausprägung erfuhr: die »Verschweizerung« der Berufstheater. Ein Prozeß, der sich als Gewichtsverlagerung vom exzentrischen »deutschen Theater« in der Schweiz zum konzentrisch bestimmten nationalen Theater vollzog.

[5] Elisabeth Brock-Sulzer: ›Ernst Ginsberg‹. Reihe: Theater heute 7. Hannover 1962, S. 9.

Die Voraussetzungen für eine eigenständige politische Praxis wurden durch den Zusammenschluß der früher mehr oder weniger für sich existierenden schweizerischen Bühnen und der am Theater ideell und materiell interessierten Institutionen und Verbände geschaffen. Die »Verschweizerung« der Bühnen manifestierte sich demzufolge zunächst auf der organisatorischen Ebene. Sie wurde wiederum durch den äußeren politischen Bereich bewirkt. Denn erst die durch den Ersten Weltkrieg verursachte Entfremdung zwischen den beiden bisher kulturell eng verbundenen Ländern, der deutschen Schweiz und dem Deutschen Reich, bewirkte eine Emanzipationsbewegung, die sich in einer organisatorischen Vereinigung manifestierte. Ihr ursprünglicher Zweck bestand darin, durch ein gemeinsames und einheitliches Vorgehen die Lage der schweizerischen Bühnen zu verbessern und zu stabilisieren.
Die bedeutendsten nationalen Theaterverbände, die in der theaterpolitischen Auseinandersetzung mit dem Dritten Reich wichtige Rollen spielten, wurden fast ausnahmslos kurz nach dem Ersten Weltkrieg gegründet: Der »Verband Schweizerischer Bühnen (VSB)« und der »Verband der Bühnenkünstler in der Schweiz« (nach 1933, nach dem Anschluß an den »Verband des Personals öffentlicher Dienste, VPOD«: »Schweizerischer Bühnenkünstlerverband, SBKV«) entstanden 1920; die Bühnenautoren schlossen sich 1924 in einem Unterverband des »Schweizerischen Schriftstellervereins (SSV)« zur »Gesellschaft Schweizerischer Dramatiker (GSD)« zusammen; die schweizerischen Theaterhistoriker organisierten sich 1927 in der »Gesellschaft für schweizerische Theaterkultur (GSTK)«.
Diese Institutionen bildeten die Basis der politischen Praxis und ermöglichten, da sie als demokratische Organisationen Bestand hielten, in erster Linie die Wahrung, ja den Ausbau der Eigenständigkeit der Theater der deutschen Schweiz während der NS-Herrschaft. Ganz besonders gilt diese Feststellung für den SBKV, der durch seinen Beitritt zum VPOD, einer der wichtigsten, der demokratischen Tradition verpflichteten schweizerischen Gewerkschaft, die Bühnenkünstler endlich aus ihrer gesellschaftlichen Isolation befreite und so die Voraussetzungen schuf, um ein schweizerisches Theater zu institutionalisieren. Der VPOD gehörte zu den kompromißlosesten antifaschistischen Verbänden.
Auch die Nationalisierungstendenzen innerhalb der Ensembles der schweizerischen Bühnen sind nur im Zusammenhang mit der ökonomischen und politischen Situation zu interpretieren. Belief sich vor 1930 der Anteil der schweizerischen Bühnenkünstler in den einheimischen Ensembles durchgehend auf 5–10 %, so betrug er in der Spielzeit 1932/33 immerhin etwa 20 %. 1933 erhöhte er sich sprunghaft auf ca. 30 % und wuchs bis gegen Ende des Krieges – bedingt durch die Rückwanderungen aus Deutschland und den Ausbau der Theaterschulen in der Schweiz (vor allem durch die

Unterstützung durch die Emigranten!) – sukzessive bis nahe an die 60-Prozent-Grenze. Die Bühnenkünstler schweizerischer Nationalität, die erstmals während der Zeit der Währungskrise im Deutschen Reich in größerer Zahl in ihre Heimat zurückkehrten, zum zweiten Male zu Beginn der dreißiger Jahre, als sich in Deutschland die zukünftige Machtkonstellation abzuzeichnen begann, und schließlich 1944, nach der kriegsbedingten Schließung der deutschen Theater, kamen nicht unbedingt aus ideellen Motiven zurück und nicht primär, weil sie von der Möglichkeit eines nationalschweizerischen Theaters überzeugt waren. Die Rückkehr war erzwungen: durch wirtschaftliche Faktoren, weil viele sich in der von der Inflation noch verschonten Schweiz eine sichere Arbeitsstätte erhofften; durch politische Gründe: Sie verließen Deutschland aus Gesinnungsgründen, wie Heinrich Gretler, Leopold Biberti, um nur zwei der »Remigranten« zu nennen, also aus eigenem Antrieb, oder weil ihnen dort auf Grund ihrer Nationalität gekündigt worden war.

Der Rückstrom schweizerischer Künstler, die sich um die wenigen freien Stellen an den einheimischen Theatern bewarben, führte in der Spielzeit 1932/33 zu einer Krise auf dem Arbeitsmarkt, in die sich schließlich auch der Bund einschalten mußte. Da nur wenige Angebote berücksichtigt werden konnten, wenn man nicht bereits engagierte (reichsdeutsche oder österreichische) Mitglieder entlassen wollte, auf der anderen Seite aber politisch oder rassisch verfolgte Bühnenkünstler in die Schweiz drängten, fielen die meisten schweizerischen Rückwanderer der öffentlichen Wohltätigkeit zur Last. In dieser Situation wurde 1933 die »Paritätische Prüfungskommission und Kartothekstelle für schweizerische Bühnenkünstler« geschaffen, eine paritätisch besetzte Organisation des VSB und des SBKV, die ihren Sitz beim »Bundesamt für Industrie, Gewerbe und Arbeit (BIGA)« hatte. In Verbindung mit der Fremdenpolizei war so dem Bund ein Instrument in die Hand gegeben, womit er das Engagement ausländischer Bühnenkünstler unterbinden konnte, wenn für die zu besetzende Stelle eine qualitativ zumindest ebenbürtige schweizerische Kraft bei der zuständigen Stelle des BIGA gemeldet war. Trotz dieser einschränkenden Maßnahmen zugunsten der schweizerischen Bühnenkünstler, die zwar dem gewerkschaftlichen Postulat der Freizügigkeit, mithin dem Grundsatz des gleichen Rechts für alle ohne Ansehen der Nationalität (in den Statuten des »Kartellverbandes deutschsprachiger Bühnenangehöriger« verankert) widersprach, gelang es den Bühnen auch weiterhin, ausländische Bühnenkünstler zu verpflichten.

Die ideologischen Wortführer des nach dem Ersten Weltkrieg einsetzenden Nationalisierungsprozesses und der Forderung nach einer »Verschweizerung des Berufstheaters« waren die Dramatiker und die Theaterhistoriker. In der GSD (teilweise auch in der GSTK) entwickelten sie eine Berufsorganisation zur Wahrung und Vertretung ihrer nationalen Interessen, ein kollektives Kampfinstrument zur ideellen und materiellen Durchsetzung ihrer Ansprüche auf den schweizerischen Bühnen und beim einheimischen Publikum. Wichtiger als ihre mehr quantitativ als qualitativ interessierende Dramenproduktion waren ihre theaterpolitischen Aktivitäten für eine Institutionalisierung eines nationalen schweizerischen Theaters. Diese Forderung bildete den Kernpunkt der Theaterpolitik der GSD bis zum Ende des Weltkrieges. Sie blieb die eigentliche Streitfrage der gesamten Theaterpolitik während der NS-Zeit.

Bertolt Brecht postulierte noch in den dreißiger Jahren: »Die schweizerische Dramatik existiert nicht.« [6] Er hatte nicht recht, wenn man die Zahl der aufgeführten Dramen in Rechnung zieht. Von 1933 bis 1945 wurden auf den schweizerischen Bühnen Stücke von etwa 65 (!) zum großen Teil lebenden schweizerischen Dramatikern gespielt. Die Zahl der Uraufführungen schweizerischer Autoren in Schauspiel, Oper und Operette liegt in der gleichen Zeit etwa bei 200 (verteilt auf ca. 10 Bühnen!). Brecht hatte aber recht, wenn er die soziale Funktion dieser Dramatik vor Augen hatte. Die »Angst vor dem Drama« war für Bernhard Diebold, den langjährigen Berliner Theaterkritiker der ›Frankfurter Zeitung‹, ein typisch »schweizerisches Problem« [7]. Es war die Angst vor dem sozial-kritischen Engagement, woran das schweizerische Drama in der Zeit des Nationalsozialismus mit wenigen Ausnahmen scheiterte. Für die einheimischen Dramatiker war die damalige Schweiz nur faßbar als eine kleine und zugleich heile Welt. Eine Infragestellung der politischen Alltagswirklichkeit wäre als Dolchstoß in den Rücken des außenpolitisch gefährdeten Vaterlands mißverstanden worden. Die Zeit war nur empfänglich für patriotische »Herzstärkung«. Vorherrschend war das Historienstück, aber die Geschichte wurde darin nicht zum Problem, sie blieb als sakrosanktes Gut unangetastet. Nicht Veränderung der Gesellschaft, nur ihre Stabilisierung war der Zweck dieser patriotischen Dramaturgie: das Idyll als Folge der politisch-kulturellen Isolation! Max Rychner hat die kulturellen Gefahren der politischen Abschnürung der Schweiz 1942 in einem Brief an Carl J. Burckhardt deutlich ausgesprochen: »Man wird ja auch bei uns, während dem Land langsam die Luft ausgeht, von unheimlichen Mächten innen ausgezehrt. Dabei wird eine Menge Kraft dafür verausgabt, das Idyll, welches wir als den einzig erlaubten Weltzustand gelten lassen, in seiner kümmerlichsten Form, der Fiktion, bestehend zu erhalten.« [8]

Die schweizerischen Dramatiker schlossen sich von der Exildramatik und der neuen Dramatik des Westens, die ihnen vor allem die Emigranten durch

[6] Bertolt Brecht: ›Gesammelte Werke‹, Bd. 15, a. a. O., S. 277.

[7] Vgl. ›National-Zeitung‹ vom 14. 12. 1935.

[8] Zürich, 28. 7. 42, in: Carl J. Burckhardt und Max Rychner: ›Briefe 1926–1965‹, Hrsg. Claudia Mertz-Rychner. Frankfurt a. M., 1970.

die Aufführungen auf den schweizerischen Bühnen vermittelten, bewußt aus. Erst die Dramatik von Max Frisch und Friedrich Dürrenmatt entstand in der Konfrontation mit dieser Dramatik und in Zusammenarbeit mit den Emigranten und eröffnete gerade über den Weg der neuen Tendenzen in der westlichen und der Exildramatik eine neue Epoche des schweizerischen Theaters.

Wenn Exil Isolation bedeutet, so befanden sich die schweizerischen Autoren vor Dürrenmatt und Frisch in einer ähnlichen Lage wie die emigrierten deutschen Dramatiker und Schriftsteller. Warum sie sich dennoch gegen die Emigranten verbündeten, ist im folgenden zu erörtern.

Die schweizerische Literatur entwickelte sich in den zwölf Jahren der NS-Herrschaft in einer totalen Abgeschlossenheit; sie blieb ohne Resonanz im größten Teil des deutschsprachigen Europa. Als nach dem Anschluß Österreichs und der Tschechoslowakei das Absatzgebiet für die deutschsprachige schweizerische Literatur von 80 Millionen auf rund 3 Millionen potentielle Leser zusammenschmolz, verringerten sich auch die Aufführungsmöglichkeiten für schweizerische Dramatiker auf ausländischen Bühnen. International erfolgreich waren nur Caesar von Arx (›Der Verrat von Novara‹ erzielte fast 3000 Aufführungen): Er wurde im Dritten Reich von den Nazis in den ersten Jahren protegiert; sie hielten ihn zunächst (und fälschlicherweise) für einen Exponenten ihrer Blut- und-Boden-Mystik, schließlich aber wurde er nach der Uraufführung des ›Dreikampf‹ (1941), einem gegen den Totalitarismus agitierenden Drama, offiziell verboten; der sozialistische Schriftsteller Jakob Bührer, dessen ›Galileo Galilei‹ 1938 in Moskau ein Serienerfolg war, und der Westschweizer Alfred Gehri mit seiner ›Sechsten Etage‹. Dagegen wurden die Opern der beiden repräsentativen Komponisten der deutschen Schweiz, Othmar Schoeck und Heinrich Sutermeister, fast ausnahmslos im Dritten Reich uraufgeführt und an vielen großen deutschen Bühnen nachgespielt. Es ist verständlich, daß die Dramatiker stärkere Berücksichtigung ihrer Arbeit auf den schweizerischen Bühnen forderten. Aber wenn sie der Meinung waren, durch theaterpolitische Maßnahmen wäre das neue schweizerische Drama schon geschaffen, so verfielen sie einem fatalen Irrtum. Was sie mit ihren agitatorischen Schriften und Kundgebungen erreichten, war letzten Endes eine Konjunktur ehemals erfolgloser Dramatiker, die der Mittelmäßigkeit zum Sieg verhalf.

Das theaterpolitische Konzept, mit dem die GSD 1924 an die Öffentlichkeit trat und das ganz besonders auch nach 1933 Gültigkeit hatte, war von Anfang an gegen die »Ausländerherrschaft« im schweizerischen Theater gerichtet: »Wegleitend war die einmütige Erkenntnis, daß unser Theater nicht der Ausdruck schweizerischer Wesensart ist. Die neue Sektion hat die Aufgabe, dahin zu wirken, daß in den leitenden Stellen Männer amten, die aus den seelischen Notwendigkeiten heraus arbeiten, daß im Ensemble

schweizerische Schauspieler beschäftigt werden und daß im Repertoire die dramatische Dichtung unseres Landes gebührend berücksichtigt wird.«[9]
Die nationale Theater-Ideologie hat die schweizerische Theaterpolitik auch und vor allem in der Diskussion um das Theater der Emigranten wesentlich mitbestimmt. Sie ist als ein politisches Phänomen zu werten, weil sie 1. mit politischen Mitteln (öffentliche Kundgebungen der Dramatiker, Eingaben an die Behörden) geführt wurde; weil ihr 2. eine politische und weltanschauliche Absicht zugrundelag (Schaffung eines »volkhaft und staatsmäßig schweizerischen Theaters«[10]) und weil sie 3. ein politisches Ziel (Nationalisierung des Theaters in allen Bereichen) intendierte. Die Forderungen konzentrierten sich auf drei hauptsächliche Punkte: 1. personalpolitisch: primäre Berücksichtigung des schweizerischen Elementes bei Engagements und Anstellung von Theaterdirektoren (behördliche Kontrolle); 2. geistig: Konzentrierung auf die schweizerische Eigenart (auf Seiten der »Fronten«: unter Ausschaltung »fremden Geistesgutes« wie z. B. der Exildramatik – Zensur!): 3. spielplanmäßig: Pflege einer volkhaften Dramatik, die das Schweizertum zur Darstellung brachte (Entpolitisierung).
In den maßgeblichen theaterhistorischen und -theoretischen Schriften von Paul Lang und Oskar Eberle wird der Zusammenhang der schweizerischen Theaterideologie mit der nationalen Erneuerungsbewegung der Schweiz mehrmals direkt hergestellt. Paul Lang, der schon sehr früh zu den führenden Persönlichkeiten der Schweizer Faschisten gehörte und als einer der einflußreichsten Propagandisten und Ideologen mit seinen staatspolitischen Theorien die Ideenwelt der »Nationalen Front« weitgehend bestimmte[11], führt in einem grundlegenden Aufsatz zum Nationaltheater diesen Begriff auf die »philosophisch-politische Ideologie des Nationalismus«[12] zurück. Schon sein 1924 erschienenes Buch ›Bühne und Drama der deutschen Schweiz im 19. und beginnenden 20. Jahrhundert‹, das wichtigste Kompendium der schweizerischen Theaterideologie, war eindeutig antisemitisch und ein Produkt seiner völkisch-biologistischen Gedankenwelt. Interessant in diesem Zusammenhang sind seine Ausführungen über den Emigranten Ludwig Eckart, einen politischen Flüchtling, der in den fünfziger Jahren des 19. Jahrhunderts für eine politisch bedeutende, europäisch progressive Schweizerbühne kämpfte. Der Emigrant, schreibt Lang, erscheine dem Schweizer »als der Propagator, der seinem Charakter völlig fremd«[13] vor-

[9] Zitiert nach: ›Der Geistesarbeiter‹, 7, 1924, S. 87.
[10] Oskar Eberle: ›Wege zum schweizerischen Theater I‹. In: ›13. Jahrbuch der Gesellschaft für schweizerische Theaterkultur‹. Elgg 1945, S. 5.
[11] Siehe Walter Wolf: ›Faschismus in der Schweiz‹. Zürich 1969, bes. S. 147 ff.
[12] Paul Lang: ›Über die Begriffe Nationaltheater und Nationaldrama‹. In: ›4. Jahrbuch der Gesellschaft für schweizerische Theaterkultur 1931–32‹, S. 7.
[13] Paul Lang: ›Bühne und Drama der deutschen Schweiz im 19. und beginnenden 20. Jahrhundert‹. Zürich 1924, S. 51.

komme. Und in bezug auf Eckarts Theaterpläne heißt es: »Deutlich hat hier der der Donaumonarchie entflohene Republikaner eine europäische Tribüne im Auge, die ihm und seinen Freunden für ihre Emigrantenressentiments offenstünde.«[14] Verteufelungen, die später in den Blättern der Schweizer Faschisten zuhauf sich niederschlugen, die sich aber auch in der Theaterpolitik der GSD gegen die Emigranten auswirkten! Dafür nur ein Beispiel. 1933 gelangte die GSD mit einer Eingabe an den Bundesrat und forderte, daß die verschärften Bestimmungen der den Arbeitsmarkt regelnden Verordnung für ausländische Arbeitnehmer mit sofortiger Wirkung auch für die Bühnen der deutschen Schweiz in Kraft gesetzt werden sollten[15]. Nur Caesar von Arx distanzierte sich von dieser Eingabe. Dagegen erklärte Werner Johannes Guggenheim, der Präsident der GSD, daß der Zustrom der im Dritten Reich aus politischen und rassischen Gründen arbeitslos gewordenen Bühnenkünstler »unterbunden« werden müsse: »Es gibt nur noch die radikale Lösung, und es ist unsere Aufgabe, dafür zu sorgen, daß sie bald kommt.«[16] Der Ruf nach einer fremdenpolizeilichen Regelung der »unhaltbaren Zustände« bei den schweizerischen Bühnen wird gar mit einem Goebbelsschen Zitat untermauert: »Die Kunst wird um so größeren internationalen Wert haben, je tiefer sie aus dem Volkstum steigt.« Die Konsequenzen einer solchen nationalistischen Politik werden sichtbar in den folgenden, die Emigranten diffamierenden Feststellungen:

»Es ist ganz selbstverständlich, daß diese Prominenten und Halbprominenten, überhaupt all diese Künstler, die aus politischen Gründen um ihr Wirkungsfeld gekommen sind, menschlich und künstlerisch unseres aufrichtigen Mitgefühls gewiß sein dürfen, das kann aber an unserer festen Ueberzeugung nichts ändern, daß die schweizerischen Bühnen sie höchstens zu einem kleinen Teil aufnehmen dürfen, weil diese Künstler ebenso wenig wie die meisten, die heute an unseren Theatern auftreten, fähig sind, das schweizerische Theater zu schaffen, das wir endlich haben wollen.«[17]

Schon Paul Lang hatte in seinem Buch ›Bühne und Drama‹ für eine regelrechte »Schutzzollpolitik«[18] plädiert. Seine Schrift belegt den direkten Zusammenhang der schweizerischen Theateridologie mit der nationalen Erneuerungsbewegung. Sie beweist aber auch, daß sie nur ein Reflex jener nationalistischen Ideologie war, die ganz Europa beeinflußte und in letzter Konsequenz im Faschismus mündete. Der faschistische Schweizer Dramatiker Max Eduard Liehburg (›Hüter der Mitte‹ – eine völkische Telldar-

[14] Ebenda, S. 49.
[15] Vgl. Werner Johannes Guggenheim: ›Jahresbericht der GSD 1932/33‹. In: ›Der Geistesarbeiter‹, 7, 1933, S. 87ff.
[16] Ebenda.
[17] Ebenda.
[18] ›Bühne und Drama‹, a. a. O., S. 202.

stellung) hat diesen Bezug am deutlichsten hergestellt: »Es gilt nicht mehr Provinz fremder Kraftzentren, sondern selbst Kraftzentrum zu sein. Es gilt die neue Zeit, die neue Sehnsucht, das neue Theater aus unserem eigenen Wesen heraus anzupacken und zu gestalten.« [19]
Der spezifische Nationalismus gewisser Schweizer Dramatiker ist zwar das Ergebnis der Isoliertheit des schweizerischen Theaters. Aber schuf der Gedanke der kulturellen Autarkie nicht die Vorstellung einer schließlich nur scheinbaren Selbständigkeit? Und wurde nicht gerade dadurch die tatsächlich die Nation bedrohende Gefahr – nämlich die Zerstörung der demokratischen Grundordnung – ideologisch verschleiert? Und erwies sich endlich nicht eben diese kulturelle Absonderung als provinziell? Die Paradoxie der schweizerischen Theaterideologie lag doch darin, daß sie sich, wie Max Frisch einmal über die »Geistige Landesverteidigung« schrieb, »dem Völkischen, diesem verlogenen wie verfänglichen Etikett des Faschismus völkisch sich widersetzte« [20] und gerade dadurch dem Einfluß von außen verhängnisvoll erlag. Den Faschismus demokratisch zu widerlegen: Diesem Ziel der emigrierten Bühnenkünstler verschrieben sich die wirklich »schweizerischen« Dramatiker und Bühnenkünstler.

Das deutschsprachige Theater

Das Theater der deutschen Schweiz war früher nur ein Appendix des deutschen Theaters, eine Provinz im eigentlichen Sinne. Hitlers Machtübernahme bewirkte von außen die Konstituierung einer eigenständigen nationalen Entwicklung. Aber auf der anderen Seite waren es vor allem die Emigranten aus Hitler-Deutschland, die das neue Selbstverständnis des Schweizer Theaters beeinflußten. Für Kurt Hirschfeld, der als einer der ersten Bühnenkünstler emigriert war und der als Dramaturg des Zürcher Schauspielhauses das Gesicht des schweizerischen Theaters während der NS-Zeit entscheidend mitzuprägen half, war es selbstverständlich, daß sich das Theater wie keine andere Kunst der nationalen, weltanschaulichen und sozialen Stellung seines Publikums anzupassen habe [21]. Aber gerade auf Grund dieser gesellschaftlichen Bezogenheit war das schweizerische Theater auch als eine politische Alternative zum propagandistisch mißbrauchten deutschen Theater zu werten. Als deutschsprachige Bühne hatte sie die Funktion, der von der totalitären Ideologie des Faschismus bedrohten de-

[19] ›Neuordnung der schweizerischen Theaterverhältnisse‹. In: ›4. Jahrbuch der GSTK‹, a. a. O., S. 64.
[20] Max Frisch: ›Öffentlichkeit als Partner‹. Frankfurt a. M. 1967, S. 114.
[21] Kurt Hirschfeld: ›Probleme des modernen Theaters‹ [Vortrag]. In: ›National-Zeitung‹, 1. 12. 1944.

mokratischen Produktion während der Zeit ihrer Verfolgung eine Heimstätte zu bieten. Ihre Aufgabe war es, wie dies Heinrich Mann über die Emigration ganz allgemein feststellte [22], als eine deutsche Bühne »zu lernen, zu denken und Zukunft zu erarbeiten«. Das Theater im Dritten Reich war von der internationalen Entwicklung fast völlig isoliert. Die neue Dramatik des Westens, die sich seit 1933 herangebildet hatte, aber auch die bedeutendsten Werke der deutschen Exildramatik wurden nun in deutscher Sprache fast nur noch auf schweizerischen Bühnen gespielt, sie wurden bedeutsam zur Auffüllung und Belebung des Spielplans, später auch als neuer Impuls für die eigene Produktion (Frisch und Dürrenmatt) und, nach dem Krieg, für das deutsche Theater als neuer Ansatzpunkt für eine während zwölf Jahren unterbrochene Tradition [23].

Die Theater der deutschen Schweiz befanden sich zwar außerhalb des physischen Machtbereichs des Nationalsozialismus, aber innerhalb des gleichen Sprachbereiches und immer am Rande der Gefahr. Denn der Nationalsozialismus verstand sich nicht als eine rein innerdeutsche Bewegung; das letzte Ziel seiner Politik war der Zusammenschluß aller Deutschen in einem ethnisch-national geschlossenen Reich und die kultur- und rassenpolitische Neugestaltung des Kontinents in einem »germanischen Reich deutscher Nation«. Kunst und Kultur standen seit der Machtergreifung im Dienste der propagandistisch-ideologischen Gleichschaltung des politischen, gesellschaftlichen und geistigen Lebens. Gerade bei der propagandistischen Bearbeitung des Auslandes bediente sich der Nationalsozialismus mit besonderer Vorliebe verschiedener kultureller Einrichtungen mit internationalem Wirkungsradius [24], insbesondere des Theaters. Die expansive Motivation bestimmte auch die theaterpolitische Aktivität, die das Dritte Reich gegenüber der Schweiz entfaltete. Die »monolithische« Ausrichtung aller deutschsprachigen Bühnen, auch jener der Schweiz, im Sinne der NS-»Weltanschauung« und deren einheitliche Zusammenfassung und totale Kontrolle durch den publizistischen Lenkungsapparat des Dritten Reiches, gehörten zu den erklärten Zielen der NS-Theaterpolitik.

Die absolute Wirksamkeit der NS-Lenkungsmaßnahmen blieb anfänglich noch auf das Innere des Reichs beschränkt und endete an den (vorläufigen) politischen Grenzen. Jedoch blieb der restliche, je nach der politischen Situation des jeweiligen Landes mehr oder weniger freie Teil des deutschsprachigen Theaters keineswegs von NS-Gleichschaltungsversuchen ver-

[22] Vgl. Heinrich Mann und ein junger Deutscher: ›Der Sinn dieser Emigration‹. In: ›Verbannung‹, a. a. O., S. 169.

[23] Vgl. Otto Mann: ›Das deutsche Drama des 20. Jahrhunderts‹. In: ›Deutsche Literatur im 20. Jahrhundert: Strukturen und Gestalten‹. Hrsg. Otto Mann und Wolfgang Rothe, Bd. I. Bern und München [5]1967, S. 153 f.

[24] Vgl. Walter Hagemann: ›Publizistik im Dritten Reich‹. Hamburg 1948, S. 233.

schont, zumal alle Bühnen dieser Länder relativ viele Reichsdeutsche, die ausnahmslos in der RTK organisiert waren, engagiert hatten. Der deutsche Einfluß verstärkte sich mit der sich vergrößernden Durchlässigkeit der nationalen Grenzen, bis er, nach der Annexion Österreichs und der Tschechoslowakei, den gesamten deutschsprachigen Raum total erfaßte. Mit derselben Taktik, mit der der Nationalsozialismus das österreichische und tschechische Theater »sturmreif« gemacht hatte, durch organisatorische Isolation, personale Unterminierung und ideologische Infiltration, bearbeitete er auch das Theater der deutschen Schweiz. Daß die totale Gleichschaltung nicht gelang, verdankt das schweizerische Theater in der Hauptsache der selbstbewußten politischen Haltung der Bühnenkünstler, Theaterleiter und ihrer Verbände, seiner organisatorischen wie politischen Selbständigkeit und seiner demokratisch bestimmten Alternative, womit es dem Druck des Dritten Reiches und seinen gezielten propagandistischen Maßnahmen entgegentrat.

Der Nationalsozialismus versuchte, das deutschschweizerische Theater vorwiegend auf drei Ebenen zu unterminieren: erstens über die Institutionen, zweitens über Einzelpersonen, drittens durch Mithilfe von außen. Die Technik der institutionellen Unterminierung wurde hauptsächlich in der internationalen Theaterpolitik, innerhalb der internationalen Theaterverbände, eingesetzt. Die wichtigste und entscheidende Rolle kommt in diesem Zusammenhang dem »Kartellverband deutschsprachiger Bühnenangehöriger« zu, der die Organisationen der Bühnenkünstler, Chorsänger und Balletttänzer der deutschsprachigen Länder, nach NS-Auffassung die »Organisationen der deutschen, im Ausland tätigen Bühnenkünstler« zusammenfaßte. Die Gleichschaltung des österreichischen und tschechischen Theaters wurde auch über den Kartellverband vorbereitet. Dank dem klaren antifaschistischen Konzept des VPOD, das in Zusammenarbeit mit dem Emigranten Wolfgang Langhoff vom Zürcher Schauspielhaus erarbeitet worden war, gelang es nur in geringem Maße, die theaterpolitischen Vorstellungen auch im schweizerischen Bühnenkünstlerverband durchzusetzen. Die offiziellen Beziehungen der RTK zum SBKV wurden nach der Gleichschaltung Österreichs und der Tschechoslowakei eingefroren.

Bis etwa 1938 versuchte das nationalsozialistische Regime, die reichsdeutschen Bühnenkünstler im Auslande über den Kartellverband zu kontrollieren. Der Theaterabteilung des Propagandaministeriums war eine Auslandstelle für Theater und der RKK eine Abteilung Sonderaufgaben angegliedert, die u. a. die Interessen des Dritten Reiches bei Theaterangelegenheiten, wie zum Beispiel im Kartellverband, zu vertreten und die Tätigkeit der RTK-Mitglieder im Ausland zu überwachen hatte. Nach der Eingliederung der tschechoslowakischen und österreichischen Bühnenkünstlerverbände in die RTK änderte das Dritte Reich seine Überwachungsmethoden. Die RTK

war nach einer Abmachung vom 14. Februar 1934 korporatives Mitglied der Deutschen Arbeitsfront. Jeder reichsdeutsche Bühnenkünstler war verpflichtet, der RTK anzugehören, auch wenn er im Ausland engagiert war (wozu er im übrigen die Erlaubnis des Propagandaministeriums einholen mußte). Es war jedoch den Angehörigen der RTK nicht möglich, eine Einzelmitgliedschaft bei der DAF zu beantragen. Diese Bestimmung wurde nun für die Bühnenkünstler in der Schweiz aufgehoben. Sie wurden verpflichtet, der jeweiligen Ortsgruppe der DAF in der Schweiz beizutreten. Als 1937 Erich Wilhelm Bohle zum Chef der Auslandsorganisation im Auswärtigen Amt, der die Organisationen der DAF im Ausland unterstanden, ernannt wurde, erhielten die Gesetze, die bisher nur für NSDAP-Mitglieder Geltung hatten, verpflichtenden Charakter für alle Deutschen im Ausland. Sie hatten sich zu einem »aufrechten und zur Mitarbeit bereiten Deutschtum« zu bekennen und sich rückhaltlos in die »Auslanddeutsche Volksgemeinschaft« einzufügen. Auch wurde am 3. Februar 1938 die Meldepflicht für alle Reichsangehörigen im Ausland eingeführt und damit die totale Erfassung und eine weitgehende Gleichschaltung aller im Ausland wohnhaften Deutschen sichergestellt. Bei diesem Erlaß handelte es sich um einen zwar geschickt getarnten, rechtlich aber nicht vertretbaren Einmischungsversuch in Angelegenheiten einer fremden Nation, mithin um einen Verstoß gegen völkerrechtliche Vereinbarungen, der sogar nach § 25 der Durchführungsverordnung zum RKK-Gesetz vom 1. November, der die RKK, bzw. die RTK zum Erlaß von Rechtsnormen auf ihrem Tätigkeitsbereich ermächtigte, zugleich aber die Verletzung völkerrechtlicher Abmachungen untersagte, nicht zulässig war.
Wurden die reichsdeutschen Bühnenkünstler in der Schweiz bis 1938 direkt vom Propagandaministerium kontrolliert, wurden sie jetzt hauptsächlich von der Auslandsorganisation in der Schweiz überwacht, die nach dem bundesrätlichen Verbot von Landesleitung und Kreisleitungen der NSDAP im Spätsommer 1937 einem Mitglied der deutschen Gesandtschaft (Freiherr von Bibra) unterstellt wurde.
Die personale Gleichschaltung bediente sich folgender Mittel:

1. Die deutschen Theaterdirektoren und Schauspieler an den schweizerischen Theatern wurden durch die Konsulate und die NS-Organisationen unter Druck gesetzt. Sie konnten sich diesem Druck nicht entziehen, wenn sie nicht Gefahr laufen wollten, Verfolgungen ausgesetzt zu sein, nicht mehr nach Deutschland zurückkehren zu können und eventuell sogar ausgebürgert zu werden. Dieser Druck hatte zum Ziel, den Spielplan und die Zusammensetzung der Ensembles der schweizerischen Theater den Wünschen der NS-Theaterpolitik anzupassen.
2. An den Theatern wurden gefügige Ensemblemitglieder damit beauftragt, dem Konsulat und den NS-Organisationen über die politischen Vorgänge am Theater regelmäßig zu berichten. Die an schweizerischen Bühnen engagierten deutschen

Schauspieler wurden zwangsweise in die »Deutsche Arbeitsfront« eingereiht und damit dem deutschen Staat verpflichtet.
3. Ein drittes Mittel war die Schauspielersperre. Das Schauspielhaus Zürich und – während einiger Jahre – auch das Basler Stadttheater, die am meisten Emigranten beschäftigten und gelegentlich antifaschistische Stücke zur Aufführung brachten, durften keine deutschen Schauspieler mehr beschäftigen, welche Anspruch darauf erhoben, ihre Staatszugehörigkeit zu behalten, um wieder nach Deutschland zurückkehren zu können.

Diese vom NS-Regime bewußt eingesetzten Maßnahmen hatten auch zum Ziel, den schweizerischen Theaterbetrieb zu verunsichern, die sich widersetzenden Reichsdeutschen, aber ganz besonders auch die durch die RTK nicht erfaßten Schweizer und Emigranten durch Druck und Terror zu demoralisieren und sie den Absichten des Nationalsozialismus gefügig zu machen. Erhofft wurde auch hier eine durch die Mithilfe von außen bewirkte Art Selbstgleichschaltung. Die wichtigsten Dienste leisteten ihm die Schweizer Faschisten mit ihrer agitatorischen Hetze gegen die ihnen verhaßten Emigranten und jene nationalistischen Kreise, welche das Theater radikal »verschweizern« und gänzlich von der deutschen Theaterkultur loslösen wollten.
Beispiele für diese teils manipulative, teils ungeleitete Infiltrierung des schweizerischen Theaters durch den NS-Theaterapparat ließen sich in viel größerer Zahl, als bisher bekannt war, aufzählen. Das Interesse der NS-Propaganda konzentrierte sich auf die größeren Schweizerbühnen: Auf das Zürcher Schauspielhaus in den Jahren 1937/38, als der bevorstehende Rücktritt des bisherigen Leiters, Ferdinand Rieser, bekannt wurde. Damals versuchten deutsche Stellen sowie ihre frontistischen Handlanger in der Schweiz Einfluß auf die Neubesetzung zu bekommen, bis schließlich, dank dem konsequenten Eingreifen demokratischer Kreise um den Verleger Emil Oprecht, der Schweizer Oskar Wälterlin zum neuen Direktor gewählt wurde.
Das Zürcher Stadttheater (heute Opernhaus), von dem Deutschen Karl Schmid-Bloss geleitet, dem einzigen Theaterdirektor in der Schweiz, der gute Beziehungen zum Propagandaministerium besaß, war, nach einem Bericht von Ernst Kühnly, der für den Bühnennachweis im Auftrage Hinkels die wichtigsten Theaterländer Europas bereiste, für das Dritte Reich ein Instrument von »kulturpolitischer Wichtigkeit« [25]. Diese »kulturpolitische Wichtigkeit« bedeutete z. B., daß das Dritte Reich für das Engagement bekannter reichsdeutscher Sänger bei den Internationalen Juni-Festwochen sogenannte kaschierte Zuschüsse bezahlte. Nach Kühnlys Bericht bemühte sich Schmid-Bloss auch darum, das Zürcher Schauspielhaus unter

[25] Reisebericht ›Zürich‹ von Ernst Kühnly, dat. Berlin, 14. Dez. 1937, ›Bundesarchiv Koblenz‹, R 561/48.

seinen Einfluß zu bekommen: »Er glaubt, Aussicht auf Erfolg zu haben, vor allem dann, wenn er im gleichen Maße wie für das Stadttheater deutsche Gäste verpflichten kann. Ich gab ihm diese Zusage selbstverständlich, wobei ich natürlich betonte, daß keinerlei Emigranten dann im Ensemble beschäftigt sein dürfen.« [26]

Das St. Galler Stadttheater, das wegen NS-Umtriebe und Spitzeltätigkeiten besonders viel von sich reden machte, unterstand 1932–1938 dem nationalsozialistisch gesinnten Dr. Theo Modes, der gleichzeitig Leiter der sudetendeutschen Festspiele in Eger war, einer »Kultureinrichtung von gesamtdeutscher Bedeutung« [27], unter dem Patronat der Sudetendeutschen Partei Konrad Henleins! Die NS-Gesinnung des Direktors, der 1938 das »völkische Theater« in Brünn übernahm, wirkte sich auch im St. Galler Spielplan der dreißiger Jahre aus, der zwar nicht vordergründig, aber in der Tendenz der NS-Ideologie und den Forderungen der NS-Theaterpolitik entsprach.

Als 1934, nach dem Rücktritt von Karl Lustig-Prean, der Verwaltungsrat des Berner Stadttheaters Gustav Hartung, den früheren Frankfurter und Darmstädter Intendanten, zu dessen Nachfolger gewählt hatte, opponierten dagegen der SSV und der Schweizerische Tonkünstlerverband, die diese Ernennung eines Emigranten zum Theaterdirektor zum Präzedenzfall ihrer nationalen Theaterpolitik hochspielten. Auch die Eidgenössische Fremdenpolizei erhob gegen die Wahl Hartungs Einspruch, wobei sie die »unbedingte Wünschbarkeit« einer schweizerischen Kandidatur betonte. Ausschlaggebend aber war der »sanfte Druck« der deutschen Gesandtschaft, der Hartung schon deswegen ein Dorn im Auge war, weil er sich 1933 in einer vom Schweizer Radio ausgestrahlten Sendung gegen das neue System in Deutschland ausgesprochen hatte. Nach der erzwungenen Annullierung der Wahl schrieb der Verwaltungsrat an Hartung, daß man es bei der Deutschen Gesandtschaft immerhin sehr gerne gesehen hätte, »wenn man auf Ihre Wahl ... verzichten würde, angesichts der bisherigen freundlichen Beziehungen, die zwischen dem Stadttheater und der Gesandtschaft bestanden hätten« [28].

Wie über das Zürcher Schauspielhaus wurde in den dreißiger Jahren auch über das Stadttheater Basel der Boykott verhängt. Die Leitung hatte Egon Neudegg, ein deutscher Staatsangehöriger, der mit einer Jüdin verheiratet und der schon aus diesem Grunde verdächtig war. Neudegg hatte immer wieder prominente Emigranten als Gäste oder als reguläre Mitglieder an das Stadttheater verpflichtet, u. a. die Schweizer Leopold Biberti, Heinrich Gretler, die Emigranten Alfred Braun, Carl Ebert, Kurd E. Heyne, Kurt

[26] Ebenda.

[27] ›Deutsche Theaterzeitung‹, Nr. 49, 27. 4. 1938.

[28] Zitiert nach [Jak. R. Welti:] ›Von Schweizer Bühnen‹. In: ›Neue Zürcher Zeitung‹, Nr. 1168, 20. 6. 1934.

Horwitz, Hermann Gallinger, Alwin Kronacher, Hermann Vallentin. Gustav Hartung war auch hier die Ursache des Boykotts. Kurz bevor Hartung seine Stelle als Oberspielleiter des Schauspiels antrat, erschien in einer Basler Zeitschrift ein Angriff auf die Personalpolitik des Stadttheaters, der in scharfer Form vor einem »Emigrantentheater« warnte, nicht ohne sich auf das abschreckende Beispiel des Zürcher Schauspielhauses zu berufen: »Was das bedeutet, davon gibt schon jetzt das Zürcher Schauspielhaus einen leichten Vorgeschmack!« Das Theater müsse sich von diesen »marxistischen Einflüssen« freihalten, denn die Emigranten peitschten in unerwünschter und unverantwortlicher Weise die politischen Leidenschaften gegen das Reich auf, »mit dem wir, ungeachtet aller politischen Gegensätze, korrekte Beziehungen zu unterhalten wünschen« [29].

Die Tatsache, daß das Stadttheater nach Hartungs Eintritt ins Ensemble von der RTK boykottiert wurde, wurde erst allmählich und auf Grund verschiedener Gastspielabsagen bekannt. Schließlich erfuhr Neudegg, daß deutschen Künstlern, die schon in Basel tätig waren, die Pässe entzogen würden. Mit der Zeit erstreckte sich der Boykott auch auf den Erwerb von Stücken deutscher Verlage und vor allem wurde durch die Unmöglichkeit, deutsche Sänger zu engagieren, der ganze Opernbetrieb in Frage gestellt. Nachdem der Theatervorstand schon zwei schriftliche Proteste an die RTK gerichtet hatte, die aber unbeantwortet blieben, und ein Mitglied des Theatervorstandes, Nationalrat Dr. V. E. Scherer, mit der deutschen Gesandtschaft in Bern vergeblich verhandelt hatte, unterbreitete der Theatervorstand dem Regierungsrat den Antrag, er möge beim eidgenössischen Politischen Departement vorstellig werden und versuchen, durch direkte Verhandlungen die zuständigen Behörden, notfalls auch durch Androhung von Gegenmaßnahmen, zur Aufhebung der Sperre zu bewegen. Der Bund lehnte aber jegliche Intervention ab und versuchte sogar, den Standpunkt der deutschen Behörden zu rechtfertigen:

»In der Tat ist es nicht unbegreiflich, daß die deutschen Behörden nicht wünschen, daß reichsdeutsche Schauspieler unter der Leitung eines Fachkollegen arbeiten, der seiner Feindschaft gegenüber dem Deutschen Reich, wie Sie selbst hervorheben, so unumwunden und mehr als einmal Ausdruck gegeben hat.« [30]

Von links wurde dieser ablehnende Bescheid als »Diplomatenschleicherei« und als »Politik der Schwäche« [31] angegriffen, und selbst der Regierungsrat von Basel-Stadt kritisierte diesen bundesamtlichen Beschluß. Hartung blieb auch noch in der nächsten Spielzeit (1938/39) Oberspielleiter, inszenierte aber später nur noch gastweise am Stadttheater. Ob sein Weggang vom

[29] ›Erhält Basel ein Emigrantentheater?‹. In: ›Basilisk‹, Nr. 6, 16. 4. 1937.

[30] Antwort des Eidg. Politischen Departements an den Basler Regierungsrat, dat. 5. 4. 1938, Staatsarchiv Basel-Stadt, Akten des Polizeidepartements.

[31] ›Arbeiter-Zeitung‹, Basel, 18. 7. 1938.

Basler Stadttheater politisch bedingt war oder auf andere Weise verursacht war, läßt sich heute nicht mehr feststellen.

Integration

Eine Bühne deutscher Sprache, die schweizerisch ist: Der Standort des Theaters der deutschen Schweiz während der Zeit des Nationalsozialismus war in sich widersprüchlich. Das Nebeneinander verschiedener ideologischer Strömungen zwang aber die schweizerischen Bühnenkünstler und die Emigranten zum *Kompromiß*. Einig war man sich nur in der Benennung des gemeinsamen Gegners. Hier ist der Punkt, wo die Funktion des nationalen schweizerischen Theaters mit der der deutschen Emigrantenbühne zusammenfiel. Seine integrierende Kraft bezog das schweizerische Theater aus dem politischen Kampf gegen den die Demokratie und ihre Kultur bedrohenden Totalitarismus. Schweizerische Bühnenkünstler, Emigranten und regimefeindliche deutsche Bühnenkünstler verbanden sich zur politischen und künstlerischen Abwehr der propagandistisch-ideologischen Manipulation des schweizerischen Theaters durch den NS. Sie versuchten, dem »gefesselten«, monolithisch ausgerichteten Theater, der organisatorischen und geistigen Gleichschaltung im Dritten Reich die demokratische Möglichkeit eines freien Theaters, dem Theater als Propagandainstrument das Theater als bewußtseinsbildendes Instrument gegenüberzustellen. Aber diese schweizerische Bühne hatte sich dem Ziel der eidgenössischen Politik, die auf unversehrten Bestand ihrer Unabhängigkeit und der Wahrung ihrer Eigenart bedacht war, unterzuordnen und sich den Fragen der nationalen Sicherheit, d. h. der Neutralitätspolitik der Schweiz unterzuordnen. Dies war der *politische Kompromiß*. Neutralität definiert sich als der Wille, zwischen den Kriegführenden nicht Partei zu ergreifen: »Jeder von uns ist frei zu denken und sogar zu sagen, was ihm in bezug auf einen Krieg recht oder unrecht scheint, aber niemand hat das Recht, durch unvorsichtige Handlungen oder sogar Worte dem vom Staate festgesetzten politischen Kurs entgegenzuwirken.«[32] Das progressive Bemühen des Theaters als einer kulturell sensibilisierten Einrichtung stand oft im Gegensatz zur öffentlichen Politik, denn es ergriff mehrmals Partei, mit den Inszenierungen der Exildramatik, aber auch durch seine Klassikerinszenierungen. Konrad Falke hat dieses Dilemma der politisch-kulturellen Situation der Schweiz so umschrieben: »Wir wollen uns wahrlich politisch in keine ›Front gegen Deutschland‹ hereinziehen lassen; aber daß wir heute in der *kulturellen*

[32] J. R. von Salis: ›Unser Schweizer Standpunkt‹. In: ›Neue Schweizer Rundschau‹, 13. Jg., H. 6, Okt. 1945, S. 333.

Front gegen Deutschland stehen, das ist nicht unsere Schuld (denn nicht wir haben uns verändert!).« [33]

Wie frei war das schweizerische Theater? Die Frage stellt sich im Zusammenhang mit der geistig-kulturellen Situation der Schweiz, die durch die ideologische Prämisse der »Geistigen Landesverteidigung« geprägt war, durch die ein der faschistisch-totalitären Indoktrination entgegengesetztes, dem demokratischen Gedanken und der schweizerischen Tradition gemäßes ideologisches Gegengewicht geschaffen werden sollte. Vor diesem Hintergrund ist die Sammlung und Konzentrierung aller kulturellen Kräfte der Schweiz auf die patriotische Linie der »geistigen Landesverteidigung« zu sehen. Ihr eignet zunächst eine defensive Funktion. Sie kennzeichnet sich zweitens durch den affirmativen Charakter ihrer Erscheinung: »Geistige Landesverteidigung« definiert sich als Selbstbesinnung auf die Konstanten der schweizerischen Staatsgesellschaft und Wahrung der eigenen Kulturwerte. Dieses konservativ-traditionalistische Element ist das eigentümliche Symptom der schweizerischen Kulturpolitik während der Epoche des Faschismus. Hierin trifft sie sich auch mit einem typischen und wesenhaften Merkmal der Politik der Emigranten. Dieser traditionalistische Charakter äußert sich auf dem Gebiete des Theaters etwa in der schweizerischen Dramatik, bei welcher das historische Stück überwiegt, oder im Spielplan, der die Betonung vor allem auf die Klassiker legt. Richtig verstanden war die »geistige Landesverteidigung« ein Rückzug aus der vom Faschismus geprägten Epoche, ein freiwilliger und bewußter Verzicht darauf, eine »zeitgemäße« Rolle zu spielen. Die Gefahr bestand darin, daß die schweizerischen Theater sich zu sehr nach rückwärts wandten und sich mit der autarken, »neutralen« Zuschauerrolle begnügten, statt zusammen mit den fortschrittlichen Kräften der Emigration den Kampf gegen den Faschismus aufzunehmen. (Das Verbot jeglicher politischen Tätigkeit, dem sich die Emigranten zu unterwerfen hatten, war die notwendige Folge dieses Prozesses.)

Die Subordination der kulturellen Institutionen unter den staatlichen Machtapparat, die Ausrichtung auf die Ideologie der »geistigen Landesverteidigung« – bei der aber Auftraggeber und Kunstschaffende ohne eigentlichen Zwang konform gingen – und die wirtschaftliche und politische Abhängigkeit des Kunstbetriebes, seine Disziplinierung durch die Kriegsumstände machen klar, daß die Freiheitssphäre der Kultur wie ja auch der ganzen Gesellschaft während der Zeit des Dritten Reiches eingeschränkt war. Es war eine Fiktion, wenn man damals meinte, der kulturelle Bereich sei vom staatlichen ausgespart, Kunst und Theater könnten sich abseits vom staatlichen Einflußbereich frei und ungebunden entfalten.

[33] Konrad Falke: ›Der Geist der Gewalt und eine Auseinandersetzung über die schweizerische Neutralität‹. In: ›SA Neue Zürcher Zeitung‹, Juli 1934, S. 46.

Das schweizerische Theater war antifaschistisch; es war aber auch durch seine Existenz in einer noch intakten bürgerlich-demokratischen Gesellschaft eine bürgerliche Institution. Bürgerlich in dem Sinne, daß es diese Gesellschaft nicht mit agitatorischen Mitteln zu unterwandern, sondern durch ein konstruktives Weltbild, im Rückgriff auf die traditionellen »humanistischen« Werke des Welttheaterspielplans, zu unterstützen suchte:

»Hier wurde der zwiespältige Versuch nicht noch einmal gemacht, an dem Erwin Piscator in Berlin gescheitert war: scheinbar revolutionäres Theater in eine gesellschaftlich weitgehend unerschütterte Umwelt zu stellen. Der Stabilität der sozialen Verhältnisse und der politischen Demokratie in der Schweiz entsprach nur ein Theater, in dem sich die konkreten Menschen wieder zu erkennen vermochten – und das mußte eben ein bürgerliches Theater in dem Sinne sein, daß es Diskussionsfreiheit bot. Es stellte dramatische Werke nebeneinander, die einer Weltanschauung dienten, ohne selbst Stellung zu ihnen zu nehmen, es sei denn in jenem liberalen Sinne, daß es sie gleichberechtigt nebeneinander auftreten und lebendig werden ließ.« [34]

Daraus folgt der zweite, *taktische Kompromiß:* Die »Schwierigkeiten sind groß für die unter dem Faschismus Schreibenden, sie bestehen aber auch für die, welche verjagt wurden oder geflohen sind, ja sogar für solche, die in den Ländern der bürgerlichen Freiheit schreiben« [35]. Brechts ›Schwierigkeiten beim Schreiben der Wahrheit‹ waren die Schwierigkeiten der schweizerischen Theater beim Verkünden der Wahrheit. Mit welcher »List« versuchten sie, die Wahrheit ihrem Publikum zu vermitteln? Sie stellten zur Diskussion: erstens die aktuellen Werke der Exildramatik (Brecht, Bruckner, Hay, Horváth, Kaiser, Wolf, Zuckmayer u. a.); zweitens die neuen Dramen der westlichen Dramatik (Anouilh, Claudel, Eliot, Giraudoux, O'Neill, Steinbeck, Wilder u. a.); drittens entdeckten sie die Klassiker neu. Von den Klassikerinszenierungen, dafür gibt es viele Zeugnisse, gingen die stärksten Wirkungen aus. Die größten Erfolge hatten die klassischen Freiheitsdramen wie Goethes ›Goetz von Berlichingen‹ und Schillers ›Wilhelm Tell‹. Die durch die politische Situation aufgestaute Spannung entlud sich in den Theatern immer wieder in emotionalen Gesten, wie der folgende zeitgenössische Bericht aus dem Jahre 1939 bezeugt:

»Daß der Tell diesmal einschlagen werde, wie noch nie, dessen durfte man zum voraus sicher sein. Von der ungestümen Kraft von Schillers Freiheitsdrama muß in dieser Zeit eine ganz besondere Wirkung ausgehen. Der bestimmte Wille zur Selbstbehauptung, wie er aus dem Rütlischwur spricht, der rebellenhafte Trotz, der in Tells Befreiungstat sich äußert, sie rühren heute, ganz anders als in ruhiger Zeit, ans Innerste in jedem Schweizer. Die Begeisterung nahm nach

[34] Hans Mayer: ›Theater in der Emigration‹. In: ›Verbannung‹, a. a. O., S. 290 f.
[35] Bertolt Brecht: ›Gesammelte Werke‹, Bd. 18, a. a. O., S. 222.

diesen beiden Höhepunkten des Dramas Formen an, wie man sie in unserem Theater sonst nicht erlebt. Nicht nur die Hände, auch die Füße mußten helfen, der Beistimmung zum Geschehen Ausdruck zu geben. Theater wurde zu unmittelbarstem Leben.« [36]

Ernst Ginsberg berichtete über einen ähnlichen Vorfall aus der Sicht des Schauspielers:

»Normalerweise setzt nach den Worten [des Götz, L. N.] ›Es lebe die Freiheit‹ stets Applaus ein. Diesmal war es totenstill. Erst als Gretler hinzusetzte ›Und wenn die uns überlebt...‹ da brach ein Sturm los, wie ich ihn nie vorher erlebt habe... Das sind die Momente im Leben eines Schauspielers, in denen man begreift, unser Beruf hat nicht nur einen ästhetischen, sondern einen absoluten Sinn.« [37]

Es waren nicht nur politische Rücksichten, sondern *praktische Gründe,* die die Theaterarbeit in der Schweiz während der Zeit des Nationalsozialismus erschwerten und zum Kompromiß zwangen. Mit der Besetzung Österreichs waren sämtliche deutschsprachigen Bühnenvertriebe, von wenigen Ausnahmen in der Schweiz abgesehen, unter reichsdeutscher Kontrolle, und der größte Teil der an den schweizerischen Bühnen gespielten deutschsprachigen Werke ging durch deutsche Vermittlungsstellen. Verschärfte Devisenvorschriften und die Auswirkungen der Nürnberger Gesetze betrafen auch die Schweiz: Es wurde immer schwieriger, ausländische Werke oder Dramen und Opern von im Reich verfemten Autoren aufzuführen, auch wenn der Index der verbotenen Autoren theoretisch für die Schweiz keine Gültigkeit hatte. Wegen der reichsdeutschen Ensemblemitglieder, die nach einer Rückkehr nach Deutschland Repressalien zu befürchten hatten, war es zumal an den kleineren Bühnen meist mehr als ein Wagnis, Stücke von im Dritten Reich verbotenen Autoren oder gar eindeutig antifaschistische Werke zu spielen.
Der politische Kompromiß, den die schweizerischen Theater eingehen mußten, hatte seine Grenze dort, wo es darum ging, eindeutig faschistische und antidemokratische Werke von nationalsozialistischen Autoren zu spielen. In der Spielzeit 1932/33 führte das St. Galler Stadttheater Erwin Guido Kolbenheyers ›Jagt ihn, ein Mensch!‹ auf, aber in den zwölf Jahren der nationalsozialistischen Herrschaft erschienen, von wenigen Ausnahmen abgesehen, die Werke der führenden Dramatiker des Dritten Reiches auf keiner schweizerischen Bühne. Nur Sigmund Graffs ›Die Heimkehr des Matthias Bruck‹ wurde in Basel – aber ohne Erfolg – 1935 inszeniert. Das

[36] O. Kleiber: ›Stadttheater: Wilhelm Tell von Schiller‹. In: ›National-Zeitung‹, 168, 13. 4. 1939.
[37] Zitiert nach: Curt Riess: ›Sein oder Nichtsein: Roman eines Theaters. Zürcher Schauspielhaus‹. Zürich, 1963, S. 219.

Stadttheater Bern spielte 1936 noch Graffs ›Die endlose Straße‹. Ein wenig beachtetes Gastspiel von Werner Krauss in Forzano-Mussolinis ›Hundert Tage‹ fand im November 1936 im Stadttheater Basel statt. Einige mehr oder weniger harmlose Lustspiele von Autoren aus dem Reich wurden auch später noch hier und dort, vor allem in St. Gallen, aufgeführt.
Wie aber stand es um die antifaschistischen Werke der Exildramatiker? Fast alle bedeutenden Exilautoren waren in den Spielplänen der schweizerischen Bühnen vertreten. Das Zürcher Schauspielhaus spielte in den dreißiger Jahren die auch das schweizerische Publikum provozierenden Werke ›Die Rassen‹ von Ferdinand Bruckner (Uraufführung am 30. 11. 1933) und ›Professor Mannheim‹ von Friedrich Wolf (18. 11. 1934), außerdem u. a. als Uraufführungen Hermann Brochs ›Denn sie wissen nicht, was sie tun‹ (15. 3. 1934), Ödön von Horváths ›Hin und her‹ (13. 12. 1934), Else Lasker-Schülers ›Artur Aronymus‹ (19. 12. 1936), Bruckners ›Napoleon der Erste‹ (16. 12. 1937), Carl Zuckmayers ›Bellmann‹ (17. 11. 1938). Während des Weltkrieges folgten die Uraufführungen von Georg Kaisers ›Der Soldat Tanaka‹ (2. 11. 1940) und ›Zweimal Amphitryon‹ (29. 4. 1944), Bertolt Brechts ›Mutter Courage‹ (19. 4. 1941), ›Der gute Mensch von Sezuan‹ (4. 2. 1943) und ›Leben des Galilei‹ (9. 9. 1943). Aber auch an anderen Schweizerbühnen wurden vereinzelt Dramen von Exilautoren inszeniert. Nur wenige der in Zürich uraufgeführten Werke wurden auch von anderen Bühnen nachgespielt. Den rund 50 Aufführungen von Wolfs ›Professor Mannheim‹ in Zürich schlossen sich Gastspielserien des Schauspielhauses in Basel und Bern an. Brechts ›Mutter Courage‹ wurde auch vom Berner Stadttheater in den Spielplan aufgenommen. Franz Werfels Komödie ›Jacobowsky und der Oberst‹, am 17. 10. 1944 in Basel uraufgeführt, kam noch im gleichen Jahr in Zürich und Luzern auf die Bühne. Das Stadttheater Bern brachte Ulrich Bechers Mysterienspiel ›Niemand‹ am 27. Januar 1936 zur Uraufführung. Auf der gleichen Bühne inszenierte Kurt Hirschfeld im April 1936 die Uraufführung der Ulrich-Bräker-Dramatisierung ›Der arme Mann im Toggenburg‹ von Julius Hay. Basel trat gegen Ende des Krieges mit zwei Uraufführungen von Georg Kaiser hervor: ›Die Spieldose‹ (12. 10. 1943, auch in Bern nachgespielt) und ›Das Floß der Medusa‹ (24. 2. 1945). Im Stadttheater Luzern wurde ›Die verbotene Stadt‹ von Bruno Frank, dessen Werke in der Schweiz öfters gespielt wurden, uraufgeführt. Außergewöhnlichen Erfolg hatte Fritz Hochwälder mit seinem Jesuitendrama ›Das heilige Experiment‹ zu verzeichnen, das am Städtebundtheater Biel-Solothurn am 24. März 1943 uraufgeführt und etwas später auch in Luzern inszeniert wurde.
Es gab aber auch Werke der Exil-Dramatik, die in der Schweiz nicht aufgeführt wurden. Nicht aufgeführt werden durften? Wie weit durch schweizerische und ausländische Behörden direkter oder indirekter Einfluß ausge-

übt wurde, läßt sich heute nicht mehr mit Sicherheit feststellen. Es kam zwar mehrmals zu offiziellen Protesten ausländischer Behörden, zum Beispiel anläßlich der deutschsprachigen Erstaufführung von John Steinbecks in der Schweiz überaus erfolgreichem Zeitstück ›Der Mond ging unter‹ (Stadttheater Basel 27. 10. 1943). Der Einspruch des deutschen Generalkonsuls beim Regisseur Oskar Wälterlin blieb ohne Einfluß auf die Aufführung, auch nachdem die deutschen Stellen diplomatische Schritte beim Kantonalen Erziehungsdepartement in Basel und beim Politischen Departement in Bern unternommen hatten. Aber warum wurde zum Beispiel Brechts 1938 erschienene Szenenfolge ›Furcht und Elend des Dritten Reiches‹ nicht gespielt? Die Basler ›Arbeiter-Zeitung‹ schrieb nach der ersten schweizerischen Aufführung, die 1947 im Basler Stadttheater stattfand:

»Aber machen wir uns nichts vor: Hätte es damals eine schweizerische Bühne gewagt, das Stück auf ihren Spielplan zu setzen, so wäre Herr von Bibra im Eiltempo auf dem Politischen Departement erschienen, und bevor auch nur eine erste Probe stattgefunden hätte, wäre die ganze Sache durch ein Mottasches Machtwort verboten gewesen.« [38]

Es ist kein Fall bekannt, daß schweizerische Behörden auf die Theater Druck ausgeübt haben, um die Aufführungen politisch aktueller Stücke zu verhindern. Vielmehr unterwarfen sich die Theater selber, insbesondere nach dem Ausbruch des Weltkrieges, einer Art Selbstzensur, um das Dritte Reich nicht mit allzu provokatorischen Inszenierungen zu diplomatischen Schritten und schwerwiegenderen Einmischungsversuchen herauszufordern. Die schweizerischen Theater befanden sich auf einer gefährlichen Gratwanderung: hätten sie das Dritte Reich zu sehr verärgert, wäre die Möglichkeit, überhaupt noch Exil-Dramen zu spielen, durch äußeren Druck schnell unterbunden worden.

Ein für die Situation der emigrierten Schriftsteller in der Schweiz typisches Problem gilt es noch festzuhalten. Für die meisten vor den Nationalsozialisten geflüchteten Dramatiker und Schriftsteller war die Schweiz nur eine kurzfristige Durchgangsstation. Die wenigsten blieben längere Zeit in der Schweiz. Und wenn sie sich hier aufzuhalten wünschten, hatten sie, wie der 1938 in die Schweiz ausgewanderte Georg Kaiser, mit vielen Schwierigkeiten, die ihnen behördliche Erlasse bereiteten, zu kämpfen. Es erscheint paradox, aber jene emigrierten Autoren, die sich im Ausland aufhielten, konnten eher damit rechnen, in der Schweiz aufgeführt zu werden, als jene Dramatiker, die ihren Wohnsitz in der Schweiz hatten. Nicht nur die fremdenpolizeilichen Bestimmungen, die die ausländischen Bühnenkünstler betrafen, auch die Maßnahmen gegenüber den emigrierten Schriftstellern gingen auf Eingaben des Schweizerischen Schriftstellervereins an die Behörden

38 ›Arbeiter-Zeitung‹, Nr. 8, 10. Januar 1947.

zurück. Aus kulturpolitischen Gründen, so steht in einem Brief des SSV an die Zürcher Fremdenpolizei [39], rechtfertige es sich, den Emigranten die Arbeitsbewilligung auf dem Gebiete der Presse und der Literatur zu verweigern. Wenn überhaupt, erhielten die emigrierten Dramatiker in der Schweiz nur eine Bewilligung für einen vorübergehenden Aufenthalt. Sie war auf ein Jahr befristet, konnte aber ausnahmsweise nach genauer Prüfung des Falles um einige Zeit verlängert werden. Nur wenn der emigrierte Schriftsteller zu einer »Bereicherung des geistigen Lebens« der Schweiz beitrug – ob er diese Forderung erfüllte, darüber entschied in den meisten Fällen der SSV, bei dem die Behörden ihre Gutachten einholten –, durfte er vorübergehend bleiben, aber mit der Auflage, daß er weder für schweizerische Zeitungen und Zeitschriften schrieb, noch Vorträge und Lesungen hielt. Ein Ausweg, dieses Schreibverbot zu umgehen, ergab sich etwa dadurch, daß der emigrierte Dramatiker einen schweizerischen Mitautor heranzog. So schrieb u. a. Walter Lesch, der damalige Leiter des Zürcher Cabarets »Cornichon«, die Songs für Julius Hays ›Der arme Mann im Toggenburg‹. Widersinnig waren diese Maßnahmen deswegen, wie Ulrich Seelmann-Eggebert festhielt, weil diese anerkannten Flüchtlinge der öffentlichen Wohlfahrt zur Last fielen, »während Stücke mehr oder minder gleichgeschalteter Autoren aus dem Reich importiert werden mußten, um die Spielpläne zu füllen, und die dafür ins Ausland gezahlten Tantiemen als Devisen den Nazis halfen, ihre Rüstung weiter aufzubauen und den politischen und militärischen Druck auf die Schweiz zu verstärken« [40].
Das Theater der deutschen Schweiz hatte sich mit diesen Widersprüchen – Ergebnis der politischen Lage der Schweiz! – abzufinden. Sein Spielplan ist denn auch weniger der Ausdruck eines Programms – für dramaturgische Überlegungen fehlte die Zeit ohnehin –, er zeigt vielmehr eine Haltung. Unter dem Druck bedrohlicher Nachbarschaft lebend, versuchten die Theater in der Schweiz die Tradition des deutschen Theaters hochzuhalten, aber auch die schweizerische Nation zu warnen vor den Gefahren eines gleichgeschalteten Theaters und – mehr noch – einer gleichgeschalteten Gesellschaft. Leicht hätte das schweizerische Theater, wie Max Frisch schon 1938 feststellte, zum »trojanischen Pferd« [41] der schweizerischen Nation werden können, mit dessen Unterstützung der Nationalsozialismus seine Ideologie in die demokratische Schweiz hätte hineintragen können. Daß ihm dies schließlich nicht gelang, dazu haben die schweizerischen Theater unter Mitwirkung der Emigranten beigetragen.

[39] (Brief vom 30. Juni 1938, vollständig abgedruckt in:) Alfred A. Häsler: ›Das Boot ist voll‹, Zürich-Stuttgart 1967, S. 281–283.
[40] ›Sie dachten an Deutschland in der Nacht...‹. In: ›National-Zeitung‹, Basel, Nr. 396, 31. 8. 1969.
[41] Max Frisch: ›Ist Kultur eine Privatsache‹. In: ›Zürcher Student‹, 3. Juni 1938, S. 94.

Dokumentarischer Anhang

1. Im Textteil behandelte oder erwähnte Inszenierungen

Die Inszenierungen der Exildramatik sind alphabetisch nach den Namen der Autoren geordnet. Dramen desselben Autors sind chronologisch aufgenommen, Inszenierungen desselben Werkes nach dem Premierendatum.
In der Klammer nach dem Stücktitel werden, soweit bekannt, Entstehungsjahr und Gattung des Stückes genannt. Die Abkürzungen: E = Einakter, K = Komödie, ML = Musikalisches Lustspiel, Sch = Schauspiel, Sk = Sketch, Sz, Szn = Szene, Szenen, Tk = Tragikomödie, Tr = Trauerspiel.
Die Angaben zu den Inszenierungen sind nach dem folgenden Schema gegliedert: Premierendatum; Ort; Produzent oder Truppe; Name des Theaters; Komponist; Regisseur; Bühnenbildner; Darsteller; sonstige Angaben [Aufführungszahl, Wiederaufnahme, Lesung etc.].
Abkürzungen zu den Inszenierungen: B = Bühnenbildner, C = Choreograph, D = Darsteller, M = Musik, R = Regisseur, U = Uraufführung. – FB = Freie Bühne [Stockholm], FDB = Freie Deutsche Bühne [Buenos Aires], FTP = Federal Theatre Project [USA], EJAS = European Jewish Artist Society [Shanghai], FDKB = Freier Deutscher Kulturbund [London], SDS = Schutzverband Deutscher Schriftsteller [Paris].

Aialti, J.: ›Vater und Sohn‹ [vor 1943/Sch]
Sept. 1943 U; Buenos Aires; FDB; R: L. Reger-Jacob; D: L. Reger-Jacob, J. Arndt, A. Berger, M. Wächter, H. Schottenfels, E. Wurmser.

Becher, Johannes R.: ›Schlacht um Moskau‹ [1941/Sch]
23. 5. 1943; London; FDKB; R: G. Hinze; D: A. Walbrook [Wohlbrück], F. Valk, M. Rostal, B. Lehmann; [Szenen].
10. 7. 1943; Mexiko; H. Heine-Klub; ›Hundert Kilometer vor Moskau‹; R: A. V. Blum, G. Ruschin, K. Bodek, M. Rubin, L. Renn, S. Spira, H. Maddalena u. a.; [Kurzfassung].

Bernt, Peter: ›Pretext‹
3. u. 4. 2. 1939; San Francisco; The San Francisco Theatre Union; R: G. J. Altmann; D: Amateure [?]; [zusammen mit Brechts ›Senora Carrar's Rifles‹ und ›The Informer‹].

Brecht, Bertolt/Weill, Kurt: ›Die sieben Todsünden‹ [1933/Ballett]
7. 6. 1933 U; Paris; Les Ballets 1933; Théâtre des Champs Elysées; ›Anna-Anna ou les Sept Péchés Capitaux‹; C: G. Balanchine; B: C. Neher; D: L. Lenya, T. Losch u. französ. Tänzer; [30. 6. 1933 Gastspiel in London; Savoy-Theater].
12. 11. 1936; Kopenhagen; Königl. Theater; ›De syv Dødsynder‹; C: H. Lander; B: S. Johansen; D: I. Wieselmann, M. Lander u. a.

Brecht, B.: ›Die Rundköpfe und die Spitzköpfe‹ [1932/34/»Ein Greuelmärchen«]

Frühjahr 1935; Moskau; Thälmann-Klub; R: A. Granach; D: A. Granach u. Amateure; [Szenen].

4. 11. 1936; Kopenhagen; Riddersalen; ›Rundhoder og Spidshoder‹; M: H. Eisler; R: P. Knutzon; B: S. Johansen; D: P. Knutzon, A. Andersen, S. Langberg, C. Marius, L. Ziegler u. a.

–: *›Furcht und Elend des Dritten Reiches‹* [1935/38/Sch]

21., 22. u. 25. 5. 1938 U; Paris; Salle d'Jéna; ›99 %‹, M: P. Dessau; R: S. T. Dudow u. B. Brecht; B: H. Lohmar; D: E. Schoenlank, G. Ruschin, H. Altmann, J. Leiniger, E. Berg, H. Weigel, S. Spira, F. Ferrari, N. Reissmann; [8 Szenen].

7. u. 14. 4. 1939; New York; The New York Players; ›The Informer‹ u. ›Justice‹; R: A. Gerlette; D: L. Kresel u. a.; [2 Szenen].

12. 5. 1939; London; FDKB; West-Central Hall; ›The Informer‹; R: H. Fischer; D: P. Demel, W. Hamburger, E. Warnholtz, L. Cross; [1 Szene].

4. 8. 1939; Paris; Les Comédiens d'Anjou; Salle Saulnier; ›Grandpeur et Misêres du Troisième Reich‹; R: P. Abraham; B: F. Masereel; D: Amateure.

28. 5. u. 14. 6. 1942; New York; Fraternal Clubhouse; R: B. Viertel; D: P. Preses, T. Goetz, H. Maresch, P. Marx, L. Roth, J. Bing, E. v. Mendelsohn, E. Neumann, L. Stein, P. Janower; [5 Szenen].

6. 3. 1943; New York; Trib. f. Fr. Dt. Kunst und Lit. in Amerika; ›Die Bergpredigt‹ u. ›Volksbefragung‹; R: F. G. Alexan; D: T. Goetz, L. Roth, E. Roberts, E. Neumann; [Lesung, 2 Szenen].

1943; Black-Mountain-College, Philadelphia; ›The Private Life of the Master Race‹; R: E. R. Bentley; D: Studenten.

29. 4. 1944; Stockholm; FB; ›Justiz 1934‹ u. ›Der Spitzel‹; R: H. Greid u. C. Trepte; D: Emigr. Schausp.

7. 6. 1945; University of California, Berkeley; ›The Private Life of the Master Race‹; R: H. Schnitzler; D: Studenten.

12. 6. 1945; New York; Theatre of All Nations; Pauline Edwards Theatre; ›The Private Life of the Master Race‹; M: H. Eisler; R: B. Viertel; B: L. Kerz; D: A. Bassermann, T. Goetz, L. Rewalt, L. Roth, P. Andor [i. e. W. Zilzer], V. Kürer, E. Bassermann u. amer. Schauspieler; [9 Szenen].

–: *›Die Gewehre der Frau Carrar‹* [1937/Sch]

16. u. 17. 10. 1937 U; Paris; Salle Adyar; R: S. T. Dudow u. B. Brecht; B: H. Lohmar; D: H. Altmann, W. Florian, G. Ruschin, S. Schidloff, H. Weigel, S. Spira u. a.

19. 12. 1937; Kopenhagen; Arbejdernes Teater; »Fru Carrars Geværer«; R: R. Berlau u. B. Brecht; B: H. Lohmar; D: D. Andreasen u. a. Amateure.

14. 2. 1938; Kopenhagen; Borups Højskole; R: R. Berlau u. B. Brecht; D: H. Weigel u. dt. Emigranten, Amateure.

5. 3. 1938; Stockholm; ›Senora Carrars Gevär‹; R: H. Greid; B: N. Lindvall; D: H. Greid, N. Wifstrand u. a.; [Tournee].

April 1938; Prag-Nuste; tschech. Arbeitertheater.

21. 5. 1938; Prag; Volksbühnenbund u. Dt. Kommission d. Spanienausschusses; Kl. Saal d. Unitaria; R: P. Witt; D: E. Geschonnek, E. Freund, E. Gösch, C. Küter u. a.

13. 9. 1938; London; Unity Theatre; ›Senora Carrar's Rifles‹; R: J. Fernald,

B: S. J. Woods; D: H. Slater, P. Cochrane u. a.

4. 10. 1938; Västerås; Arosamatörerna; ›Senora Carrars Gevär‹; R: C. Trepte; B: C. Trepte; D: Schwed. Amateure; [Tournee; am 5. u. 6. 8. 1939 Gastspiel in Eskilstuna, Auff. mit Brechts Prolog und Epilog].

3. u. 4. 2. 1939; San Francisco; The San Francisco Theatre Union; ›Senora Carrar's Rifles‹; R: G. J. Altmann; D: Amateure [?]; [zusammen mit ›The Informer‹ aus ›Furcht und Elend‹ und ›Pretext‹ von Peter Bernt].

8. 11. 1941; London; FDKB; Toynbee Hall; R: A. Marlé; D: E. Freund, O. Marlé, C. Küters, G. Liedtke u. a.; [zusammen mit ›Rechtsfindung‹ aus ›Furcht und Elend des Dritten Reiches‹].

21. u. 22. 11. 1941; Boston/Mass.; The Ford Hall Forum's Little Theatre Company; ›Senora Carrar's Rifles‹.

–: *›Was kostet das Eisen?‹* [1939/E]

Aug. 1939 U; Stockholm; Volkshochschule Tollare; ›Vad kostar järnet?‹; R: R. Berlau u. B. Brecht; D: Schwed. Amateure.

–: *›Das Verhör des Lukullus‹* [1939/Hörspiel]

Dez. 1939; Stockholm; Haus d. Jüdischen Gemeinde; R: H. Greid; D: Jüd. Emigranten, Amateure; [Schattenspiel].

–: *›Der gute Mensch von Sezuan‹* [1938/42/»Parabelstück«]

21. 3. 1945; Uppsala; Studententheater; ›Förstadens Ängel‹; R: A. Angström; D: Schwed. Studenten.

Bruckner, Ferdinand: ›Die Rassen‹ [1933/Sch]

8. 3. 1934; Paris; Théâtre de L'Oeuvre; ›Les Races‹; R: R. Rouleau; D: R. Rouleau, R. Maurel, J. Bertheau, T. Balachova u. a.; [104 Auff.].

19. 3. 1934; Philadelphia; Theatre Guild; ›Races‹; R: T. Helburn; B: L. Simonson; D: E. Larrimore, H. Stephens, S. Ridges, M. Christians u. a.; [Try-out für New York, in Ph. gescheitert].

Aug. 1934; Lodz; Stadttheater.

Dez. 1934; Buenos Aires; Compania Argentina de Teatro Moderno; Teatro Comico; ›Las Razas‹; R: P. Suero; B: A. Colli; D: O. Caviglia, C. Perelli, D. Bellucio, E. O'Connor.

1934; Brünn; Jungjüdische Bühne.

7. 2. 1942; New York; Trib f. Fr. Dt. Kunst u. Lit. in Amerika; Studio Theatre d. New School for Social Research; R: B. Viertel; D: H. Maresch, L. Roth, P. Preses, P. Marx, E. v. Mendelsohn; [Lese-Auff.].

–: *›Napoleon I.‹* [1936/37/K]

26. 2. 1937 U; Brünn; Tschech. Landestheater; R: J. Skoda; B: J. Sladeks; D: M. Nedbal, Z. Gräfová, V. Fabian, I. Cernak, O. Luke u. a.

9. 3.1937; Prag; Tschech. Ständetheater; R: K. Dostal; B: V. Hofman; D: Z. Stepánek, H. Haas, O. Scheinpflugová, L. Dostalová, S. Sejbolová u. a.

Jan. 1938; Brünn; Dt. Schauspielhaus; R: V. Hochmann; D: L. Fischer u. a.

15. 2. 1938; Prag; Dt. Theater; R: W. Taub; B: F. Schulte; D: F. Valk, F. Richter, W. Volker, K. Trabauer, C. Steinhart, M. Wünsche, G. Meller u. a.

–: *›Denn seine Zeit ist kurz‹* [1943/Sch]

30. 9. 1944 U; Mexiko; H. Heine-Klub; Teatro de Los Electricistas; R: S. Spira; B: K. Berci; D: C. Rooner, A. V. Blum, J. Wolyn, R. Hahn, G. Ruschin,

K. Thormann, K. Bodek, S. Spira, B. Falcon.

Bush-Fekete, Ladislas u. Fay, Mary Helen: ›Embezzled Heaven‹ [1944/Sch]
31. 10. 1944 U; New York; Theatre Guild; National Theatre; R: B. J. Payne; B: S. Chaney; D: A. Bassermann, E. Barrymore, B. Cerf, E. Bassermann u. a.; [Dramatisierung von Werfels Roman ›Der veruntreute Himmel‹; 52 Auff.].

Dirk, Hans [i. e. Herman Greid]: ›Die andere Seite‹ [1944/Sch]
28. 9. 1944 U; Stockholm; FB; Borgarskala; R: H. Greid; D: Emigr. Schausp.

Fanta, Theodor: ›Die Kinder des unbekannten Soldaten‹ [1935]
Jan. 1936; Paris; SDS; Lesung durch d. Autor; 25. 5. 1936; Paris; SDS; Lesung durch emigr. Schausp.

Frank, Bruno: ›Young Madam Conti‹
Nov.-Dez. 1936; London; Savoy-Theatre; R: B. W. Levy; B: E. Stern; D: C. Cummings u. a.; [März 1937 Gastspiel in New York].

Frank, Leonhard: ›Der Außenseiter‹ [1936/37/K]
8. 9. 1937 U; Prag; Dt. Theater; R: A. Marlé; D: F. Valk, W. Szurovy, W. Kürer, E. Terrel u. a.

Hay, Julius: ›Der Damm an der Theiß‹ [1935/36/Sch]
1. 9. 1936 U; Prag; D 37; R: E. F. Burian.

Heilbut, Iwan: ›Der lenkbare Mensch – oder: Kvie erobert eine Zeitung‹ [1936/K]
9. 12. 1936; Paris; Bund Freie Presse u. Literatur; Lesung durch den Autor.

Heller, Fred u. Schütz, Adolf: ›Der Vorhang fällt‹ [K]
Nov. 1937 U; Teplitz-Schönau; Stadttheater; R: E. Wagner; D: E. Wurmser, J. Mylong-Münz, L. Dielmann u. a.
Juni 1941; Buenos Aires; FDB; R: H. Geiger-Torel; D: P. W. Jacob, H. Schlichter u. a.

–: ›Banditen im Frack‹ [K]
Okt. 1940 U; Buenos Aires; FDB.

Heller, F.: ›Pension Pocitos‹ [Sch]
1940 U; Montevideo.

–: ›Ein anständiger Mensch‹ [K]
23. 5. 1942 U; Buenos Aires; FDB; R: H. Geiger-Torel; D: J. Arnolt, P. W. Jacob, J. Halpern, A. Berger, H. Danszky, L. Reger-Jacob.

Heller, F. u. Engler, Bruno: ›Das Ministerium ist beleidigt‹ [ML]
1942 U; Buenos Aires; FDB; M: L. K. Maerker; R: P. W. Jacob; D: J. Arndt, P. W. Jacob, E. Wurmser, M. Wächter, H. Eisler, H. Schottenfels u. a.

Herzfelde, Wieland: ›Der Anfang vom Ende‹ [1940/Sch]
1942; New York; ›The Beginning of the End‹; Leseaufführung durch Piscators Dramatic Workshop.

Heym, Stefan: ›Die Hinrichtung‹ [Sch]
1935 U; Chicago; Volksbühne.

Holländer, Friedrich: ›Emigrantenballade‹
Febr. 1939 U; Hollywood; Die Tribüne; R: A. Pinkus; D: E. Roberts, W. Zilzer, F. Mellinger, L. Mosbacher, L. Valetti.

Hoffmeister, Adolf u. Torberg, Friedrich: ›Anna sagt nein‹ [Sch]
Dez. 1935 U; Prag; Kleine Bühne d. Dt. Theaters; R: W. Taub; D: K. Tra-

bauer, Schmerzenreich, Wickershauser u. a.

Horvath, Ödön von: ›Figaro läßt sich scheiden‹ [1934/35/K]
2. 4. 1937 U; Prag; Kleine Bühne d. Dt. Theaters; R: A. Marlé; D: L. Siedler, H. Götz, W. Szurovy, F. Valk, M. Costa, F. Kuppel, A. Wartegg, G. Meller, M. Wünsche, L. Stein, J. Waern u. a.

–: ›Ein Dorf ohne Männer‹ [1934/35/K]
24. 9. 1937 U; Prag; Dt. Theater; R: M. Liebl; B: F. Schuttes; D: W. Szurovy, W. Taub, K. Trabauer, M. Wünsche, W. Kürer, N. Sanova u. a.

–: ›Der jüngste Tag‹ [1935/Sch]
11. 12. 1937 U; Mährisch-Ostrau; Dt. Theater; R: P. Marx; B: M. Miller; D: S. Lohde, H. Vallentin, J. Almas, M. Miller, P. Marx, J. Bach, G. Schörg, C. Eiselmayr u. a.

Huppert, Hugo: ›Karelische Rhapsodie‹
1935; Prag; Studio 1934; D: Emigr. Schausp.

Karpeles, Heinz: ›Flieder‹ [1943/Sch]
Juni 1943; London; Kleine Bühne d. FDKB; Lesung: H. Miller.

Kisch, Egon Erwin u. Hašek, Jaroslav: ›Die Moldauschiffer‹ [K]
1935; Prag; Kleine Bühne d. Dt. Theaters; [über 50 Auff.].

Kisch, E. E.: ›Die Himmelfahrt der Galgentoni‹ [E]
23. 1. 1943; Mexiko; H. Heine-Klub; R: A. V. Blum; B: K. Berci; D: S. Spira, B. Chatel, E. E. Kisch, A. V. Blum, G. Ruschin, K. Stern; [Schausp. u. Laien].

–: ›Der Fall des Generalstabschef Redl‹ [Tk]
April 1945; Mexiko; H. Heine-Klub; R: A. Simone [i. e. O. Katz]; B: K. Berci; D: A. Abusch, Th. Balk, B. Frei, L. Renn, A. Simone, K. Stern, B. Uhse, A. Seghers, A. Agee, L. Reiner, F. Katz, N. Stern; [Laien].

Kortner, Fritz u. Thompson, Dorothy: ›Another Sun‹ [1937/40/Sch]
23. 2. 1940 U; New York; National Theatre; R: F. Kortner; B: B. Edwards; D: H. Jaray, A. Korff, L. Bulgakow, H. Rudley, E. Kalser, A. Gessner, K. Warringer, J. Hofer, C. Holm; [11 Auff.].

Kortner, F. u. Zuckmayer, Carl: ›Somewhere in France‹ [1940/41/Sch]
28. 4. 1941 U; Washington; Theatre Guild; National Theatre; R: W. Minor u. F. Kortner; B: W. Bassett; D: D. Digges, W. Slezak, H. Berghof u. a.; [Try-out f. New York, in Wash. gescheitert].

Krämer, Alphons: ›Sie verrückter Mechaniker‹
26. 10. 1941 U; Shanghai; Boris Sapiro-Bühne.

Lania, Leo: ›Der Held‹
1936/37 U gleichzeitig in Wien, Prag und London.

Nikl, Peter [i. e. Wüsten, Johannes]: ›Die Lehre von Maria Stern‹ [Massenfestspiel]
20. 6. 1936 U; Grünwald b. Gablonz; D: Amateure.

Nikl, P.: ›Bessie Bosch‹ [E]
4. 9. 1936 U; Prag; Theater unserer Zeit; Urania; R: H. Burger; D: E. Frank, F. Brod.

–: ›Die Grenze‹ [E]
zw. 1936 u. 1938; Sudetengeb.; D: Amateure; [Freilichtauff.].

–: ›Der Berggeist‹ [E]

zw. 1936 u. 1938; Karlsbad; D: Amateure [Freilichtauff.].

–: *›Bruder Bauer‹*

1938 U; Prag.

Roth, Joseph: ›Hiob‹

3. 7. 1939; Paris; Théâtre Pigalle; M: E. Zeisel; R: P. Gordon; B: Sussmann; D: H. Haas, Klein-Loerk, L. Askenasy, S. Lorm, T. Burg, T. Bibikoff; [Dramatisierung d. Romans durch V. Clement].

Rotter, Fritz u. Vincent, Allen: ›Letters to Lucerne‹ [Sch]

23. 12. 1941 U; New York; Court Theatre; R: J. Baird; B: R. Sovey; D: G. Mosheim u. am. Schauspieler u. Amateure.

Siegelberg, Mark u. Wiener, Hans [i. e. Morgenstern]: ›Die Masken fallen‹ [1939/40/Sch]

Nov. 1940 U; Shanghai; EJAS; Theatersaal d. Brit. Embassy; R: K. Boden od. R. Weiß-Cyla; D: F. Melchior, H. Zernik, K. Boden, L. Flohr; [Wiederaufnahme am 19. 3. 1941].

–: *›Fremde Erde‹* [1940/41/Sch]

Mai 1941 U; Shanghai; EJAS; R: K. Boden; D: F. Melchior, H. Zernik, R. Stein, M. Lissner, J. Rausnitz, U. Perlhoefter.

Siegelberg, M.: ›The Face of Pearl Harbour‹

Um 1941 U; Shanghai.

Singer, Oscar: ›Herren der Welt‹

9. 5. 1935; Prag; Jüdische Kammerspiele; R: Feldmann; D: Heller, Feldmann, Walter, Elfterwalde.

Stübs, Albin: ›Die Jagd nach dem Glück‹ [›Das Glücksrad‹] [Sz]

Herbst 1934; Prag; Studio 1934; D: Emigr. Schausp.

–: *›Der Rattenfänger bei den Schildbürgern‹* [K]

Sommer 1938; Reichenberg; D: Amateure u. Schausp.

Talpa, Karel: ›Europa, wir warten!‹ [Sch]

11. 9. 1945 U; Buenos Aires; Deutschland-Hilfswerk u. FDB; D: P. W. Jacob, E. Wurmser, J. Arndt, H. Schottenfels u. a.; [Lesung].

Toller, Ernst: ›Nie wieder Friede‹ [1935/36/K]

11. 6. 1936 U; London; Gate Theatre; ›No More Peace‹; M: M. Murrill; D: A. Sarner, C. Hamelin, W. Collins, G. Gordon, Ch. Grautoff u. a.

26. u. 27. 2. 1937; Poughkeepsie/N. Y.; Experimental Theatre of Vassar College; M: H. Pearson; R: L. E. Lang; B: M. W. Fallon u. L. E. Lang; D: Studenten.

10. 4. 1937; Pittsburgh/Pa.; The »Y« Playhouse.

23. 4. 1937; Cincinnati/Ohio; FTP.

24. 5. 1937; Indianapolis/Ind.; FTP.

3. 6. 1937; Roslyn/Lond Island; FTP; Theatre of the Four Seasons; R: C. Hopkins; B: M. W. Fallon u. L. E. Lang; D: D. Malloy, J. Velie, A. Dailey, W. O. Mc. Watters, L. Gough, F. Daly u. a.

28. 1. 1938; New York; FTP; Maxine Elliott's Theatre; R: C. Hopkins; B: M. W. Fallon u. L. E. Lang; D: D. Campbell, J. Veli, D. Malloy u. a. Schauspieler d. Roslyn-Inszen.

28. 1. 1938; Yellow Springs/Ohio; The Antish Players; FTP; R: A. Karns;

B: W. Dewey; D: R. Bugalski, R. Chase, M. Denekas, H. Man u. a.; [Simultanpremiere mit NY].
1938; Sarasota/Flor.; Sarasota High School Dramateers; R: D. Mc Queen; D: Studenten.
18. 10. 1939; Chapel Hill/N. C.; The Carolina Playmakers; R: S. Selden; B: E. Hall; D: Studenten.
Sommer 1939; Fairfield/Conn.; Stock Company.
Zw. 1938 u. 1940, Palo Alto/Calif.; The Division of Speech and Drama of the Stanford University; R: W. Johansen; B: W. Bassett; D: Studenten.

–: ›Pastor Hall‹ [Sch]
Frühj. 1945; Stockholm; FB; R: P. Winner; D: H. Verder, C. Trepte u. a.; [Szenen; 15. 4. 1945 Gastspiel in Uppsala].

Twardowsky, Hans Heinz von: ›Shakespeare's Merchant 1939‹ [K]
1938; New York; [amer. Prod.].

Vambery, Robert/Weill, Kurt: ›My Kingdom for a Cow‹ [Musical]
1. 7. 1935 U; London; Savoy Theatre; R: E. Matray; D; Engl. Schausp.

Viertel, Berthold: ›The Way Home‹ [Sch]
29. 4. 1945 U; New York; Die Tribüne u. d. Austro American Tribune; Barbizon Plaza Theatre; D: O. Homolka, H. Berghof, J. Walsh, E. Neumann, O. Deering; [Lesung in engl. aus Anlaß von Viertels 60. Geb.].

Wächter, Theodore: ›Kultur‹ [K]
26. 9. 1933 U; New York; Mansfield Theatre; R: J. J. Vincent; B: C. A. Cracraft; D: Ch. Coburn, H. Hansen u. a. amer. Schausp.

Wangenheim, Gustav von: ›Helden im Keller‹ [E]

–: ›Faschisten‹ [E]

–: ›Die Kommune kommt‹ [Sz]

–: Agenten‹ [Singspiel]
sämtl. Febr.-März 1934 in Moskau durch d. Dt. Theater Kolonne links im Club ausländischer Arbeiter uraufgef; R: G. v. Wangenheim.

Werfel, Franz: ›Der Weg der Verheißung‹ [1935/Bibelspiel]
7. 1. 1937 U; New York; Manhattan Opera House; ›The Eternal Road‹; M: K. Weill; R: M. Reinhardt, F. v. Mendelsohn [associate director]; C: B. Zemach; B: N. Bel-Geddes; D: S. Jaffe, J. Macaulay, A. Blair, Th. Chalmers, S. Goldenberg, M. Taylor, L. Lenya, H. Thimig, R. Pinchot, C. Carrington, S. Osnath-Halevy, O. Deering u. a.; [mehr als 200 Schausp., Tänzer u. Sänger; über 400 Auff.].

–: ›Jacobowsky und der Oberst‹ [1943/44/K]
14. 3. 1944 U; New York; Theatre Guild; Martin Beck Theatre; ›Jacobowsky and the Colonel‹; M: R. Bowles; R: E. Kazan; B: S. Chaney; D: L. Calhern, O. Karlweis, J. E. Bromberg, Annabella, M. Stewart u. a.; [Try-out Vorpremieren u. a. in New Haven [27. 1. 1944], Boston [31. 1.] u. Philadelphia [14. 2.]; 417 Auff.; anschl. Tournee].
1944; Göteborg.
Juni 1945; London; Picadilly Theatre; ›Jacobowsky and the Colonel‹; R: M. Redgrave; B: J. C. Josefovizs; D: M. Redgrave, K. Stepanek, J. Almas u. a.
22. 9. 1945; Buenos Aires; FDB; R: P. W. Jacob; B: J. Arndt; D: P. W. Jacob,

J. Arndt, H. Schottenfels, E. Wurmser u. a.

16. 10. 1945; Bueneos Aires; Theatro El Nacional; R: N. I. Menta; D: E. Alvarez, S. Gomez Cou, S. Roth u. a.; [in span.].

Wolf, Friedrich: ›Professor Mamlock‹ [1933/Sch]

Febr. 1934 U; Warschau; Kaminski Theater; ›Der gelbe Fleck‹; R: H. Rappaport; D: A. Granach u. a.; [in jidd. Sprache; über 300 Auff.; Tournee].

23. 3. 1935; Moskau; Gewerkschaftstheater MOSPS; R: J. M. Dawidowski u. Margolin; D: J. O. Ljubimow-Lanskoi, Pjassezki, Skuratowa, Arsenzewa u. a.; [über 400 Auff.].

Juni 1935; Leningrad; Gebiets-Gewerkschaftstheater LOSPS; R: P. Zetnerowitsch.

28. 10. 1935; Kasan; Tatarisches Staatl. Akadem. Theater; R: Ismagilow; D: Abshalimow, Bulatowa u. a.

Febr. 1936; Charkow; R: P. Zetnerowitsch.

1936; Toronto; Deutscher Arbeiter und Farmer Verband; D: Amateure.

13. 4. 1937; New York; Jewish Theatre Unit of the FTP; Daly's Theatre; R: H. Bolten; B: G. Phillips; D: M. Straßberg, H. Breakstone, F. Beck, E. Angold u. a.; [76 Auff.].

Um 1936/37; Shanghai; Chinese Drama Group; China Defence Liga.

9. 2. 1938; Stockholm; Blancheteatern; R: P. Lindberg; B: H. Garmland; D: H. Roeck Hansen, A. Flygare-Stenhammer, H. Löwenadler u. a.

10. 2. 1938; Peabody/Mass.; FTP; [in jidd. Sprache]. 1938; Los Angeles; Hollywood Playhouse; FTP, R: A. Freeman; B: F. Stover; D: A. Freeman, E. Lazaroff, V. Kay, P. Walter u. a.

März 1942; London; Österreichische Bühne; R: A. Hellmer, D: A. Marlé, O. Marlé, Ch. Küters, M. Ordeyne u. a.

–: ›Laurencia‹ [1934/Sch]

7. 11. 1934 U; Engels/UdSSR; Dt. Akad. Staatstheater; R: H. Laufer; D: Wolgadeutsche Schausp.

–: ›Floridsdorf‹ [1934/Sch]

11. od. 21. 2. 1935; Moskau; Klubhaus d. Stalinwerkes; ›Weissel vor dem Standgericht‹; R: C. Trepte; D: C. Trepte, E. Geschonnek, B. Schmidtsdorf, B. Schirman, H. Klering, C. Oefelein; [1 Szene].

Juni 1935; New York; Social Repertory Theatre; [1 Szene].

Frühj. 1936 U; Toronto; Dt. Arbeiter u. Farmer Verb.; D: Amateure.

18. 11. 1936; Moskau; Wachtangow Theater; R: O. F. Glasunow u. P. G. Antokolski; B: W. F. Ryndin; D: R. Simonow, L. P. Ruslanow, W. W. Kusa, A. J. Gorjunow u. a.

Um 1936/37; New York; Contemporary Theatre; R: H. Rappaport; [4 Szenen].

Zahlreiche Auff. in d. UdSSR; so in Leningrad, Kiew, Charkow, Baku, Odessa.

–: ›Das trojanische Pferd‹ [1936/Sch]

Um 10. 1. 1937 U; Moskau; Theater für jugendl. Zuschauer TJUS; M: H. Hauska; R: P. Zetnerowitsch; B: Raspopow; D: Wyrubow, Andrejew, Silantew, Sadowski, W. J. Strutchkowa u. a.

Jan. 1937; Engels; Dt. Akad. Staatstheater; R: B. Reich; D: F. Richter, C. Trepte, A. Frank, L. David u. wolgadt. Schausp.

Zahlreiche Auff. in d. UdSSR; so in Leningrad, Smolensk, Gorki, Irkutsk, Odessa.

–: *›Peter kehrt heim‹* [1937/Sch]
Okt. 1937 U; Engels; Dt. Akad. Staatstheater; R: H. Fehrmann [Fermont].

Zuckmayer, Carl: ›The Golden Toy‹ [1933/34/Musical Fantasy]
28. 2. 1934 U; London; Coliseum; R: L. Berger; B: O. Stoll; D: J. Swinley, L. Lane, G. Hayes, P. Ashcroft u. a.; [über 200 Schausp., Sänger u. Tänzer; Musik aus Werken Schumanns].

2. Im Textteil nicht behandelte Inszenierungen, insbesondere in den übrigen Exilländern

Baum, Vicky u. Glazer, B. F.: ›Summer Night‹ [1939/Sch]
10. 3. 1939; New York; St. James Theatre; R: L. Strasberg; B: R. E. Jones; D: M. Blaine, S. Stone, W. Harvey, H. Ergotti, W. Addy, L. Calhern u. a.

Becher, Ulrich: ›Niemand‹
27. 1. 1936 U; Bern; Stadttheater; R: K. Ehrle.

Bernauer, Rudolf: ›Die Novität‹
1943 U; London.

Berstl, Julius: ›Pech muß man haben‹ [K]
März 1933 U; Wien; Kammerspiele.

Birkenfeld, L.: ›Illegal‹ [E]
11. 5. 1935 U; Moskau; Klub ausl. Arbeiter.

–: *›Das Floß der Medusa‹* [1940–43/Stück in Szn]
19. 3. 1945 U; Basel.

Brandt-Bukofzer, Marcel: ›Die Killeberger‹ [K]

–: *›Trouble bei Blumenstein‹* [K]

–: *›Mr. Brown geht auf Urlaub‹* [K]
sämtlich in Shanghai uraufgeführt.

Brecht, Bertolt: ›Der gute Mensch von Sezuan‹ [1938/Parabelst.]
4. 2. 1943 U; Zürich; Schauspielhaus; M: H. G. Früh; R.: L. Steckel; B: T. Otto; D: M. Becker, T. Giehse, K. Paryla u. a.

–: *›Leben des Galilei‹* [1938/Sch]
9. 9. 1943 U; Zürich; Schauspielhaus; R: L. Steckel; B: T. Otto; D: L. Steckel, K. Paryla, W. Langhoff u. a.

–: *›Mutter Courage und ihre Kinder‹* [1939/Chronik]
19. 4. 1941 U; Zürich; Schauspielhaus; M: P. Burkhard; R: L. Lindtberg; B: T. Otto; D: T. Giehse, W. Langhoff, K. Paryla, G. Müller u. a.

Breuer, Adolf: ›Die geschiedene Frau‹
27. 2. 1944; Shanghai; Eastern Theatre.

Broch, Hermann: ›Die Entsühnung‹
15. 3. 1934 U; Zürich; ›Denn sie wissen nicht, was sie tun‹; R: G. Hartung; B: T. Otto; D: E. Ginsberg, K. Horwitz, L. Steckel.

Brod, Max: ›Saul‹

–: *›Jephtas Tochter‹*

–: *›Reubeni‹*
–: *›Ein kleiner Staat und eine Redaktion‹*
Sämtlich im Theater Habimah in Tel Aviv aufgeführt.
Bruckner, Ferdinand: ›Die Rassen‹ [1933/Sch]
30. 11. 1933 U; Zürich; Schauspielhaus; R: G. Hartung.
16. 3. 1934; Rotterdam; Hofstadtoonell; R: v. d. Lugt-Melsert; D: J. Schmitz, J. v. d. Linden, R. Steenbergen, V. Bondam u. a.
–: *›Napoleon I.‹* [1937/K]
16. 12. 1937; Zürich; Schauspielhaus; R: L. Lindtberg; D: R. Liechti, E. Ginsberg, W. Heinz, L. Steckel.
25. 1. 1938; Wien; Theater i. d. Josefstadt; R. u. B.: H. Burger; D: P. Demel, H. Franck, L. Busca, M. Pichler u. a.
Csokor, Franz Theodor: ›Gottes General‹ [1938/Sch]
1938 U; Holland.
Dewald, Otto: ›Schloß im Regen‹
1936 U; Mährisch-Ostrau.
Dormburger, Paul: ›Tagesbefehl 333‹ [Sch]
1942; Oxford.
Duschinski, Richard: ›Anny‹ [K]
16. 10. 1934 U; Mährisch-Ostrau.
–: *›Die blaue Universität‹*
Dez. 1937 U; Mährisch-Ostrau; Deutsches Theater.
Engel, Erwin: ›Ohne Permit nach Shushan‹
–: *›Shanghai und wir‹*
–: *›Shushan, Stadt des Lächelns‹*
Engel, E. u. Grün, Desiderius: ›Jeder trägt sein Pinkerl‹
sämtlich in Shanghai uraufgeführt.
Feigl, Ernst u. Rosenheim, Richard: ›Wir brauchen Geld‹
1936 U; Prag; Prager Vereinstheater.
Feld, Friedrich [Rosenfeld]: ›Das glückliche Ende‹
1942 U; Zürich.
Gronemann, Sammy: ›Jacob oder Christian?‹ [1936/K]
1938 U; Tel Aviv.
–: *›König Salomon und der Schuster Schalmayj‹* [K]
1942/43; Tel Aviv; Theater Okel; [über 100 Aufführungen].
Hasenclever, Walter: ›Skandal in Assyrien‹ [1935/K]
1937; London; R: J. Gielgud; [einmalige Sonntags-Matinee].
Hay, Julius: ›Haben‹ [1937/Sch]
1945 U; Budapest; Nationaltheater.
–: *›Hauptmann Tieden‹* [1937/Sch]
1938; Moskau.
–: *›Der arme Mann im Toggenburg‹*
April 1936; Bern; Stadttheater; R: K. Hirschfeld.
Heller, Fritz u. Klein, Adalbert: ›Tante Salli läßt sich scheiden‹ [K]
Nach 1939 U: Shanghai.
Heym, Stefan: ›Die Hinrichtung‹ [Sch]

1935 U; Chicago; Volksbühne.

Heym, S. u. Burger, Hanus: ›Tom Sawyer's Abenteuer‹
1937; Prag; Csvobozené divadlo.

Herzog, Norbert: ›Flitterwochenschau‹
Juni/Juli 1941; Santiago de Chile; R: N. Herzog.

Hirsch, Karl Jakob: ›Wir alle stehen zusammen‹ [um 1934/Chorspiel]
1. 5. 1938; New York; Yorkville-Casino; D: Laien-Arbeiterspieler.

Hochwälder, Fritz: ›Liebe in Florenz‹
1936 U; Wien; Theater für 49.

–: *›Das heilige Experiment‹* [1942/Sch]
24. 3. 1943 U; Biel-Solothurn; Städtebundtheater.

Horvath, Ödön von: ›Hin und her‹ [1933/K]
13. 12. 1934; Zürich; R: G. Hartung; B: T. Otto; D: F. Essler, G. Huber, E. Stöhr, H. Wlach, K. Horwitz, W. Heinz, L. Steckel, E. Kalser u. a.

–: *›Mit dem Kopf durch die Wand‹* [1935/K]
10. 12. 1935 U; Wien; Scala.

–: *›Himmelwärts‹* [1935/K]
Dez. 1937; Wien; Freie Bühne i. d. Komödie; R: P. Michel; B: O. Liewehrs; D: J. M. Talmar, E. Sala, E. Leibner, P. Preses u. a.

–: *›Der jüngste Tag‹* [1937/Sch]
1937 U; Mährisch-Ostrau; Deutsches Theater.

Kaiser, Georg: ›Das Los des Ossian Balvesen‹ [1934/K]
Nov. 1936 U; Wien; Burgtheater; R: Röbbeling; D: E. Balser, Treßler, Schmidt, U. Bettac, Albach-Retty, M. Kramer u. a.

–: *›Adrienne Ambrossat‹* [1935/Sch]
5. 2. 1935; Wien; Theater i. d. Josefstadt; D: P. Wessely, E. Deutsch, H. Hübner, F. Delius, D. Servaes u. a.

–: *›Der Soldat Tanaka‹* [1938–40/Sch]
9. 11. 1940 U; Zürich; Schauspielhaus; R: F. Schnyder; D: K. Paryla, G. Heger u. a.

–: *›Zweimal Amphitryon‹* [1943/›Hellenische Trilogie‹, 1. T.]
29. 4. 1944 U; Zürich; Schauspielhaus; R: Franz Schnyder; D: K. Paryla, G. Heger.

–: *›Das Floß der Medusa‹* [1940–43/Stück in Szn] 19. 3. 1945 U; Basel.

–: *›Die Spieldose‹*
1936 U; Zürich.
12. 10. 1943; Basel; Stadttheater.
Jan. 1937; Prag; Dt. Theater.

Kesser, Hermann: ›Talleyrand und Napoleon‹ [1937]
Mai 1938 U; Basel; D: A. Bassermann.

–: *›Professor Intermann‹* [1941]
1941 U; Winterthur.

Königsgarten, Hugo: ›Wiener Ringelspiel‹
1941; Oxford; Oxford Refugee Club.

–: *›Die Abreise‹*
1941; Oxford; Oxford Refugee Club.

Kurella, Alfred: ›Die Krähe mit der Pfauenfeder‹
1942; UdSSR.
Langer, Felix: ›Die Welt? Ein Theater!‹ [K]
März 1938; Brünn; Zemské divadlo.
Lasker-Schüler, Else: ›Arthur Aronymus und seine Väter‹ [1936/Sch]
19. 12. 1936 U; Zürich; Schauspielhaus; R: E. Ginsberg.
Ley-Piscator, Maria: ›Landemain‹ [1933/E]
1933; Paris; Studio des Champs-Elysées.
–: ›Le chieu dangereux‹ [Sch]
1934; Paris; Théâtre de la Madelaine.
Lichtenberg, Wilhelm: ›Fürstenappartement‹
1939; Basel; R: K. Horwitz.
Lothar, Peter: ›Christus, nicht Caesar‹
10. 11. 1943; London; Kleine Bühne des FDKB; R: H. Kamnitzer [Kämmerer].
Ludwig, Emil: ›Ulysses Return‹
1934; Pasadena/Calif.
Mannheimer, Georg: ›Eine Nacht in Antwerpen‹
1936; Prag; Prager Vereinstheater.
–: ›Die Rußlandfahrer‹ [K]
1936; Prag; Prager Vereinstheater.
Metis, Berthold: ›Kamerad Frau‹
Shanghai.
Peiper, Robert: ›Jeder Tag ist nicht Donnerstag‹ [Sch]
2. 8. 1942 U; Stockholm; Scalateater; ›Varje dag är inte torsdag‹; R: P. Winner.
–: ›Masken‹ [Sz]
1943 U; Stockholm; FB.
Rehfisch, Hans José: ›Des Doktors Geheimnis‹ [1934]
1934; Prag; Dt. Theater u. Theater an d. Weinbergen [tsch.].
–: ›Wer weint um Juckenack?‹
1937; Den Haag; ›Huilt men om Juckenack?‹
–: [Pseud.: Georg Tuner]: ›Wasser für Canitoga‹
Febr. 1936; Wien; Deutsches Volkstheater; D: A. Hörbiger.
Renn, Ludwig: ›Mein Maultier, meine Frau und meine Ziege‹ [1938/Sk]
Mai 1938; Spanien; D: Amateure.
Rosen, Willy: ›Eine Reise um die Welt‹
1938; Den Haag.
Sapiro, Boris: ›Johnny ohne Gewissen‹
22. 3. 1941 U; Shanghai; Boris Sapiro-Bühne.
Schiller, Norbert: ›Night Price‹ [Mysterienspiel]
1941 U; Los Angeles; Congregational Church.
Schirmann, Boris: ›Wiedersehen mit einer sentimentalen Frau‹
1936 U; Moskau; Club ausländischer Arbeiter.
–: ›Simson, Philister über Dir‹
1936 U; Moskau; Club ausländischer Arbeiter.
Schubert, Hans [i. e. Morgenstern]: ›In einer kleinen Bank‹ [K]
19. 3. 1941 U; Shanghai; EJAS; Eastern Theatre; R: W. Friedmann; D: F. Hel-

ler, H. Zernik, H. Walden, W. Berg, E. Bienenfeld, E. Engel, A. Dreifuß, H. Friedmann, K. Teilheimer, F. Edel.

–: ›Scheidungsgrund Liebe‹

–: ›Vorstadtkomödie‹

Schubert, H. u. Siegelberg, Mark: ›Urlaub vom Jenseits‹ [K]
sämtlich in Shanghai uraufgeführt.

Wangenheim, Gustav von: ›Der Friedensstörer‹
1. 6. 1939; Moskau; LEN-Sowjet Theater.

Werfel, Franz: ›In einer Nacht‹ [1937/Sch]
5. 10. 1937 U; Wien; Theater i. d. Josefstadt; R: M. Reinhardt; B: C. Witzmann; D: H. Thimig, A. Hörbiger, A. Neugebauer, H. Edthofer, R. Teubler.
28. 10. 1937; Zürich; Schauspielhaus.

–: ›Jacobowsky und der Oberst‹ [1944/K]
1941; Zürich; Schauspielhaus.
1941; Luzern.
17. 10. 1944; Basel; Stadtheater.
1944/45; Havanna; Theatralia; [spanisch].

Wittenberg, Rudolf: ›Die Apostel‹ [K]
6. od. 15. 4. 1936; New York; Fed. Th. Proj.; M: A. Russ; R: J. E. Bonn; D: T. v. Jany, K. Adams, P. Penn, M. Wittenberg, F. Miller, R. Gehr, E. Schoenemann, E. Golden, H. Keen u. a.; [zusammen mit ›Der zerbrochene Krug‹; nicht sicher, ob in dt. od. engl. Sprache].

Wolf, Edmund: ›Schutzengel‹ [1938]
1938 U; Prag; Deutsches Theater.

Wolf, Friedrich: ›Professor Mamlock‹ [1933/Sch]
1933/34; Tel Aviv; Habimah; ›Professor Mannheim‹ [unter Pseud.: H. Scheer]; R: L. Lindtberg; B: E. Luftglas; D: S. Finkel, B. Haim, M. Gnessin, A. Sutai, M. Benjamini, F. Lubitsch u. a.
8. 11. 1934; Zürich; Schauspielhaus; ›Professor Mannheim‹; R: L. Lindtberg; D: E. Kaiser, L. Steckel, W. Langhoff, H. Greif, K. Horwitz, W. v. Benneckendorf u. a.; [50 Auff.; Gastspiele in Bern u. Basel].
Okt. 1935; Amsterdam; De Jonge Speelers; R: R. Flink; D: R. Flink, J. de Haas, N. Ernst u. a. [Tournee].
7. 11. 1935; Oslo; Nationaltheater; ›Professor Mamlocks utvei‹; R: G. Ring; B: R. Raheny; D: H. Christensen, T. Foss, U. Torkildsen, A. Richter u. a.
10. 2. 1936; Tokio; Theater der Gesellschaft d. Neuen Theaters [Shinkio-Gekidan]; R: T. Matsuo; B: C. Murayama; D: M. Mishima, S. Date, Ch. Hosekawa u. a.
Sept./Okt. 1936; Madrid; Arbeitertheater.
Um 1943; Tschungking/China; Schauspielkollektiv d. Volksarmee.
Zwischen 1935 u. 1937 wurde ›Professor Mamlock‹ in vielen Orten der UdSSR aufgeführt; so in Odessa [25. 1. 1936], Iwano-Jaroslawl, Tscheljabinsk, Kirow, Gorki, Archangelsk, Taschkent, Saratow, Pjatogorsk, Kiew [m. A. Granach], Nowgorod, Ufa, Erewan, Alma-Ata, Astrachan, Tiflis.

Zech, Paul: ›Nur ein Judenweib‹
5. 4. 1935 U; Buenos Aires; Teatro Ombu; [in jiddischer Sprache].

Zimmering, Max: ›*Familie Blanchard*‹
1944; London; [Leseaufführung].
Zuckmayer, Carl: ›*Der Schelm von Bergen*‹ [K]
1934 U; Wien; Burgtheater.
–: ›*Bellmann*‹ [Sch]
17. 11. 1938 U; Zürich; Schauspielhaus.

3. Exildramen, für die bis 1945 keine Inszenierungen nachgewiesen werden konnten

Ackermann, Werner: ›Langusten für das Volk‹ [1935]; ›Jeux de hasard‹ [1937/K]; ›Kinder aus Spanien‹ [1938]; ›La fille de Prag‹.
Balk, Theodor: ›Zwischenspiel im Himmel‹.
Bassermann, Else: ›Stunde der Entscheidung‹.
Becher, Johannes R.: ›Der Weg nach Füssen‹; ›Das Führerbild‹.
Beer, Gustave: ›Die Dame mit dem Regenbogen‹ [1933/ML]; ›Seine Hoheit, der Lakai‹ [1934/ML]; ›Schwarz-weiße Perlen‹ [1937]; ›Violinkonzert in e-moll‹ [1937]; ›Blitzlicht‹ [1937]; ›Baku‹ [1938]; ›Conference in Cuba‹ [1943/K].
Berliner, Hans: ›Die Räuberbande‹ [1938/K].
Bernhard, Emil: ›Jephtas Tochter‹; ›Die Marranis‹.
Borchardt, Hans Hermann: ›Die Brüder von Halberstadt‹.
Braun, Felix: ›Beatrice Cenci‹ [1936/Sch]; ›Kaiser Karl V.‹ [1936/Sch].
Brecht, Bertolt: ›Die Horatier und die Kuratier‹ [1934/Lehrst.]; ›Herr Puntila und sein Knecht Matti‹ [1940/Volksst.]; ›Der aufhaltsame Aufstieg des Arturo Ui‹ [1941/Parabelst.]; ›Die Gesichte der Simone Machard‹ [1941–43/Sch]; ›Schweyk im zweiten Weltkrieg‹ [1941–44/K].
Brentano, Bernhard von: ›Phädra‹ [1939/Sch].
Bruckner, Ferdinand: ›Der Geßlerhut‹ [1939/Sch]; ›Heroische Komödie‹ [1942/Sch]; ›Birth of the World‹.
Brustoniecki, Motek: ›Die letzten Vier‹ [1940].
Busch, Tristan [i. e. Arthur Schütz]: ›Dämon Schicklgruber‹ [Sk]; ›Kinderjause bei Göbbels‹ [Sk]; ›Kraft durch Treue‹ [Sk]; ›Schicklgruber Olympicus‹ [Sk]; ›Vormarsch zur Allmacht‹ [Szn]; ›Katastrophales‹ [Sz]; ›Der Dieb von Bagdad‹ [Sz]; ›Das Lämmchen vom Berghof‹ [Sz]; ›Der treue Heinrich‹ [Sz]; ›Der Himmelsbote‹ [Sz].
Csokor, Franz Theodor: ›Jadwiga‹ [1939]; ›Wenn sie zurückkommen‹ [1940]; ›Satans Arche‹ [1940]; ›Kalypso‹ [1942]; ›Der verlorene Sohn‹ [1942].
Czierski, Otto: ›Das offene Fenster‹.
Dirk, Hans [i. e. Herman Greid]: ›Henri Dunants Geschäfte‹ [1942/Sch]; ›Jörgen‹ [1940–42/Sch]; ›Der Jude Askenasy‹ [1936].
Döblin, Hugo: ›Die Mexiko-Tragödie‹ [1935]; ›Goliath erschlägt David‹ [1938].
Dudow, Slatan: ›Der Feigling‹ [K]; ›Der leichtgläubige Thomas‹ [K]; ›Das Narrenparadies‹ [K]; ›Flüstermaxe‹ [Sk]; ›Weltuntergang‹.
Feuchtwanger, Lion: ›Wahn oder der Teufel in Boston‹.
Frank, Leonhard: ›Maria‹ [Sch].

Frank, Rudolf u. Halbert, A.: ›Kraft durch Feuer oder die Nacht vom 9. November 1938‹.

Frey, Felix: ›Heinrich Heine‹ [1936].

Fülöp-Miller, René: ›Two Napoleons‹ [Tk].

Gerlach, Schunath: ›Friedrich Andreas‹ [Sz].

Gottfurt, Dorothea: ›Your Obedient Servant‹.

Gronemann, Sammy: ›Die Reise nach Ägypten‹ [1938]; ›Der gordische Knoten‹; ›Der Weise und der Narr‹ [1942/Verssp.].

Haas, W. V.: ›Die große Revolution‹ [vor 1938].

Hartung, Gustav u. Heyme, Kurd: ›Barbara‹ [1942/Volksst.].

Hasenclever, Walter: ›Münchhausen‹ [1934/Sch]; ›Ehekomödie‹ [1934/K].

Hay, Julius: ›Der Barbar‹ [1935/K]; ›40 Watt‹ [1936/K]; ›Das Pferd‹ [1936/K]; ›Tanjka macht die Augen auf‹ [1937/K]; ›Das neue Paradies‹ [1938]; ›Ausverkauf‹ [1938]; ›Das preußische Mirakel‹ [1938]; ›Die Begegnung‹ [1940].

Heilbut, Iwan: ›The Earth is Trembling‹ [Sch].

Heller, Fred: ›Trocadero‹ [1935/K]; ›Die kleine Freundin eines großen Herrn‹ [1940/K]; ›Konstanze spielt Komödie‹ [1941/K].

Heller, Leo: ›Gangsterliebe‹ [K].

Heym, Stefan: ›Gestern–Heute–Morgen‹ [1936/Sch]; ›The Great Hanussen‹ [1942/Sch]; ›Himmelfahrt‹ [Sch].

Hochwälder, Fritz: ›Esther‹ [1940/Sch].

Hofmann, Martha: ›Die Sternenspur‹ [K].

Horvath, Ödön von: ›Die Unbekannte aus der Seine‹ [1933/K]; ›Don Juan kommt aus dem Krieg‹ [1936/Sch]; ›Ein Sklavenball‹ [1936/K]; ›Der Lenz ist da‹ [1937/K]; ›Pompeji‹ [1938/K].

Jacob, Heinrich Eduard: ›Der Tulpenfrevel‹ [Sch].

Jahnn, Hans Henny: ›Armut, Reichtum, Mensch und Tier‹ [1943/Sch].

Kaiser, Georg: ›Agnete‹ [1935/Sch]; ›Rosamunde Floris‹ [1936/Sch]; ›Der Gärtner von Toulouse‹ [1937/Sch]; ›Vincent verkauft ein Bild‹ [1937/Sz]; ›Napoleon in New Orleans‹ [1937–41/Tr]; ›Alain und Elise‹ [1938/Sch]; ›Pferdewechsel‹ [1938/Stück in Szn]; ›Das gordische Ei‹ [1938/K]; ›Der Schuß in die Öffentlichkeit‹ [1938/Kriminalst.]; ›Der Dombaumeister‹ [1938]; ›Klawitter‹ [1939/K – Teil d. Dyptichons ›NSDAP‹]; ›Der englische Sender [1940/Sch – Teil d. Dyptichons ›NSDAP‹]; ›Pygmalion‹ [1943/›Hellenische Trilogie‹, 2. T.]; ›Bellerophon‹ [1944/›Hellenische Trilogie‹, 3. T.].

Kast, Peter: ›Rassokraten‹ [1934/K]; ›Teutonische Träume‹ [1934/K].

Kaus, Gina u. Frank, Paul: ›Whisky und Soda‹ [1937/K].

Kaus, Gina u. Hatvany, Lily: ›It's not in the Dictionary‹ [1941/K].

Koestler, Arthur: ›Twilight Bar‹ [1943].

Koffler, Dosio: ›Die Liebesinsel‹ [1938/K]; ›Die deutsche Walpurgisnacht‹ [1940/Sch].

Kolmer, Fritz u. Mannheimer, Al: ›The Birds and the Bees‹ [1945/K].

Kuh, Anton: ›Der Tod des Feldmarschalls‹; ›Cäsars Testament‹; ›Tausendjahrfeier‹; ›Reichstagsbrand in Marokko‹ [Sz]; ›Fregoli oder wer hat die Zunge herausgestreckt‹ [Sk].

Lackner, Stephan: ›Der Mensch ist kein Haustier‹ [1937/Sch.]

Lampel, Peter Martin: ›Komödie um die letzte Erbin‹ [1936/K]; ›Grotesken des Ruhms‹ [1937/K]; ›Flucht vor uns selber‹; ›Wir werden nicht gefragt‹; ›Besuch vor Nachtanbruch‹; ›Überall schreit ein Vaterland‹.

Langer, Felix: ›Der Obrist‹; ›Lore Ley‹ [Tk]; ›Banknoten‹ [K]; ›Zweikampf‹ [Sch]; ›Was tun Sie, wenn . . .?‹ [K].

Langner, Ilse: ›Iphigenie kehrt heim‹ [1938].

Lania, Leo: ›The First Winter‹.

Lask, Berta: ›Fackelzug‹ [1936/Tr]; ›Vor dem Gewitter‹ [1938/Tr]; ›Johann der Knecht‹ [1936/E].

Lasker-Schüler, Else: ›Ich und ich‹.

Leonhard, Rudolf: ›Führer und Co.‹ [1935/K]; ›Räubergeschichte‹ [1935/K]; ›Geiseln‹ [1945/Tr].

Lichtenberg, Wilhelm: ›Wem Gott ein Amt gibt‹ [1933/K].

Lissauer, Ernst: ›Die Steine reden‹ [1937].

Ludwig, Emil: ›Die Königsinsel‹ [1934/K]; ›The Three Counts‹ [1943?/K].

Mann, Heinrich: ›Man muß sich zu helfen wissen‹ [1933/Sz]; ›Der Zeuge‹ [Sz].

Mann, Klaus: ›Der siebente Engel‹ [1945].

Mayer, Ulrich Kurt: ›Der Tag ist kurz‹ [1941/K].

Meckauer, Walter: ›Götter führen keine Kriege‹.

Mellinger, Frederic: ›The Desert Director‹.

Mostar, Gerhard Hermann: ›Der Zimmerherr‹ [K]; ›Putsch in Paris‹; ›Die Geburt‹ [Mysteriensp.].

Nikl, Peter [i. e. Johannes Wüsten]: ›Weinsberg‹ [1937/K]; ›Florian Geyer‹ [1937/E]; ›Der fünfte Kreuzzug‹ [1938/Sch]; ›Das Herz‹ [1938].

Plivier, Theodor: ›Es wird eine Republik geboren‹ [1937/Szen. Chorwerk]; ›Die Seeschlacht vor dem Skagerrak‹ [Epopöe].

Polgar, Alfred: ›Die Defraudanten‹ [1938].

Rehfisch, Hans José: ›Der lächerliche Sir Anthony‹ [Satire]; ›Massaryk und der Drache‹; ›Die eiserne Straße‹.

Reubeni, Meir [i. e. Meir Marcel Färber]: ›Auf der Flucht erschossen‹ [1934]; ›Residenz Schuschan‹ [1944].

Renn, Ludwig: ›Die drei Eroberungen der Stadt Kiangsi‹ [1941/Sch].

Sahl, Hans: ›Jemand‹ [1938/Chorwerk].

Scharrer, Adam: ›Die Zäuners‹ [1934/Sch]; ›Der schwarze Acker‹.

Siemsen, Hans: ›Hitlerjunge Nr. 900 378‹ [1938].

Soyfer, Jura: ›Weltuntergang‹.

Steffin, Margarete: ›Wenn er einen Engel hätte‹ [vor 1937].

Sternheim, Carl: ›Der kleine Katechismus‹ [Sch].

Sternheim, Walter: ›Die Wanderer‹ [1941/K]; ›Ballade vom Pelikan‹ [1944/K].

Stübs, Albin: ›Poppel und Popelka‹; ›Tier Gottes‹ [1938/Satir. Sch].

Uhse, Bodo: ›Preis des Lebens‹.

Unruh, Fritz von: ›Miß Rollschuh‹ [1941]; ›Hauptmann Werner‹; ›Charlotte Corday‹.

Viertel, Berthold: ›The Way Home‹.

Vogel, Julius: ›Anno Domini nach der Pest‹.

Vogel, Manfred: ›Inselfahrt‹ [1941/K].

Wangenheim, Gustav von: ›Das Urteil‹ [1934/Sch]; ›Margarethe Biswanger‹ [1938/Sch].

Weinert, Erich: ›Köln, den 10. November 1933‹ [1934]; ›Die Wohlfahrtspflegerin‹ [1936/Sk].

Weiss, Ernst: ›Lighthouse in the Dark‹.

Wolf, Friedrich: ›Das Schiff auf der Donau‹ [1938–39/Sch]; ›Beaumarchais oder die Geburt des Figaro‹ [1940/Sch]; ›Patrioten‹ [1942/Sch]; ›Dr. Lilly Wanner‹ [1944/Sch]; ›Was der Mensch säet‹ [1945/Sch].

Wurmbrand, Michael: ›Die Leuchte‹ [1938]; ›Die Amazone‹ [1943].

Zech, Paul: ›Windjacke‹ [1933–34/Zeitst.]; ›Der rote Faden‹ [1933–34/Sch]; ›Der hat uns gerade noch gefehlt‹ [1934–35/Dram. Revue]; ›Deutschland Braun und Rot‹ [1934–35]; ›Emigration‹ [1935/Szn]; ›Der Fall Robert Puhl‹ [um 1935/Sch]; ›Der letzte Inca‹ [1935–36/Tr]; ›Der unbekannte Kumpel‹ [um 1936/Szen. Chorwerk]; ›Heuschrecken‹ [um 1937/Szn]; ›Indianer-Spiele‹ [1938/Nachdichtung indian. Legenden]; ›Südamerikanische Nächte‹ [1938/Dram. Szn]; ›Carandasch‹ [1945/Dram. Parabel]; ›Die drei Gerechten‹ [1945/Trag. Episode]; ›Ollanta‹ [Inka-Nachdichtung].

Zuckmayer, Carl: ›Des Teufels General‹ [1944–45/Sch].

Zweig, Arnold: ›Das Spiel vom Herrn und dem Jockel‹ [1938]; ›Napoleon in Jaffa‹ [1939].

Zweig, Stephan: ›Das Lamm des Armen‹ [1939].

Quellen- und Literaturverzeichnis

Archive

Akademie der Künste, Berlin:
Ferdinand-Bruckner-Archiv
Ödön von Horvath-Archiv
Akademie der Künste der DDR, Abteilung für Deutsche Theatergeschichte, Berlin.
Archiv Deutsches Theater- und Filmschaffen im Exil
Bertolt Brecht-Archiv, Berlin
Deutsche Staatsbibliothek, Berlin
Politisches Archiv des Auswärtigen Amtes, Bonn
Deutsche Bibliothek, Frankfurt a. M.:
Sammlung Exil-Literatur
Theatermuseum, Köln
Friedrich-Wolf-Archiv, Lehnitz
Theatre Collection of the Museum and Library for the Performing Arts, Lincoln Centre, New York
Archiv des Aufbau, New York

Exilzeitungen und -zeitschriften

›Aufbau‹
›Reconstruction‹. »Serving the interests and the Americanization of the immigrants«. New York, Wochenblatt, seit 1934, besteht noch heute, Hrsg.: Manfred Georg [seit 1938].
›Shanghai Jewish Chronicle‹
Shanghai, Tageszeitung, seit 1939, nach 1945 weitergeführt als ›Shanghai Echo‹, Hrsg.: Ossi Lewin.
›Freies Deutschland‹
»Revista antinazi«. Mexiko, Monatsschrift, 1941–1946, Chefred.: Alexander Abusch.
›Der Gegenangriff‹
»Antifaschistische Wochenschrift«. Paris, 1933–1936, weitergeführt als ›Deutsche Volkszeitung‹, Chefred.: Bruno Frei.
›Shanghai Herald‹
»German Language Supplement«. Shanghai, Tageszeitung, seit 1941, Hrsg.: The Interallied Federation.
›Freie Deutsche Kultur‹
»Mitteilungsblatt des Freien Deutschen Kulturbundes in England«. London, Monatsschrift, 1941–1945, Red.: Max u. Siegfried Zimmering.
›Internationale Literatur‹

»Deutsche Blätter«. Moskau, Monatsschrift, 1931–1945, Chefred.: Johannes R. Becher.
›Die Sammlung‹
»Literarische Monatsschrift«. Amsterdam, 1933–1935, Hrsg.: Klaus Mann.
›Argentinisches Tageblatt‹
Buenos Aires, Tageszeitung, schon vor 1933 gegründet, Mitarbeit zahlreicher Emigranten.
›Das Neue Tage-Buch‹
Paris/Amsterdam, Wochenschrift 1933–1940, Chefred.: Leopold Schwarzschild.
›Pariser Tageszeitung‹
»Quotidien anti-hitlérien à Paris«. Paris, 1936–1940, Fortsetzung des ›Pariser Tageblattes‹ [1933–1936], Chefred.: Carl Misch [bis 1937: Georg Bernhard].
›Die Neue Weltbühne‹
»Wochenschrift für Politik, Kunst, Wirtschaft«. Prag/Zürich/Paris, 1933–1939, Red.: Hermann Budzislawski.
›Das Wort‹
»Literarische Monatsschrift«. Moskau, 1936–1939, Hrsg. u. Red.: Bertolt Brecht, Lion Feuchtwanger, Willi Bredel.
›Die Zeitung‹
»Londoner deutsches Wochenblatt«. London, 1941–1945, Chefred.: Johannes Lothar.
›Arbeiter-Illustrierte Zeitung‹
Prag/Paris, Wochenblatt, 1933–1939, seit 1936 unter dem Titel: ›Die Volks-illustrierte‹, Chefred.: Franz Carl Weiskopf.
›Deutsche Zentral-Zeitung‹
Moskau, Tageszeitung
[Die in großer Zahl ausgewerteten Quellen kleineren Umfanges aus den angeführten Exilzeitungen und -zeitschriften sowie aus der Presse der Exilländer – wie Notizen, Ankündigungen, Personalnachrichten, Aufführungskritiken, kürzere Artikel zu einzelnen Theaterereignissen etc. – wurden in das Quellen- und Literaturverzeichnis nicht mit aufgenommen. Vergleiche dazu den Anmerkungsteil.]

Primäre Literatur und Texte

Becher, Johannes R.: ›Winterschlacht‹. »Eine deutsche Tragödie in 5 Akten mit einem Vorspiel«. Berlin 1961.
Brecht, Bertolt: ›Gesammelte Werke in 20 Bänden‹. [werkausgabe edition suhrkamp, Frankfurt a. M. 1967].
Brecht, Bertolt: ›Die Gewehre der Frau Carrar‹. [Drei Hefte in einer Mappe]. Dresden 1952.
Bruckner, Ferdinand: ›Dramatische Werke‹. Bern 1948.
Burckhardt, Carl J. und Max Rychner: ›Briefe 1926–1965‹. Hrsg. von Claudia Mertz-Rychner. Frankfurt a. M. 1970.
Fanta, Theodor: ›Die Kinder des unbekannten Soldaten‹. »Drei Kapitel Hitler-Jugend«. In: ›Internationale Literatur‹, Jg. 6, H. 8, 1936, S. 31–51 [Kap. 1 u. 2]

und Jg. 6, H. 10, 1936, S. 60–79 [Kap. 2 (Schluß) u. 3].
Feuchtwanger, Lion: ›Wahn oder der Teufel in Boston‹. »Ein Stück in drei Akten«. Los Angeles 1948.
Hecht, Werner: ›Materialien zu Brecht »Der gute Mensch von Sezuan«‹. Zusammengestellt und redigiert von Werner Hecht. Frankfurt a. M. 1968.
Horvath, Ödon von: ›Gesammelte Werke‹. 4 Bde. Hrsg. v. Walther Huder, Traugott Krischke, Dieter Hildebrandt. Frankfurt a. M. 1970.
Kaiser, Georg: ›Werke‹. 6 Bde. Hrsg. v. Walther Huder. Berlin 1970–1972.
Kisch, Egon Erwin: ›Marktplatz der Sensationen‹. Wien 1948.
Nikl, Peter [i. e. Johannes Wüsten]: ›Bessie Bosch‹. »Drama in einem Akt«. In: ›Das Wort‹, H. 6, Dez. 1936, S. 12–24.
Wüsten, Johannes [Pseud.: Peter Nikl]: ›Weinsberg‹. »Drama in vier Akten«. [Bühnenmanuskript] Berlin 1956.
Reinhardt, Max: ›Ausgewählte Briefe, Reden, Schriften und Szenen aus Regiebüchern‹. Hrsg. von Franz Hadamowsky. Wien 1963.
Toller, Ernst: ›Olympische Szene‹. In: ›Das Neue Tage-Buch‹, Jg. 2, H. 51, 22. 12. 1934, S. 1220–1221.
Toller, Ernst: ›Nie wieder Friede. Zwei Szenen aus der unveröffentlichten Komödie‹. In: ›Das Wort‹, H. 2, Aug. 1938, S. 32–37.
Viertel, Berthold: ›Schriften zum Theater‹. Hrsg. von Gert Heidenreich. München 1969.
Werfel, Franz: ›The Road of Promise‹. [›Path of Destiny‹. ›Eternal Road‹]. [Masch. Textbuch von 1935 im Lincoln Centre, NY].
Werfel, Franz: ›Gesammelte Werke. Die Dramen‹. 2 Bde., Hrsg. v. Adolf Klarmann. [Frankfurt a. M.] 1959.
Wolf, Friedrich: ›Besinnung‹. Berlin 1947.
Wolf, Friedrich: ›Professor Mamlock‹. [Masch. Regiebuch (complete Working-Skript) mit Bühnengrundrissen, Szenen- und Schauspielerfotos im Lincoln Centre, NY].
Wolf, Friedrich: ›Aufsätze über Theater‹. Hrsg. von Else Wolf und Walther Pollatschek. Berlin/Weimar 1957.
Wolf, Friedrich: ›Briefe‹. Eine Auswahl. Hrsg. von Else Wolf und Walther Pollatschek. Berlin/Weimar 1968.
Wolf, Friedrich: ›Briefwechsel‹. Eine Auswahl. Hrsg. von Else Wolf und Walther Pollatschek. Berlin/Weimar 1969.

Autobiographische Berichte

Altmann, Georg: ›Vor fremden und eigenen Kulissen. Geschautes und Erlebtes‹. Hrsg. von Carl Niessen. Emsdetten 1964.
Aufricht, Ernst Josef: ›Erzähle, damit du dein Recht erweist. Aufzeichnungen eines Berliner Theaterdirektors‹. [dtv, München 1969].
Brandt, Willy: ›Mein Weg nach Berlin. Nacherzählt von Leo Lania‹. [München 1960].
Buber-Neumann, Margareta: ›Von Potsdam nach Moskau. Stationen eines Irr-

weges‹. Stuttgart 1957.
Döblin, Alfred: ›Schicksalsreise. Bericht und Bekenntnis‹. Frankfurt [1949].
Feuchtwanger, Lion: ›Unholdes Frankreich‹. Autobiographie. Mexiko 1942.
Hay, Julius: ›Geboren 1900‹. Erinnerungen. [Hamburg 1971].
Hiller, Kurt: ›Leben gegen die Zeit‹. Reinbek 1970.
Kessler, Harry Graf: ›Tagebücher 1918–1937‹. Frankfurt a. M. 1961.
Koestler, Arthur: ›Die Geheimschrift. Bericht eines Lebens 1932 bis 1940‹. Wien/München/Basel [1955].
Kortner, Fritz: ›Aller Tage Abend‹. [München 1959].
Lania, Leo: ›Welt im Umbruch. Biographie einer Generation‹. Frankfurt a. M./ Wien [1945].
Leonhard, Susanne: ›Gestohlenes Leben. Schicksal einer politischen Emigrantin in der Sowjet-Union.‹ Frankfurt a. M. 1956.
Lothar, Ernst: ›Das Wunder des Überlebens. Erinnerungen und Ergebnisse‹. Hamburg/Wien 1960.
Mahler-Werfel, Alma: ›Mein Leben‹. [Fischer Bücherei, Frankfurt a. M./Hamburg 1965].
Mann, Erika und Klaus: ›Escape to Life‹. Boston [1939].
Mann, Heinrich: ›Ein Zeitalter wird besichtigt‹. Stockholm 1947.
Reich, Bernhard: ›Im Wettlauf mit der Zeit. Erinnerungen aus fünf Jahrzehnten deutscher Theatergeschichte‹. Berlin 1970.
Wangenheim, Inge von: ›Auf weitem Feld. Erinnerungen einer jungen Frau‹. Berlin 1954.
Zweig, Stefan: ›Die Welt von gestern. Erinnerungen eines Europäers‹. [Frankfurt a. M.] 1952.

Untersuchungen zu einzelnen Persönlichkeiten der Emigration

Adler, Gusti: ›Max Reinhardt. Sein Leben‹. Salzburg [1964].
Baxandall, Lee: ›Brecht in America, 1935‹. In: ›The Drama Review‹, Jg. 12, H. 1 [T37], New York Herbst 1967, S. 68–87.
Benjamin, Walter: ›Brechts Einakter‹. In: ›Die Neue Weltbühne‹, Jg. 34, H. 26, 10. 6. 1938, S. 825–828.
Bentley, Eric: ›Brecht auf der amerikanischen Bühne‹. In: ›Theater der Welt‹, Hrsg. von Herbert Ihering. Berlin 1949, S. 70–75.
Berlau, Ruth: ›Brecht als Flüchtling‹ In: ›Freie Welt‹, H. 36, Berlin 1958, S. 3–5.
Braulich, Heinrich: ›Max Reinhardt. Theater zwischen Traum und Wirklichkeit‹. Berlin 1966.
Brock-Sulzer, Elisabeth: ›Ernst Ginsberg‹. [Reihe: Theater heute 7]. Hannover 1962.
Bunge, Hans-Joachim: ›Im Exil‹. In: ›Bertolt Brecht. Leben und Werk‹. Hrsg. vom Kollektiv für Literaturgeschichte im Volkseigenen Verlag Volk und Wissen. Berlin 1963, S. 79–161.
Esslin, Martin: ›Brecht. Das Paradox des politischen Dichters‹. [dtv, München 1970].

Fassmann, Kurt: ›Brecht‹. Eine Bildbiographie. [München 1958].
›Fülle der Zeit. Carl Zuckmayer und sein Werk. Zum sechzigsten Geburtstag des Dichters‹. Frankfurt a. M. 1956.
Gorelik, Mordecai: Brecht: ›»I am the Einstein of the new stage form ...«‹. In: ›Theatre Arts‹. New York März 1957.
Haeussermann, Ernst: ›Max Reinhardts Theaterarbeit in Amerika‹. [Masch.] Phil. Diss. Wien 1966.
Häsler, Alfred A.: ›Das Boot ist voll‹. Zürich/Stuttgart 1967.
Hennenberg, Fritz: ›Dessau/Brecht. Musikalische Arbeiten‹. Berlin 1963.
Hüfner, Agnes: ›Die Aufnahme Bertolt Brechts in Frankreich. Ein Beitrag zur Geschichte seines Theaters auf der Bühne und in der Literatur von 1930–1963‹. Phil. Diss. Saarbrücken 1966.
Jehser, Werner: ›Friedrich Wolf. Leben und Werk‹. Berlin 1965.
Kesting, Marianne: ›Bertolt Brecht in Selbstzeugnissen und Bilddokumenten‹. [rororo bildmonographien, Hamburg 1968].
Kotschenreuther, Hellmuth: ›Kurt Weill‹. Berlin [1962].
Leje, Christina: ›Der Lektor und Verleger Max Tau 1942–1946 in der schwedischen Emigration‹. [Masch. vervielf. Seminaraufsatz] Stockholm 1969.
Meister, Helga: ›Franz Werfels Dramen und ihre Inszenierungen auf der deutschsprachigen Bühne‹. Phil. Diss. Köln 1964.
Mittenzwei, Werner: ›Bertolt Brecht. Von der »Maßnahme« zu »Leben des Galilei«‹. Berlin 1962.
Niessen, Carl: ›Brecht auf der Bühne‹. Köln 1959.
Olsson, Jan E.: ›Bertolt Brechts schwedisches Exil‹ [Masch. vervielf.] Licentiatsabhandlung. Lund 1970.
Pfäfflin, Friedrich: ›Berthold Viertel [1885–1953]. Eine Dokumentation‹. Sonderheft der Nachrichten aus dem Kösel-Verlag. München 1969.
Pinthus, Kurt: ›Max Reinhardt and the USA‹. In: ›Theatre Research‹, Jg. 4, H. 1, Florenz 1962, S. 151–163.
Pollatschek, Walther: ›Das Bühnenwerk Friedrich Wolfs. Ein Spiegel der Geschichte des Volkes‹. Berlin 1958.
Reuther, Gabriele: ›Ödön von Horvath. Gestalt, Werk und Verwirklichung auf der Bühne‹. [Masch.] Phil. Diss. Wien 1962.
Sautér, Willmar: ›Bertolt Brecht und Schweden. Ein Bericht über die wechselseitigen Beziehungen während der Jahre 1929 bis 1950‹. [Masch. vervielf. Seminaraufsatz] Stockholm 1970.
Schumacher, Ernst: ›Drama und Geschichte. Bertolt Brechts »Leben des Galilei« und andere Stücke‹. Berlin 1965.
Spalek, John M.: ›Der Nachlaß Ernst Tollers‹. Ein Bericht. In: ›Literaturwissenschaftliches Jahrbuch der Görresgesellschaft‹. N. F./Bd. 6, Berlin 1965, S. 251 bis 266.
Spalek, John M. und Wolfgang Frühwald: ›Ernst Tollers amerikanische Vortragsreise 1936/37‹. In: ›Literaturwissenschaftliches Jahrbuch der Görresgesellschaft‹. N. F./Bd. 6, Berlin 1965, S. 267–311.
Ullmann, Ludwig: ›Max Reinhardt und das amerikanische Theater‹. In: ›Der Turm‹, Jg. 2, H. 3/4, Wien 1964, S. 121–125.

Willett, John: ›Das Theater Bertolt Brechts‹. Eine Betrachtung. [Rowohlt Paperback, Reinbek 1964].
Wolf, Gerhard: ›Der Dichter Louis Fürnberg. Leben und Wirken‹. Ein Versuch. Berlin 1961.

Untersuchungen zur kulturellen Tätigkeit der Emigration, insbesondere zum Theater im Exil

Albrechtová, Gertruda [Gertrude Albrecht]: ›Zur Frage der deutschen antifaschistischen Emigrationsliteratur im tschechoslowakischen Asyl‹. In: ›Historica VIII. Separatum‹. »Historische Wissenschaften in der Tschechoslowakei«. Prag 1964.
Albrecht, Gertrude: ›Die Tschechoslowakei als Asyl der deutschen antifaschistischen Literatur 1933–1938‹. [Masch. Kandidaturarbeit].
Atkinson, Brooks: ›Culture under the Nazis‹. In: ›New York Times‹, 25. 4.1937.
›Auszug des Geistes‹. Bericht über eine Sendereihe. Bremer Beiträge IV. Bremen [1962].
Bauland, Peter: ›The Hooded Eagle. Modern German Drama on the New York Stage‹. Syracuse [1968].
Berendsohn, Walter A.: ›Die humanistische Front‹. Einführung in die deutsche Emigranten-Literatur. 1. Teil. Zürich [1946].
Berendsohn, Walter A.: ›Die humanistische Front‹. 2. Teil [Masch. Ms. in d. Sammlung Exil-Literatur d. Dt. Bibl., Frankfurt a. M.].
Berendsohn, Walter A.: ›Die deutsche Literatur der Flüchtlinge aus dem Dritten Reich und ihre Hintergründe‹. [Masch. vervielf. Stockholm 1969].
Bloch, Ernst: ›Emigration‹. Ansprache auf dem Congress of American Writers (New York 1939). In: ›Frankfurter Rundschau‹, Jg. 7, H. 154, 8. 7. 1970, S. 23.
Braak, Menno ter: ›Emigranten-Literatur‹. In: ›Das Neue Tage-Buch‹, Jg. 2, H. 52, 29. 12. 1934, S. 1244/45.
Brenner, Hildegard: ›Deutsche Literatur im Exil 1933–1947‹. In: ›Handbuch der deutschen Gegenwartsliteratur‹. Hrsg. von Hermann Kunisch. München 1955, S. 677–694.
›Briefe aus dem Exil‹. In: ›alternative‹, Jg. 10, H. 52, Berlin Febr. 1967.
Brieger, Lothar: ›Emigration und künstlerische Produktivität‹. In: ›Shanghai Herald‹, April 1946 [Sondernr.], S. 18.
Dreifuß, Alfred: ›Unser Theater‹. In: ›Shanghai Herald‹, April 1946 [Sondernr.], S. 13.
›Exil-Literatur 1933–1945‹. Eine Ausstellung aus Beständen der Deutschen Bibliothek, Frankfurt a. M. (Sammlung Exil-Literatur). Ausstellung und Katalog: Werner Berthold. 3., erw. u. verb. Aufl., Frankfurt a. M. 1967.
Felber, Erwin: ›Kunstleben und Emigration‹. In: ›Almanac Shanghai 1946/47‹. Hrsg. von Ossi Lewin. Shanghai o. J.
Fogarasi, Ilse: ›Der neue Thespiskarren‹. Berlin 1955.
Frei, Bruno: ›Die deutsche antifaschistische, literarische Emigration in Prag 1933–1945‹. In: ›Weltfreunde‹. Konferenz über die Prager deutsche Literatur.

Hrsg. von Eduard Goldstücker. Prag/Neuwied/Berlin 1967, S. 361–371.
Freund, Erich: ›Deutsches Theater im Londoner Exil‹. In: ›Theater der Zeit‹, Jg. 1, H. 4, Berlin Okt. 1946, S. 20–24.
Freund, Erich: ›Studio 1934. Die erste deutsche Bühne im Exil‹. In: ›Theater der Zeit‹, Jg. 2, H. 7, Berlin Juli 1947, S. 30–32.
›Gert von Gontard's and Felix Gerstman's »Deutsches Theater in New York«.‹ [Masch. Bericht in d. Sammlung Exil-Literatur d. Dt. Bibl., Frankfurt a. M.].
Glicksberg, Charles J.: ›The Culture of the Refugees in the United States‹. In: ›South Atlantic Quarterly‹, Jan. 1941, S. 73–83.
Hahn, Arnold: ›Sterilisiertes Theater‹. In: ›Die Neue Weltbühne‹, 7. 3. 1935, S. 303–305.
Hellmer, Kurt: ›Berlin und Wien am Broadway‹. In: ›Aufbau‹, Jg. 10, H. 51, 22. 12. 1944, S. 55/58.
Holborn, Louise W.: ›Deutsche Wissenschaftler in den Vereinigten Staaten nach 1933‹. In: ›Jahrbuch für Amerikastudien‹. Bd. 10, Heidelberg 1965, S. 15 ff.
Jacob, Paul Walter [Hrsg.]: ›Theater. Sieben Jahre Freie Deutsche Bühne in Buenos Aires‹. Buenos Aires 1946.
Kafka, Hans: ›What Our Immigration Did for Hollywood – and Vice Versa‹. In: ›Aufbau‹, Jg. 11, H. 26, 29. 6. 1945, S. 10.
Kesten, Hermann: ›Fünf Jahre nach unserer Abreise ...‹ In: ›Das Neue Tage-Buch‹, Jg. 6, H. 5, 1938, S. 114–117.
Lewin, Ossi: ›Kurzer Umriß des kulturellen Schaffens in der Shanghaier Emigration‹. [Masch. Bericht in d. Sammlung Exil-Literatur d. Dt. Bibl., Frankfurt a. M.].
Mann, Heinrich: ›Verteidigung der Kultur. Antifaschistische Streitschriften und Essays‹. Berlin 1971.
Mann, Otto und Wolfgang Rothe [Hrsg.]: ›Deutsche Literatur im 20. Jahrhundert. Strukturen und Gestalten‹. Bd. I. Bern/München 1967.
Mierendorff, Marta: ›German Jewish Club of 1933, Los Angeles. Ein vergessenes Kapitel der Emigration‹. [Manuskript einer Sendung des Süddeutschen Rundfunks, 1966].
Müssener, Helmut: ›Von Bert Brecht bis Peter Weiss. Die kulturelle deutschsprachige Emigration nach Schweden 1933–1945‹. Language Monographs 12. Stockholm 1971.
Müssener, Helmut: ›Die deutschsprachige Emigration in Schweden nach 1933. Ihre Geschichte und kulturelle Leistung‹. Licentiatsabhandlung Stockholm 1971.
Nock, Albert Jay: ›Culture Migrates to the USA.‹ In: ›American Mercury‹, April 1939, S. 481–486.
Paetel, Karl Otto: ›Deutsches Theater in Amerika‹. In: ›Deutsche Rundschau‹, Jg. 81, H. 3, Baden-Baden März 1955, S. 271–275.
Paetel, Karl Otto: ›Die Presse des deutschen Exils 1933–1945‹. In: ›Publizistik‹, Jg. 4, H. 4, 1959, S. 241–252.
›PEM's Privat Berichte‹. [Masch. vervielf.].
Piscator, Erwin: ›Amerikanisches Theater‹. In: ›Die Andere Zeitung‹, Jg. 3, H. 24, Hamburg 13. 6. 1957, S. 11/12.

Pross, Helge: ›Die deutsche akademische Emigration nach den Vereinigten Staaten 1933–1941‹. Berlin [1955].

Reinerová, Lenka: ›Die Farbe der Sonne und der Nacht‹. In: ›Neue Deutsche Literatur‹, Jg. 12, H. 11, Berlin Nov. 1964, S. 88–94.

Riess, Curt: ›Sein oder Nichtsein: Roman eines Theaters. Zürcher Schauspielhaus‹. Zürich 1963.

Rose, William: ›German Literary Exiles in England‹. In: ›German Life and Letters‹, H. 1, Oxford [1949], S. 175–185.

Schoop, Günther: ›Das Zürcher Schauspielhaus im zweiten Weltkrieg‹. Zürich 1957.

Schwarz, Freimut: ›Deutsche Kulturbewegung in England‹. In: ›Verbannte und Verbrannte‹. Hrsg. vom Freien Deutschen Kulturbund. London 1942.

Seghers, Anna: ›Aufgaben der Kunst‹. In: ›Freies Deutschland‹, Jg. 3, H. 12, Nov. 1944, S. 12–14.

Spira, Steffanie: ›Theater ohne Bühne‹. In: ›Heines Geist in Mexiko‹. Hrsg. vom Heinrich Heine-Klub. Mexiko 1946, S. 35/36.

Stern, Kurt: ›Eine Bühne im Exil. Deutsches Theater in Mexiko‹. In: ›Theater der Zeit‹, Jg. 2, H. 4, Berlin April 1947, S. 23–26.

Sternfeld, Wilhelm: ›Die »Emigrantenpresse«‹. In: ›Deutsche Rundschau‹, Jg. 76, H. 4, Baden-Baden 1950, S. 250–259.

Trepte, Curt: ›Freies Deutsches Theater in Schweden 1938–1945‹. In: ›Theater der Zeit‹, Jg. 1, H. 2, Berlin Aug. 1946, S. 22–24.

Trepte, Curt: ›Archiv Deutsches Theater- und Filmschaffen im Exil‹. In: ›Mitteilungen der Deutschen Akademie der Künste zu Berlin‹, Jg. 5, H. 1, Jan./Febr. 1967, S. 11/12.

Trepte, Curt: ›Deutsches Theater in der Sowjetunion‹. In: ›Theater der Zeit‹, Jg. 22, H. 20, Berlin Nov. 1967, S. 25–32.

›Verbannung‹. »Aufzeichnungen deutscher Schriftsteller im Exil«. Hrsg. von Egon Schwarz und Matthias Wegner. [Hamburg 1964].

Walter, Hans-Albert: ›Die Helfer im Hintergrund‹. »Zur Situation der deutschen Exilverlage 1933 bis 1945«. In: ›Frankfurter Hefte‹, Jg. 20, H. 2, 1965, S. 121 bis 132.

Walter, Hans-Albert: ›Internationale Literatur/Deutsche Blätter. Eine Exilzeitschrift in der Sowjet-Union‹. In: ›Frankfurter Hefte‹, Teil 1: Jg. 24, H. 8, Aug. 1969, S. 580–593; Teil 2: Jg. 24, H. 9, Sept. 1969, S. 648–658.

Walter, Hans-Albert: ›Noch immer im Exil‹. [Masch. vervielf. Stockholm 1970].

Walter, Hans-Albert: ›Deutsche Exilliteratur 1933–1950‹. Bd. I. ›Bedrohung und Verfolgung bis 1933‹. Bd II: ›Asylpraxis und Lebensbedingungen in Europa‹. Darmstadt/Neuwied 1972.

Wegner, Matthias: ›Exil und Literatur. Deutsche Schriftsteller im Ausland 1933–1945‹. Frankfurt a. M. 1967.

Závodský, Artur: ›Über einen Zeitabschnitt der progressiven Beziehungen des tschechischen und deutschen Theaters in den böhmischen Ländern‹. In: ›Maske und Kothurn‹, Jg. 2, H. 2/3, Graz/Wien/Köln 1966, S. 186–195.

Zech, Paul: ›Buenos Aires‹. In: ›Die Sammlung‹, Jg. 2, H. 8, April 1935, S. 427 bis 436.

Benz, David: ›Refugees in Shanghai‹. In: ›Congress bi-Weekly. A. review of Jewish interests‹, New York 9. 5. 1941, S. 11/12.

Cesar, Jaroslav und Bohumil Černý: ›Die deutsche antifaschistische Emigration in der Tschechoslowakei‹. In: ›Historica XII‹. »Historische Wissenschaften in der Tschechoslowakei«. Prag 1966.

Davie, Maurice R.: ›Refugees in America. Report of the Committee for the Study of Recent Immigration from Europe‹. New York [1947].

Elbaum, M.: ›18. Februar 1943. Die Geschichte des Hongkower Ghettos‹. In: ›Shanghai Herald‹, April 1946 [Sondernr.] S. 25.

Feuchtwanger, Lion: ›Größe und Erbärmlichkeit des Exils‹. In: ›Das Wort‹, H. 6, Juni 1938, S. 3–6.

Franck, Wolf: ›Führer durch die deutsche Emigration‹. Paris 1935.

Fry, Varian: ›Surrender on Demand‹. New York 1945.

Grossmann, Kurt R. und Arieh Tartakower: ›The Jewish Refugee‹. New York 1944.

Grossmann, Kurt R.: ›Emigration. Geschichte der Hitler-Flüchtlinge 1933 bis 1945‹. Frankfurt a. M. 1969.

Gruenberger, Felix: ›The Jewish Refugees in Shanghai‹. In: ›Jewish Social Studies‹, Jg. 12, H. 4, New York Okt. 1950, S. 329–348.

Hagemann, Walter: ›Publizistik im Dritten Reich‹. Hamburg 1948.

Jovishoff, Albert: ›Shanghai: A City of Refugees‹. In: ›The Menorah Journal‹, New York Frühjahr 1939, S. 209–216.

Ludwig, Carl: ›Die Flüchtlingspolitik der Schweiz in den Jahren 1933 bis 1955‹. [Bericht an den Bundesrat zuhanden der eidgenössischen Räte, 1957].

Knütter, Hans-Helmut: ›Emigration und Emigranten als Politikum im Nachkriegsdeutschland‹. [Vortrag anläßl. d. Habilitationscolloquiums am 15. 2. 1971, Phil. Fak. Bonn; masch.].

Leiser, Clara: ›Exile in Prague‹. In: ›New Statesman and Nation‹, London 13. 8. 1938, S. 249/250.

Mann, Thomas: ›Deutsche Hörer! Fünfundzwanzig Radiosendungen nach Deutschland‹. 2., erw. Aufl., Stockholm 1945.

Mars, Alvin: ›A Note on the Jewish Refugees in Shanghai‹. In: ›Jewish Social Studies‹, Jg. 31, H. 4, New York Okt. 1969, S. 286–291.

Merker, Paul: ›Der kommende Frieden und die Freien Deutschen‹. In: ›Freies Deutschland‹, Jg. 3, H. 12, Nov. 1944, S. 8/9.

Morse, Arthur D.: ›Die Wasser teilten sich nicht‹. Bern/München/Wien 1968.

Olden, Balder: ›Flucht und Hoffnung. Rückschau aus Buenos Aires‹. In: ›Aufbau‹, Jg. 7, H. 34, 22. 8. 1941, S. 9/10.

Olden, Rudolf: ›Das Fremdenrecht in Frankreich‹. In: ›Das Neue Tage-Buch‹, Jg. 6, H. 35, 27. 8. 1938, S. 829–831.

Paetel, Karl Otto: ›Die deutsche Emigration der Hitlerzeit‹. In: ›Neue politische Literatur‹, Jg. 5, H. 6, Sp. 465–482.

Pross, Helge: ›Deutsche Emigranten in den Vereinigten Staaten‹. In: ›Deutsche Rundschau‹, Jg. 81, H. 7, Baden-Baden Juli 1955, S. 693–699.

Radkau, Joachim: ›Die Exil-Ideologie vom »anderen Deutschland« und die Vansittartisten‹. In: ›aus politik und zeitgeschichte‹, B 2/70, 10. 1. 1970.
Röder, Werner: ›Die deutschen sozialistischen Exilgruppen in Großbritannien. Ein Beitrag zur Geschichte des Widerstandes gegen den Nationalsozialismus‹. Hannover 1968.
Rudolph, Julius: ›The Tide of Jewish Refugees‹. In: ›China Weekly Review‹, Shanghai 12., 19. u. 26. 8. 1939.
Siemsen, August: ›Deutsche in Südamerika‹. In: ›Die Neue Weltbühne‹, Jg. 34, H. 23, 9. 6. 1938, S. 722–725.
Sinsheimer, Hermann: ›Emigranto‹. In: ›Deutsche Rundschau‹, Jg. 71, Baden-Baden April 1948, S. 34–37.
Toller, Ernst: ›The Refugee Problem‹. In: ›The Political Quarterly‹, Jg. 6, H. 3. London Juli/Sept. 1935, S. 386–399.

Literatur zum weiteren Umkreis der Thematik

Bracher, Ulrich: ›Geschichte Skandinaviens‹, Stuttgart/Köln/Mainz [1968].
Brügel, Fritz: ›Engels – eine Stadt an der Wolga‹. In: ›Das Wort‹, H. 11, Nov. 1937, S. 125–135.
Conquest, Robert: ›The Soviet Deportation of Nationalities‹. London 1960.
Eberle, Oskar: ›Wege zum schweizerischen Theater I‹. In: ›13. Jahrbuch der Gesellschaft für schweizerische Theaterkultur‹. Elgg 1945.
Feuchtwanger, Lion: ›Die Zukunft Deutschlands‹. In: ›Freies Deutschland‹, Jg. 3, H. 12, Nov. 1944, S. 6/7.
Flanagan, Hallie: ›Arena. The History of the Federal Theatre‹. [New York 1940].
Frank, Michael: ›Die letzte Bastion – Nazis in Argentinien‹. Hamburg 1962.
Freeden, Herbert: ›Jüdisches Theater in Nazideutschland‹. Tübingen 1964.
Frisch, Max: ›Überfremdung 2‹. ›Öffentlichkeit als Partner‹. Frankfurt a. M. 1967.
Gorelik, Mordecai: ›New Theatres for Old‹. [New York] 1948.
Greisenegger, Wolfgang: ›Das Theater der Tschechoslowakei‹. In: ›Das Atlantisbuch des Theaters‹. Hrsg. von Martin Hürlimann. Zürich/Freiburg i. Br. [1967], S. 749–757.
Henlein, Konrad: ›Konrad Henlein spricht‹. »Reden zur politischen Volksbewegung der Sudentendeutschen«. Hrsg. von Rudolf Jahn. Karlstadt/Leipzig 1937.
Hitler, Adolf: ›Mein Kampf‹. München 1943.
Hughes, Glenn: ›A History of the American Theatre, 1790–1950‹. New York [1953].
Jacobsen, Hans-Adolf: ›Nationalsozialistische Außenpolitik 1933–1938‹. Frankfurt a. M./Berlin 1968.
Jeitschko, Marieluise: ›Deutsche Dramatik auf New Yorker Bühnen 1900–1965 im Spiegel der Kritik‹. [Masch.] Phil. Diss. Wien 1965.
Johst, Hanns: ›Maske und Gesicht‹. »Reise eines Nationalsozialisten von Deutschland nach Deutschland«. München 1936.
Kannapin, Klaus: ›Zur Politik der Nazis in Argentinien von 1933–1943‹. In:

›Der deutsche Faschismus in Lateinamerika 1933–1943‹. Hrsg. von Heinz Sanke. Berlin 1966, S. 81–99.

Katz, Friedrich: ›Einige Grundzüge des deutschen Imperialismus in Lateinamerika von 1898 bis 1941‹. In: ›Der deutsche Faschismus in Lateinamerika 1933–1943‹. Hrsg. von Heinz Sanke. Berlin 1966, S. 9–69.

Kindermann, Heinz: ›Theatergeschichte Europas‹. Bd. V: ›Von der Aufklärung zur Romantik (2. Teil)‹. Salzburg 1962.

Kolarz, Walter: ›Die Nationalitätenpolitik der Sowjetunion‹. [Frankfurt a. M. 1956].

Lang, Paul: ›Bühne und Drama der deutschen Schweiz im 19. und beginnenden 20. Jahrhundert‹. Zürich 1924.

Lewis, Arthur W.: ›Ecconomic Survey, 1919–1939‹. London 1949.

Mathews, Jane de Hart: ›The Federal Theatre 1935–1939. Plays, relief, and politics‹, Princeton 1967.

Nickel, Hans Wolfgang: ›Deutsches Theater in Paris vom 18. Jahrhundert bis heute. Politisches Verhältnis und Volkscharakter im Spiegel der Bühne‹. [Masch.] Phil. Diss. Wien 1960.

Novak, E.: ›Burian und das Kollektiv D 34‹. In: ›Das internationale Theater‹, Jg. 1934, H. 2, Moskau 1934, S. 43–45.

O'Connor, Richard: ›The German-Americans. An informal history‹. [Boston 1968].

Rutte, Miroslav und František Bartoš: ›The Modern Czech Szene‹. Prag [1938].

Slonim, Marc: ›Russian Theatre From The Empire to The Soviets‹. London [1963].

Trepte, Curt und Jutta Wardetzky: ›Hans Otto. Schauspieler und Revolutionär‹. Berlin 1970.

Warschauer, Frank: ›Prag heute‹. Mit Beiträgen von Paul Eisner, Otokar Fischer, Willy Haas u. a. Prag 1937.

Wiskemann, Elisabeth: ›Czechs & Germans. A Study of the Struggle in the Historic Provinces of Bohemia and Moravia‹. 2. Aufl. New York 1967.

Wolf, Walter: ›Faschismus in der Schweiz‹. Zürich 1969.

Wulf, Josef: ›Theater und Film im 3. Reich‹. [rororo Taschenbuch Ausgabe, Reinbek] 1966.

Personenregister

Nicht berücksichtigt wurden die Namen im ›Dokumentarischen Anhang‹. Pseudonyme werden unter dem eigentlichen Namen nachgewiesen, wenn der Autor sich des Pseudonyms nur gelegentlich bediente. Sigel von Autorennamen blieben unberücksichtigt, wenn eine Auflösung nicht möglich war.